CTLP
고려대학교 조세법센터

고려대학교 조세법센터
조 세 재 정 연 구 총 서   1

디지털세에 관한
국제적 논의 및
국내 조세제도 도입에 관한 연구

강지현 지음

SAMIL | 삼일인포마인

발간사

현대는 기업을 중심으로 한 경제활동의 발전이 그 나라의 위상을 평가하고 국민의 후생과 복지의 수준을 가늠케 하는 수단이 되는 이른바 '글로벌 경쟁시대'라고 말할 수 있겠습니다. 특히 오늘날은 사회의 모든 면이 온라인화하는 디지털 경제시대이기도 합니다. 이제 우리 기업들은 국내에 머물지 않고 온오프라인으로 국경을 넘어 글로벌 시장으로 그 활로를 개척해 나아가고 있습니다. 우리나라는 현재 OECD 회원국으로서 과거와 달리 피동적인 수혜국에서 탈피하여 적극적으로 국제경제의 발전에 기여하는 선진국으로 나아가는 길목에 있습니다. 뒤로는 우리보다 뒤늦은 국가들에 대한 지원을 통해 우리와 유사한 환경을 조성하여 우리 기업들이 그곳에 원활히 진출할 수 있도록 지원하여야 하며, 앞으로는 고도의 금융기법과 새로운 회사형식을 내세워 자국의 일방적 수익창출을 위해 앞장서고 있는 기성 선진국들과 어깨를 나란히 하고 경쟁해야 하는 중요한 상황에 놓여 있습니다. 이러한 대내외적인 환경하에서 기업의 경제활동과 관련해 가장 중요한 핵심문제는 바로 조세에 있습니다.

고려대학교 조세법센터는 국가와 기업이 당면하는 다양한 조세 문제들 속에서 법학이 기여할 수 있는 것이 무엇인지를 진솔하게 고민하고 그에 대한 현실적인 해법을 제시하는 'Solution Provider'가 되고자 2010년 처음 문을 열고 오늘에 이르기까지 다양한 활동을 이어오고 있습니다. 그 활동의 결과의 하나로 금번 '조세재정연구총서'를 발간하게 된 것입니다. 조세재정연구총서는 조세법과 재정법 분야에서 고려대학교 대학원에서 배출한 박사학위논문 중 우수한 논문을 선정하여 총서로 발간함으로써 이 분야의 신진

연구자를 발굴하고 우수한 학자로 성장할 수 있도록 지원하기 위해 특별히 기획되었습니다. 아직 이러한 전문 연구서적의 총서 발간이 낯설고 생소한 국내 학계의 상황에서 고려대학교 조세법센터가 그 가시적인 첫발을 힘 있게 내디딜 수 있었다는 점에 큰 자부심과 긍지를 느끼게 됩니다. 그 뜻깊은 첫 작업을 가능하게 해주신 삼일인포마인 관계자분들께 발간자로서 이 자리를 빌어 특별히 감사드립니다. 이 책의 출간을 위해 논문심사 받을 때 못지 않게 열심히 업데이트 하고 최신 내용으로 원고를 재작성해준 저자 강지현 변호사에게도 감사의 정을 전합니다.

이 작은 출발이 120여 년의 역사를 자랑하는 고대법학의 학문적 전통과 더불어 미래의 우수한 후배 연구자들에게 영원히 이어지기를 기원합니다.

2023. 12. 9.

안암의 언덕에서

고려대학교 조세법센터 소장 박종수 씀

서문

이 책은 "디지털경제 조세제도의 국제적 논의에 따른 국내 조세제도 개편 방안에 관한 연구"라는 제목의 본인의 고려대학교 대학원 박사학위 논문(2021)을 일부 수정·보완한 것이다. 박사학위 논문이 발표된 지 2년여가 지났고, 그 사이 디지털세에 관한 국제적 및 국내적 논의가 상당히 진행되어 왔는데, 그 간의 진전된 논의를 반영할 수 있게 되어 감사한 마음이다.

이 책은 디지털세(필라 1·2)에 관한 국제적 논의 및 국내 조세제도 도입 방안을 연구의 대상으로 한다. 디지털세(필라 1·2)에 관한 논의는 최근 국제조세 분야의 최대 화두라 해도 과언이 아니다. 다국적기업의 세원잠식과 소득이전(BEPS) 문제를 해결하기 위하여 1998년 오타와 전자상거래 각료회의 이래 OECD를 중심으로 하여 시작된 국제적 논의는, 2015 BEPS 프로젝트 Action 1 최종보고서, 2010년 1월 두 가지 접근법(Two Pillar Approach) 합의안, 2020년 10월 블루프린트(Pillar One·Two Blueprints) 발표 등을 거쳐, 마침내 2021년 10월 디지털세(필라 1·2) 최종 합의문 채택에 이르렀으며, 이는 고정사업장 원칙과 정상가격 원칙에 기반한 기존 국제조세 체계의 확정적 재편을 예고하고 있다.

본 연구에서는 디지털세(필라 1·2) 최종 합의에 이르기까지 이루어진 국제적 논의의 경과 및 내용, 국제조세 체계의 재편에 중대한 영향을 미치는 디지털세(필라 1·2) 최종 합의의 구체적 내용에 대해 살펴보고, 현재 우리나라 국제조세조정에 관한 법률에 도입된 글로벌 최저한세 제도에 대해 검토하였다. 그에 이어 현재까지의 디지털세 관련 국제적 논의 및 현행 국내

국제조세 제도를 바탕으로 디지털세(필라 1·2) 제도의 국내 도입에 관한 입법적 제언을 하였다.

이 책이 완성되기까지 많은 분들의 도움이 있었다. 우선 학문의 길에 있어 일천한 걸음을 떼기 시작한 고려대학교 대학원 석사과정에서부터 오늘에 이르기까지 크나큰 학은(學恩)을 베풀어 주신 고려대학교 법학전문대학원 부원장 박종수 교수님께 무한한 존경과 감사를 드린다. 또한 논문 심사 과정에서 귀중한 가르침과 조언을 아끼지 않으신 한국조세연구소 상임운영위원장 이전오 교수님(전 성균관대 법학전문대학원 교수), 고려대학교 법학전문대학원 신호영 교수님, 고려대학교 경영대학 이한상 교수님, 법무법인(유) 세종 백제흠 대표변호사님께도 진심으로 감사드린다. 그리고 늘 한결같은 사랑과 격려, 응원으로 보듬어 주는 소중한 가족들에게 감사와 사랑을 전한다. 그 외에도 지면의 한계로 일일이 담지는 못하지만 언제나 따뜻하고 변함없는 애정과 격려를 보내주시는 조세심판원, 기획재정부 세제실, 법무법인(유) 광장의 수많은 선·후배님들께 마음 깊이 감사드린다. 아울러 이 책이 나오기까지 정성스러운 수고로 많은 도움을 주신 삼일인포마인의 이희태 대표이사님, 김동원 이사님, 임연혁 차장님께도 진심으로 감사드린다.

마지막으로 부족한 인생의 걸음걸음마다 함께하여 주시는 하나님께 모든 영광을 돌리고 싶다.

2023. 12.

강 지 현

목 차

제1장 서론

제1절 연구의 목적

현재 세계 경제는 급속도로 디지털경제(digital economy)로 전환되고 있다. 오늘날 경제활동을 함에 있어서 디지털과 관련되지 않은 경우는 거의 없다고 해도 과언이 아니다. 대다수의 국가에서 경제활동의 거의 모든 부문에 디지털화가 이루어짐에 따라 디지털경제와 다른 경제를 명확히 구분하는 것이 어려울 정도라고 평가되기도 한다. 디지털경제는 전통적인 산업영역과는 다른 측면에서 새로운 가치를 창출하고 있으며, 디지털 전환에 따라 종전과 다른 새로운 사업유형이 등장하게 되었다.

이와 같은 디지털경제의 확산은 국제적인 조세환경에도 큰 영향을 미치게 되었다. 즉, 디지털경제의 탈물질화, 서비스화, 연결성, 물리적 실재의 불요성 등의 특징은 많은 경제적 활동이 시장소재지국에 물리적 실재를 두지 않고서도 온라인을 통해 가능하게 하였으나, 기존 국제조세 체계 하에서는 물리적 실재를 기초로 한 고정사업장이 존재하지 않는 경우 시장소재지국은 그에 대해 과세를 할 수 없었다. 그에 따라 다국적기업은 디지털환경을 이용하여 세원잠식과 소득이전(BEPS)을 꾀하는 일이 빈번하게 되었다.

위와 같은 다국적기업의 세원잠식과 소득이전(BEPS) 문제를 해결하기 위하여, 1998년 오타와 전자상거래 각료회의 이래 OECD를 중심으로 하여 국제적 논의가 시작되었다. OECD뿐만 아니라 EU, 미국 및 유럽 개별국가들도 디지털경제 확산에 따른 세원잠식과 소득이전(BEPS) 문제를 해결하기 위하여 저마다 입장과 해결책을 제시하기도 하였다. 그 중에서도 OECD

는 2015년 BEPS 프로젝트 Action 1 최종보고서, 2020년 1월 두 가지 접근법(Two Pillar Approach) 합의안 발표 등을 거쳐, 2020년 10월에는 두 가지 접근법에 관한 블루프린트(Pillar One · Two Blueprints)를 발표함으로써 상당한 논의의 진전을 보이게 되었다. 블루프린트의 논의의 핵심은 두 가지 접근법(Two Pillar Approach)으로서, 우선 필라 1(Pillar One)의 경우는 다국적기업의 글로벌 초과이익에 대해 물리적 실재가 없는 경우에도 과세연계점을 인정하여 시장소재지국에 새로운 과세권을 배분하고 그에 따라 글로벌 초과이익의 일부를 배분하기 위한 논의이다. 이는 기존 국제조세 체계의 기본 원칙인 고정사업장 원칙을 변경하고자 하는 것이므로 비단 국제조세 분야뿐만 아니라 전 세계 각국에 실로 엄청난 반향을 일으키게 되었다. 다음으로 필라 2(Pillar Two)의 논의는 당초 문제 제기의 단초가 된 다국적기업의 세원잠식과 소득이전(BEPS) 문제를 해결하기 위한 목적의 세원잠식방지규칙(글로벌 최저한세)에 관한 논의이다. 이 역시 전 세계적으로 적용되는 세원잠식방지규칙을 도입하고자 하는 논의인 만큼 전 세계 각국의 주목을 받게 되었다.

2020년 1월 두 가지 접근법(Two Pillar Approach) 합의안 발표와 그 후속 논의인 2020년 10월 두 가지 접근법에 관한 블루프린트(Pillar One · Two Blueprints) 발표 이후, OECD/G20 포괄적 이행체계(IF)를 중심으로 한 세계 각국의 논의는 급물살을 타기에 이르렀다. OECD/G20 포괄적 이행체계(IF)는 2021년 7월 1일 제12차 총회를 개최하여, 필라 1 · 2의 핵심내용 중 상당 부분에 대해 IF 139개국 중 130개 국가의 지지를 얻어 필라 1 · 2 합의안을 대외 공개하였다. 이후인 2021년 10월 8일, OECD/G20 포괄적 이행체계(IF)는 제13회 총회를 개최하여, 앞서 공개된 2021년 7월 1일자 위 필라 1 · 2 합의안에서 결정되지 않은 주요 쟁점사항에 대해 합의하고 마침내 디지털세(필라 1·2) 최종 합의문을 채택하기에 이르렀다. 이로써 디지털경제의 확산으로 인해 시작된 세원잠식과 소득이전(BEPS) 방지 논의와 그로부터 한 발 더 나아간 글로벌 초과이익에 대한 새로운 과세권 배분의 논의는, 현재로서는 더 이상 거스를 수 없는 시대적 요청이 되었다. 2021년 10월에 이루어진 디지털세(필라 1·2) 최종 합의는 고정사업장 원칙과 정상가격 원칙에 기반한 기존 국제조세 체계의 확정적 재편을 예고하고 있다.

본 논문에서는 디지털세(필라 1·2) 최종 합의에 이르기까지 이루어진 국제적 논의 내용 및 국제조세 체계의 재편에 중대한 영향을 미치는 디지털세(필라 1·2) 최종 합의의 구체적 내용에 대해 살펴보고, 현재 우리나라 국제조세조정에 관한 법률(이하 "국조법")에 도입된 글로벌 최저한세 제도에 대해 검토한다. 그에 이어 현재까지의 디지털세 관련 국제적 논의 및 현행의 국내 국제조세 제도를 바탕으로 디지털세(필라 1·2) 제도의 국내 도입에 관한 입법적 제언을 하고자 한다.

제2절 연구의 방법과 구성

본 논문의 연구 대상은 디지털경제 조세제도에 관한 국제적 논의 경과 및 그에 대한 평가, 디지털세(필라 1·2) 최종 합의의 구체적 내용, 우리나라 국조법상 도입된 글로벌 최저한세 제도의 내용 및 디지털세(필라 1·2) 제도의 국내 도입에 관한 입법적 제언에 관한 것이다.

우선 제2장에서는 디지털경제의 의의와 유형, 디지털경제의 특성에 대해 살펴본다. 디지털경제의 개념과 구성요소에 대해 분석하고, 디지털 전환이 가속화됨에 따라 새로운 가치 창출을 하게 된 모습에 대해 살펴본다. 디지털경제의 유형에 관하여는 디지털 전환에 따른 산업의 변화에 따라 등장한 새로운 사업유형으로서 전자상거래, 클라우드 컴퓨팅, 디지털 플랫폼, 공유경제, 사물인터넷, 3D 프린팅, 인공지능과 데이터분석, 블록체인과 암호화폐에 대해 소개하고, 디지털경제의 특성에 대하여는 탈물질화, 서비스화, 연결성, 익명성, 물리적 실재의 불요성, 새로운 가치 창출 및 이익의 재배치로 나누어 분석한다.

그리고 위와 같은 디지털경제에 관한 기본적인 이해 하에서 디지털경제 조세제도에 대한 국제적 논의 배경과 필요성에 대해 살펴보고, OECD, EU, 유럽 개별 국가들 및 미국 등의 관련 논의 경과를 정리한다. 국제적 논의의 배경과 필요성과 관련하여, 디지털경제의 확산은 세계 경제와 산업에 급격한 변화를 일으키게 되었고, 고정사업장 원칙과 원천징수제도를 중심축으로 한 기존 국제조세 체계 하에서는 다국적기업들이 디지털경제를 통해 창출한 글로벌 소득에 대하여 과세할 수 없는 한계가 있었다. 이에 다국적기업들은 디지털경제 상황을 이용하여 적극적으로 세원잠식과 소득이전(BEPS)을 꾀하게 되었는바, 그와 같은 상황에 효율적으로 대처하고자 OECD를 중심으로 국제적 논의가 대두되었고 전 세계적인 관심 하에 진행되기에 이르렀다. 다음으로 관련 논의 경과에 대하여 보면, 우선 OECD의 1998년 오타와 전자상거래 각료회의, 2015년 BEPS 프로젝트 Action 1 최종보고서, 2018년 중간보고서의 주요 내용을 통하여 세계적으로 세원잠식과 소득이전(BEPS) 논의가 본격화된 계기와 진행경과에 대해 소개하고 각 보고서의 의의와 한계에 대해 평가한다. 이와 함께 2017년 이후 OECD의 BEPS 프로젝트와 별개로 진행된 EU의 디지털 서비스세 도입 논의 및 그 도입 실패 이후 유럽 각국이 개별적으로 추진한 디지털 서비스세 도입 현황, 디지털경제 관련 국제적 논의에 관한 미국의 대응 및 대외적 입장 전환의 배경과 내용에 대해 살펴봄으로써 세계 각국의 논의 경과를 다각적으로 검토한다.

한편, 2019년 이후 OECD가 종전의 논의와는 확연히 다른 접근방식으로서 두 가지 접근법(Two Pillar Approach)을 제안하였고, 이것이 필라 1·2 블루프린트(Pillar One·Two Blueprints) 및 2021년 10월 필라 1·2 최종 합의에까지 이르게 되었는바, 두 가지 접근법의 제안과 논의의 발전과정, 2020년 OECD/G20 BEPS 포괄적 이행체계(IF) 합의안 발표와 2020년 10월의 필라 1·2 블루프린트 발표에 대해 연대순으로 살펴보고, 각 보고서 내지 발표가 지니는 의미에 대하여 평가한다.

제3장은 OECD/G20 BEPS 포괄적 이행체계(IF)의 필라 1·2 블루프린트 관련 논의의 구체적인 내용에 대해 다루고 있다. 우선, 필라 1은 글로벌 다국적기업의 초과이익에 대한 전 세계적 대응으로서, 물리적 실재가 없는 경우에도 매출액 등 일정요건 충족시 과세연계점을 인정하여 시장소재지국에 새로운 과세권을 배분하고 그에 따라 글로벌 초과이익을 배분하기 위한 논의이다. 필라 1 블루프린트에서는 그 핵심 구성요소를 일정 규모 이상인 다국적기업의 글로벌 초과이익의 일정 부분(시장기여분)에 대해 시장소재지국에 과세권을 배분하는 이익 A, 다국적기업 국외관계사의 기본적인 마케팅 및 유통활동에 대해 시장소재지국에 고정률로 과세권을 배분하는 이익 B, 효율적인 분쟁예방 및 분쟁해결 절차의 개발을 통한 조세확실성 증진의 세 요소로 구분하고 있는바, 그 논의 체계에 따라 설명한다.

필라 2는 남아있는 다국적기업의 세원잠식과 소득이전(BEPS) 문제를 해결하기 위한 세원잠식방지규칙(글로벌 최저한세)의 도입에 관한 논의이다. 필라 2 블루프린트는 핵심 구성요소를 세원잠식방지규칙과 원천지국과세규칙, 규칙 간 조정(적용순위)으로 구분하고 있는바, 동일한 분류 체계에 따라 관련 논의를 분석한다. 이어서 필라 1·2 블루프린트에 대한 평가 및 그 한계에 대해 검토한다.

제4장에서는 디지털세(필라 1·2) 최종 합의와 그 성과에 대해 구체적으로 논의한다. OECD/G20 포괄적 이행체계(IF)는 2021년 10월 8일 마침내 디지털세(필라 1·2) 최종 합의문을 채택하기에 이르렀는바, 이는 약 4년에 걸친 치열한 다자 협의 끝에 포괄적 이행체계(IF) 회원국들 간의 첨예한 이견을 극복하고 이루어낸 국제적 합의로, 지난 100여 년 간 이어져 내려온 국제조세 체계의 원칙을 새로 정립하는 역사적인 성과이다. 필라 1을 통해 물리적 실재 없이도 시장소재국에 과세권 배분이 가능하게 되었으며, 필라 2를 통해 글로벌 최저한세가 도입됨으로써 그간 지속적으로 문제 제기되어 왔던 다국적기업의 조세회피에 대해 적극적으로 대응할 수 있게 된 것이다.

여기서 주목할 부분은 디지털세(필라 1·2) 최종 합의 내용 중 종전의 필라 1·2 블루프린트의 논의에서 변경된 사항이다. 특히 필라 1의 경우 앞서 살펴본 블루프린트에서는 이익 A의 적용범위 요건을 업종기준과 규모기준으로 정하고, 업종기준의 경우 디지털서비스사업(ADS)과 소비자대상사업(CFB)을 포함하도록 하였으나, 2021년 10월 디지털세(필라 1·2) 최종 합의에 이르러, 필라 1 제도의 이익 A는 연결매출액 200억유로 및 이익률 10% 이상 기준을 충족하는 글로벌 다국적기업을 적용대상으로 하는 것으로 변경하고, 채굴업, 규제금융업 등 일부 업종의 경우에는 그 특수성을 감안하여 적용범위에서 제외하는 것으로 최종 확정되었다. 또한 해당 관할권 내 매출액이 100만유로 이상일 경우 과세연계점을 형성하고, 글로벌 이익 중 통상이익률 10%를 넘는 초과이익(residual profit)에 배분율(시장기여분) 25%를 적용하여 시장소재국에 과세권을 배분하는 것으로 결정되었다. 이는 미국의 의견 등 국제정치적 요소가 반영되어 나타난 결과로 이해되며, 이로 인해 앞서 살펴 본 필라 1 블루프린트의 논의는 2021년 10월 디지털세(필라 1·2) 최종 합의 및 그 후속작업에 이르기까지 위와 같이 바뀐 기준에 맞추어 변경 및 조정되기에 이른다.

한편, 필라 2의 경우는 2020년 10월의 블루프린트 논의와 2021년 10월의 최종 합의 내용 사이에 필라 1의 경우와 같은 급격한 변경사항은 보이지 않으며, 필라 2 블루프린트 논의를 통해 제안된 내용에 대해 당초 반대 입장을 보이던 미국이 2021년 1월 바이든 행정부가 들어서면서 입장을 전환함에 따라 기존 논의를 바탕으로 하여 빠른 진전이 있게 되었다. 미 재무부가 2021년 5월 20일 기존 입장을 바꿔 15%의 글로벌 최저한세율을 제안하면서 G7 국가(미국, 일본, 독일, 영국, 프랑스, 이탈리아, 캐나다)의 글로벌 최저한세율 합의가 급물살을 타게 되었고, 마침내 2021년 10월 디지털세(필라 1·2) 최종 합의를 통해 최저한세율을 15%로 하는 글로벌 최저한세 제도의 핵심내용을 최종 확정하고 공식적으로 발표하기에 이르렀다.

위와 같은 사항들을 바탕으로 하여 2021년 10월 필라 1·2 최종 합의의 주요 내용에 대해 살펴보고, 그 이후 현재까지 이루어진 필라 1의 후속작업 및 성과, 필라 2의 후속작업 및 성과에 대해 각각 상세히 검토한다. 포괄적 이행체계 회원국들이 필라 1·2 모델규정 및 주석을 공통 표준(common standard)으로 채택할 경우 각 국내법 도입에 있어 공통적인 지침으로 작용할 것으로 예상된다. 특히 필라 2의 경우 우리나라는 2022년 말 선제적으로 국조법상 글로벌 최저한세를 도입하여 2024년부터 시행 예정 중에 있으므로, 우리나라의 글로벌 최저한세 제도 입법현황 및 내용에 대해 검토한다.

제5장에서는 이상과 같이 살펴본 디지털경제 조세제도에 대한 국제적 논의 경과, 필라 1·2 블루프린트 관련 논의, 디지털세(필라 1·2) 최종 합의 및 그 후속작업과 성과 등 제반 논의를 바탕으로 하여, 디지털세(필라 1·2) 제도의 국내 도입에 관한 입법적 제언을 한다.

먼저 국제조세 실체법적 측면에서의 제도 개선방안에 관하여 보면, 현재 디지털세(필라 1·2) 제도의 국내법상 도입은 필라 2의 경우에는 이미 국조법상 도입이 이루어진 상황이고, 필라 1의 경우도 포괄적 이행체계(IF)에서 모델규정 초안을 이미 소개하였으며 머지않은 시일 내에 모델규정 최종본 및 주석이 공개될 예정이다. 그리고 우리나라는 포괄적 이행체계(IF)의 주도적인 회원국으로서 필라 2와 마찬가지로 필라 1의 경우에도 공통 표준(common standard)을 충실하게 반영하여 입법할 것으로 예상된다. 따라서 국제조세 실체법적 체계에 관한 분류 논의 중 국제조세 기본규정과 조세회피 방지규정 관련 개선방안에 관한 제언은 특별한 실익이 없을 것으로 생각되므로, 디지털세(필라 1·2) 제도의 국내법상 도입에 따라 현재 시점에서도 논의의 의미를 가지는 이중과세 조정규정 개선방안을 중심으로 살펴보고자 한다. 구체적으로는 필라 1의 이익 A 과세에 따른 이중과세 조정규정 개선방안을 제안하며, 현행 외국납부세액공제제도의 이용방안 및 이익 A 제도에 따른 외국납부세액공제 한도 상향 방안에 대해 생각해 볼 수 있다.

다음으로 국제조세 절차법적 측면에서의 제도 개선방안으로서는 우선 현행 국조법상 상호합의에 따른 중재제도의 개선 필요성에 대해 살펴본다. 구체적으로 조세조약상 중재제도의 의의와 기능, 현행 규정의 내용과 미비점에 대해 살펴본 뒤, 개선점으로서 중재 신청 대상의 명확화 필요, 중재인 선정 요건의 정비, 납세자의 참여권 보장의 필요성에 대해 검토한다. 그리고 조세 부과 및 징수 절차 관련 규정에 대하여는, 제출 자료의 범위, 방법 및 절차 규정의 필요성과 최종모기업을 통한 단일납부방안의 모색가능성을 검토한다. 또한 가산세 부과규정의 도입을 위해 가산세 총괄·개별규정, 가산세 적용 특례규정, 가산세 한도규정, 일반적인 가산세 감면규정 마련의 필요성 및 각별로 구체적인 도입방안에 대해 검토하고, 일반적인 가산세 감면규정과 가산세 적용 특례규정과의 관계에 대해 살펴본다. 또한 디지털세(필라 1·2) 제도의 도입에 따른 별도의 부과제척기간 도입가능성과 새로운 의무적이고 구속력있는 분쟁해결방법 도입시 부과제척기간 특례조항 마련의 필요성 및 부과제척기간 특례제도 간 관계의 명시 필요성에 대해 제안한다.

마지막으로, 조세정책적 측면에서의 제도 개선방안으로서 우리나라의 글로벌 경쟁력 강화를 위해 디지털세(필라 1·2) 최종 합의에 따른 새로운 과세권 배분대상에 포함되지 않는 초과이익 증대를 위한 조세정책적 개선방안을 모색할 필요가 있음을 밝히고, 이를 위한 구체적인 방법으로서 조세특례제한법상 연구·개발비(R&D) 세액공제제도 확대 및 연구개발시설 투자 세액공제제도의 확대를 통한 세제지원 확충방안을 제시한다. 이와 관련하여, 특히 다국적기업의 글로벌 초과이익에 대한 새로운 과세권 배분 논의와 무관하면서 동시에 글로벌 경쟁력을 견인하는 신성장·원천기술 연구개발 활동에 대해서는 전폭적인 세제지원을 통하여 국내 기업의 투자를 유도하고 국가경쟁력을 강화할 필요가 있다는 점을 밝힌다.

제2장 디지털경제와 조세제도

제1절 디지털경제의 의의 및 유형

Ⅰ. 디지털경제의 의의

1. 디지털경제의 개념 및 구성요소

세계경제는 정보통신기술(information and communications technologies, ICTs)[1]의 발달과 함께 급속도로 디지털경제(digital economy)로 전환되고 있다.[2] 아직 보편적으로 받아들여지는 디지털경제에 대한 통일적인 정의가 있는 것은 아니지만,[3] 좁게는 인터넷을 기반으로 한 상품과 서비스의 공급, 온라인 플랫폼을 기반으로 한 서비스와 같은 새롭게 등장한 산업부문을 의미하고,[4] 넓게는 인터넷과 데이터 기술을 기반으로 한[5] 모든 경제 분야의

---

1) 「지능정보화 기본법」에서는 '정보통신'을 '정보의 수집·가공·저장·검색·송신·수신 및 그 활용, 이에 관련되는 기기·기술·서비스 및 그 밖에 정보화를 촉진하기 위한 일련의 활동과 수단'으로 정의하고 있다(제2조 제3호).

2) UNCTAD, *Digital Economy Report 2019 Value Creation and Capture: Implications for Developing Countries*, United Nations Publications, 2019, available at https://unctad.org/system/files/official-document/der2019_en.pdf(이하 "UNCTAD, *Digital Economy Report 2019*"), p.3.

3) UNCTAD, *Digital Economy Report 2019*, p.3.

4) IMF, *Measuring The Digital Economy*, 2018, available at https://www.imf.org/en/Publications/Policy-Papers/Issues/2018/04/03/022818-measuring-the-digital-economy, p.7; 김정곤·이재호·김도연·신민이·김제국, 「신남방지역 디지털경제 협력방안」, 대외경제정책연구원, 2019, 18면.

5) Cristian Óliver Lucas-Mas & Raúl Félix Junquera-Varela, *Tax Theory Applied to the Digital Economy: A Proposal for a Digital Data Tax and a Global Internet Tax Agency*, World Bank, 2021, available at https://openknowledge.worldbank.org/bitstream/handle/10986/35200/9781464816543.pdf?sequence=1&isAllowed=y, p.17.

'디지털화(digitalization)' 내지 '디지털 전환(digital transformation)'을 의미한다.[6] 즉, 광의의 디지털경제는 "디지털 기술의 급격한 발전에 따라 전통적인 산업부문을 포함한 경제 전반에서 나타나는 '디지털화(digitalization)' 내지 '디지털 전환(digital transformation)'이라는 사회·경제적 현상"을 의미한다.[7] 디지털경제는 인터넷 경제(Internet economy), 웹 경제(web economy)와 같이 다양한 용어로 일컬어지기도 하지만,[8] 근래에는 경제전반에 걸친 디지털 기술의 도입에 따른 디지털 전환을 포괄하는 의미로서 디지털경제라는 용어가 더 많이 사용되고 있다.[9] 국내법상으로는 '지능정보화'라는 용어가 사용되고 있는데, 지능정보화란 '정보의 생산·유통 또는 활용을 기반으로 지능정보기술이나 그 밖의 다른 기술을 적용·융합하여 사회 각 분야의 활동을 가능하게 하거나 그러한 활동을 효율화·고도화 하는 것'을 말한다.[10]

---

6) Erik Brynjolfsson & Brian Kahin, *Understanding the Digital Economy: Data, Tools, and Research*, MIT press, 2000, p.2.

7) UNCTAD, *Digital Economy Report 2019*, p.4; Scott Brennen & Daniel Kreiss, "Digitalization and Digitalization", Culture Digitally, August 2014, available at https://culturedigitally.org/2014/09/digitalization-and-digitization/.

8) Thabo J. Gopane, "Digitalisation, Productivity, and Measurability of Digital Economy: Evidence from BRICS", in Mohamed Anis Bach Tobji, Rim Jallouli, Ahmed Samet, Mourad Touzani, Vasile Alecsandru Strat and Paul Pocatilu(ed), *Digital Economy: Emerging Technologies and Business Innovation, 5th International Conference on Digital Economy, ICDEc 2020 Bucharest, Romania, June 11-13, 2020 Proceedings*, Springer Nature Switzerland AG, 2020, p.27.

9) Aleksei V. Bogoviz, Svetlana V. Lobova, Alexander N. Alekseev and Lubinda Haabazoka, "Digital Economy as a Modern Type of Economic System", in Elena G. Popkova, Artem I. Krivtsov and Alexsei V. Bogoviz(ed), *The Institutional Foundations of the Digital Economy in the 21st Century*, Walter de Gruyter GmbH, 2021, p.3.

10) 「지능정보화 기본법」 제2조(정의) 제5호. 지능정보화 기본법에서의 '지능정보기술'에는 전자적 방법으로 학습·추론·판단 등을 구현하는 기술, 데이터(부호, 문자, 음성, 음향 및 영상 등으로 표현된 모든 종류의 자료 또는 지식을 말한다)를 전자적

디지털 전환의 범위와 속도는 국가 및 산업 부문에 따라 조금씩 다르게 나타나기는 하지만, 오늘날 경제활동에서 디지털과 관련되지 않은 경우는 거의 없다고 해도 과언이 아니다.[11] 디지털화는 산업혁명 이후 오늘날의 세계에서 가장 두드러진 현상으로서,[12] 거의 모든 산업부문에서 디지털 전환의 영향을 받고 있다.[13] 대다수 국가에서 경제활동의 거의 모든 부문에서 디지털화가 이루어지고 있고, 디지털경제와 다른 경제를 명확히 구분하는 것도 어려울 정도이다.[14]

광의의 디지털경제 개념에 입각하여 그 구성요소를 파악한다면 아래와 같다. 첫째, 디지털경제의 기본적 요소로서 반도체, 컴퓨터, 통신기기, 인터넷 기타 통신 네트워크와 같은 '기반시설'이다. 이러한 기반시설까지 포함한 영역을 산업부문으로 지칭한다면 '디지털 부문(digital sector)'이라고 할 수 있을 것이다. 둘째, 디지털 기술에 의존하여 제품 또는 서비스를 제공하는 새롭게 등장한 디지털 및 정보기술 산업이다. 이러한 영역은 협의의 디

방법으로 수집·분석·가공 등 처리하는 기술, 물건 상호간 또는 사람과 물건 사이에 데이터를 처리하거나 물건을 이용·제어 또는 관리할 수 있도록 하는 기술, 「클라우드컴퓨팅 발전 및 이용자 보호에 관한 법률」 제2조 제2호에 따른 클라우드컴퓨팅기술, 무선 또는 유·무선이 결합된 초연결지능정보통신기반기술 등이 포함된다 (제2조 제4호).

11) OECD(2019), *Measuring the Digital Transformation: A Roadmap for the Future*, OECD Publishing, 2019, available at https://doi.org/10.1787/9789264311992-en(이하 "OECD, *Measuring the Digital Transformation*"), p.16.

12) Marcel Olbert & Christoph Spengel, "Taxation in the digital economy: Recent policy developments and the question of value creation", *ZEW Discussion Paper, No.19-010, ZEW － Leibniz-Zentrum für Europäische Wirtschaftsforschung*, Mannheim, March 2019, available at https://papers.ssrn.com/sol3/papers.cfm?abstract_id=3368092, p.1.

13) OECD, *Measuring the Digital Transformation*, p.45.

14) Peter Harris, *International Commercial Tax(2nd edition)*, Cambridge University Press, 2020, p.191; 류지민, "미국 판례법상 주세(州稅) 넥서스(Nexus) 판단에 적용되는 심사기준의 전환에 관한 연구 － South Dakota v. Wayfair, Inc. 판결을 중심으로", 「조세학술논집」 제35집 제1호, 한국국제조세협회, 2019. 2., 173면.

지털경제로 정의할 수 있다. 셋째, 새로이 등장하는 디지털산업 부문뿐만 아니라 더 넓은 산업부문과 경제전반에 걸친 파급효과(spillover effects)에 따라 이른바 "디지털화된 거래"로서, 1차 산업인 농업,[15] 2차 산업인 광업, 건설업, 제조업,[16] 3차 산업인 관광[17] 등과 같은 전통적인 산업부문에서 디지털기술을 활용하여 새롭게 등장한 사업활동 내지 사업모델을 포괄하는 광의의 디지털경제, 즉 디지털화된 경제(digitalized economy)이다.[18] 이처럼 디지털경제의 개념에 포함되는 거래가 되려면 디지털 방식에 의하여 주문되거나, 온라인 플랫폼을 기반으로 하거나, 디지털 방식으로 전송되거나, 디지털 방식으로 결제가 되는 등의 요소가 포함되어야 한다.[19]

2. 디지털 전환의 가속화 및 새로운 가치창출

(1) 디지털 전환의 가속화

초고속 인터넷과 스마트폰 등 모바일 기기의 보편적 보급과 정보통신기술의 발달로 디지털기술을 이용한 인공지능, 사물인터넷, 블록체인, 클라우

---

15) 1차 산업으로 분류되는 농업에 있어서도 디지털 전환이 이루어져 인공위성이나 센서 등을 이용하여 농업 관련 데이터를 기록하고 분석하여 시스템화 하는 현상도 나타나고 있다(석준호, "농업부문 디지털화 관련 국제기구 논의 동향과 시사점", 「세계농업」 제236호, 한국농촌경제연구원, 2020. 7., 4면).

16) 2차 산업인 광업, 건설업, 제조업 등에서도 센서를 설치하여 수집된 데이터를 바탕으로 정보를 수집하고 제어하는 디지털화가 가속화되고 있다{손형섭, "디지털 전환(Digital Transformation)에 의한 지능정보화 사회의 거버넌스 연구", 「공법연구」 제49집 제3호, 한국공법학회, 2021. 2., 215면}.

17) 관광 부문에 있어서도 빅데이터에 기반한 여행 서비스 플랫폼, 공유경제를 토대로 한 교통과 숙박의 연계, 온라인 여행 시장의 등장 등 디지털화가 진행되고 있다(김소영, "디지털경제 전환과 관광산업 전망", 「한국관광정책」 제82호, 한국문화관광연구원, 2020. 12., 5면).

18) UNCTAD, *Digital Economy Report 2019*, p.4, p.5, p.6.

19) 김정곤·이재호·김도연·신민이·김제국, 앞의 논문, 20면.

드 컴퓨팅과 같은 새로운 산업이 출현하고 있다.[20] 또한 개인용 컴퓨터나 모바일 기기가 상용화되고 조작이 간편해져 비전문가가 컴퓨터나 모바일 기기를 이용하는 것이 일반화 되었고,[21] 기술의 발전에 따라 사실상 모든 것에 대한 방대한 디지털 데이터가 인터넷을 통하여 수집, 이용 및 분석되기 시작하면서 디지털 전환의 현상이 더욱 가속화되고 있다.[22] 이처럼 디지털기술의 발전은 전통적인 사업활동을 포함하여 사실상 모든 부문에서의 경제활동을 극적으로 변화시키고 있다.[23] 예컨대, 전자상거래를 통하여 낮은 거래비용으로 양질의 재화와 서비스가 거래될 수 있게 되어 성장을 거듭하던 가운데,[24] 특히 최근 COVID-19 대유행으로 인하여 온라인을 통한 전자상거래의 이용이 급증하고,[25] 온라인을 통한 거래의 품목도 더욱 다양

---

20) 박정호·김석환·강부균·민지영·세르게이 발렌테이·예브게니 아브도쿠신·마르코 시디,「러시아의 '디지털 경제' 정책과 한·러 협력방안」, 대외경제정책연구원, 2019, 13, 15면; Lurong Chen & Fukunri Kimura, "Introduction: ASEAN development in the digital economy", in Lurong Chen & Fukunri Kimura(ed), *Developing the Digital Economy in ASEAN*, Routledge, 2019, p.3.

21) 장성훈, "디지털화가 교통서비스에 미치는 영향",「월간교통」통권 제274호, 한국교통연구원, 2020. 12., 65면; OECD 국가들에서는 2016년을 기준으로 하더라도 성인의 83%가 인터넷에 접속하고 있다고 한다{Arthur Cockfield, Walter Hellerstein and Marie Lamensch, *Taxing Global Digital Commerce(2nd edtion)*, Kluwer Law International B.V., 2020, p.12}.

22) UNCTAD, *Digital Economy Report 2019*, p.3.

23) World Bank(2018), *Russia Digital Economy Report, Competing in the Digital Age: Policy Implications for the Russian Federation*, The World Bank, 2018, available at https://openknowledge.worldbank.org/bitstream/handle/10986/30584/AUS0000158-WP-REVISED-P160805-PUBLIC-Disclosed-10-15-2018.pdf?sequence=1&isAllowed=y(이하 "World Bank, *Russia Digital Economy Report*"), p.18.

24) 심재훈, "디지털 경제발전이 한국경제에 미치는 영향 분석: 전자상거래를 중심으로",「산업경제연구」제33권 제5호(통권 151호), 한국산업경제학회, 2020. 10., 1593면.

25) 공정거래위원회 보도자료, "공정위, 전자상거래 소비자보호법 전부개정안 입법예고", 2021. 3. 5.에서도 디지털 경제·비대면거래의 가속화에 따른 온라인 유통 시장의 급성장, 플랫폼 중심으로의 거래구조 재편 등 시장상황의 변화를 반영한 법 개정의 필요성이 지속적으로 제기되었다고 하면서 디지털 전환의 가속화 현상을 언급하고 있다.

해지고 있다.[26] 또한 소셜미디어는 2019년을 기준으로 OECD 국가에서의 인터넷 사용자의 거의 3/4이 이용할 정도로 보편화되었고,[27] 기업이 소셜미디어를 통하여 고객들과 의사소통을 하고 제품을 판매하는 활동을 하는 것이 보편화되었다.[28] 교육과 관련하여서도 온라인 활동이 학교와 가정에서 모두 증가하고 있던 와중에, COVID-19 대유행으로 인하여 온라인 교육에 대한 수요가 급증하는 양상을 보이고 있다.[29]

(2) 디지털경제에서의 새로운 가치창출

디지털경제에서는 전통적인 산업영역에서와 다른 측면에서 새로운 가치를 창출하고 있다. 첫째로는 디지털경제에서 이루어지는 유상 또는 무상의 거래를 통하여 축적된 데이터 등이 독자적으로 '금전화(monetize)'될 수 있다는 점에서 새로운 가치를 창출한다. 예컨대, 온라인 플랫폼이 무료로 서비스를 제공하더라도, 이용자들이 이용과정에서 디지털 플랫폼에 위치, 상호관계, 개인적 행동과 같은 개인정보를 제공하고, 이러한 개인정보는 상업적 이용을 통하여 금전화될 수 있다.[30] 즉, 디지털경제에서는 인터넷을 통하여 정보가 공개적으로 쉽게 수집·이용되고, 수집된 정보의 판매 등을 통한 새로운 가치창출이 이루어진다.[31] 인공지능(Artificial Intelligence, "AI")과 머신

26) OECD(2020), *OECD Digital Economy Outlook 2020*, OECD Publishing, 2020, available at https://doi.org/10.1787/bb167041-en(이하 "OECD, *OECD Digital Economy Outlook 2020*"), p.98.

27) OECD(2020), *OECD Digital Economy Outlook 2020*, p.106; 2018년을 기준으로, 온라인 소셜 네트워크인 페이스북의 이용자가 전 세계적으로 2억명을 넘어섰다고 한다(Arthur Cockfield, Walter Hellerstein and Marie Lamensch, *op. cit.*, p.11).

28) OECD(2020), *OECD Digital Economy Outlook 2020*, p.106.

29) OECD(2020), *OECD Digital Economy Outlook 2020*, p.115.

30) UNCTAD, *Digital Economy Report 2019*, p.29, 30.

31) Robert D. Helfand, "Big Data and Insurance: What Lawyers Need to Know and

러닝(machine learning)의 발전에 따라 수집된 데이터를 토대로 효율적인 비용으로 정밀하게 목표를 정한 맞춤형 광고[32]를 할 수 있게 됨으로써 금전적 가치를 창출할 수 있게 된 것이다. 이는 온라인 행동광고(online behavioural advertising)로도 일컬어지는데, 이러한 광고는 연령 · 성별 · 위치 · 교육수준 · 취미 · 활동기록 및 검색기록과 같은 정보를 이용한다.[33]

둘째로는 디지털경제에서는 디지털기술을 이용하여 최적의 업무수행 방안을 도출할 수 있고, 적은 비용으로도 먼 곳에 있는 고객에 접근할 수 있으며, 생산성과 효율성을 향상시키는 등 새로운 가치를 창출한다.[34] 예컨대, 기업은 적은 비용으로도 여러 지역 및 제품시장에 접근할 수 있고,[35] 무형자산으로부터 새로운 수익을 얻을 수 있다.[36] 또한 기업은 빅데이터를 토대로 최적화된 방법으로 업무를 수행하고,[37] 보다 나은 경영상의 판단을 할 수 있다.[38] 예컨대 승차공유 서비스업체가 이용자들의 탑승시간, 장소, 이동경로 등의 정보를 토대로 수요를 예측하여 최적의 서비스를 제공하거나,[39] 소셜 미디어를 통하여 수집된 소비자기호나 유행 등의 정보를 기반

Understand", *Journal of Internet Law*, Vol. 21 Iss. 3, September 2017, p.3.

32) 이영주 · 채정화, "글로벌 디지털 플랫폼의 맞춤형 광고를 위한 이용자 정보 수집 및 활용 범위에 관한 연구: 구글, 페이스북, 아마존의 데이터 활용 원칙을 중심으로", 「정보사회와 미디어」 제21권 제3호, 한국정보사회학회, 2020. 12., 90면.

33) OECD(2020), *OECD Digital Economy Outlook 2020*, p.213.

34) 손혁상, "디지털 플랫폼 내 거래관계에 대한 경쟁제한성 검토 - 봉쇄효과에 대한 검토를 중심으로 -", 「경제법연구」 제19권 제1호, 한국경제법학회, 2020. 4., 86면.

35) 김빛마로, "디지털 기업에 대한 대안적 과세방안의 경제적 효과", 「조세재정 브리프」 통권 제104호, 한국조세재정연구원, 2020. 9., 2면.

36) OECD, *Measuring the Digital Transformation*, p.48.

37) Jim Mason, *Innovating Construction Law: Towards the Digital Age*, Routledge, 2021, p.16.

38) Marcel Olbert & Christoph Spengel, *op. cit.*, p.16.

39) 김신언, "기본소득 재원으로서 데이터세 도입방안", 「세무와 회계연구」 통권 제23호 (제9권 제4호), 한국세무사회 부설 한국조세연구소, 2020. 11.(이하 "김신언, 데이터

으로 맞춤형 광고를 할 수 있다.[40] 디지털기술은 중소기업을 포함하여 기업들이 국제거래를 확장할 수 있도록 하고, 자본과 노동력을 효율적으로 활용할 수 있도록 하며, 온라인 플랫폼과 서비스를 통하여 규모의 경제를 달성함으로써 전통적인 사업모델과 경쟁할 수 있도록 할 뿐만 아니라, 한편으로는 온라인 플랫폼, 웹사이트 또는 어플리케이션을 기반으로 소비자 대 소비자 거래(Consumer-to-consumer transactions)로서의 공유경제(sharing economy)를 촉진하기도 한다.[41] 또한 숙박산업에서의 에어비앤비(Airbnb)나 유통 내지 소매부문에서의 아마존(Amazon)과 같이 전통적으로는 비디지털 시장(non-digital markets)에 속하던 영역에서 디지털기술을 기반으로 한 새로운 사업모델이 등장하는 것을 촉진한다.[42]

II. 디지털경제의 유형

1. 디지털 전환에 따른 산업의 변화

디지털 전환(digital transformation)은 디지털기술과 데이터, 그들 사이의 상호작용을 통하여 기존의 경제활동에 새로운 변화를 가져오고 있다.[43] 디

세 도입방안"), 10, 11면.

40) Teissir Benslama & Rim Jallouli, "Clustering of Social Media Data and Marketing Decisions", in Mohamed Anis Bach Tobji, Rim Jallouli, Ahmed Samet, Mourad Touzani, Vasile Alecsandru Strat and Paul Pocatilu(ed), *Digital Economy: Emerging Technologies and Business Innovation, 5th International Conference on Digital Economy*, ICDEc 2020 Bucharest, Romania, June 11-13, 2020 Proceedings, Springer Nature Switzerland AG, 2020, p.55.

41) World Bank, *Russia Digital Economy Report*, p.18.

42) OECD, *Measuring the Digital Transformation*, p.48.

43) Hanaa Abdulraheem Yamani & Waleed Tageldin Elsigini, "Digital Transformation and Industry 4.0", in Mohammad Ali Shalan & Mohammed Ayedh Algarni(ed), *Innovative and Agile Contracting for Digital Transformation and Industry 4.0*, IGI

지털기술의 발달로 보다 많은 거래가 온라인으로 전환되어, 기존에는 온라인으로 가능하지 않았던 상품과 서비스의 온라인을 통한 제공이 가능하게 되는 새로운 시장이 등장하고 있다.[44] 이처럼 디지털경제는 전통적인 산업에서 디지털기술을 이용하면서 변모하고 있을 뿐만 아니라, 디지털기술을 이용한 새로운 산업, 예컨대 전자상거래, 클라우드 컴퓨팅, 디지털 플랫폼, 공유경제, 사물인터넷, 3D 프린팅, 인공지능과 빅데이터, 블록체인 등의 새로운 산업이 등장하고 있다.[45] 아래에서는 디지털경제에서 등장한 여러 사업유형 중 대표적인 유형으로서 전자상거래, 클라우드 컴퓨팅, 디지털 플랫폼, 공유경제, 사물인터넷, 3D 프린팅, 인공지능과 데이터분석, 블록체인과 암호화폐에 대해 살펴본다.

2. 디지털경제에서 등장한 새로운 사업유형

(1) 전자상거래

OECD는 전자상거래(e-commerce transactions)를 "컴퓨터 네트워크를 통하여 기업, 가정, 개인, 정부, 공공 또는 민간단체와 같은 거래주체 사이에서, 주문을 하거나 받기 위하여 특별히 고안된 방법에 의하여 이루어지는 상품 또는 서비스의 판매 또는 구입으로서, 상품 또는 서비스의 주문은 온라인 네트워크를 통하여 주문되지만, 상품 또는 서비스에 대한 지급과 종국적인 인도는 온라인 또는 오프라인으로 이루어지는 것"으로 규정하고 있다.[46] 국제연합무역개발협의회(United Nations Conference on Trade and

---

Global, 2021, p.3.

44) OECD, *OECD Digital Economy Outlook 2020*, p.243.

45) 박정호 · 김석환 · 강부균 · 민지영 · 세르게이 발렌테이 · 예브게니 아브도쿠신 · 마르코 시디, 앞의 책, 15면.

Development, "UNCTAD")는 전자상거래를 승차공유 어플리케이션(ride-hailing application)과 같은 온라인 플랫폼을 기반으로 한 거래를 포함하여 온라인을 통하여 상품과 서비스를 판매하는 것으로서, 유형상품뿐만 아니라 디지털로 전송될 수 있는 무형상품(디지털 상품)과 서비스의 판매도 포함되는 것으로 정의한다.[47] 국내법상으로는 「전자상거래 등에서의 소비자 보호에 관한 법률」(이하 "전자상거래법")에서 전자상거래를 "재화나 용역을 거래할 때 그 전부 또는 일부가 전자문서 등 전자적 방식으로 처리되는 전자거래의 방법으로 상행위를 하는 것"으로 규정하고 있다(전자상거래법 제2조 제1호, 전자문서 및 전자거래기본법 제2조 제5호).

전자상거래에 포함될 수 있는 상거래의 유형은 다양할 것이나, 전자상거래가 이루어지는 '당사자', 즉 거래주체[48]를 기준으로 분류하면 아래와 같다.[49]

① B2B(Business to Business): 제조업자와 도매업자, 도매업자와 소매업자 사이와 같이 기업들 사이의 거래를 말한다. 이러한 거래는 각 기업이 국내 또는 해외에서의 공급망에 참여함으로써 이루어진다.

② B2C(Business to Customer): 기업과 소비자 사이의 거래로서, 오로지 온라인으로만 판매를 하는 기업과 전통적인 소매업자 또는 제조업자가

---

46) OECD(2011), *OECD Guide to Measuring the Information Society 2011*, OECD Publishing, 2011, available at https://read.oecd-ilibrary.org/science-and-technology/oecd-guide-to-measuring-the-information-society-2011_9789264113541-en#page1(이하 "OECD, *Information Society 2011*"), p.72.

47) UNCTAD, *Digital Economy Report 2019*, p.3, p.15.

48) 류인모·김철희, "전자상거래상의 조세범죄에 관한 연구", 「경찰학논총」 제7권 제1호, 원광대학교 경찰연구소, 2012, p.5, 280면.

49) UNCTAD, *Information Economy Report 2015: Unlocking the Potential of E-commerce for Developing Countries*, United Nations Publications, 2015, available at https://unctad.org/system/files/official-document/ier2015_en.pdf(이하 "UNCTAD, *Information Economy Report 2015*"), p.3.

온라인 판매를 추가한 방식을 모두 포함한다. 인터넷을 통하여 소비자에게 직접 판매를 하는 경로에는 전자상거래 웹사이트(e-commerce websites) 이외에도 소셜 네트워크(social networks), 크라우드소싱 플랫폼(crowdsourcing platforms), 모바일 어플리케이션(mobile applications) 등이 새로 등장하고 있다.

③ B2G(Business to Government): 기업과 정부기관 사이의 거래로서, 이 거래는 B2B 거래와 유사하지만, 공공 전자조달(public e-procurement)에서와 같이 구입자가 정부기관이라는 점에서 차이가 있다.

④ C2C(Customer to Customer): 소비자 상호간의 거래로서, eBay와 같은 온라인 판매플랫폼(online auction platform)과 온라인 커뮤니티 내에서의 판매가 포함된다.

한편, 전자상거래를 '거래유형'을 기준으로 구분하면 ① 온라인을 통하여 구입과 판매 등 거래를 하는 유형(e-transactions)과, ② 전자결제, 온라인 인터뷰, 전자적 전송 등 온라인을 통하여 사업과 관련된 정보를 전송하는 거래의 유형(e-transmission)으로 구분할 수도 있다.[50] 예컨대 전자문서교환(Electronic Data Interchange: EDI)은 표준화된 양식을 사용하여 컴퓨터 사이에 문서를 교환하여 업무에 활용하는 것으로서 온라인을 통하여 정보를 전송하는 거래의 일종이다.[51] 또한 핀테크를 기반으로 한 무역결제 플랫폼과 같은 서비스도 여기에 속한다.[52]

---

50) Kar-yiu Wong, "E-commerce and international trade", in Lurong Chen & Fukunri Kimura(ed), *Developing the Digital Economy in ASEAN*, Routledge, 2019, p.15.

51) 정진명, "블록체인 기반 스마트계약의 법률문제", 「비교사법」 제25권 제3호, 한국비교사법학회, 2018. 8.(이하 "정진명, 스마트계약"), 931면.

52) 신창섭·김희준, "핀테크 발전에 따른 무역결제방식의 변화와 법적 논의사항", 「무역상무연구」 제87권, 한국무역상무학회, 2020. 8., 119면; 전동석·유광현, "디지털무역 활성화를 위한 e-Payment 활용에 관한 연구", 「무역상무연구」 제87권, 한국무

(2) 클라우드 컴퓨팅(Cloud Computing)

클라우드 컴퓨팅은 셀프서비스 제공(self-service provisioning)과 주문형 관리(administration on-demand) 기능을 갖추고 확장 가능하고 신축적이며 공유 가능한 물리적인 또는 가상의 자원의 집단(pool)에 접근할 수 있도록 하는 네트워크 체제를 말한다.[53] 국내법상으로는 「클라우드컴퓨팅 발전 및 이용자 보호에 관한 법률」에서 '집적·공유된 정보통신기기, 정보통신설비, 소프트웨어 등 정보통신자원을 이용자의 요구나 수요변화에 따라 정보통신망을 통하여 신축적으로 이용할 수 있도록 하는 정보처리체계'로 정의하고 있다.[54] 클라우드 컴퓨팅은 컴퓨팅을 '서비스'로서 제공하기 위한 물리적 하드웨어, 네트워크, 스토리지(storage), 인터페이스(interface)의 결합으로 구성된다.[55] 클라우드 컴퓨팅은 이용자와 데이터 센터 사이에 정보를 주고 받는 시간을 극적으로 단축시키는 고속 인터넷의 등장,[56] 컴퓨터의 처리능력의 발전, 디지털 스토리지의 수용능력의 증가,[57] 소프트웨어 도구의 이용

역상무학회, 2020. 8., 74면.

53) International Telecommunication Union, Recommendation ITU-T Y.3500, "Information technology-Cloud computing-overview and vocabulary", August 2014, available at https://www.itu.int/rec/T-REC-Y.3500-201408-I, p.4.

54) 클라우드컴퓨팅 발전 및 이용자 보호에 관한 법률 제2조 제1호. 동법 제2조 제3호, 동법 시행령 제3조에서는 '클라우드컴퓨팅서비스'를 '클라우드컴퓨팅을 활용하여 상용(商用)으로 타인에게 정보통신자원을 제공하는 서비스로서 서버, 저장장치, 네트워크 등을 제공하는 서비스, 응용프로그램 등 소프트웨어를 제공하는 서비스, 응용프로그램 등 소프트웨어의 개발·배포·운영·관리 등을 위한 환경을 제공하는 서비스, 그 밖에 위와 같은 서비스를 둘 이상 복합하는 서비스 중 어느 하나에 해당하는 서비스로 규정하고 있다.

55) UNCTAD, *Information Economy Report 2013: The Cloud Economy and Developing Countries*, United Nations Publications, 2013, available at https://unctad.org/system/files/official-document/ier2013_en.pdf(이하 "UNCTAD, *Information Economy Report 2013*"), p.2.

56) UNCTAD, *Digital Economy Report 2019*, p.7.

57) UNCTAD, *Information Economy Report 2013*, p.2.

가능성의 향상 등과 함께 등장하였다.[58] 클라우드 컴퓨팅은 데이터, 소프트웨어 또는 어플리케이션을 이용자의 기기에 저장하는 것이 아니라,[59] 최종소비자가 원격으로 이용할 수 있도록 하는 방법으로 제공되는데, 이러한 절차는 이른바 "가상화(virtualization)"라고 한다.[60]

클라우드 컴퓨팅의 특징으로는, ① 네트워크를 통하여 물리적인 또는 가상의 자원에 표준적인 방법을 통하여 접근할 수 있도록 하는 광범위한 네트워크 접근성(Broad network access), ② 클라우드 서비스의 제공이 추적, 통제될 수 있도록 하는 측정된 서비스(Measured service), ③ 물리적인 또는 가상의 자원이 복수의 이용자에게 배분되고 각자의 컴퓨팅과 데이터가 서로 독립되고 접근할 수 없도록 하는 다중이용(Multi-tenancy), ④ 자동적으로 또는 클라우드 서비스 제공자와의 상호작용을 최소화하여 시간과 비용을 최소화하면서 고객이 컴퓨팅 능력을 제공받을 수 있게 하는 주문형 셀프서비스(on-demand self-service), ⑤ 자원을 신속하게 증가 또는 감소시키도록 물리적 또는 가상의 자원을 신속하고 신축적으로 조정할 수 있는 신축성(elasticity)과 확장성(scalability), ⑥ 클라우드 서비스 제공자의 물리적 또는 가상의 자원이 하나 또는 그 이상의 클라우드 서비스 이용자를 위하여 집적되어 공유되는 자원공유(resource pooling)를 들 수 있다.[61]

클라우드 컴퓨팅의 도입으로 인하여 유형적인 상품으로 제공되던 것이 '서비스화' 되고 있다.[62] 즉, 클라우드 컴퓨팅은 일반적으로 유사한 성질을

---

58) OECD, *Measuring the Digital Transformation*, p.42.

59) 윤현석·김우진, "디지털 경제시대의 클라우드컴퓨팅서비스 과세문제", 「조세와 법」 제13권 제1호, 서울시립대학교 법학연구소, 2020. 6., 72면.

60) UNCTAD, *Information Economy Report 2013*, p.4.

61) International Telecommunication Union, *op. cit.*, p.5.

62) 클라우드컴퓨팅 서비스계약이 국내법상으로는 민법상 임대차계약, 임치계약 및 소

가진 서비스끼리 한데 묶어 "서비스로서의 X(X as a Service)"로 설명된다.[63] 통상 크게 세 가지의 다른 모델로 설명되는데, IaaS, PaaS, SaaS가 그 것이다.[64] 차례로 살펴보면 아래와 같다. ① 서비스로서의 기반시설(Infrastructure as a Service: IaaS)은 클라우드 서비스 제공자의 프로세싱(processing), 스토리지(storage), 네트워크(networks)와 기타 운영시스템과 어플리케이션을 포함한 컴퓨팅 자원을 클라우드 고객이 이용할 수 있도록 제공하는 유형이고, ② 서비스로서의 플랫폼(Platform as a Service: PaaS)은 고객이 클라우드 서비스 제공자의 프로그래밍 도구를 포함한 플랫폼 도구 내에서 그들 스스로의 어플리케이션과 데이터를 이용하는 유형이며, ③ 서비스로서의 소프트웨어(Software as a Service: SaaS)는 고객이 스스로의 하드웨어가 아니라 클라우드 제공자의 기반시설에서 소프트웨어를 가동하는 유형이다.[65] 이를 통해 클라우드 서비스 이용자들은 클라우드 '서비스 제공자'에 의하여 제공되는 '서비스'를 임차하거나 또는 구독하는 방법(subscription basis)으로 원격으로 컴퓨팅 또는 IT 설비를 이용할 수 있게 된다.[66] 이에 따라 기업은 기반시설을 구축하는데 많은 비용을 들이지 않고서도 고성능의 컴퓨팅 능력을 이용할 수 있다.[67] 기업은 이를 통하여 많

프트웨어 사용허락(license) 계약으로서의 성질을 모두 가지는 혼합계약이라고 보는 견해로는 주강원, "클라우드컴퓨팅서비스의 계약법적 논점", 「홍익법학」 제22권 제1호, 홍익대학교 법학연구소, 2021. 2., 670면.

63) International Telecommunication Union, *Ibid.*, p.6; UNCTAD, *Information Economy Report 2013*, p.5.

64) Cody Miller, Wendy Lally, Liyan Xiao, David Burchfield, Shihab Hanayneh and Tugrul Daim, "Technical Transformation : Cloud Services", in Tugrul U. Daim(ed), *Digital Transformation: Evaluating Emerging Technologies*, World Scientific Publishing Co. Pte. Ltd., 2020, p.35.

65) UNCTAD, *Information Economy Report 2013*, p.5, p.6; International Telecommunication Union, *Ibid.*, p.6.

66) UNCTAD, *Information Economy Report 2013*, p.6.

은 비용을 아낄 수 있을 뿐만 아니라, 유지관리가 용이하다는 이점을 누린다.[68]

(3) 디지털 플랫폼(Digital Platforms)

디지털 플랫폼은 '온라인 플랫폼(online platforms)'[69] 내지 '전자적 플랫폼(electronic platforms)'으로도 불린다.[70] 플랫폼이란 상호작용을 하는 일련의 당사자를 한데 모으는 기술적 방법을 기반으로, 외부생산자(external producers)와 소비자 사이의 상호작용을 가능하게 하는 사업모델을 의미한다.[71] 그리고 온라인 플랫폼이란 인터넷을 통하여 둘 이상의 구별되고 독립적인 이용자 사이의 상호작용을 촉진하는 디지털 서비스로 정의할 수 있다.[72] 이때 이용자라 함은 개인뿐만 아니라 그 규모를 불문하고 모든 기업을 포함하며, 정부나 비정부기구 기타 다른 행위주체가 포함된다.[73] 디지털

67) Amit Pingle & Tugrul Daim, "Technical Transformation: Cloud Computing", in Tugrul U. Daim(ed), *Digital Transformation: Evaluating Emerging Technologies*, World Scientific Publishing Co. Pte. Ltd., 2020, p.56.

68) Amit Pingle & Tugrul Daim, *Ibid.*, p.56.

69) 공정거래위원회가 2021. 3. 5. 입법예고한 전자상거래 등에서의 소비자보호에 관한 법률 개정안에서는 '온라인 플랫폼'이라는 용어를 사용하고 있다. 개정안에서는 '온라인 플랫폼'을 "둘 이상의 집단의 이용자들 간에 재화 등의 거래, 정보 교환 등 상호작용을 목적으로 하는 인터넷 홈페이지, 모바일 응용프로그램 및 이에 준하는 전자적 시스템"으로 정의하고 있다(개정안 제2조 제4호).

70) Piotr Tereszkiewicz, "Digital Platforms: Regulation and Liability in EU Law", in Larry A.DiMatteo, Michel Cannarsa and Cristina Poncibò(ed), *The Cambridge Handbook of Smart Contracts, Blockchain Technology and Digital Platform*, Cambridge University Press, 2019, p.143.

71) Geoffrey G. Parker, Marshall W. Van Alstyne and Sangeet Paul Choudary, *Platform Revolution : How Networked Markets are Transforming the Economy and How to Make Them Work for You*, W. W. Norton & Company, 2016, p.5.

72) OECD(2021), *The Digital Transformation of SMEs*, OECD Studies on SMEs and Entrepreneurship, OECD Publishing, 2021, available at https://doi.org/10.1787/bdb9256a-en("OECD, *The Digital Transformation of SMEs*"), p.114.

플랫폼은 기반시설(infrastructures)과 중개자(intermediaries) 모두를 의미할 수 있으며, 이때 중개자는 양면시장(multi-sided markets)에서의 서로 다른 면에 존재하는 서로 다른 그룹의 사람들을 연결해준다.[74] 즉, 디지털 플랫폼에서는 플랫폼 운영자, 서비스 제공자 또는 판매자, 이용자의 다수 당사자 관계가 형성된다.[75] 예컨대 페이스북(Facebook)은 이용자와 광고주, 개발자를 연결해주고, 우버(Uber)는 탑승자와 운전사를 연결해준다.[76] 또한 소셜미디어를 통하여 수많은 이용자들이 쉽고 한계 없이 콘텐츠를 공유할 수 있게 되었고,[77] 이용자 상호간에 콘텐츠를 교환하며 상호작용할 수 있게 되었다.[78]

또한 디지털 플랫폼에는 이용자들이 상호간에 거래를 할 수 있는 기반시설을 제공하는 중개자로서의 역할만 하는 형태와, 거기에 더하여 결제, 운송 등 부수적인 서비스를 함께 제공하는 형태가 있다.[79] 이를 세분화하면 거래플랫폼(transaction platform), 혁신플랫폼(innovation platforms), 통합플랫폼(integrated platforms), 그리고 투자플랫폼(investment platforms)으로 나눌 수 있다.[80] 그 중 가장 널리 이용되는 거래플랫폼(transaction platforms)은

---

73) OECD, *The Digital Transformation of SMEs*, p.114.

74) UNCTAD, *Digital Economy Report 2019*, p.25; Peter C. Evans & Annabelle Gawer, *The rise of the platform enterprise: A global survey*, The Emerging Platform Economy Series no.1, The Centre for Global Enterprise, 2016, available at https://www.thecge.net/wp-content/uploads/2016/01/PDF-WEB-Platform-Survey_01_12.pdf, p.4.

75) Piotr Tereszkiewicz, *op. cit.*, p.143.

76) UNCTAD, *Digital Economy Report 2019*, p.25.

77) Teissir Benslama & Rim Jallouli, *op. cit.*, p.54.

78) Namitha Shetty & Tugrul Daim, "Technical Transformation : IT in Disaster Management", in Tugrul U. Daim(ed), *Digital Transformation: Evaluating Emerging Technologies*, World Scientific Publishing Co. Pte. Ltd., 2020, p.143.

79) Piotr Tereszkiewicz, *op. cit.*, p.146.

80) Peter C. Evans & Annabelle Gawer, *op. cit.*, p.6, 7; UNCTAD, *Digital Economy*

여러 이용자, 구매자 또는 공급자 사이의 제품 또는 서비스의 교환 또는 거래를 용이하게 하는 매개체 내지 중개자로서 행위하는 플랫폼을 말한다.[81] 즉, 양면·다면 플랫폼 또는 둘 이상의 시장에 온라인 기반시설을 제공하여 다수 당사자가 거래를 할 수 있도록 하는 것을 말한다.[82] 이러한 플랫폼은 판매자와 소비자를 연결하는 역할을 한다.[83] 이러한 거래플랫폼은 아마존(Amazon), 알리바바(Alibaba), 페이스북(Facebook)과 이베이(eBay)와 같은 주요 디지털 회사의 핵심적인 사업모델이고, 우버(Uber)나 에어비앤비(Airbnb)와 같은 사업모델도 여기에 해당한다.[84]

(4) 공유경제(Sharing Economy)

공유경제(sharing economy, collaborative economy)란 개인이 자산을 직접 소유하기보다는 이용하고자 하는 개인들이 유휴자산에 접근할 수 있도록 연결시켜 주는 디지털 플랫폼을 말한다.[85] 유럽연합집행위원회(European

---

Report 2019, p.25.

81) Peter C. Evans & Annabelle Gawer, *Ibid.*, p.4; 공정거래위원회 보도자료, "공정위, 전자상거래 소비자보호법 전부개정안 입법예고", 2021. 3. 5.에서는 '중개플랫폼'이라는 용어를 사용하면서, 단순한 중개 기능을 넘어 플랫폼 사업자가 광고 게재, 청약 접수, 대금 수령, 배송 대행, 청약 철회 접수, 대금 환급 등 거래에 관여하는 정도 및 역할이 증가하고 있다고 한다.

82) Peter C. Evans & Annabelle Gawer, *Ibid.*, p.4.

83) Jia Wang & Lei Chen, "Regulating Smart Contracts and Digital Platforms: A Chinese Perspective", in Larry A.DiMatteo, Michel Cannarsa and Cristina Poncibò(ed), *The Cambridge Handbook of Smart Contracts, Blockchain Technology and Digital Platform*, Cambridge University Press, 2019, p.199.

84) Peter C. Evans & Annabelle Gawer, *op. cit.*, p.4; UNCTAD, *Digital Economy Report 2019*, p.25.

85) Katerina Pantazatou, "The Taxation of the Sharing Economy", in Werner Haslehner, Georg Kofler, Katerina Pantazatou and Alexander Rust(ed), *Tax and the Digital Economy: Challenges and Proposals for Reform*, Kluwer Law International B.V., 2019, pp.215~216.

Commission)는 공유경제를 "개인(private individual)에 의하여 제공되는 상품 또는 서비스에 대한 일시적 이용을 위한 공개시장(open marketplace)으로서의 협력플랫폼(collaborative platforms)"으로 정의하고 있다.[86] OECD 2018년 중간보고서에서는 공유경제를 "자산 또는 서비스가 유상 또는 무상으로 사적 개인들 사이에 공유되는 시장"을 의미한다고 보고 있다.[87] 공유경제에서 개인들이 소유한 집 또는 차와 같은 자산을 이용하여 예상하지 못한 사업기회를 제공하고 소유의 필요성을 줄이며, 더 낮은 거래비용으로 더 나은 품질의 제품과 편리한 서비스를 이용할 수 있도록 한다.[88]

공유경제 플랫폼은 서비스 제공자가 어떻게 보상을 받는지(이용자가 서비스 제공자에게 기부를 하는지 아니면 대가를 지불하는지), 가격이 어떻게 결정되는지(개별적인 서비스 제공자에 의하여 결정되는지 아니면 플랫폼에서 정해지는지), 플랫폼이 서비스 제공자에게 운영 및 관리를 제공하는지, 서비스 제공자에 대한 플랫폼의 통제의 정도 등에 따라 그 유형이 매우 다양하며, 이처럼 그 유형이 매우 다양하기 때문에 공유경제의 모든 플랫폼과 사업유형에 적용되는 조세체계를 구축하는 것은 용이하지 않다.[89] 그리고 공유경제에 대해 기존의 조세규칙을 적용함에 있어서는 납세자와 과세대상 소득을 확인하는 것이 어렵고, 서비스 제공자에 대한 정보를 입수하는 것이

---

86) European Commission, Communication from the commission to the European Parliament, The Council, The European Economic and Social Committee and the Committee of the Regions, A European agenda for the collaborative economy, COM(2016) 356 final, June 2016, available at https://ec.europa.eu/transparency/regdoc/rep/1/2016/EN/COM-2016-356-F1-EN-MAIN-PART-1.PDF, p.3.

87) OECD(2018), *Tax Challenges Arising from Digitalisation-Interim Report 2018*, OECD Publishing, 2018(이하 "OECD, *Interim Report 2018*"), available at https://www.oecd-ilibrary.org/docserver/9789264293083-en.pdf?expires=1621778563&id=id&accname=guest&checksum=DFAC2A2E659FED36A7924C4374FBE0C8, p.208.

88) World Bank, *Russia Digital Economy Report*, p.27.

89) Katerina Pantazatou, *op. cit.*, p.218.

용이하지 않으며, 디지털 분야에서 공격적인 세무계획(tax planning)과 각 국가의 조세실무의 차이 및 불충분한 정보교환으로 인한 어려움이 존재한다.[90] 또한 대부분의 전 세계적인 디지털 플랫폼은 그들의 소득을 대부분 수수료(royalties)로 세율이 낮거나 0인 관할권에서 세금신고를 함에 따라 낮은 실효세율로부터 이익을 얻는 구조를 취하고 있는데, 공유경제 플랫폼에서도 마찬가지의 문제가 발생할 수 있다.[91]

(5) 사물인터넷(Internet of Things)

사물인터넷은 센서(sensors), 계량기(meters), 무선주파수인식(radio frequency identification, RFID) 기타 장치(gadgets)와 같은 인터넷에 연결된 기기(devices)가 다양한 일상생활에서의 사물에 삽입되어 상호간에 다양한 종류의 데이터를 주고받을 수 있도록 하는 집합체를 말한다.[92] 세계은행(The World Bank)은 사물인터넷을 "데이터를 수집하고 인터넷 또는 지역적 네트워크에 연결되어 분석을 생성하고 경우에 따라 네트워크의 데이터와 분석에 근거하여 행동과 반응을 조정하는 연결된 장치"로 정의하고 있다.[93] 국내법상으로는 '인터넷을 기반으로 모든 사물을 연결하여 사람과 사물, 사물과 사물 간의 정보를 상호 소통하는 지능형 기술 및 서비스'로 정의되고 있다.[94]

---

90) European Commission, *op. cit.*, p.13.

91) Katerina Pantazatou, *op. cit.*, p.219.

92) UNCTAD, *Digital Economy Report 2019*, p.7.

93) World Bank(2017), *Internet of Things: The New Government to Business Platform*, World Bank Group, 2017(이하 "World Bank, *Internet of Things*"), available at http://documents1.worldbank.org/curated/en/610081509689089303/pdf/120876-REVISED-WP-PUBLIC-Internet-of-Things-Report.pdf, p.25.

94) 경기도교육청 사물인터넷 구현을 위한 인재양성에 관한 조례 제2조(정의) 제1호. 광주광역시 북구 4차 산업육성 및 지원에 관한 조례 제4조(4차산업 기업) 제1항 제1호에서

사물인터넷을 뒷받침하는 주요 기술은 센서(sensors), 네트워크(networks), 그리고 분석기술(analytics)이다. 즉, 센서에서 데이터를 수집하고, 네트워크를 통해 데이터를 전송하여 의사소통을 하며, 분석기술(analytics)을 기반으로 데이터를 분석함으로써 작동한다.[95] 센서들 상호간에 의사소통을 하고 상호조정을 함으로써 인간의 관여가 없이도 자동화가 이루어져 실시간으로 의사소통을 하고,[96] 정보를 교환한다.[97] 오늘날, 센서의 비용이 낮아져 로봇과 생산설비뿐만 아니라 가전제품, 건물, 웨어러블 디바이스(wearable device) 등에도 삽입되고 있고,[98] 스마트 홈, 산업자동화(industrial automation) 등의 부문에서도 활용되고 있다.[99] 상품, 가축에 RFID를 부착하여 추적하거나 토양이나 날씨를 추적관찰하기도 한다.[100] 또한 제조환경에서 센서 기술을 이

는 '사물인터넷(IoT)'을 '사물인터넷(가전제품, 모바일 장비, 휴대용컴퓨터 등 각종 사물에서 센서와 통신 기능을 내장하여 인터넷에 연결하는 기술)을 이용하여 자동차, 건강·주거환경 관리, 산업생산성 향상, 재난·재해예방, 환경·에너지 관리 등에 활용 또는 이를 위한 기술적인 환경과 보안체제를 구축하는 것'으로 정의하고 있다.

95) World Bank, *Internet of Things*, p.25.

96) Vasaki Ponnusamy, Naveena Devi Regunathan, Pardeep Kumar, Robithoh Annur and Khalid Rafique, "A Review of Attacks and Countermeasures in Internet of Things and Cyber Physical Systems", in Pardeep Kumar, Vasaki Ponnusamy and Vishal Jain(ed), *Industrial Internet of Things and Cyber-Physical Systems : Transforming the Conventional to Digital*, IGI Global, 2020, p.3.

97) Ahmed Alzahrani, Majed Alshamlani, Wei-Chen Hsu, Shreyas Harish and Tugrul Daim, "Personal Transformation: Evaluation of Smart Home Hubs", in Tugrul U. Daim(ed), *Digital Transformation : Evaluating Emerging Technologies*, World Scientific Publishing Co. Pte. Ltd., 2020, p.217.

98) UNCTAD, *Information Economy Report 2017: Digitalization, Trade and Development*, United Nations Publications, 2017(이하 "UNCTAD, *Information Economy Report 2017*"), available at https://unctad.org/system/files/official-document/ier2017_en.pdf, p.5.

99) Sandeep Mathur & Ankita Arora, "Internet of Things(IoT) and PKI-Based Security Architecture", in Pardeep Kumar, Vasaki Ponnusamy and Vishal Jain(ed), *Industrial Internet of Things and Cyber-Physical Systems: Transforming the Conventional to Digital*, IGI Global, 2020, pp.29~34.

100) UNCTAD, *Digital Economy Report 2019*, p.7.

용하여 수집된 데이터를 기반으로 복잡한 업무를 단순화하고 반복적인 작업을 자동화하여 생산성을 향상시키기도 한다.[101]

이처럼 시장에서 방대한 양의 기기들이 서로 연결되면서 사물인터넷 시장은 기하급수적으로 성장하고 있다.[102] 2017년에는 전 세계적으로 전년도에 비해 약 31%가 증가한 84억 개 이상의 기기가 연결될 것으로 예상되었고, 2020년에는 260억 개 이상의 기기가 연결될 것으로 전망되었다.[103] 이와 같이 연결된 다양한 시간과 장소에서의 다양한 기기들로부터 데이터가 지속적으로 수집되기 때문에, 방대한 양의 데이터가 축적되어 클라우드를 통하여 저장되고 처리될 것이며,[104] 이후 고도화된 분석기술을 통하여 그 데이터로부터 의미있는 정보가 생성될 것이다.[105] 사물인터넷과 같은 디지털기술의 이용에 따라 수집된 데이터는 그것이 적절하고 효율적으로 이용된다면 지식, 혁신과 이익의 새로운 원천이 될 수 있고 이를 통해 새로운 가치가 창출될 것이다.[106]

---

101) Felix Mannhardt, Manuel Oliveira and Sobah Abbas Petersen, "Designing a Privacy Dashboard for a Smart Manufacturing Environment", in Ilias O. Pappas, Patrick Mikalef, Yogesh K. Dwivedi, Letizia Jaccheri, John Krogstie and Matti Mäntymä ki(ed), *Digital Transformation for a Sustainable Society in the 21st Century, I3E 2019 IFIP WG 6.11 International Workshops Trondheim, Norway, September 18-20, 2019 Revised Selected Papers*, Springer Nature Switzerland AG, 2020, p.79.

102) Surekha Rani Chanamolu & Tugrul Daim, "Technical Transformation: Internet of Things", in Tugrul U. Daim(ed), *Digital Transformation: Evaluating Emerging Technologies*, World Scientific Publishing Co. Pte. Ltd., 2020, p.84.

103) Surekha Rani Chanamolu & Tugrul Daim, *Ibid.*, p.84.

104) UNCTAD, *Information Economy Report 2017*, p.5.

105) World Bank, *Internet of Things*, p.26.

106) UNCTAD, *Information Economy Report 2017*, p.5.

(6) 3D 프린팅(Three-dimensional printing)

3D 프린팅은 이른바 적층제조(적층가공, additive manufacturing)로도 알려져 있는데, '디지털 도면을 이용하여 제조를 위한 틀이나 절삭도구 없이도 소재를 적층하는 방식으로 3차원 물체를 제조하는 기술'을 말한다.[107] 국내 법상으로는 "삼차원프린팅"으로서, "삼차원형상을 구현하기 위한 전자적 정보('삼차원 도면')를 자동화된 출력장치를 통하여 입체화하는 활동"으로 정의되고 있다.[108] 3D 프린팅의 등장으로 완성품이 아니라 설계(designs)가 국제적으로 거래될 수 있게 됨으로써 제조업 절차를 파괴할 수 있다.[109] 특히 개인용 3D 프린터가 보급되고 상용화되면, 소비자들은 3D 데이터를 다운로드 받거나 전송받아 가정 내에서 제품을 제작하는 것이 가능하게 될 것이다.[110] 이는 전통적인 제조업에서 제품의 생산과 유통이라는 형태를 극적으로 변화시켜 개개의 소비자가 직접 필요한 제품을 생산하는 것이 가능하게 되므로,[111] 고객 맞춤형 다품종 소량생산이 이루어지게 된다.[112] 그리고 디지털 설계파일이 거래대상이 되어 디지털 콘텐츠 사업으로서의 성격을 가지게 될 뿐만 아니라, '서비스'로서 설계를 이용하게 될 것이다.

(7) 인공지능(Artificial Intelligence)과 데이터분석(data analytics)

1950년 영국의 수학자 앨런 튜링(Alan Turing)이 컴퓨팅 기계와 지능에

---

107) 정재현·이재선·손다혜, 「3D 프린팅 기술발전에 따른 무역 및 통관환경의 변화」(관세연구 20-02), 한국조세재정연구원, 2020, 13면.

108) 「삼차원프린팅산업 진흥법」제2조(정의) 제1호.

109) UNCTAD, *Digital Economy Report 2019*, p.6.

110) 김도경·정혜련, "3D 프린팅 신기술 등장에 따른 패션디자인 보호를 위한 저작권법의 재조명", 「경영법률」제30집 제2호, 한국경영법률학회, 2020. 1., 309면.

111) 김도경·정혜련, 위의 논문, 312면.

112) 「삼차원프린팅산업 진흥법(2015. 12. 22. 법률 제13582호로 제정된 것)」제정이유.

대한 논문을 발표하여 기계가 생각을 할 수 있는지에 대한 의문을 제기한 이후, 1956년의 다트머스 하계연구프로젝트(Dartmouth Summer Research Project)에서 존 매카시(John McCarthy), 앨런 뉴웰(Alan Newell), 아서 새뮤얼(Arthur Samuel), 허버트 사이먼(Herbert Simon)과 마빈 민스키(Marvin Minsky)에 의하여 인공지능(Artificial Intelligence, "AI")의 원칙이 제시됨에 따라 인공지능(AI)의 개념이 등장하였다.[113] 이후 1990년대에 이르러 컴퓨터의 성능과 데이터 용량이 증가함에 따라 복잡한 업무를 수행할 수 있게 되면서 인공지능이 본격적으로 발달하기 시작하였다.[114]

인공지능(AI)이라는 용어가 매우 광범위하게 사용되고 있지만, 국제적으로 합의된 정의는 없다.[115] OECD는 인공지능 시스템(AI system)을 "인간에 의하여 정의된 목표를 위하여, 현실 또는 가상의 환경에 영향을 미치는 예측, 권고 또는 결정을 내릴 수 있는 기계에 기반한 시스템"으로 정의하고 있다.[116] 인공지능(AI)은 '목표를 달성하기 위한 방법을 자동적으로 찾아내는 컴퓨터 프로그램'으로서, 인간과 유사한 인지기능을 수행하는 시스템이라고 할 수 있다.[117] 국내법상으로는 인공지능을 '인간의 지능이 가지는 학습, 추론, 지각, 자연언어 이해 등의 기능을 전자적 방법으로 구현하는 소프트웨어나 컴퓨터 시스템, 그 밖의 장치'로 정의되고 있다.[118] 또한 '지능형

---

113) OECD(2019), *Artificial Intelligence in Society*, OECD Publishing, 2019(이하 "OECD, *Artificial Intelligence*"), available at https://doi.org/10.1787/eedfee77-en, p.20.

114) OECD, *Artificial Intelligence*, p.20.

115) OECD, *The Digital Transformation of SMEs*, p.195.

116) OECD(2019), *Recommendation of the Council on Artificial Intelligence*, OECD Legal Instrument, OECD, 2019(이하 "OECD, *Recommendation of the Council on Artificial Intelligence*"), available at https://legalinstruments.oecd.org/en/instruments/OECD-LEGAL-0449.

117) OECD, *Measuring the Digital Transformation*, p.32.

로봇'이라는 용어를 사용하여 '외부환경을 스스로 인식하고 상황을 판단하여 자율적으로 동작하는 기계장치(기계장치의 작동에 필요한 소프트웨어를 포함한다)'로 규정하고 있다.[119] 이러한 인공지능(AI)은 상호 연결된 다양한 기술적인 세부분야로 구성되며, 예컨대 자연어 처리(natural language processing), 음성인식(speech recognition), 영상처리(image processing), 로봇공학(robotics)과 같은 것이다.[120]

머신러닝(machine learning)을 포함한 인공지능(AI)의 개발은 발전한 컴퓨터 처리능력과 더불어 알고리즘(algorithms)을 이용한 방대한 디지털 데이터를 분석할 수 있게 한다.[121] 이때 알고리즘이란 컴퓨터가 계산을 하거나 문제해결을 함에 있어서 따라야 하는 규칙 또는 절차의 집합을 말한다.[122] 일반적으로 컴퓨터 프로그램은 구체적인 임무를 수행하도록 하는 일련의 지시로 구성되는데, 머신러닝은 새로운 정보를 기반으로 하여 이러한 지시를 수정함으로써, 추가적인 인간의 관여 없이도 능동적으로 업무를 수행하도록 한다.[123] 인공지능(AI)은 이미 IBM의 왓슨(Watson)에서와 같이 음성인식(voice recognition)과 상업제품에 이용되고 있다.[124] 또한 인공지능(AI)은 제조, 금융, 운송, 의료 등 다양한 분야에 걸쳐서 이용되고 있고,[125] 컴퓨터 게임, 번역시스템, 안면인식, 의료진단시스템, 오토파일럿 등

---

118) 광주광역시 인공지능(AI)산업 육성 및 지원 조례 제2조(정의) 제1호. 창원시 인공지능 산업육성 및 지원에 관한 조례에서는 '인간의 학습능력과 추론능력, 지각능력, 자연언어의 이해능력 및 감성적·창의적 기능을 수행하는 능력 등을 컴퓨터로 구현하는 과학기술'로 규정하고 있다(제2조).

119) 「지능형 로봇 개발 및 보급 촉진법」 제2조(정의) 제1호.

120) OECD, *The Digital Transformation of SMEs*, p.195.

121) UNCTAD, *Digital Economy Report 2019*, p.8.

122) 정진명, 스마트계약, 932면.

123) Robert D. Helfand, *op. cit.*, p.6.

124) UNCTAD, *Digital Economy Report 2019*, p.8.

의 다양한 분야에서 활용되고 있다.[126)

    디지털경제에서 핵심적인 기술은 이른바 "빅데이터(big data)"로 불리는 데이터 분석(data analytics)인데, 이는 방대한 양의 데이터를 분석하고 처리하는 능력을 의미한다.[127) 국내법상으로는 빅데이터를 '정보처리능력을 가진 장치를 통하여 공개정보 및 이용내역정보 등을 처리(수집, 생성, 저장, 조합, 분석, 그 밖에 이와 유사한 행위를 말한다)하여 생성되는 정보 및 이로부터 가치를 추출하고 결과를 분석하는 기술'로 정의하고 있다.[128) 인공지능(AI) 시스템이 가능하기 위해서는 컴퓨팅 능력(computing power), 스토리지 수용력(storage capacity), 초고속 인터넷, 사물인터넷의 보급 등 기술개발이 필요하므로, 인공지능(AI)은 디지털경제의 여러 분야의 발전과 궤를 같이 한다.[129) 최근 빅데이터, 클라우드 컴퓨팅과 관련된 컴퓨팅 능력 및 저장능력이 급격히 발달하고, 이른바 머신러닝(machine learning)이라고 불리는 기술에 의하여 인공지능(AI)의 영향력이 급격히 증가하고 있다.[130)

---

125) OECD, *Recommendation of the Council on Artificial Intelligence*.

126) Aleksejs Zorins, *op. cit.*, p.56.

127) UNCTAD, *Digital Economy Report 2019*, p.9.

128) 광주광역시 빅데이터 활용 조례 제2조(정의), 광주광역시 북구 4차 산업 육성 및 지원에 관한 조례 제4조(4차산업 기업) 제1항 제3호. 한편, 광주광역시 남구 4차 산업혁명 촉진에 관한 조례에서는 '빅데이터'를 '정보처리능력을 가진 장치를 통하여 공개정보 및 이용내역정보 등을 처리(수집, 생성, 저장, 조합, 분석 그 밖에 이와 유사한 행위를 포함한다)하여 생성되는 정보 및 이로부터 가치를 추출하고 결과를 분석하는 기술'로 정의하고 있다. 경기도 빅데이터 활용에 관한 조례 제2조, 경상남도 빅데이터 활용 및 빅데이터산업 육성에 관한 조례 제2조 제1호에서는 '디지털환경에서 생성되는 정형 또는 비정형의 수치, 문자, 영상 등의 대량 데이터의 집합 및 이로부터 가치를 추출하고 결과를 분석하는 기술'로 정의하고 있다.

129) OECD, *The Digital Transformation of SMEs*, p.196.

130) OECD, *Artificial Intelligence*, p.21.

(8) 블록체인(Block chain)과 암호화폐

블록체인(Block chain)은 분산원장기술(distributed ledger technology, DLT)의 유형으로서, 중앙서버가 아닌 분산화된 네트워크에 참여자가 공동으로 정보를 기록하고 관리하는 원장을 구현하는 기술,[131] 즉 암호로 보안이 유지되고 탈중심화되며 분산되고 위조될 수 없는 원장을 말한다.[132] 국내법상으로는 '블록체인 기술'을 '모든 구성원이 분산형 네트워크를 통해 정보 및 가치를 검증·저장·실행함으로써 특정인의 임의적인 조작이 어렵도록 설계된 분산 신뢰 인프라를 구현하기 위한 기술'로 정의하고 있다.[133]

'분산된 원장 기술'에서는 데이터(정보)가 저장된 원장인 블록을 체인 형태로 연결[134]하고 그 블록을 중앙집중형 서버에 저장하는 것이 아니라 네트워크에서의 분산된 여러 노드(nodes)[135]에 동시에 복제하여 저장한다.[136]

---

131) 이상민 의원이 대표발의한 블록체인 진흥 및 육성 등에 관한 법률안(2020. 9. 22.)에서는 블록체인 기술을 "중앙서버가 아닌 분산화된 네트워크에 참여자가 공동으로 정보를 기록하고 관리하는 원장을 구현하여 누구도 정보를 임의로 수정할 수 없고 누구나 정보의 변경결과를 열람할 수 있도록 하는 기술"로 정의하고 있다. 다만 이는 개방형 블록체인을 전제로 한 것으로 보이는데, 아래에서 살펴보는 바와 같이 일정한 허가를 득한 참여자만 정보를 수정하고 기록, 열람할 수 있도록 하는 형태도 있다.

132) World Bank, *Russia Digital Economy Report*, p.22; 미국 애리조나주법에서는 무역과 상거래에 관한 제44편 제26장 제5조(블록체인기술)(Arizona Revised Statues Title 44, Chapter 26, Article 5) 44-7061, E. 1.에서 블록체인 기술에 대한 정의규정을 두고 있다. 위 규정에서는 "개방형 또는 폐쇄형으로, 허가형 또는 비허가형으로, 토큰화된 암호경제에 의하여 또는 토큰 없이 구동되는 분산화되고, 탈중앙화되며, 공유되고 복제되는 원장을 이용한 분산원장기술(distributed ledger technology that uses a distributed, decentralized, shared and replicated ledger, which may be public or private, permissioned or permissionless, or driven by tokenized crypto economics or tokenless)"로 정의하고 있다.

133) 부산광역시 블록체인 기술 및 산업 활성화에 관한 조례 제2조(정의) 제1호.

134) 과학기술정보통신부·한국과학기술기획평가원(KISTEP), 「2018년 기술영향평가 결과보고 블록체인의 미래」, 동진문화사, 2019, available at https://www.kistep.re.kr/board.es?mid=a10402000000&bid=0003&act=view&list_no=39637&tag=&nPage=12, 16면.

블록체인은 네트워크의 참여자에 의하여 이른바 'peer-to-peer 방식'[137]을 통하여 운영된다.[138] 네트워크의 참여자가 공동으로 정보가 담긴 블록을 나누어 가지며,[139] 공동으로 검증하고 정보를 기록, 보관함으로써 중개자 없이도 신뢰를 확보한다.[140] 비록 분산원장기술은 비트코인(Bitcoin)이나 이더리움(Ethereum)과 같은 암호화폐와 관련하여서 널리 알려졌기는 하였지만,[141] 블록체인 기술은 블록체인의 네트워크에서 이루어지는 거래에 대해 진정성립을 확인하고 증명할 수 있는 기술적 수단을 제공함으로써,[142] 암호화폐뿐만 아니라 상당히 넓은 범위의 산업에 영향을 미치고 있다.[143] 최

---

135) 이때 노드(nodes)란 블록체인 네트워크에 연결된 컴퓨터를 말한다(이대희 · 박민주, "지적재산권에 대한 블록체인 기술의 활용 및 한계", 「정보법학」 제23권 제2호, 한국정보법학회, 2019. 8., 74면).

136) 윤태영, "블록체인 기술을 이용한 스마트계약(Smart Contract)", 「재산법연구」 제36권 제2호, 한국재산법학회, 2019. 8., 72면.

137) 'peer-to-peer'란 '단말기로부터 단말기로'라는 의미인데, 단말기 이용자가 중앙서버를 통하지 않고 다수의 단말기 이용자끼리 직접 정보를 교환하는 것을 말한다(손경한, 「블록체인과 법」, 박영사, 2019, 8면).

138) Luís Flávio Neto, "The Blockchain Revolution for Transfer Pricing Documentation : If Not in 2020, Then When?", in Pasquale Pistone & Dennis Weber(ed), *Taxing the Digital Economy - The EU Proposals and Other Insights*, IBFD, 2019, p.315.

139) 이때 '분산'이라는 것은 데이터를 쪼개어 나눠가진다는 것이 아니라, 블록체인 네트워크에 참여한 모든 노드(nodes)에 원본과 복사본의 구분도 없이 동일한 데이터를 중복하여 저장된다는 의미이다. 이때 노드 사이의 정보교환은 새로운 거래정보를 네트워크에 참여한 모든 노드에 방송을 보내는 것처럼 전달하는 이른바 브로드캐스팅(broadcasting) 방식에 의한다(김병필 · 전정현, "블록체인 기술의 활용 범위에 관한 비판적 고찰", 「정보법학」 제23권 제1호, 한국정보법학회, 2019. 4., 159면).

140) 과학기술정보통신부 보도자료, "7대분야 블록체인 전면도입, 분산신원증명 집중육성", 2020. 6. 25.(이하 "과학기술정보통신부 보도자료"); 관계부처 합동, "초연결 · 비대면 신뢰사회를 위한 「블록체인 기술 확산 전략」", 2020. 6.(이하 "관계부처 합동"), 1면; 과학기술정보통신부 · 한국과학기술기획평가원(KISTEP), 앞의 책, 16면.

141) OECD, *The Digital Transformation of SMEs*, p.155; 여기서 암호화폐는 peer-to-peer 네트워크에서 안전한 거래를 위하여 암호화 기술을 사용하는 가상화폐를 말하며, IMF는 가상화폐(virtual currency)라는 용어를 사용하고 있다(손경한, 앞의 책, 131면).

142) 정진명, 스마트계약, 935면.

143) Anthony J. Biller & David M. Chambers, "Distributed Ledger Trademark Registry? A

근에는 블록체인의 개발 환경을 클라우드에 기반하여 개발 및 구축할 수 있도록 필요한 기능을 인터넷을 통하여 제공하는 서비스로서의 블록체인 (Blockchain-as-a-Service, BaaS)도 등장하고 있다.[144) 블록체인도 이른바 '파괴적인 기술'의 일종으로서 기존 산업을 변화시키고 새로운 시장을 창출하고 있는 것이다.[145)

블록체인에서는 분산된 원장기술(DLT)로서의 특성으로 인해 모든 참여자가 동일한 원장에 접근하면서도, 모든 이용자가 공통되고 업데이트 된 원본파일을 가질 수 있게 한다.[146) 분산원장기술의 등장으로 인하여 투명하고 영구적인 기록을 남길 수 있고, 중앙 중개기관의 감독, 신뢰, 검증을 필요로 하지 않게 되었다.[147) 만약 모든 거래에서 하나의 원장을 사용한다면, 진위 및 신뢰성을 확인하기 위하여 그 원장을 관리하는 신뢰할 수 있는 중앙행정기관이 필요할 것이다.[148) 그러나 블록체인은 네트워크 참여자 사이

Proposal for One Ledger to Rule Them All?", *Journal of Internet Law*, Vol. 22 Iss. 5, November 2018, p.12; 또한 예컨대 부동산 거래에 있어서도 블록체인을 활용하는 방안도 모색되고 있고, 이를 위하여 부동산종합공부시스템도 블록체인을 기반으로 구축되어야 할 것이라는 논의도 이루어지고 있다(박인, "부동산 거래에 부동산 블록체인의 활용에 관한 연구 – 국제 부동산 거래의 Propy 사례를 중심으로 –", 「부동산경영」 제21집, 한국부동산경영학회, 2020. 6., 122면). 과학기술정보통신부 보도자료, "7대분야 블록체인 전면도입, 분산신원증명 집중육성", 2020. 6. 25.; 관계부처 합동, "초연결·비대면 신뢰사회를 위한 「블록체인 기술 확산 전략」", 2020. 6., 17면에서도 블록체인에 기반한 부동산 공부를 구축하고 계약(부동산전자계약 시스템), 대출(금융결제원, 은행), 공부(부동산종합공부, 세움터) 등을 실시간으로 연계하여 부동산 거래에 있어서 블록체인을 도입하는 방안을 추진하고 있다고 밝히고 있다.

144) 과학기술정보통신부 보도자료; 관계부처 합동, 26면; OECD, *The Digital Transformation of SMEs*, p.157.

145) World Bank, *Russia Digital Economy Report*, p.22.

146) Luís Flávio Neto, *op. cit.*, p.316.

147) Anthony J. Biller & David M. Chambers, *op. cit.*, p.12.

148) 정진명, 스마트계약, 926면; Michael Tumpel & Johannes Kofler, "Tax Treatment of Digital Currencies", in Werner Haslehner, Georg Kofler, Katerina Pantazatou and

에 데이터를 즉시 복제하여 철저한 투명성을 달성할 수 있고,[149] 네트워크 참여자들이 서로 연결된 블록의 정보를 공유하고 대조하면서 무결성(integrity)을 검증하기 때문에 데이터 위·변조나 해킹이 매우 어렵다.[150] 이러한 투명성과 불변성과 같은 기술적 특성[151]은 블록체인에서의 데이터가 복제 불가능하게 하여, 정보의 신뢰성과 보안을 유지하면서도 중개기관이 없이도 신속한 거래가 이루어질 수 있게 되었다.[152] 예컨대 암호화폐의 경우 분산화된 원장이 쉽게 복제되거나 위조되는 경우에 그 화폐로서의 가치가 빠르게 낮아지고 이중지급의 문제가 발생하는데, 블록체인 기술을 통하여 결제대리인(clearing agent)이 없이도 이중지급의 문제를 해결할 수 있게 된다.[153]

제2절 디지털경제의 특성

Ⅰ. 탈물질화(dematerialisation)

디지털경제의 특성으로서의 이른바 '탈물질화(dematerialisation)'는 기존의 물질적인 객체가 디지털화 되는 현상을 의미한다.[154] 디지털화에 따라

Alexander Rust(ed), *Tax and the Digital Economy: Challenges and Proposals for Reform*, Kluwer Law International B.V., 2019, p.177.

149) Leon van Rijswijk, Hanneke Hermsen, and Rex Arendsen, "Exploring the Future of Taxation: A Blockchain Scenario Study", *Journal of Internet Law*, Vol. 22, Iss. 9, March 2019, p.19.

150) 윤태영, 앞의 논문, 72면.

151) 과학기술정보통신부 보도자료; 관계부처 합동, 1면.

152) 정진명, "블록체인 기반 전자거래의 법률문제", 「법조」 제69권 제1호(통권 제739호), 법조협회, 2020. 2., 66면.

153) Michael Tumpel & Johannes Kofler, *Ibid.*, p.178.

유형상품(tangible goods)이 형체가 없고 이동이 용이한[155] 무형적인 상품으로 전환되고 있다.[156] 예컨대 3D 프린팅 기술의 발전에 따라 소비자는 물리적 상품을 구입하는 대신 제품의 사양이나 소프트웨어 라이선스 등과 같은 무형자산을 구입하고, 종전에는 컴퓨터 소프트웨어도 디스크나 CD에 담겨진 유형물로 판매되었으나, 현재는 인터넷을 통해 소프트웨어를 다운로드하는 방식으로 전송된다.[157]

한편, 전통적인 서비스도 온라인으로 제공되는데, 예컨대 광고, 금융, 출판, 교육, 엔터테인먼트 등도 온라인으로 제공될 수 있게 되었다.[158] 특히 COVID-19 대유행의 시작 이래로 중소기업의 경우에도 디지털 기술의 이용이 증가하였고,[159] 엔터테인먼트 산업의 경우 COVID-19 대유행에 따른 사회적 거리두기에 따라 스트리밍 서비스에 대한 구독이 증가하는 현상이 나타나고 있으며, 또한 디지털 교육 서비스, 이른바 'E-learning 서비스'도 급속도로 증가하면서 대면교육을 대체하고 있다.[160]

---

154) Jinyan Li, "Protecting the tax base in the digital economy", Draft paper no. 9. Papers on Selected Topics in Protecting the Tax Base of Developing Countries of the United Nations Department of Economic and Social Affairs, United Nations, 2014, available at https://www.un.org/esa/ffd/wp-content/uploads/2014/10/20140604_Paper9_Li.pdf, p.21.

155) 박종수 · 김신언, "국제적 디지털 거래에서의 고정사업장 과세 문제", 「조세법연구」 제21권 제3호, 한국세법학회, 2015. 11., 474면.

156) 송경석, "디지털재화 국제거래의 논의 · 합의와 시사점", 「e-비즈니스연구」 제17권 제6호, 국제e-비즈니스학회, 2016. 12., 220면; Jinyan Li, Ibid., p.21.

157) Jinyan Li, op. cit., p.21.

158) 김흥종, "디지털 무역규범의 국제논의와 한국의 대응", 「통상법률」 제149호, 법무부 국제법무과, 2020. 11., 2면; Jinyan Li, Ibid., p.22.

159) OECD, The Digital Transformation of SMEs, p.34.

160) OECD, The Digital Transformation of SMEs, p.37.

Ⅱ. 서비스화(servicification)

디지털경제에서는 상품과 서비스의 경계가 모호해지고 있다.[161] 디지털 경제에서는 유형상품(tangible goods)이 디지털 제품(digital products)으로 전환되고, 상품의 판매가 서비스의 제공으로 전환되는 현상이 나타나고 있다.[162] 디지털화에 따라 전반적인 경제활동이 제조업에서 서비스업으로 구조적으로 전환되는 경향을 보이고 있는 것이다.[163] 예컨대 3D 프린팅의 성장으로 인하여 전통적인 상품 제조업이 스스로 3D 프린터를 이용하여 상품을 제작하는 고객과 라이선스 계약을 체결하고 설계도서 등을 이용할 수 있도록 하는 무형자산의 공급으로 전환될 수 있다.[164] 이처럼 디지털 전환은 기존에 제조업에 속하던 산업을 포함하여 산업 전반에 걸쳐서 기업이 고객에게 제공하는 형태를 용역의 형태, 즉 '서비스'로 변모시키는데, 이러한 현상을 "서비스화(servicification)"라고 한다.[165] 예컨대 이른바 "X-as-a Service(XaaS)"라고

161) 특히 인터넷상에서 다운로드를 받아 이용하는 음악이나 영화, 소프트웨어 등의 경우 상품인지 서비스인지 여부가 명확하지 않아 그 경계가 더욱 모호해지는 문제가 발생하고 있다(김정곤, "국경간 디지털상거래의 쟁점과 과제", 「국제통상연구」 제23권 제1호, 한국국제통상학회, 2018. 3., 61면); Georg Kofler & Julia Sinnig, "Equalization Taxes and the EU's 'Digital Service Tax'", in Werner Haslehner, Georg Kofler, Katerina Pantazatou, Alexander Rust(ed), *Tax and the Digital Economy: Challenges and Proposals for Reform*, Kluwer Law International B.V., 2019, p.101.

162) Brian J. Arnold, *International Tax Primer(4th edition)*, Kluwer Law International B. V., 2019, p.220.

163) OECD(2018), *OECD Reviews of Digital Transformation: Going Digital in Sweden*, OECD Publishing, Paris, 2018, available at http://dx.doi.org/10.1787/9789264302259-en, p.18.

164) Brian J. Arnold, *op. cit.*, p.220.

165) OECD(2017), *The Next Production Revolution : Implications for Governments and Business*, OECD Publishing, 2017(이하 "OECD, *The Next Production Revolution*"), available at http://dx.doi.org/10.1787/9789264271036-en, p.75; Magnus Lodefalk, "Servicification of Manufacturing－Evidence from Swedish Firm and Enterprise

알려진 클라우드 컴퓨팅을 통하여 소프트웨어, 데이터와 자원이 '서비스'로 전환되는 현상이 등장하고 있는바, 즉, 고객은 자원을 자신의 컴퓨터에 저장하여 이용하는 것이 아니라, 클라우드에 접속하여 '서비스'를 이용할 수 있게 되었다.[166] 클라우드 컴퓨팅을 통하여 소프트웨어 개발자들에게 기반시설과 프로그래밍 도구를 제공하고, 다양한 소프트웨어와 콘텐츠, 데이터에 접속할 수 있도록 하는 '서비스'가 제공된다.[167] 또한 사물인터넷의 등장으로 제조회사가 그들의 제품의 이용을 추적관찰하고, 수집된 실시간 운영 데이터를 분석하여 맞춤형 서비스를 원격으로 제공할 수 있다.[168] 그리고 플랫폼 사업모델은 "서비스로서의 자산(asset-as-a-service)"도 가능하게 하여 '자산을 보유하는 형태'를 '서비스를 이용하는 형태'로 전환시키고 있는데, 예컨대 트랙터와 농기구를 직접 소유하는 대신에 공유하는 서비스를 이용하는 것과 같은 방식이다.[169]

Ⅲ. 연결성(connectivity)

디지털경제에서 핵심적 기능을 하는 인터넷은 사실상 컴퓨터 또는 모바일 기기를 사용하는 모든 사람을 연결한다.[170] 인터넷을 통하여 지속적이고 실질적인, 국경을 넘은 상호작용이 이루어진다.[171] 즉, 디지털경제에서

Group Level Data", *Working Paper 3/2010*, March 2010, Örebro University, p.3.

166) Jinyan Li, *op. cit.*, p.22.

167) OECD, *Public Discussion Draft BEPS Action 1 : Address the Tax Challenges of the Digital Economy*, March 2014(이하 "OECD, *Public Discussion Draft BEPS Action 1*"), available at https://www.oecd.org/ctp/tax-challenges-digital-economy-discussion-draft-march-2014.pdf, p.30.

168) OECD, *The Next Production Revolution*, p.75.

169) World Bank, *Russia Digital Economy Report*, p.36.

170) Jinyan Li, *op. cit.*, p.23.

는 정보통신기술의 발전으로 스마트폰, 태블릿 PC, 웨어러블 기기와 같은 여러 모바일 기기가 보편화되고, 사물인터넷(IoT)이 등장함에 따라 연결성이 강화되어 전 세계적으로 연결되는 특성을 가진다.[172] 특히 COVID-19 대유행으로 인한 비대면화가 촉진되어, 온라인을 통한 연결성이 더욱 강화되었다.[173] 이러한 '연결성'으로 인하여 기업이 실시간으로 여러 소비지국에서 그들이 목표(target)로 삼아 도달하고자 하는 잠재적 고객들에게 원격으로 접근할 수 있다.[174] 온라인 플랫폼을 기반으로 수요와 공급이 적은 비용으로 용이하게 연결될 수 있게 된 것이다.[175] 이는 회사들이 시장소재지국에 물리적 실재를 가지지 않고서도 그 시장소재지국의 고객으로부터 매출을 발생시킬 수 있게 한다. 예컨대 전자상거래 플랫폼은 소규모 기업도 지역시장을 넘어 다른 국가에 있는 소비자와 공급자들에게 연결될 수 있게 해준다.[176] 또한 향상된 연결성으로 인하여 근로자들이 반드시 물리적으로 일정한 근무장소에서 항상 근무하여야 할 필요가 없게 되었다.[177] 이러한 연결성은 실질적인 기업활동을 수행할 장소를 선정함에 있어서 탄력성을 가질 수 있게 하고, 이는 기업의 인력과 IT 기반시설(예컨대 서버)과 고객이 시장소재지국에서 떨어져 여러 국가에 위치할 수 있도록 한다.[178]

---

171) Dan Jerker B. Svantesson, "Digital Contracts in Global Surroundings", in Stefan Grundmann(ed), *European Contract Law in the Digital Age*, Intersentia Publishers, 2018, p.59.

172) Brian J. Arnold, *op. cit.*, p.220.

173) 과학기술정보통신부 보도자료; 관계부처 합동, 1면.

174) 김신언, "국제적 디지털거래의 과세제도에 관한 연구", 고려대학교 대학원 박사학위논문, 2016. 2., 13면; OECD, *Public Discussion Draft BEPS Action 1*, pp.56~57.

175) 김신언, 데이터세 도입방안, 10면.

176) World Bank, *Russia Digital Economy Report*, p.26.

177) OECD, *Measuring the Digital Transformation*, p.80.

178) OECD, *Public Discussion Draft BEPS Action 1*, p.57.

Ⅳ. 익명성(anonymity)

인터넷의 탈중앙화(decentralized) 및 세계화(global) 특성은 경제적 참여자의 신원(identity)과 지리적 위치(geographic location)의 확인을 어렵게 하며, 이러한 익명성(anonymity)으로 인하여 납세자들이 그들의 경제활동에 대한 증거를 적게 남기게 된다.[179] 특히 온라인 시장(online marketplace)에 참여하는 개인과 기업은 그 서비스를 이용하기 위해 이메일 주소만으로 신원확인을 하는 경우도 많아,[180] 거래당사자의 신원을 정확히 확인하는 것이 곤란한 경우가 발생하고 있다.

Ⅴ. 물리적 실재(physical presence)의 불요성

디지털경제에서 기업(entity)이 고객과 거래를 할 때 해당 국가에 자산 또는 인력을 두는 물리적 실재(physical presence)를 둘 필요가 없다.[181] 즉, 기업이 시장소재지국에 물리적 실재를 두지 않고서도[182] 상품을 공급하고 서비스를 제공하여 소득을 얻을 수 있게 되었으며, 특히 광대역 인터넷망의 확산과 클라우드 컴퓨팅의 발전, 디지털 기기의 보편적 보급 등으로 인하여 외국 영토에 물리적 실재를 두지 않고서도 디지털 무형자산의 온라인 유통이 가능하게 되었다.[183] 예컨대 디지털 콘텐츠 사업의 경우에는 콘텐츠를 이용하는 국가에 사업장을 두지 않고도 서비스를 제공하고 수익을 창출할

---

179) Arthur Cockfield, Walter Hellerstein & Marie Lamensch, *op. cit.*, p.32.

180) Arthur Cockfield, Walter Hellerstein & Marie Lamensch, *Ibid.*, p.33.

181) Brian J. Arnold, *op. cit.*, p.221.

182) 백제흠, "국제조세법의 체계와 그 개편방안에 관한 연혁적 고찰", 「조세학술논집」 제36집 제2호, 한국국제조세협회, 2020. 6., 47면.

183) Cristian Óliver Lucas-Mas & Raúl Félix Junquera-Varela, *op. cit.*, pp.3~4.

수 있으므로, 기업이 지역적 경계를 넘어 해외 시장에 쉽게 진출할 수 있게 되었다.[184] 이러한 특성을 이용하여 글로벌 플랫폼 회사들은 종종 그들의 핵심적인 무형자산을 저세율 국가에 두기도 한다.[185] 또한 다국적기업 (multinational enterprises, "MNEs")[186]이 물리적 관할권의 제약을 덜 받게 됨에 따라 조세부담을 줄이기 위한 방법으로서 저세율국에 고정사업장을 두기도 한다. 앞서 언급한 바와 같이 디지털경제에서는 이용자가 생성하는 '데이터'로부터 상당한 가치가 창출되는데,[187] 이러한 가치는 그 발생장소 가 불분명한 까닭에, 다국적기업들이 그 이익을 고세율 관할권에서 저세율 관할권으로 이동시켜서 실효세율을 낮출 수 있게 한다.

VI. 새로운 가치 창출 및 이익의 재배치

디지털화된 상품과 서비스는 물리적 또는 영토적인 제한이 없이 수익을 창출할 수 있고, 디지털경제는 무형자산에 대한 의존과 데이터의 방대한 이 용, 무료로 제공되는 제품으로부터 발생하는 외부효과(externalities)로부터 발생하는 가치를 포착하는 다면적인 사업모델의 광범위한 채택, 그리고 가 치가 발생하는 장소 파악의 어려움 등을 특징으로 한다.[188] 디지털기업은

---

184) OECD, *The Digital Transformation of SMEs*, p.22.

185) UNCTAD, *Digital Economy Report 2019*, p.95; 예컨대 마이크로소프트(Microsoft)는 소프트웨어 라이선싱을 아일랜드(Ireland), 푸에르토 리코(Puerto Rico)와 싱가포르 (Singapore)에 두고 있다.

186) 다국적기업(multinational corporation)이라는 용어는 미국의 Tennessee Valley Authority의 사장을 역임한 David. E. Lilienthal이 1960년 4월 '1985년도의 기업과 경영'이라는 논문집에 기고한 '다국적기업의 경영'이라는 논문에서 처음 사용하였 다고 한다(박태하, 「다국적기업의 직접투자와 세계무역」, 숭실대학교 출판부, 2004, 1면).

187) 김지영, "디지털 과세(Digital Taxation)에 대한 정책전략의 차별성 분석", 「디지털 융복합연구」 제17권 제2호, 한국디지털정책학회, 2019. 2., 48면.

전통적인 사업을 영위하는 기업에 비하여 무형자산에 더 많이 의존하므로 그 이익을 다른 국가로 이전하는 활동에 더 많이 개입되어 있을 것으로 의심받기도 한다.[189] 그러나 디지털경제에서 '이익'과 그 '이익을 발생시키는 행위(profit-generating activities)'를 명확히 연결하기 어려운 경우도 있는데, 이는 디지털경제에서 이용되는 사업모델에서는 부가가치의 창출형태가 전통적 산업과 다르고,[190] 이익이 재배치되는 측면이 있기 때문이다. 즉, 디지털경제에서 다국적기업이 보다 용이하게 조세회피[191]를 시도하고 새로운 유형의 회피형태가 등장하고 있는 것도 사실이지만,[192] 디지털기술의 속성상 이익이 이전되거나 재배치가 이루어지기도 하므로,[193] 항상 조세회피를 목적으로 이익을 재배치하는 것으로 볼 수는 없다.

한편, 디지털경제에서 시장소재지국의 소득세 과세표준은 더 큰 위협을 받게 되는데,[194] 다국적기업은 기존의 조세규칙상 고정사업장으로서의 기준을 충족하는 물리적 실재가 없이도 고객에게 상품과 서비스를 제공할 수

---

188) Jinyan Li, *op. cit.*, p.2.

189) Marcel Olbert & Christoph Spengel, *op. cit.*, p.3.

190) 이용찬, "디지털세 하에서의 통합접근법의 문제점과 개선방안에 관한 연구 – 이전가격세제와의 비교를 중심으로 –", 홍익대학교 대학원 박사학위논문, 2020. 8., 14면.

191) 조세회피는 납세자들이 세법의 흠결(loophole)을 이용하여 조세절감효과를 얻으려는 행위를 말한다{최정희·황남석, "미국의 경제적 실질원칙의 발전과정에 관한 연구 – 그레고리 판결부터 제7701조(o)까지 –", 「조세학술논집」 제36집 제4호, 한국국제조세협회, 2020. 12., 4면}.

192) 최성근, "OECD BEPS 프로젝트와 다국적기업 조세회피행위 규제의 입법방향", 「한양법학」 제29권 제2집(통권 제62집), 한양법학회, 2018. 5., 56, 57면.

193) 박 훈, "디지털 경제하에서의 고정사업장 개념 변경과 해외이전소득에 대한 과세제도의 도입에 관한 소고", 「조세학술논집」 제35집 제1호, 한국국제조세협회, 2019. 2., 49면.

194) 김신언, "최근 디지털세제의 동향과 우리나라 과세제도의 개편방안 – OECD BEPS 프로젝트를 바탕으로 –", 「조세법연구」 제26권 제1호, 한국세법학회, 2020. 4.(이하 "김신언, 디지털세제의 동향"), 411면.

있고, 그 시장소재지국의 고객에 의하여 생성되는 위치와 관련된 데이터는 시장가치가 없거나 명목상 가치만을 가지며, 과세대상인 사업이익의 형태를 '임대료 또는 사용료'에서 '서비스 요금(service fees)'으로 전환함에 따라 원천징수세가 회피되는 등의 문제도 발생하고 있기 때문이다.[195)]

제3절 디지털경제 조세제도에 대한 국제적 논의 경과

Ⅰ. 국제적 논의의 배경과 필요성

1. 기존의 국제조세 체계와 소득의 형태에 따른 과세방식

국제조세란 기본적으로 국가간 과세권의 배분에 관한 규범이다. 내국인과 외국인 간의 이른바 국제거래와 관련하여 발생된 소득, 재산, 소비에 대한 담세력과 관련하여 다수의 국가가 과세권을 가지는 경우 이를 어떻게 조정하고 규율할 것인가의 문제로 볼 수 있다. 국제거래는 소득을 얻는 과정에서의 노동 내지 인적 활동의 관여 정도에 따라 능동적 거래와 수동적 거래로 나눌 수 있는데, 전자의 소득, 즉, 능동적 소득의 대표적인 형태는 사업소득이고, 후자의 소득, 다시 말하여 수동적 소득의 대표적인 형태는 배당소득, 이자소득, 사용료소득 등이다.[196)] 여기서 중요한 점은 기존 국제조세 체계는 거래 내지 소득의 형태에 따라 과세방식을 달리한다는 것이다. 능동적 소득인 사업소득에 대해서는 고정사업장 세제에 의하여 순소득에 대한 종합소득 과세방식으로 과세하고, 이자, 배당, 사용료소득 등 수동적

---

195) Jinyan Li, *op. cit.*, p.3.

196) 백제흠, "법 체계적 관점에서 본 국제조세 규범의 회고와 전망", 「우리나라 국제조세의 어제, 오늘 그리고 내일」, 삼일인포마인, 2020, 334면.

소득에 대하여는 주로 원천징수세제에 의하여 지급액 전체에 대한 원천징수의 방식으로 과세가 이루어진다.

이처럼 고정사업장세제와 원천징수세제가 현행 외국인의 국내원천소득에 대한 핵심적 과세방식이므로, 기존의 국제조세 체계는 고정사업장을 통한 신고납부와 원천징수[197]라는 두 가지 중심축을 가지고 있다고 평가되기도 한다.[198] 특히 능동적 사업소득과 관련하여서는 기존 국제조세 체계에 따라 거의 지난 100년에 가까운 시간 동안, 원천지국의 과세권은 시간적·물리적으로 고정된 장소인 물리적 실재(physical presence)를 기초로 한 고정사업장(permanent establishment)을 기준으로 결정됨으로써,[199] "고정사업장 없이 과세 없다"는 이른바 고정사업장 원칙(PE Principle)에 따라 규율되어 왔다.

---

197) 원천징수세제는 국제거래에 대한 핵심적인 세제이나 원천징수의무자가 원천납세의무자와 소득금액의 성격에 대한 정보를 파악하는 것이 쉽지 않은 경우가 있고 이를 요구할 권한도 없으며, 국제거래에 있어서는 거래당사자들의 지리적 이격과 사법제도의 차이로 관련 정보에 대한 접근성이 떨어지고 관련 규정의 해석이 더욱 어렵다는 점에서 구조적으로 원천징수의무자의 완전한 징수의무의 이행을 담보하기에는 무리가 있는 제도라는 견해로는, 백제흠, "국제거래에 대한 원천징수세제의 개선방안", 「조세학술논집」 제34집 제3호, 한국국제조세협회, 2018. 10., 3면.

198) Chang Hee Lee & Ji-Hyun Yoon, *Cahiers de droit fiscal international Volume 103B: Withholding tax in the era of BEPS, CIVs and the digital economy*, International Fiscal Association, 2018, p.223.

199) UNCTAD, *Digital Economy Report 2019*, p.142; 우진욱·이재호, "디지털 경제화에 따른 사업소득 과세권 배분원칙의 재정립에 관한 최근 국제적 논의와 우리나라의 정책방향", 「조세와 법」 제12권 제2호, 서울시립대학교 법학연구소, 2019. 12., 181, 182면; Giammarco Cottani, "Recent Developments on the Tax Challenges Arising from the Digitalization of the Economy: New Profit Allocation Rules", in Michael Lang & Raffaele Petruzzi(ed), *Transfer Pricing Developments Around the World 2020*, Kluwer Law International B.V., 2020, pp.151~152.

2. 디지털경제의 확산과 기존 국제조세 체계의 한계

그러나 앞서 살펴 본 바와 같이 디지털경제의 탈물질화(dematerialisation), 서비스화(servicification), 연결성(connectivity), 물리적 실재(physical presence) 의 불요성 등의 특성으로 인하여, 많은 경제적 활동이 시장소재지국에 물리적 실재를 두지 않고서도 온라인을 통해 이루어질 수 있게 되었다.[200] 디지털경제의 발전 및 확산과 함께, 이제는 더 이상 물리적 실재, 곧 고정사업장이 이익 창출을 위한 필수적인 요소가 아니게 된 것이다.[201] 이는 곧 기존 국제조세 체계의 과세방식상 한 축인 고정사업장 세제가 제대로 작동할 수 없게 됨을 의미하는 것이었다. 시장소재지국은 다국적기업이 온라인서비스 등을 통해 시장소재국의 이용자로부터 상당한 이익을 창출함에도 불구하고, 해당 시장소재국에 고정사업장이 존재하지 않기 때문에 기존 국제조세 규범 하에서는 원천지국에서 과세를 할 수 없었다.[202] 그리고 점차 다국적 기업들은 위와 같은 디지털경제 상황과 기존 국제조세 규범의 한계를 이용하여, 조세부담을 줄이기 위한 목적으로 세무계획(tax planning)을 통해 의도적으로 다른 관할권으로 이익을 이전하고 조세를 회피하는 일이 빈번하게 되었다.[203]

---

200) UNCTAD, *Digital Economy Report 2019*, p.142.

201) Assaf Harpaz, "Taxation of the Digital Economy: Adapting a Twentieth-Century Tax System to a Twenty-First-Century Economy", *Yale Journal of International Law*, Vol. 46, No. 1, 2021, p.58, p.62, p.63.

202) 정유석, "디지털 경제활동에 대한 디지털세 과세동향과 대응방안에 대한 연구", 「무역연구」 제17권 제1호, 한국무역연구원, 2021. 2., 278면.

203) 백제흠, "국제조세법의 체계와 그 개편방안에 관한 연혁적 고찰", 「조세학술논집」 제36집 제2호, 한국국제조세협회, 2020. 6., 5면.

3. 해결책 마련을 위한 국제적 논의의 대두

위와 같이 디지털경제와 함께 기존 국제조세 체계의 한계를 이용한 다국적기업의 세원잠식과 소득이전(BEPS)에 대한 문제가 확산됨에 따라, 이를 해결해야 한다는 각국의 문제제기가 시작되기에 이르렀다. 이를 위해 OECD를 중심으로 1998년 오타와 전자상거래 각료회의에서 시작된 논의는 2013년 이래 BEPS 프로젝트를 통하여 현재까지 진행되고 있다.

한편, EU, 미국, 그 밖에 유럽 개별 국가들도 OECD의 BEPS 프로젝트 논의에 참여하는 과정에서 또는 독자적으로, 디지털경제 하에서의 BEPS 문제의 해결을 위한 저마다의 해결책을 제안하거나 실행에 옮기기도 하였다. 그와 같은 해결책 제안의 예로는, 기존 고정사업장의 개념을 완화하자는 논의[204]나 원천징수제도를 확대하자는 논의,[205] 매출의 일정률로 과세하는 이른바 디지털 서비스세를 도입하자는 논의[206] 등을 들 수 있다.[207] 그러나 위와 같은 고정사업장 개념 완화 논의나 원천징수제도 확대 논의,

---

204) 물리적 실재 없이 고정사업장의 존재를 인정하고자 하는 이른바 이스라엘의 '디지털적 존재(digital presence)'나 '가상 고정사업장(virtual PE)'은 그 개념과 판단기준에 불명확성과 자의성이 존재하여 실제로 작동되기 어려운 측면이 있다.

205) 원천징수제도의 확대는 현행 규범에 따른 부정적인 결과와 비교하여 볼 때 오히려 원천지국을 위한 조세수입의 더 급진적인 재분배로 여겨질 수 있으며, 또한 B2C(사업자－소비자 간) 거래에서 큰 도움이 되지 않는다는 문제점을 지적하는 견해로는, Chang Hee Lee & Ji-Hyun Yoon, *op. cit.*, p.250.

206) 아래에서 보는 바와 같이 최근 실제로 일부 국가들은 개별적으로 자국의 과세권 확보를 위해 잠정조치로서 디지털 서비스세를 도입하여 시행하고 있기도 하나, 그와 같은 임시적 조치를 도입한 국가와 아닌 국가 사이의 세금 부담 차이가 커지게 되어 경제적 왜곡을 발생시키게 되는 문제가 있고(OECD, *Interim Report 2018*, pp.178~179), 그 밖에도 디지털 서비스세는 기본적으로 소득 기반 과세원칙에 위배되며 그로 인한 이중과세의 문제에 봉착하게 된다.

207) 원천징수제도의 적절한 확대가 적용요건이 완화된 새로운 고정사업장 개념과 만약 최적의 방식으로 결합될 수 있다면 BEPS 현상에 의해 발생한 다양한 문제들을 극복하는데 기여할 수 있는 이론적 잠재력을 갖는다는 견해도 존재한다(Chang Hee Lee & Ji-Hyun Yoon, *op. cit.*, p.256).

디지털 서비스세 도입 논의는 현존하는 조세조약상 의무의 제한을 받거나 국내법상 목적으로 채택되거나 발표되었다는 점, 세 부담 전가가능성 등의 한계를 지니는 문제가 있으며, 이는 아래에서 살펴볼 OECD의 2018년 중간 보고서에서 제시한, 개별 국가들의 잠정적인 대응조치에 대한 유형별 분류와 분석을 통하여 확인할 수 있다. 결론적으로, 위의 논의들은 다국적기업의 세원잠식과 소득이전(BEPS) 문제에 대한 근본적인 해결책이 되지 못하였으며, 이후인 OECD/G20 BEPS 포괄적 이행체계(IF)를 통해 2020년 10월에 발표한 두 가지 접근법에 관한 필라 1·2 블루프린트(Pillar One and Two Blueprints) 및 2021년 10월 필라 1·2 최종 합의를 통해 마침내 종국적인 해결에 다가가고 있다.

이하에서는 디지털경제 하에서의 국제적 논의의 경과로서, 우선 관련 논의의 시작점이자 현재까지 논의의 주도적인 흐름을 이어 오고 있는 OECD에서 2018년까지 진행되어 온 논의의 경과와 주요 내용에 대해 살펴보고, OECD가 2018년 중간보고서를 통하여 제시한, 개별 국가들의 조치 및 제안에 대한 유형별 분류·분석과 비교하는 차원에서 EU 및 유럽 개별 국가들과 미국에서의 논의에 대하여도 일별하기로 한다. 다음으로 국제적 최종 합의의 본격적 시도로서 2019년 이후 대두된 OECD의 두 가지 접근법 제안과 논의의 발전 과정, 2020년 1월에 발표된 OECD/G20 BEPS 포괄적 이행체계(IF) 합의안과 같은 해 10월에 발표된 필라 1·2 블루프린트(Pillar One·Two Blueprints)에 대하여 살펴본다. 마지막으로 마침내 이루어진 2021년 10월 필라 1·2 최종 합의의 구체적 내용에 대해 검토하고자 한다.

Ⅱ. OECD의 2018년까지의 논의 경과 및 내용

1. 1998년 오타와 전자상거래 각료회의

캐나다 오타와에서 1998년 10월 7일부터 9일까지 개최된 오타와(Ottawa) 전자상거래 각료회의는 경제협력개발기구(Organization for Economic Coorperation and Development, "OECD")의 29개 회원국과 11개의 비회원국의 대표, 주요 국제기구의 장, 산업계 지도자, 소비자 대표, 노동단체 및 사회단체 대표들이 함께 모여 진행된 회의로서, 이들은 본 회의를 통해 전 세계적인 전자상거래의 발전을 촉진하기 위한 계획을 논의하였다.[208] 당시 전자상거래가 전 세계적으로 급격히 활성화됨에 따라 세계 각국은 자국의 경쟁력 강화와 국익 확대를 위해 전자상거래 정책을 국가적 차원에서 우선적으로 추진하게 되었고, 이처럼 전자상거래가 국제적인 현안이 됨에 따라 선진국들은 자국에게 유리한 다자간 규범과 환경조성을 위하여 전자상거래 관련 국제논의를 주도하고자 하였다.[209] 이와 같은 배경 하에서 1998년 오타와 전자상거래 각료회의가 개최되기에 이른 것으로, 오타와 각료회의에서는 전자상거래에 관한 조세 가이드라인, 소비자보호 가이드라인, 프라이버시보호 선언, 인증선언 등에 대한 논의가 이루어졌다.[210] 그리고 이를 통해 1998년 CFA 보고서인 "전자상거래: 과세체계 요건(Electronic Commerce:

---

208) OECD(2015), *Addressing the Tax Challenges of the Digital Economy, Action 1 – 2015 Final Report, OECD/G20 Base Erosion and Profit Shifting Project*, OECD Publishing, 2015(이하 "OECD, *Action 1 – 2015 Final Report*"), available at http://dx.doi.org/10.1787/9789264241046‒en, p.153.

209) 산업자원부 보도자료, "전자상거래정책협의회 개최", 1998. 5. 27., available at https://www.samili.com/tax/JaryosilOrganview.asp?v_seqno=8180(검색일자: 2021. 5. 25.).

210) 산업자원부 보도자료, 위의 자료.

Taxation Framework Conditions)", 즉 전자상거래에 적용되어야 할 과세원칙으로서 중립성(Neutrality), 효율성(Efficiency), 확실성과 단순성(Certainty and Simplicity), 효과성과 공정성(Effectiveness and Fairness) 및 유연성(Flexibility)의 다섯 가지 원칙이 채택되었다.[211]

1998년 오타와 전자상거래 각료회의는 전자상거래에 있어서 세계적인 기본질서를 구축하기 위한 최초의 시도이자, OECD가 세계 전자상거래 논의에 있어 주도적 위치를 차지하게 된 계기로 평가받고 있다.[212] 이후 OECD/G20의 2015년 디지털경제와 관련된 세원잠식과 소득이전(Base Erosion and Profit Shifting, "BEPS") 프로젝트 Action 1 최종보고서(Addressing the Tax Challenges of the Digital Economy, Action 1 ‐ 2015 Final Report)에서도 위와 같은 다섯 가지 과세원칙을 명시적으로 승인하였다.

---

211) OECD, *Action 1 ‐ 2015 Final Report*, pp.152~153, BOX 1.1.에 따르면, 중립성(Neutrality)은 과세가 전자상거래의 형태들 간에 있어서, 그리고 전통적인 상거래의 형태와 전자상거래의 형태 간에 있어서 중립적이고 공정할 것을 추구해야 한다는 것이다. 사업상의 의사결정은 세금에 관한 고려에 의해서라기보다는 경제적인 고려에서 동기부여가 되어야 하고, 유사한 거래를 수행한 유사한 상황에 있는 납세자들은 유사한 수준의 조세를 부담해야 한다. 효율성(Efficiency)은 납세자들의 납세 순응 비용과 과세당국의 과세행정비용은 가능한 한 최소화되어야 한다는 것을 말한다. 확실성 및 단순성(Certainty and Simplicity)이란 과세규정은 이해하기에 명료하고 단순하여야 하고, 그에 따라 납세자들이 거래에 앞서 세금이 부과되는 시점과 장소, 세금 부과 방법을 포함한 조세부과의 결과를 미리 예상할 수 있어야 한다는 원칙이다. 네 번째 원칙으로서 효과성 및 공정성(Effectiveness and Fairness)은 조세는 정확한 금액을 적절한 시점에 부과해야 한다는 원칙으로서, 탈세와 조세회피의 잠재적 가능성은 그 관련된 위험성에 비례하는 대응수단을 유지함으로써 최소화되어야 한다는 것이다. 마지막으로 유연성(Flexibility)이란 조세제도는 기술의 발전 및 상업의 발전 속도에 발맞추어 갈 수 있도록 유연하고 역동적이어야 함을 의미한다.

212) 심상목, "OECD의 전자상거래 과세관련 논의과정과 대응", 「통상정보연구」 제2권 제2호, 한국통상정보학회, 2000. 12., 23~24면.

2. 2015년 BEPS 프로젝트 Action 1 최종보고서

(1) 2015년 Action 1 최종보고서의 등장 배경

앞서 살펴 본 바와 같이 다국적기업들의 세원잠식과 소득이전(BEPS) 행위가 전 세계적인 문제로 부상하게 되었고, 세계 각국은 이와 같은 문제를 기존 국제조세 체계 내에서는 해결할 수 없는 한계에 부딪히게 되었다. 일례로 구글(Google)은 2011년 영국에서 32억 파운드(약 5조 4000억원)의 매출을 올렸으나 해당 기간 영국 정부에 낸 법인세는 600만 파운드(약 100억원)에 불과하였다. 이는 구글이 특허료에 해당하는 금액을 네덜란드 법인을 통해 법인세를 거두지 않는 버뮤다제도 법인으로 이전함으로써 가능한 것이었는데, 이와 같은 방식으로 2011년 한 해 동안 버뮤다제도로 흘러간 수익은 구글이 전 세계에서 벌어들인 세전이익의 약 80%에 해당하는 것으로 추산되었다.[213] 이처럼 구글과 같은 대규모 다국적기업들의 역외 조세회피 행위가 날로 늘어남에 따라 전 세계적으로 비판 여론이 커지게 되었으며, 국가들의 공동대응의 필요성 및 그에 대한 인식이 높아지게 되었다.[214]

이와 같은 배경 하에서 OECD는 2013년 7월 G20의 요청에 따라 세원잠식과 소득이전에 대한 액션플랜(Action Plan on Base Erosion and Profit Shifting, OECD, 2013)을 발표하기에 이르렀다. 이는 오타와 각료회의 이후 지속적으로 전 세계적인 우려를 불러일으켜 왔던, 조세제도 상호 간의 차이를 이용하여 과세소득(taxable income)을 인위적으로 감소시키거나, 경제활동을 실질적으로 수행하지 않는 저세율국으로 소득을 이전하는 다국적기업

---

213) 조선비즈, "[위비 키워드 사전] 구글세(5)", 2016. 1. 13., available at https://biz.chosun.com/site/data/html_dir/2016/01/13/2016011301356.html?form=MY01SV&OCID=MY01SV (검색일자 : 2021. 5. 15.).

214) 이경근, 「국제조세 이해와 실무」, (주)조세통람, 2020, 1292면.

들의 세무계획에 대하여, 전 세계적인 논의로서 대응하기 위한 것이었다. 구체적으로 이와 같은 전 세계 각국의 대응 요청은 당시 2013년 7월 19일과 20일 양일간의 G20 재무장관·중앙은행총재회의 '공동선언문'에 나타난, 'G20 재무장관과 중앙은행 총재들은 공격적 조세회피 전략, 디지털경제의 확대 등이 국제조세 정책에 어려움을 가져오므로, OECD의 BEPS 대응을 위한 위와 같은 액션플랜과 OECD/G20 BEPS 프로젝트의 설립을 전적으로 지지하고 환영한다'는 취지의 명시적인 선언을 통하여도 확인할 수 있다.[215)]

OECD BEPS 액션플랜은 세원잠식과 소득이전의 문제를 포괄적인 방식으로 다루고자 15개의 조치를 확인하고, 각 조치별로 이행 시한을 설정하였다.[216)] 그리고 OECD는 디지털경제 관련 이슈를 파악하는 보고서와 그 문제들을 해결할 조치를 개발하기 위하여, 2013년 9월에 OECD 재정위원회(Committee on Fiscal Affairs, "CFA")의 산하기구인 디지털경제 대책위원회(Task Force on the Digital Economy, "TFDE")를 설립하였다. 디지털경제 대책위원회는 오타와 각료회의 이후의 작업과, 전자상거래와 관련하여 효과적인 관리개념 및 조세조약의 장소로서의 고정사업장(Permanent Establishments, "PEs")의 이익귀속에 관한 기술자문그룹(Technical Advisory Group on Business Profits, "TAG BP")의 작업 등에 대하여 논의하였으며, 다양한 이해관계자들의 공적인 의견을 수렴하여 2014년 9월에 발표된 Action 1 중간보고서 및 2015년 Action 1 최종보고서를 완성하였다.[217)]

215) 아시아경제, "[전문] G20 재무장관·중앙은행총재회의 '공동선언문'", 2013. 7. 21., available at http://www.asiae.co.kr/news/view.htm?idxno=2013072023512745185(검색일자: 2021. 5. 25.).

216) OECD, *Action 1 – 2015 Final Report*, p.16.

217) OECD(2014), *Addressing the Tax Challenges of the Digital Economy, OECD/G20 Base Erosion and Profit Shifting Project(Action 1: 2014 Deliverable)*, OECD

(2) 2015년 Action 1 최종보고서의 주요 내용

1) 중요한 과세원칙(Overarching principles of tax policy)

2015년 Action 1 최종보고서는 1998년 오타와 각료회의에서 전자상거래에 적용되어야 할 과세원칙으로 천명한 중립성, 효율성, 확실성, 공정성, 유연성 원칙에 대해 전통적으로 조세제도의 발전을 견인하여 온 조세정책이라고 평가하면서, 디지털경제에 관한 과세정책을 설계함에 있어서도 위 다섯 가지 원칙을 중요하게 고려하여야 한다고 보았다.[218] 이에 더하여 위 원칙들 외에도 형평성(Equity) 역시 과세정책 설계에 있어서 중요한 고려요소라고 하면서, 국가 간 형평성은 국가의 손익을 국제적인 관점에서 배분하는 것과 관련되어 있고, 각 국가가 역외소득으로부터 세수를 공평하게 배분받도록 하는 것을 목표로 하므로, 조세정책의 국가 간 형평성 원칙(inter-nation equity)은 원천지국과 거주지국 간의 과세권 배분에 대한 논의에 있어 중요한 고려사항이 되어 왔다고 평가하였다.[219]

2) 디지털경제로 인한 세원잠식 및 소득이전 문제에 대한 잠재적 해법 제시

디지털경제 대책위원회(TFDE)는 디지털경제로 인한 세원잠식 및 소득이전 문제에 대한 잠재적 해법으로서, 우선 OECD 모델 조세조약의 고정사업장 정의에 대한 예외 목록을 수정하여, 그에 포함된 각 예외가 예비적 또는 보조적 ("preparatory or auxiliary") 성격의 활동으로 제한되도록 하고, 이에 더하여 밀

Publishing, 2014, available at http://dx.doi.org/10.1787/9789264218789-en, pp.17~18.

218) OECD, *Action 1 – 2015 Final Report*, p.20(10항).

219) OECD, *Action 1 – 2015 Final Report*, p.21(12항); OECD, *Taxation and Electronic Commerce-Implementing the Ottawa Framework Conditions*, OECD Publishing, 2001, available at https://www.oecd-ilibrary.org/taxation/taxation-and-electronic-commerce_9789264189799-en.

접한 관련사 간 사업활동의 분할(fragmentation)을 통해 이러한 예외로부터 이익을 얻을 수 없도록 새로운 '파편화방지규칙(anti-fragmentation rule)'을 도입하는데 동의하였다. 또한 다국적 그룹에 속한 한 회사의 상품 또는 서비스 판매와 관련된 인위적인 조치를 통해 고정사업장 원칙을 회피하는 경우를 해결하기 위하여 고정사업장의 정의를 수정할 필요가 있다고 보았다.[220]

그리고 피지배외국법인(Controlled Foreign Company, "CFC") 규칙을 강화하는 작업 또한 최종모회사 국가의 과세를 복구하는데 기여할 수 있을 것이라고 보았다. 세원잠식 및 소득이전 문제의 한 가지 원인은 비거주자인 현지계열사를 만들어 이를 통해 거주기업의 소득을 이전하는 것으로, 이와 같은 문제를 해결하기 위해 상당수의 국가들이 CFC 규칙을 도입하였지만, 아직까지 CFC 규칙을 도입하지 않은 채 남아 있는 국가들이 많이 있으므로, 효과적인 CFC 규칙은 원천지국에서 저세율국으로 이익을 옮길 유인을 줄여 줄 수 있을 것이라고 보았다.[221]

3) 디지털경제로 인한 보다 광범위한 조세문제 및 향후 절차

디지털경제 대책위원회(TFDE)는 디지털경제의 확산이 정책입안자들에게 세원잠식 및 소득이전 문제를 넘어서는 보다 광범위한 조세문제를 제기하고,[222] 이러한 문제는 특히 직접세 목적의 '과세연계점(nexus)', 디지털 재화 및 서비스를 통해 생성된 '데이터(data)' 및 새로운 디지털 재화나 서비스 제공수단의 개발 등 새로운 사업모델의 관점에서 지출된 비용의 적절

---

220) OECD, *Action 1 - 2015 Final Report*, p.88(217항).

221) OECD, *Action 1 - 2015 Final Report*, p.93(234항); 피지배외국법인(CFC) 세제의 기본구조와 주요 논점에 관한 상세한 설명으로는 백제흠, "피지배외국법인의 유보소득 과세제도에 관한 연구 - 미국과 일본의 제도와의 비교·분석을 통한 개선방안을 중심으로 -", 서울대학교 대학원 법학박사학위논문, 2005. 2., 60~123면.

222) OECD, *Action 1 - 2015 Final Report*, p.98(246항).

56

한 '성격구분(characterisation)'과 관련된다고 보았다.[223] 이러한 문제는 기존의 국제조세 체계가 디지털경제 및 이를 가능하게 하는 사업모델이 가져온 변화들에 대처하는 데 있어 적절하며 지속가능한지 여부에 대해 의문을 제기하고, 또한 이는 원천지국과 거주지국 간의 과세권 배분의 문제도 관련이 있다고 보았다.[224]

(3) 2015년 Action 1 최종보고서 발표의 의의와 한계

2015년 Action 1 최종보고서는, 세계 경제의 디지털화와 함께 대규모 다국적기업이 고정사업장과 같은 물리적 실재를 두지 않고도 전 세계적으로 소득창출 활동을 할 수 있게 됨에 따라 발생하는 세원잠식 및 소득이전(BEPS) 문제에 대해 명확히 인지하고, 그 해결을 위하여 각국의 개별적 대응이 아닌 범세계적으로 공동의 대응방안을 모색하여 제시한 최초의 결과물이라는 점에서 의의가 있다.[225] 또한 위 보고서를 통하여 디지털경제의 급속한 발전 상황의 모습과 다양한 비즈니스 모델의 현황에 대해 확인할 수 있는 한편, 디지털경제의 특성으로 인해 그 간의 전통적 국제조세 체계에 따른 소득과세가 매우 어려워졌다는 점에 대해 설명[226]하고 그에 대한 대안의 필요성에 대한 문제제기를 하였다[227]는 점에서도 의의를 갖는다.

---

223) OECD, *Action 1 – 2015 Final Report*, p.99(248항).

224) OECD, *Action 1 – 2015 Final Report*, p.99(249항).

225) 우진욱·이재호, 앞의 논문, 163면은 2015년 Action 1 최종보고서가 경제의 디지털화와 그로 인한 국제조세 문제에 대한 국제 차원에서의 논의의 시작점이라고 평가하고 있다.

226) 우진욱·이재호, 위의 논문, 162면.

227) 한편, 디지털경제 하의 BEPS 행위로 인한 경쟁의 왜곡, 디지털 기업에 대한 과세기반의 성숙, 시장소재지국의 과세권을 정당화할 수 있는 가치창조라는 새로운 연결요소에 근거한 시장소재지국에 대한 과세권의 확보라는 명분만으로는, 시장소재지국의 과세권 강화를 합리화할 수 있는 규범적 정당성은 존재하지 않는다는 견해로는, 이준봉, "균등화세 도입을 통한 디지털경제의 과세에 관한 연구", 「조세법연구」

다만, 2015년 Action 1 최종보고서에 따른 결론은 디지털경제의 발전으로 인한 대규모 다국적기업에 의한 전 세계적인 세원잠식 및 소득이전(BEPS) 문제 및 이를 넘어서는 광범위한 조세문제에 대하여 향후 추가적인 논의가 필요하다는 데에 그쳐, 구체적이고 최종적인 해결방안을 제시하지 못하였다는 점에서 한계를 가진다.

3. 2018년 중간보고서

(1) 2018년 중간보고서의 배경

OECD/G20는 2015년 세원잠식 및 소득이전(BEPS) 프로젝트 발표의 이행을 위한 후속조치로서 2016년 6월에 포괄적 이행체계(Inclusive Framework on BEPS, "IF")를 설립하였다. 포괄적 이행체계(IF)는 2018년 3월 당시 110개국 이상의 회원이 동등한 지위에서 참여하여 2015 BEPS 프로젝트의 이행과 그 밖에 추가적인 세원잠식 및 소득이전 관련 문제에 대해 함께 노력하여 왔으며,[228] 현재 참여 회원국은 143개국에 이른다. 포괄적 이행체계(IF)의 설립과 함께 2017년 1월 디지털경제 대책위원회(TFDE)는 당시 2018년까지 중간보고서의 발표, 그리고 2020년까지 최종보고서의 발표라는 임무를 부여받았다.[229]

이와 같이 OECD/G20가 2015년 BEPS Action 1 보고서 발표 이후 2016년에 이미 포괄적 이행체계(IF)를 설립하였음에도 불구하고, OECD/G20의 최종 합의 이전인 2018년까지 중간보고서를 발표하기로 정한 이유는, 무엇보다 현실적인 고려에 의한 것으로 이해된다. 즉, OECD/G20 BEPS 프로젝트에 관한

제26권 제1호, 한국세법학회, 2020. 4., 346면.

228) OECD, *Interim Report 2018*, p.19(22항).

229) OECD, *Interim Report 2018*, p.19(23항).

최종 합의의 이행은 각국의 기존 국내법 및 조세조약을 넘어서는 전 세계적인 제도로 설계되어야 가능하므로,[230] 현실적으로 단기간에 시행 가능한 작업이 아니었다. 뿐만 아니라, 당초 다국적기업의 전 세계적인 세원잠식 및 소득이전(BEPS) 논의의 단초이자 세계적인 비난 여론의 주된 타겟(target)이었다고 표현하여도 과언이 아닌, 이른바 GAFA(Google, Amazon, Facebook, Apple)를 모두 보유하고 있는 미국으로서는 위 기업들을 주요 규제대상으로 삼고자 하는 OECD BEPS 프로젝트에 적극적으로 동참할 이유가 없었다. 따라서 2016년 OECD/G20 포괄적 이행체계(IF)의 출범에도 불구하고, 전 세계 각국이 곧바로 중지를 모아 통일적으로 적용될 국제규범을 채택하기란 사실상 불가능한 일이었다. 이처럼 포괄적 이행체계(IF)의 입장에서는 전 세계의 패권을 장악하고 있는 미국이 적극적으로 논의에 응하지 않는 이상 단시간 내에 BEPS 프로젝트에 관한 글로벌 최종 합의를 도출할 것을 기대하기는 어려웠으므로, 2018년 중간보고서 발표를 통해 향후의 점진적 이행을 도모하면서 동시에 글로벌 최종 합의를 준비하고, 간접적으로는 미국을 비롯한 비협조적인 국가들에 대하여 BEPS 프로젝트 논의에 관한 참여와 협조를 촉구하고자 하였던 것이다.

위와 같은 배경 하에서 OECD/G20 포괄적 이행체계(IF)는 2015년 OECD의 BEPS 액션플랜 발표 이후 국가별로 진행된 사항에 대한 구체적인 검토, 디지털경제의 기반시설(infrastructure) 및 가치창출 프로세스(value creation process), 디지털경제 하에서의 새로운 비즈니스 모델에 대한 사례연구, 디지털화된 사업모델의 공통적인 특성 분석, 2015년 BEPS 액션플랜 발표에 따른 각국의 영향, 세원잠식과 소득이전(BEPS) 문제를 해결하기 위한 각국의 개별적·잠정적인 조치 현황 검토와 관련 제안, BEPS 프로젝트의 향후

---

230) OECD, *Interim Report 2018*, p.3.

전망과 구체적인 이행계획 및 추가 작업사항 등을 담은 중간보고서(Tax Challenges Arising from Digitalisation – Interim Report 2018)를 2018년 3월 공개하기에 이르렀다.

(2) 2018년 중간보고서의 주요 내용

1) 2015년 BEPS 액션플랜 발표사항 이행의 진행상황과 그 영향

2018년 중간보고서는 2015년 BEPS 액션플랜 발표사항 이행의 진행상황과 관련하여, 직접세 분야에 있어서는 아직 많은 국가들의 경우 디지털화(과세연계점, 데이터, 성격구분)와 관련하여 제기된 문제들이 대부분 해결되지 않은 채로 남아 있음을 인정하였다. 그리고 그 이유로는 BEPS 문제를 해결하기 위한 실행방안들이 주로 이중 비과세의 경우를 조준하여 설계된 것이고, 디지털화에 의해 야기된 조직적인 조세문제를 목표로 한 것이 아니기 때문이라는 점을 제시하였다.[231] 반면, 간접세 분야의 경우에 있어서는 BEPS 액션플랜의 이행 절차가 성공적으로 이루어지고 있으며 BEPS 이행에 따른 영향 역시 명백하다는 점을 언급하였다.[232] 즉, OECD와 G20 국가들의 압도적 다수가 해외 공급업자에 의한 서비스 및 무형자산의 B2C(Business-to-consumer) 공급에 대하여 OECD의 국제 VAT/GST 가이드라인에 부합하는 부가가치세 규정을 채택하였고, 그로 인해 해당 국가들은 상당한 추가 수입을 얻게 되었음을 강조하였다.[233]

---

231) OECD, *Interim Report 2018*, p.90(255항).

232) OECD, *Interim Report 2018*, p.90(256항).

233) OECD, *Interim Report 2018*, pp.103~104(296항). 이에 따르면 유럽연합(EU)은 2015년 단순화된 위 준수 제도를 통해 제도 시행 첫 해에 총 30억 유로가 넘는 부가가치세 수입을 거두었으며, 대략 전체 역외 서비스 및 무형자산의 B2C 공급의 70% 정도가 EU의 관할권 안에 있다고 한다. 우리나라 역시 2015. 7. 1.부로 부가가치세법상 전자적 용역을 공급하는 국외사업자의 용역 공급과 사업자등록 등

2) 여러 국가들이 개별적으로 도입한 BEPS 대응조치의 유형별 분류

OECD/G20 BEPS 포괄적 이행체계(IF)와 디지털경제 특별위원회(TFDE)는 2018년 중간보고서를 통하여 여러 국가들이 2015년 BEPS Action 1 최종보고서에서 확인된 광범위한 직접세 문제에 대응하기 위하여 개별적(unilateral)으로 취한 단기적 대응조치들을 크게 네 개의 유형으로 나누어 분류하였다.[234] (i) 고정사업장 요건 수정(alternative applications), (ii) 원천징수세(withholding taxes), (iii) 매출액 기준 과세(turnover taxes), 그리고 (iv) 대규모 다국적기업을 적용대상으로 한 특정 제도(specific regimes targeting large MNEs)가 그것이다.

① 고정사업장 요건 수정(alternative applications)

우선, 고정사업장 요건 수정(alternative applications)은 일반적으로 전통적인 고정사업장에 대한 정의와는 대조적으로, 순액기준 과세(net-basis taxation)를 위한 과세연계점(nexus)을 구축하기 위해서 특정 지리적 장소에서의 영속성(permanence)과 물리적 실재요건(physical presence)을 완화하는데 목표를 두고 있으며, 이러한 조치는 전통적인 고정사업장 정의 하에서는 보통 존재하지 않는 것으로 여겨질 상황에서 고정사업장의 존재를 인정하는 효과를 갖는다.[235] 이에 관한 가장 적절한 예로는 과세대상 존재를 설정하기 위한 이른바 "디지털 실재(digital presence)" 또는 물리적 실재 요건에 의해 제한되지 않는 "서비스 고정사업장(service PE)"을 들 수 있다.[236] 조약상 고정사업장 요건 수정을 구현한 조치에는 2016년 4월 이스라엘의 과세당국에 의해

에 관한 특례제도(부가가치세법 제53조의2)를 시행(2014. 12. 23. 법률 제12851호로 신설하고 2015. 7. 1.부터 시행)하였다.

234) OECD, *Interim Report 2018*, p.134(343항).

235) OECD, *Interim Report 2018*, p.135(349항).

236) OECD, *Interim Report 2018*, p.135(349항).

도입된 "중요한 경제적 존재(Significant Economic Presence)" 테스트,[237] 슬로바키아 공화국에서 2017년에 도입한 특정 디지털 플랫폼에 대한 "고정사업장(fixed place of business)"의 확장된 정의,[238] 그리고 2019년에 시행 예정인 인도의 "중요한 경제적 실재(Significant Economic Presence)" 개념에 기반한 새로운 과세연계점 규칙(new nexus rule)[239]이 포함된다.[240] 이러한 모든 조치들은 오로지 비거주자 기업에만 적용가능하고, 원천지국에서 비거주자 기업의 물리적 실재의 수준과 관계없이 순액기준 과세를 허용한다. 그러나 이러한 조치들은 몇 가지 요소에 의해 그 영향이 제한될 것으로 보였는데, 즉 현존하는 조세조약상 의무의 제한을 받거나, 해당 조치가 현행 법령과 충돌할 경우 현행 법령에 따라 해결될 것이었다.[241]

② 원천징수세의 이용(The use of withholding taxes)

다음 유형은 원천징수세의 이용(The use of withholding taxes)이다. 이는 특정한 디지털 상품과 서비스의 거래를 통해 발생된 배당금(dividends), 이자(interest), 사용료(royalties) 등의 수동소득이 원천국의 원천징수대상이 될 수 있도록 고정사업장 요건의 예외를 허용하는 방법을 말한다.[242] 이들 중 일부 예외는 현재 OECD 모델조세조약(Model Tax Convention on Income and On Capital, 2017 개정) 제10조(배당금), 제11조(이자) 및 제12조(사용료)에 반영되어 있다.[243] 일반적으로 국제거래에 있어 원천징수의 목표는

---

237) OECD, *Interim Report 2018*, p.137, Box 4.1.

238) OECD, *Interim Report 2018*, p.160, Notes 6.

239) OECD, *Interim Report 2018*, p.138, Box 4.2.

240) OECD, *Interim Report 2018*, pp.137~138(351항).

241) OECD, *Interim Report 2018*, p.136(351항).

242) OECD, *Interim Report 2018*, p.139(355항).

243) OECD(2017), *Model Tax Convention on Income and On Capital: Condensed Version*

원천지국 관할 내에 비거주기업의 물리적 실재가 없다 하더라도 그 원천지국의 원천에 대해 과세권을 부여하기 위한 것으로 이해된다. 나아가 디지털 경제의 확산으로 인해 클라우드 컴퓨팅과 같은 일부 경우에는 영업이익(business profit), 사용료(royalties) 및 기술서비스(technical services) 간의 구분이 더 모호해짐에 따라 전통적인 고정사업장 요건의 예외에 대한 잠재적 중요성이 커지게 되었고, 이른바 성격구분(characterisation) 문제의 위험성이 악화되었는바,[244] 이러한 문제를 해결하기 위하여 일부 국가들은 (ⅰ) 사용료에 대한 원천징수세 확대, (ⅱ) 기술 서비스 수수료에 대한 원천징수세 채택, 기타 특정 소득 범주에 대한 새로운 원천징수세 도입 등의 조치를 취하였다.[245] 다만 이러한 조치는 대부분이 국내법상 목적으로 채택되거나 발표되었고, 실제적으로는 이중 조세조약의 적용에 의해 보통 제한될 것이라는 점에 그 한계가 있다.[246]

③ 매출액 기준 과세(turnover taxes)

매출액 기준 과세는 외국 기반 디지털제품 및 서비스의 공급자와 같은 비거주자 기업에 대한 과세권을 주장하기 위한 소득세 체계 밖의 조치로서, 일

2017, OECD Publishing, 2017, available at https://dx.doi.org/10.1787/mtc_cond-2017-en (이하 "OECD, Model Tax Convention").

244) OECD, *Interim Report 2018*, p.139(356항): 예를 들어, IaaS(Infrastructure-as-a-Service) 거래가 서비스(services)로 취급되어야 하는지(따라서 조약 목적상 사업수익으로 구분되는 지불로 보게 된다), 제3자에 의한 클라우드 서비스 제공 업체의 서버 공간에 대한 임대(rentals)로 보아야 하는지{따라서 조약목적상 상업, 산업 또는 과학 장비의 임대에 대한 사용료 지불 정의에 포함되는 사용료(royalties)로 보게 된다}, 또는 기술서비스(technical services)의 제공으로 보아야 하는지의 문제가 발생하며, 나아가 동일한 성격 구분의 이슈는 SaaS(software-as-a-service)나 PaaS(platform-as-a-service) 거래에 대한 지불에 있어서도 발생한다.

245) OECD, *Interim Report 2018*, p.140(357항).

246) OECD, *Interim Report 2018*, p.140(358항).

반적으로 온라인 광고서비스 수익을 목표로 (또는 포함) 하는 부문별 매출세 (turnover taxes)를 의미[247]한다. 이는 기업의 매출에 대한 과세로서 소비세의 성격을 가지며, 디지털경제의 특성상 수익창출에 소요되는 비용이 적다는 점을 감안하여 전통적인 소득세의 형태가 아닌 소비세의 방식으로서의 과세 제도를 도입한 것으로 이해된다. 인도의 균등부과금(Equalisation Levy),[248] 이탈리아의 디지털거래에 대한 부과금(Levy on digital transactions),[249] 헝가리의 광고세(advertisement tax),[250] 그리고 프랑스의 시청각 콘텐츠의 온라인 및 물리적 배포에 대한 세금[251] 등을 그 예로 들 수 있다.

인도의 균등부과금(Equalisation Levy)은 비거주자의 온라인 광고서비스 공급에 대해 지불된 총 매출액의 6% 상당 금액으로, 비거주자에 의해 역외 B2B 거래로 공급된 온라인 광고 서비스 수익에 한정하여 부과되며, 총 매출액에 기초하여 부과된다는 특징이 있다.[252] 그리고 이탈리아의 디지털거래에 대한 부과금(Levy on digital transactions)은 과세대상 거래의 "가치(value)", 즉 전자적으로 제공되는 디지털서비스 제공에 대한 대가로 지불한 대가(부가가치세를 제외한 대가이다)에 3%의 비율로 부과되며, 오로지 B2B 거래에만 적용된다.[253] 또한 헝가리의 광고세(advertisement tax)는 헝

---

247) OECD, *Interim Report 2018*, p.140(359항).

248) OECD, *Interim Report 2018*, p.142, Box. 4.3.

249) OECD, *Interim Report 2018*, p.143, Box. 4.4.

250) OECD, *Interim Report 2018*, p.145, Box. 4.5.

251) OECD, *Interim Report 2018*, p.146, Box. 4.6.

252) OECD, *Interim Report 2018*, p.142, Box. 4.3.; Sagar Wagh, "The Taxation of Digital Transactions in India: The New Equalization Levy", *Bulletin For International Taxation*, June 2016, p.549에 따르면 인도의 균등부과금은 비거주자가 인도 내에서 사업을 하기 위해 디지털 광고 공간(digital advertising space) 등을 제공함으로써 얻은 소득에 대하여 과세하는 것을 의도한 것이라고 한다.

253) OECD, *Interim Report 2018*, p.143, Box. 4.4.

가리에서 광고 시간 또는 광고 공간의 판매로 인해 발생하는 거주자기업 및 비거주자기업의 순 판매 수익(VAT 제외)에 적용되며, 과세대상 거래에는 대중방송에 사용되는 다양한 미디어(예 : TV 및 라디오, 인쇄 신문, 옥외 광고판, 차량, 부동산 및 인터넷 웹 사이트)를 참조하여 정의된 광범위한 광고서비스 목록이 포함된다. 헝가리의 경우 광고세의 범위는 궁극적인 대상이 되는 대중의 위치에 의존하여, 온라인 활동의 경우 광고가 주로 헝가리어로 표시되어 있다면 광고 게시자 및 광고주의 위치에 관계없이 해당 장소가 헝가리에 있는 것으로 보아 과세연계점이 설정된다.[254] 한편, 프랑스의 시청각 콘텐츠의 온라인 및 물리적 배포에 대한 세금은 보통 언론에서 "유튜브세(YouTube tax)"라고 일컬어지고 있다. 세금은 2%의 고정세율(flat rate)로 부과되고, "포르노(pornography)" 또는 "폭력 선동(incitement to violence)"이 포함된 영화 및 시청각 콘텐츠에 대해서는 세율이 10%로 인상된다.[255]

④ 대규모 다국적기업을 적용대상으로 하는 특정 제도

대규모 다국적기업을 적용대상으로 하는 특정 제도의 범주에는 과세당국과 대규모 다국적기업 간의 권력 균형을 회복하기 위한 새로운 행정제도를 만들거나, 대규모 기업에 의한 세원잠식 지급의 과도한 이용을 해결하기 위

---

254) OECD, *Interim Report 2018*, p.141(360항).

255) OECD, *Interim Report 2018*, p.146, Box. 4.6.; 다만 이와 같은 조치들은 시장상황에 따라 세금 부담의 일부가 공급업체에서 고객에게 전가될 위험이 있다. 이러한 조치들은 일반적으로 여러 관리 및 의무준수 문제에 직면하게 되는데, 특히 과세관할 지역에 물리적으로 존재하지 않는, 외국에 기반을 둔 법인으로부터 세금을 징수해야 하는 문제를 해결하기 위하여, 위 나라들은 현지 지불 고객에 대한 연대책임(joint liability)을 도입하거나(인도, 이탈리아, 헝가리), 지역에 기반을 둔 중개자들에게 구체적인 필수사항 보고(reporting requirements)를 요구(프랑스)한다{*Ibid.*, pp.141(362항)~145, Box. 4.6.}.

한 특정한 남용방지 규칙(anti-abuse rules)을 도입하는 등의 보다 일반적인 입법대응이 포함된다.[256] 디지털화의 확산과 그것이 비즈니스 모델에 미치는 영향, 그리고 대규모 다국적기업에 의해 점점 더 복잡해지는 세무계획 구조는 전세계 과세당국이 직면한 주요 과제이다. 이러한 맥락에서 많은 국가들이 대규모 다국적기업을 대상으로 한 특정 제도를 도입하고 있으며, 영국과 호주의 우회이익세(Diverted Profits Tax, "DPT"),[257] 이탈리아의 고정사업장의 협력과 조화를 위한 발전된 절차(enhanced procedure for cooperation and collaboration for PE),[258] 그리고 미국의 세원잠식·남용방지세(base erosion and anti-abuse tax, "BEAT")[259] 등이 그것이다. 이러한 새로운 제도들은 고도로 디지털화된 사업만을 대상으로 하는 것은 아니지만, 일정한 경우에는 디지털화된 사업과 관련이 있다.[260]

우선 우회이익세(DPT)는 다국적기업이 이익을 해외로 이전하는 경우에 법인세를 높게 매기는 방식으로 과세권을 확보하는 방식을 말하는데, 영국의 경우 2015년 4월 우회이익세를 도입하여 국내에서 해외 조세회피처로 이익을 이전하는 다국적기업을 대상으로 2015년 4월 1일이 포함된 과세연도부터 해당 이전 소득에 대해 일반 법인세율인 20%[261]보다 높은 25%의 세율을 적용[262]하여 과세하였다.[263] 영국의 우회이익세는 소득세나 법인세

---

256) OECD, *Interim Report 2018*, p.147(363항).

257) OECD, *Interim Report 2018*, p.149, Box 4.7., p.155, Box 4.9.

258) Article 1-bis of Law Decree 50 of 24 April 2017(Zucchetti, 2017).

259) OECD, *Interim Report 2018*, p.158, Box 4.10.

260) OECD, *Interim Report 2018*, p.147(363항).

261) 영국의 법인세율은 2016년의 경우 20%, 2017년부터 2019년은 19%, 2020년에는 18%의 세율이 각 적용된다.

262) OECD, *Interim Report 2018*, p.149, Box 4.7.

263) 박 훈, 앞의 논문, pp.60~61.

의 일종이 아닌 그 자체로 독립된 새로운 세목으로서, 2015 재정법(Finance Act 2015) PART3에 규정되어 있다.[264] 한편, 호주의 우회이익세는 2017년 4월에 도입되었으며 다국적기업의 해외로의 이익이전 행위에 대해 표준 법인세율인 30% 대신 징벌적인 세율인 40%의 높은 세율로 과세한다.[265] 호주의 우회이익세는 영국의 우회이익세의 영향을 받은 것이나, 호주의 우회이익세가 영국의 것보다 전반적으로 납세자에게 더 부담이 되는 것으로 평가받고 있다.[266] 미국에서 채택된 세원잠식·남용방지세(BEAT) 역시 앞서 살펴 본 우회이익세(DPT)와 마찬가지로 특별하게 고도로 디지털화된 비즈니스 모델을 대상으로 한 것이 아니지만, 미국에서 대규모 사업을 하는 다국적기업에 보다 일반적으로 적용된다. 이는 최소한의 법인세로서의 역할을 하며, 이러한 결과는 주로 이자, 사용료, 임대료, 특정 서비스와 같은 다양한 해외 지급 비용에 대한 공제를 허용하지 않는 공식을 통해 달성된다.[267]

3) 여러 국가들이 개별적으로 도입한 BEPS 대응조치의 공통적인 특성

한편 위와 같이 여러 국가들이 취한 개별 조치의 공통적인 특성은 다음과 같다.[268] 첫 번째, 개별적 대응조치는 고객 또는 소비자들이 위치한 국가의 과세표준을 보호 또는 확장하는 것을 목표로 한다. 두 번째, 많은 대응조치들이 과세표준의 설계에 있어 판매수익(sales revenue), 사용 또는 소비 장소(place of use or consumption) 등 시장(market)과 관련된 요소들을 포함하고

---

264) 영국 2015 재정법은 소득세와 법인세의 경우 PART 1(PART1 Income tax, corporate tax and capital gains tax)에 규정되어 있다.

265) Diverted Profits Tax Act 2017; OECD, *Interim Report 2018*, p.15, Box 4.9.

266) 박 훈, 앞의 논문, 63면.

267) OECD, *Interim Report 2018*, p.148(366항).

268) OECD, *Interim Report 2018*, p.134(343항).

있다. 세 번째, 해당 조치들은 현재의 국제 소득세 제도(international income tax system)에 의해 산출된 과세 결과에 대한 일부 국가들의 불만을 반영한다.[269]

4) 국가들이 개별적 잠정조치 도입시 고려하여야 할 일반원칙

2018년 중간보고서는 국가들이 디지털화로 인한 조세문제를 해결하기 위해 개별적으로 잠정조치(interim measures)를 도입함에 있어 고려하여야 할 원칙으로서, (i) 조세조약, 세계무역기구(World Trade Organization, "WTO"), 유럽연합(European Union, "EU"), 유럽경제지역(European Economic Area, "EEA")의 각 회원으로서의 의무 등 기존의 국제규범을 준수하고 그에 배치되지 않을 것, (ii) 어떤 잠정조치라도 일시적이어야 하며 국제적인 합의가 이루어질 경우 중단할 것, (iii) 잠정조치는 고위험 비즈니스에 초점을 맞추어 특정한 E-service에 한정하여 적용될 것, (iv) 과도한 조세부과를 최소화하여야 하며, 이를 위해 적절한 세율과 조치를 적용할 것, (v) 신생기업이나 비즈니스 창출, 소규모기업에 대한 영향을 최소화할 것, (vi) 납세행정비용 및 제도의 복잡성을 최소화할 것을 제시하였다.[270] 이는 국가들의 개별적인 잠정조치 도입이 디지털경제로 인한 조세문제 해결을 위한 국제적인 합의 도출과 그 이행을 저해하는 요소가 될 것을 우려한 것으로 보인다.[271] 반면, 그와 동시에 국제적인 합의 도출에 상당한 시간이 소요되는 상황에서, 국가

---

269) OECD, *Interim Report 2018*, p.159(367항).

270) OECD, *Interim Report 2018*, pp.180~190.

271) Yasin Uslu, "An Analysis of "Google Taxes" in the Context of Action 7 of the OECD/G20 Base Erosion and Profit Shifting Initiative", *Bulletin for International Taxation*, Vol. 72, No. 4a/Special Issue, March 2018, p.10, p.21에서는 조세회피에 효과적으로 대응하기 위해서는 국제적인 협력이 필수적이지만 국가별로 취하는 일방적인 조치들이 국제협력을 방해하고 보다 심각한 문제들을 야기하며 불확실성을 증가시킬 수 있다고 지적하고 있다.

들이 개별적으로 문제해결을 위해 모색하는 잠정조치를 전면적으로 부정하기는 현실적으로 어려운 측면이 있다. 2018년 중간보고서가 제시한 위 6가지의 일반원칙은 이러한 양 측면의 절충안을 제시한 것이라 하겠다.

(3) 2018년 중간보고서의 의의 및 평가

2018년 중간보고서는 디지털경제의 발전으로 인해 제기된 조세문제가 세원잠식과 소득이전(BEPS)의 문제 해결을 넘어, 디지털 시대에서 전 세계적인 활동을 통해 창출되는 소득을 국가 간에 어떻게 배분할 것인가라는 '과세연계점(nexus)'과 '이익배분(profit allocation)'의 문제라는 점을 명시적으로 밝혔다는 점에서 의의를 찾을 수 있다.[272] 2015년 Action 1 최종보고서에서도 디지털경제로 인해 발생되는 문제는 세원잠식과 소득이전(BEPS)을 넘어서서 과세연계점(nexus) 및 이익배분(profit allocation)과 관련이 있다고 언급한 바 있지만, 엄밀히 말하여 이는 화두를 던진 것에 불과하다. 즉, 2015년 Action 1 최종보고서는 디지털경제의 확산과 발전을 통해 확인된 기존 국제조세 체계 내의 고정사업장 원칙의 문제점 등에 대해 공감대를 형성하고 그를 해결하기 위한 단편적인 조치들을 모색[273]하였다면, 2018년 중간보고서는 세원잠식과 소득이전(BEPS) 방지에서 더 나아가, 과세연계점(nexus)과 이익배분(profit allocation)의 문제가 보다 중요한 의미를 가진다고 선언하였다는 점에서 의의가 있다. 다만, 2018년 중간보고서를 통해 디지털경제로 인한 조세문제를 해결하기 위한 구체적이고 종국적인 해결방안을 제시하지는 못하였으며, 이는 중간보고서라는 성격에서 비롯되는 본질적인 한계라 하겠다.[274]

---

272) OECD, *Interim Report 2018*, p.167(376항).
273) 우진욱·이재호, 앞의 논문, 163면.

Ⅲ. EU 및 유럽 개별 국가들의 논의

1. EU의 디지털 서비스세 도입 시도와 실패

OECD 회원국들이 2013년 이후 디지털경제에 대비하기 위하여 BEPS 프로젝트를 본격적으로 진행하는 것과 별개로, EU는 2017년부터 디지털 서비스세(Digital Service Tax, "DST")를 도입하기 위해 노력해 왔다.[275] EU는 2017년 10월 유럽이사회(EU Council)를 열어 디지털시대에 부합하는 효과적이고 공정한 조세제도의 필요성을 제안하였고, 2018년 3월 21일 EU집행위원회(European Commission)를 통해 글로벌 디지털 기업의 유럽 내 매출에 대해 과세하는 이른바 "디지털세(Digital Tax)"에 대한 구체적인 법안을 제안하였다. 이 법안은 두 가지의 제안(digital taxation package)을 담고 있는데, 첫 번째는 기업이 사용자와 중요한 상호작용을 하는 장소에서 수익이 등록되고 과세될 수 있도록 법인세 개혁을 목표로 하는 장기적 해결책 제안이고, 두 번째는 현재 EU에서 조세를 회피하고 있는 주요 디지털 활동에 대한 단기 해결책으로서 디지털 서비스세를 부과하는 임시적·잠정적 세금(interim tax)의 제안이다.[276] 그러나 2018년 12월 EU경제재정이사회(Economic and Financial Affairs Council, ECOFIN)에서 EU 차원의 디지털 서비스세 도입 합의에 이르지 못하고 사실상 무산되었는데,[277] 그 이유는

---

274) 김신언, 디지털세제의 동향, 381~382면.

275) 김은경, "디지털세(Digital Tax)의 현황 및 쟁점", 「이슈 & 진단」 제387호, 경기연구원, 2019. 9. 25., 6면.

276) European Council/Council of the European Union, "Digital taxation", available at https://www.consilium.europa.eu/en/policies/digital-taxation/(검색일자: 2021. 4. 9.).

277) European Council/Council of the European Union, "Economic and Financial Affairs Council, 4 December 2018", available at https://www.consilium.europa.eu/en/meetings/ecofin/2018/12/04/(검색일자: 2021. 4. 9.).

네덜란드, 덴마크, 아일랜드, 스웨덴 등의 일부 국가들이 미국과의 통상마찰 및 자국 내 글로벌 IT 기업 철수에 따른 세수감소를 우려하여 매출액에 대한 과세를 반대하였기 때문이다.[278]

2. 유럽 개별 국가들의 디지털 서비스세 도입 현황

EU 차원의 디지털 서비스세 도입이 실패로 돌아감에 따라, 디지털 서비스세 도입 의견을 개진하였던 일부 유럽 국가들은 개별적으로 디지털 서비스세 도입을 추진하기에 이르렀다. 현재 프랑스, 영국, 이탈리아, 스페인, 오스트리아, 튀르키예 등은 이미 디지털 서비스세를 시행하고 있으며, 노르웨이 역시 2021년부터 디지털 서비스세를 도입할 계획임을 밝히기도 하였다. 유럽 개별 국가들의 디지털 서비스세 도입과 관련한 최근 현황을 살펴보면 다음과 같다.

(1) 프랑스

프랑스는 디지털 서비스세 도입을 가장 적극적으로 추진한 국가 중 하나이다. 2019년 7월 25일 디지털 서비스 사업 매출이 연간 전 세계 매출이 7억 5천만 유로를 초과하고 프랑스 내 매출이 2천 5백만 유로를 초과하는 기업에 대해 프랑스 국내 디지털 서비스 매출액에 3%를 과세하는 디지털세 법안을 제정[279]하였고, 2019년 1월 1일로 소급하여 발효하였다. 프랑스 내의 매출기준 판단 시에는 프랑스 실질요율(French Presence Ratio)을 적

---

278) 기획재정부 보도참고자료, "디지털세 국제 논의 최근 동향", 2019. 10. 30., 10면; 임동원, 앞의 논문, 3면.
279) 오태현, "프랑스 디지털세 도입의 의미와 전망", KIEP 세계경제 포커스, 대외경제정책연구원, 2019. 8. 21., 3면.

용하며, 프랑스 실질요율이란 각 과세대상 서비스 사용자 전체에 대한 프랑스 사용자의 비율을 말한다.[280] 프랑스의 디지털 서비스세는 디지털 인터페이스(digital interfaces)와 맞춤형 광고(targeted advertising) 두 종류의 서비스에 부과되며,[281] 주로 글로벌 IT 기업을 과세대상으로 하고 있어 일명 'GAFA(Google, Amazon, Facebook, Apple) 세금'이라는 별칭으로 불린다.[282]

그러나 프랑스의 디지털 서비스세 도입에 반발한 미국은 그에 대한 보복조치로서 1974년 통상법 제301조(Section 301 of the Trade Act of 1974)에 따른 조사를 실시하여, 2019년 12월 2일 프랑스 디지털 서비스세가 국제조세 기본원칙에 배치[283]되고, 자국 기업에 대한 불공정한 부담[284]이므로 결론적으로 미국 디지털 기업에 대한 의도적인 차별에 해당하며, 이를 해결하기 위해서는 보복관세, 수수료 부과 또는 기타 프랑스 상품 또는 서비스 수입 제한 등이 적절한 조치라는 내용의 '프랑스 디지털 서비스세 조사보고서(Report on France's Digital Services Tax)'를 발간하였다.[285] 프랑스는 이와 같이 미국과의 통상 마찰을 겪게 됨에 따라 디지털 서비스세 납부·징수를 일시적으로 연기하였다.[286] 그러나 미국이 2020년 7월 10일 화장품,

---

280) 한국조세재정연구원, "주요국의 조세·재정동향", 「재정포럼」, 2020년 5월호(제287호), 2020. 5., 78면.

281) 한국공인회계사회, 「디지털 경제에 따른 조세현안과 과제」, 한국공인회계사회, 2019. 10. 31., 117면.

282) Jeff Ferry, Bill Parks and Arpan Dahal, "An Alternate Solution for France's Digital Services Tax", *Tax Notes Federal*, October 2019, p.125.

283) Office of the US Trade Representative, "Section 301 Investigation Report on France's Digital Services Tax", 2 December 2019, available at https://ustr.gov/sites/default/files/Report_On_France%27s_Digital_Services_Tax.pdf, p.60.

284) Office of the US Trade Representative, *Ibid.*, pp.65~67.

285) Office of the US Trade Representative, *Ibid.*, pp.76~77.

286) 한국조세재정연구원, "주요국의 조세·재정동향", 「재정포럼」 2020년 12월호(제

72

비누, 가방 등의 프랑스 수입품에 대하여 25%의 관세를 부과하겠다고 발표하기에 이르자,[287] 프랑스 정부 역시 2020년 10월 15일 디지털 서비스세를 예정대로 2020년 12월에 징수할 예정이라고 발표[288]하였으며, 결국 2020년 12월 30일 디지털 서비스세 징수를 재개하였다.[289]

(2) 영국

영국은 2018년에 디지털 서비스세 도입 방안을 발표한 후 2020년 4월 1일부터 디지털 서비스세를 시행하고 있다. 영국의 디지털 서비스세는 전 세계 매출액 연간 5억 파운드 및 영국 내 매출액 2천 5백만 파운드를 초과하는 다국적기업을 대상으로, 영국 내 사용자 참여(user participation)를 통해 수익을 창출하는 디지털 서비스 매출액에 대하여 2%를 과세하는 것을 내용으로 한다.[290] 다만 영국 내 디지털 매출을 계산함에 있어 2천 5백만 파운드 이하의 매출액은 과세에서 제외한다.[291] 신생기업 및 스타트업은 과

294호), 2020. 12., 63면; 한국조세재정연구원, "주요국의 조세·재정동향", 「재정포럼」 2020년 5월호(제287호), 2020. 5., 78면.

287) 한국조세재정연구원, "주요국의 조세·재정동향", 「재정포럼」 2020년 12월호(제294호), 2020년 12월, 63면; 한국조세재정연구원, "주요국의 조세·재정동향", 「재정포럼」 2020년 5월호(제287호), 2020. 5., 78면.

288) 한국조세재정연구원, "주요국의 조세·재정동향", 「재정포럼」 2020년 12월호(제294호), 2020. 12., 63면.

289) 조선비즈, "미국vs유럽 '디지털 과세' 휴전 끝났다...불, 세금 징수 재개", 2020. 12. 31., available at https://biz.chosun.com/site/data/html_dir/2020/12/31/2020123101356.html(검색일자: 2021. 4. 9.).

290) 영국 정부, "Policy paper: Digital Services Tax", 11 March 2020, available at https://www.gov.uk/government/publications/introduction-of-the-digital-services-tax/digital-services-tax(검색일자: 2021. 4. 10.); 허 원, "디지털경제 관련 국제조세 분야의 최근 논의와 대응 동향", 「세무와 회계저널」 제21권 제2호, 한국세무학회, 2020. 4., 214면; 한국조세재정연구원, "주요국의 조세·재정동향", 「재정포럼」 2020년 9월호(제291호), 2020. 9., 77면.

291) 한국조세재정연구원, "주요국의 조세·재정동향", 「재정포럼」 2020년 9월호(제291

세대상에서 제외되며,[292] 과세대상이 되는 디지털 서비스에는 소셜미디어 플랫폼, 검색엔진, 온라인 마켓 플랫폼 등이 포함된다.[293] 영국 정부는 디지털 마켓 운송료에 대하여도 디지털 서비스세를 적용하는 방안에 대하여 고려 중에 있다.[294] 한편, 영국 정부는 디지털경제 하에서의 조세문제 해결을 위해 다자간의 합의를 도출하는 데 협조할 것이며, 적절한 국제적 해결책이 마련되면 디지털 서비스세를 폐지할 것을 약속하였다.[295]

(3) 이탈리아

이탈리아의 경우 2018년말 글로벌 총 매출이 7억 5천만 유로, 이탈리아 내에서의 디지털 서비스의 매출이 550만 유로 이상인 기업을 대상으로 하여 디지털 서비스 매출에 3%를 부과하는 디지털 서비스세(Italian Digital Service Tax) 입법안이 의회 통과되었다.[296] 이탈리아의 디지털 서비스세는 다면 디지털 인터페이스(multi-sided digital interface), 디지털 광고(Digital advertising), 디지털 네트워크(Digital networks), 사용자 데이터의 전송(Transmission of user data) 등의 디지털 서비스 매출에 대해 부과된다.[297] 이는 2019년 1월 1일부터 시행 예정이었으나 관련 시행령 기한인

호), 2020. 9., 78면; 한국공인회계사회, 앞의 보고서, 115면.

292) 오태현, 앞의 논문, 6면.

293) 한국조세재정연구원, "주요국의 조세·재정동향", 「재정포럼」 2020년 9월호(제291호), 2020. 9., 78면.

294) 한국조세재정연구원, "주요국의 조세·재정동향", 「재정포럼」 2020년 4월호(제286호), 2020. 4., 74면.

295) 영국 정부, "Policy paper: Digital Services Tax", 11 March 2020, available at https://www.gov.uk/government/publications/introduction-of-the-digital-services-tax/digital-services-tax(검색일자: 2021. 4. 10.); 한국조세재정연구원, 앞의 책, 75면.

296) Daniel Bunn, "The Italian DST Remix", Tax Foundation, 2019, available at https://taxfoundation.org/italy-digital-tax(검색일자: 2021. 4. 10.).

297) Stefano Pavesi & Nicoletta Mazzitelli, "Italy's Digital Services Tax Enters into

2019년 4월 30일이 경과함에 따라 시행이 미루어졌다가,[298] 2020년 1월 1일부터 시행되고 있다.[299] 다만 이탈리아 과세관청은 디지털 서비스세 도입 후 처음으로 적용되는 2020 회계연도의 디지털 서비스세와 관련하여 납부기한 및 신고기한을 연장하였는바, 즉, 당초 2021년 2월 16일이던 납부기한을 2021년 3월 16일로, 당초 2021년 3월 31일로 되어 있던 신고기한을 2021년 4월 30일로 각 연장하였다.[300]

(4) 스페인

스페인 정부는 2020년 2월 28일 디지털 서비스세 도입 법안을 의회에 제출하였다. 법안의 주요 내용은 2019년에 제출되었던 초안과 마찬가지로 EU 지침을 따르고, 디지털 서비스세는 2020년 12월 20일까지 부과하지 않으며 기업 내 데이터 이전에는 부과하지 않고, 과태료는 0.5%로 하되 최대 40만 유로를 한도로 한다.[301] 스페인의 디지털 서비스세는 2021년 1월 16일부터 시행되고 있으며, 전 세계 매출 합계액이 7억 5천만 유로를 초과하고 국내 디지털 서비스 매출액이 300만 유로를 초과하는 다국적기업을 대상으로 하여, 디지털 서비스(온라인 광고, 중개 및 데이터 전송 등)에서 발생하는 매출액의 3%에 대해 디지털 서비스세를 부과한다.[302] 다만 디지털

Force", *Journal of International Taxation*, Vol. 31, Iss. 4, April 2020, pp.19~20.; Daniel Bunn, *Ibid.*(검색일자: 2021. 4. 10.); 한국조세재정연구원, "주요국의 조세·재정동향", 「재정포럼」 2020년 2월호(제284호), 2020. 2., 64면.

298) Daniel Bunn, *Ibid.*(검색일자: 2021. 4. 10.).

299) Stefano Pavesi & Nicoletta Mazzitelli, *op. cit.*, p.19; 한국조세재정연구원, "주요국의 조세·재정동향", 「재정포럼」 2021년 2월호(제296호), 2021. 2., 73면.

300) EY, "Italian Government announces deferrals for DST payments for 2020", 15 January 2021, available at https://www.ey.com/en_gl/tax-alerts/italian-government-announces-deferrals-for-dst-payments-for-2020(검색일자: 2021. 4. 9.).

301) 한국조세재정연구원, "주요국의 조세·재정동향", 「재정포럼」 2020년 4월호(제286호), 2020. 4., 76면.

서비스세에 대한 2021년 제1분기 신고분은 당초 2021년 4월 30일이 그 납부기한이었으나, 스페인 과세당국은 이를 2021년 7월 31일까지로 연장하기로 발표[303]하였는데, 이는 해당 세금에 대한 규제 가이드라인의 승인절차와 납세자들이 새로운 세금에 대해 적응할 시간을 제공하기 위함이다.[304]

(5) 오스트리아

오스트리아 정부는 2019년 12월 4일 디지털 서비스세 과세안을 실행하기 위한 디지털 세금법 2020(DiStG 2020-UmsetzungV)의 시행 세부규정에 관한 연방 재무부장관령을 관보에 게재하였다.[305] 관보에 게재된 디지털과세 집행안은 디지털과세에 대한 협력절차를 규정하는 것으로, 연간 소득신고의 온라인 제출 의무화, 온라인 디지털 절차의 설명, 온라인 광고업자의 웹 양식 이용을 위한 등록 요구 등의 내용을 담고 있다.[306] 오스트리아의

---

302) 한국조세재정연구원, "주요국의 조세·재정동향", 「재정포럼」 2020년 12월호(제294호), 2020. 12., 60면; 한국조세재정연구원, "주요국의 조세·재정동향", 「재정포럼」 2021년 3월호(제297호), 2021. 3., 48면; KPMG, "Spain: Proposals for regulations to implement the digital services tax", 15 December 2020, available at https://home.kpmg/us/en/home/insights/2020/12/tnf-spain-proposals-regulations-implement-digital-services-tax.html(검색일자: 2021. 4. 9.).

303) EY, "Spain delays first reporting of Digital Services Tax and Financial Transaction Tax", 20 January 2021, available at https://www.ey.com/en_gl/tax-alerts/spain-delays-first-reporting-of-digital-services-tax-and-financi(검색일자: 2021. 4. 10.).

304) 한국조세재정연구원, "주요국의 조세·재정동향", 「재정포럼」 2021년 3월호(제297호), 2021. 3., 48면.

305) 오스트리아 연방정부 법률정보시스템, "BUNDESGESETZBLATT FÜR DIE REPUBLIK ÖSTERREICH", Ausgegeben am 4. Dezember 2019, Teil II, 378. Verordnung: Nähere Regelung der Umsetzung des Digitalsteuergesetzes 2020 (DiStG 2020-UmsetzungsV), available at https://www.ris.bka.gv.at/Dokumente/BgblAuth/BGBLA_2019_II_378/BGBLA_2019_II_378.html(검색일자: 2021. 4. 10.); 한국조세재정연구원, "주요국의 조세·재정동향", 「재정포럼」 2020년 1월호(제283호), 2020. 1., 70면.

306) 한국조세재정연구원, 위의 책, 70면.

디지털 서비스세 과세안은 오스트리아 국내에서 온라인 광고를 수행하는 대규모 글로벌 기업들에 대해 온라인 광고 매출액의 5%를 부과하는 것으로, 2020년 1월 1일부터 적용된다.[307] 오스트리아의 디지털 서비스세는 전 세계 매출액 7천 5백만 유로를 초과하고 오스트리아 내 디지털 광고 매출이 2천 5백만 유로를 초과하는 기업에 대해 적용된다.[308] 오스트리아의 디지털 과세안은 특히 EU 회원국 내에 사업장 등이 없는 경우를 목적으로 하고 있으며, 납세자는 과세연도 이후 3개월 이내에 소득신고 시 온라인 광고 제공에 대한 정보를 동시에 신고하여야 한다.[309] 사업자가 전자시스템 등록자 (FinanzOnline subscriber)인 경우 전자신고가 요구되며, 외국 사업자가 전자 등록을 할 수 없는 경우에는 온라인 디지털과세 서비스를 통해 신고가 이루어져야 한다.[310] 온라인 디지털과세 서비스는 온라인 광고사업자와 과세관청을 연결하는 전자서비스로서 디지털과세를 위해 구축된 것이며, 오스트리아의 기존 전자시스템(FinanzOnline)과 연계된 서비스이다.[311]

---

307) Stefanie Geringer, "National Digital Taxes – Lessons from Europe", *South African Journal of Accounting Research*, Vol. 35, No. 1, 2021, p.4, p.7에서는 디지털경제에 대한 일방적 과세조치를 디지털 서비스세(Digital service taxes), 디지털 광고세 (Digital advertising taxes) 그리고 국내소득세법상 고정사업장의 정의에 대한 일방적 조정으로 분류하면서, 오스트리아의 경우 디지털 광고세의 범주에 속하는 것으로 설명하고 있다.; 한국조세재정연구원, 위의 책, 70면.

308) Isabel Verlinden & Stefaan De Baets, "Recent Development on the Tax Challenges Arising from the Digitalization of the Economy: New Nexus Rules", in Michael Lang & Raffaele Petruzzi(ed), *Transfer Pricing Developments Around the World 2020*, Kluwer Law International B.V., 2020, p.137, Table 5.2.

309) 한국조세재정연구원, 위의 책, 70면.

310) 오스트리아 연방정부 법률정보시스템, "BUNDESGESETZBLATT FÜR DIE REPUBLIK ÖSTERREICH", Ausgegeben am 4. Dezember 2019, Teil II, 378. Verordnung: Nähere Regelung der Umsetzung des Digitalsteuergesetzes 2020 (DiStG 2020-UmsetzungsV), available at https://www.ris.bka.gv.at/Dokumente/BgblAuth/ BGBLA_2019_II_378/BGBLA_2019_II_378.html(검색일자: 2021. 4. 10.); 한국조세재정연구원, 위의 책, 70면.

311) 한국조세재정연구원, 앞의 책, 70면.

(6) 튀르키예

튀르키예는 2020년 3월 1일부터 디지털 서비스세를 시행하고 있다.[312] 튀르키예는 전세계 매출이 7억 5천만 유로를 초과하고 튀르키예 내 매출이 2천만 TL(Turkish Liras, 약 3천 3백만불)을 초과하는 기업에 대해 디지털 서비스 매출의 7.5%의 디지털 서비스세를 부과한다.[313] 튀르키예의 디지털 서비스세의 적용범위는 매우 광범위한데, 모든 유형의 디지털 광고서비스, 디지털 형태의 오디오, 시각 또는 디지털 콘텐츠, 사용자 연결 디지털 중개 활동(Digital intermediary activities), 디지털환경에서 제공되는 중개서비스 (Intermediary services) 등을 포함한다.[314]

(7) 노르웨이

노르웨이는 2020년 1월경 디지털 과세 문제에 대하여 2020년 중으로 OECD의 국제적인 합의안이 도출되지 않는 경우 2021년부터 국내법으로 디지털 서비스세를 도입하여 구글, 페이스북과 같은 이른바 인터넷 거물들 (글로벌 IT 기업)이 더 많은 세금을 내도록 하겠다고 공표하였다. 당시 노르웨이 정부는 언론에 구체적인 실행방안에 대하여 언급하고 있지는 않았으나, 프랑스, 이탈리아 등 현재 디지털 서비스세를 시행하고 있는 여러 다른 나라들에 대해 소개하면서 유사한 제도를 도입한 국가들을 참고할 것이라

---

312) Ates Konca, Gamze Durgun and Mahmut Aydemir, "Turkish Final General Communiqué Implementing Digital Services Tax", *Journal of International Taxation*, Vol. 31, Iss. 6, June 2020, p.27.

313) Ates Konca & Gamze Durgun, "Turkey Launches Digital Services Tax Website", *Journal of International Taxation*, Vol. 31, Iss. 7, July 2020, p.26.

314) Abdulkadir Kahraman, Ates Konca and Gamze Durgun, "Turkey's Digital Services Tax Effective 1 March 2020", *Journal of International Taxation*, Vol. 31, Iss. 4, April 2020, p.22.

고 밝힌 바 있다.[315]

Ⅳ. 미국에서의 논의

미국은 OECD 회원국이지만 최근까지는 디지털경제 하에서의 세원잠식 및 소득이전(BEPS) 문제 또는 그 논의 과정에서 파생된 새로운 과세권 배분의 문제에 대하여 소극적인 입장을 취하여 왔다. 그 이유는 주지하는 바와 같이 유럽 국가들과 달리 미국이 구글(Google), 아마존(Amazon), 페이스북(Facebook), 애플(Apple) 등의 대규모 다국적 IT 기업을 다수 보유하고 있으며, 디지털경제 하에서의 세원잠식 및 소득이전(BEPS) 문제의 해결 또는 새로운 과세권 배분에 관한 논의는 주로 위 기업들이 전 세계적으로 창출하는 소득을 겨냥한 것이었기 때문이다. 따라서 어찌 보면 미국이 디지털경제 조세제도와 관련된 국제 논의에 소극적인 태도를 취하여 온 것은 당연한 것이라 하겠다. 물론, 미국에서도 국내 기업이 해외로 세원을 이전하는 것을 막고자 2018년 세원잠식·남용방지세(Base Erosion Anti-Abuse Tax, "BEAT")[316]를 도입하여 운영하여 오고 있으나, 이는 고도로 디지털화된 비즈니스 모델

---

315) KLASSEKAMPEN, "Åpner for norsk IT-skatt", Mandag 13. januar 2020, available at https://arkiv.klassekampen.no/article/20200113/ARTICLE/200119987(검색일자: 2021. 4. 10.); 한국조세재정연구원, "주요국의 조세·재정동향", 「재정포럼」 2020년 2월호(제284호), 2020. 2., 68면.

316) 세원잠식·남용방지세(BEAT)는 미국에서 창출한 연매출이 5억 달러를 초과하고 세원잠식률(해당 납세자가 소득세 산출시 적용받은 총 공제액 대비 국외관계사에 지급한 금액을 공제받아 얻은 조세혜택 금액)이 3% 이상인 기업에 적용되며, 공제처리된 국외관계사 지급금액을 다시 합산한 조정과세소득에 최소세율 10%를 적용한 금액을 소득세와 별도로 부과하는 제도로, 2026년부터는 12.5%의 세율이 적용된다(한국조세재정연구원 세정연구센터, 「주요국의 조세동향」, 2020년 제2호, 2020. 12., 42면). 세원잠식·남용방지세(BEAT)의 목적은 다국적기업이 해외자회사의 자산을 높은 가격에 구입하거나, 로열티를 과도하게 지급하는 방법으로 미국 내 소득에 대한 과세를 회피하는 문제를 방지하는 것이다{한국조세재정연구원, "주요국의 조세·재정동향", 「재정포럼」 2018년 1월호(제259호), 2018. 1, 80면}.

만을 대상으로 한 것이 아니며, 미국에서 대규모 사업을 하는 다국적기업에 일반적으로 적용되어 최소한의 법인세 역할을 하는 제도이다.[317) 따라서 이와 같은 미국의 세원잠식·남용방지세(BEAT)를 디지털경제 하에서의 대응조치라고 평가하기는 어렵다. 또한 같은 해 미국은 다국적기업이 조세회피 목적으로 기술을 유출하고 지적재산권을 저세율 국가에 소재한 해외 관계사로 옮기는 것을 규제하기 위하여 해외발생 무형자산 소득 공제제도 (Foreign-derived Intangible income, "FDII")[318)와 글로벌 저세율 과세 무형자산 소득에 대한 과세제도(Global Intangible Low-taxed Income, "GILTI")[319)를 도입하여 시행하고 있기도 하나, 이 역시 미국에서 자국 내 조세회피를 막기 위한 조치이며 디지털경제에 국한된 논의는 아니다.

그러나 앞에서 살펴본 바와 같이 OECD가 2018년 중간보고서를 통하여 개별 국가들의 잠정조치를 유형별로 분류·분석하고 국가들이 잠정조치 도

---

317) OECD, *Interim Report 2018*, p.148(366항).

318) 해외의 무형자산을 미국으로 가져올 때 과세하지 않고, 미국으로 가져온 무형자산을 해외에 판매해 올린 수익에 대해서는 37.5%의 법인소득공제를 허용함으로써 미국기업이 보유한 지적재산권의 해외수익에 대한 실효세율을 낮추는 제도이다. 다만 최근 바이든 정부는 FDII를 폐지할 것임을 밝혔다{The White House, "FACT SHEET: The American Jobs Plan", 31 March 2021, available at https://www.whitehouse.gov/briefing-room/statements-releases/2021/03/31/fact-sheet-the-american-jobs-plan/(검색일자: 2021. 6. 3.); 한국조세재정연구원, "주요국의 조세·재정동향", 「재정포럼」 2021년 5월호 (제299호), 2021. 5., 93면}.

319) 해외자회사(CFC) 소득 중 저세율 과세 무형자산 소득(GILTI)의 50%를 모기업의 소득에 추가하여 법인세를 부과하는 제도이다. 이는 미국의 법인세율 인하에도 불구하고 저세율국에 해외자회사를 설립하고 무형자산을 이전하는 거래를 통해 미국 내 소득을 이전하고, 소득을 해외자회사에 유보하는 문제를 방지하기 위한 목적으로 도입되었다{한국조세재정연구원, "주요국의 조세·재정동향", 「재정포럼」 2018년 1월호(제259호), 2018. 1., 79면}. 최근 바이든 정부는 GILTI에 부과하는 최저한 세율을 국가 단위로 산정하고, 또한 최저한세율을 현재 10.5%에서 21%로 인상 적용한다는 계획을 밝히기도 하였다{The White House, *Ibid.*; 코트라(kotra) 해외시장 뉴스, "바이든 정부가 제안한 국내외 법인세제 개정 계획", 2021. 4. 14., available at https://news.kotra.or.kr/user/globalBbs/kotranews/5/globalBbsDataView.do?setIdx=244&dataIdx=188094(검색일자: 2021. 5. 17.)}.

입시 준수하여야 할 원칙을 제시하는 등 장기적인 해결방안 도출을 위한 적극적인 작업을 수행하고, EU 차원에서 디지털 서비스세 도입을 시도하였으며, 위 EU 차원의 논의가 실패로 돌아갔음에도 불구하고 유럽의 개별 국가들이 저마다 디지털 서비스세 도입을 위해 독자적인 조치를 실행에 옮기게 됨에 따라, 미국도 더 이상 소극적인 입장만 취할 수는 없는 상황이 되었다. 그리하여 미국은 점차 디지털경제 조세제도와 관련한 OECD 논의에도 적극적인 입장을 취하기 시작하였으며, 아래에서 보는 바와 같이 OECD 2019년 2월 공개협의문서에 포함된 "마케팅 무형자산" 제안(The "marketing intangibles" proposal)을 내놓기도 하였다. 또한 앞서 언급한 것처럼 프랑스가 2019년 디지털 서비스세 도입을 공식화하자 그에 반발하여 보복조치로서 프랑스에 대해 1974년 통상법 제301조(Section 301 of the Trade Act of 1974)에 따른 조사를 실시하기도 하였다. 이와 같은 미국의 대외적 입장의 전환 및 그에 따른 국제적 논의 과정에 대한 적극적인 참여와 의견 표명은 이하에서 살펴 볼 OECD/G20 논의 및 2021년 10월 디지털세(필라 1·2) 최종 합의에 이르기까지 계속하여 반영되어 오고 있다.

Ⅴ. OECD의 두 가지 접근법의 제안과 논의의 발전

1. 2019년 1월 23일 정책안내서 발표

OECD는 2019년 이후 앞서 살펴 본 종전의 논의와는 확연히 다른 접근 방식을 취하고 있는데, 두 가지 접근법(Two Pillar Approach, 이하 "두 가지 접근법")이 바로 그것이다. OECD/G20 BEPS 포괄적 이행체계(IF)와 디지털 경제 대책위원회(TFDE)는 2019년 1월 23일 디지털경제의 조세문제 해결을 위한 정책안내서(Addressing the Tax Challenges of the Digitalisation of the

Economy - Policy Note)를 통해 처음으로 두 가지 접근법의 개념을 제시[320]하였다. 정책안내서(Policy Note)는 향후 진행될 합의 작업의 기초로서, 필라 1(Pillar One, 이하 "필라 1"이라고 한다)에서는 디지털경제의 광범위한 문제를 해결하기 위한 과세연계점(nexus issues)과 과세권 배분(allocation of taxation rights)에 대하여, 필라 2(Pillar Two, 이하 "필라 2"라고 한다)에서는 나머지 세원잠식 및 소득이전(BEPS) 문제에 대해 초점을 두고 논의될 것임을 밝혔다.[321] 또한 포괄적 이행체계(IF) 회원국들은 위와 같이 발전될 새로운 규칙이 경제적 이익(economic profit) 없는 곳에 과세가 이루어지거나 이중과세를 야기하여서는 안된다는 점에 동의하였고, 나아가 조세확실성(tax certainty)과 효과적인 분쟁 예방 및 해결기구의 필요성에 대해 강조하였다.[322]

2. 2019년 2월 13일 공개협의문서 발표

OECD는 2019년 2월 13일, 위 정책안내서(Policy Note)에서 제시한 가이드라인을 구체화한 공개협의문서(Public Consultation Document)를 발표하였다.[323] 2019년 2월 공개협의문서에서는 위 필라 1에서 제시한 이익배분(profit allocation)과 과세연계점 규칙(nexus rules) 문제에 대한 대안으로서 세 가

---

320) OECD(2019), *Addressing the Tax Challenges of the Digitalisation of the Economy - Policy Note*, As approved by the Inclusive Framework on BEPS on 23 January 2019, available at https://www.oecd.org/tax/beps/policy-note-beps-inclusive-framework-addressing-tax-challenges-digitalisation.pdf(이하 "OECD, *Policy Note*"), p.1.

321) OECD, *Policy Note*, p.2.

322) OECD, *Policy Note*, p.3.

323) OECD(2019), *Public Consultation Document - Addressing the Tax Challenges of the Digitalisation of the Economy*, 13 February - 6 March 2019, available at https://www.oecd.org/tax/beps/public-consultation-document-addressing-the-tax-challenges-of-the-digitalisation-of-the-economy.pdf(이하 "OECD, *Public Consultation Document*").

지를 제시하였다. 사용자 참여 제안(The "user participation" proposal),[324] 마케팅 무형자산 제안(The "marketing intangibles" proposal),[325] 중요한 경제적 실재 제안(The "significant economic presence" proposal)[326]이 그것이다. 아울러 필라 2와 관련하여, 전 세계적인 세원잠식 방지를 위한 제안(Global anti-base erosion proposal)으로서 두 가지 상호 관련된 규칙을 제시하였다. 소득산입규칙(Income inclusion rule)과 세원잠식지급에 대한 과세(Tax on base eroding payments)가 그것이며, 세원잠식지급에 대한 과세의 세부규칙에는 비용공제 부인규칙(Undertaxed payments rule)과 원천지국과세규칙(Subject to tax rule)이 포함된다.[327]

(1) 이익배분과 과세연계점 규칙 문제에 대한 세 가지 대안

1) 사용자 참여 제안(The "user participation" proposal)

사용자 참여 제안은 영국에서 제안한 것으로서, 고도로 디지털화된 일부 사업에서 사용자의 활동(activities) 또는 참여(participation)에 의하여 창출된 가치를 사용자소재지 국가(user jurisdiction)에 배분하자는 제안이다.[328] 이 안에 따르면 사용자소재지 국가는 물리적 실재가 존재하는지 여부와 관계가 없고, 그 배분대상이 되는 이익은 초과이익 또는 비통상적 이익(residual or non-routine profit)에 한정된다. 즉, 일상적인 활동(routine activities)으로 인한 이익은 현재의 정상가격(arm's length) 규칙에 따라 배분하고, 그 배분 후 남은 초과이익(비통상적 이익)을 사용자 소재지국에 배

324) OECD, *Public Consultation Document*, pp.9(17항)~11(28항).
325) OECD, *Public Consultation Document*, pp.11(29항)~16(49항).
326) OECD, *Public Consultation Document*, pp.16(50항)~17(55항).
327) OECD, *Public Consultation Document*, p.27(101항).
328) OECD, *Public Consultation Document*, p.10(20~21항).

분하는 것이다.[329] 또한 사용자 참여 제안의 적용대상이 되는 사업은 사용자 참여가 가치창출에 중대한 역할을 하는 것으로 여겨지는 소셜 미디어 플랫폼(Social media platforms), 검색 엔진(Search engines), 온라인 마켓플레이스(Online marketplaces) 등 고도로 디지털화된 사업에 한정된다.[330] 다만, 이와 같은 사용자 참여 제안에는 다국적기업그룹의 초과이익을 계산해 내는 것이 어렵다는 문제가 있다. 또한 각 개별적인 사업분야 수준에서 초과이익을 계산하는 것 역시 어려운 문제가 될 것으로 보이는데, 예를 들어 사용자 참여가 다수의 사업 분야를 가진 그룹 내에서 그 중 하나의 사업 분야를 위한 중요한 가치 동인이 될 경우 그러하다.[331]

2) 마케팅 무형자산 제안(The "marketing intangibles" proposal)

마케팅 무형자산 제안은 마케팅 무형자산과 시장 관할국가 사이에 '본질적인 기능적 연관(intrinsic functional link)'이 있는 경우 그와 관련된 이익에 대해 시장 관할국가에 과세권을 배분해야 한다는 것으로,[332] 미국이 제안한 안이다. 이 '기능적 연관'은 상표나 상표명(brand and trade name)과 같이 고객의 우호적인 태도가 반영되는 일부 마케팅 무형자산, 또는 고객 정보, 고객 관계 및 고객 리스트와 같이 고객과 사용자를 대상으로 한 활동

---

329) OECD, *Public Consultation Document*, pp.10~11(24항).

330) OECD, *Public Consultation Document*, p.11(28항).

331) OECD, *Public Consultation Document*, p.11(26항); 한국공인회계사회, 앞의 보고서, 144~145면에서는 사용자 참여 제안은 특정한 디지털 거래와 관련된 것이라는 점에서 그 적용범위가 작아 국제조세기준 변화에 영향이 상대적으로 적다는 장점이 있는 반면, 디지털 거래와 비디지털 거래의 경계를 구별하기 어려운 경우 적용상 문제가 있으며, 회사들은 사용자 참여를 이루어 내기 위해 막대한 투자비용을 지출하는데 사용자 참여만을 기초로 가치를 판단하는 해당 제안은 가치를 제대로 반영하지 못하는 것으로 보인다고 지적하고 있다.

332) OECD, *Public Consultation Document*, p.12(30항).

에서 파생된 마케팅 무형자산에서 분명하게 확인된다.[333] 마케팅 무형자산 제안은 사용자 참여 제안과 마찬가지로 이익 배분 및 과세연계점 규칙의 수정을 필요로 한다. 그러나 사용자 참여 제안과 달리 고도로 디지털화된 사업에만 적용되지 않고, 디지털경제의 광범위한 영향에 상응하는 보다 넓은 적용범위를 가진다.[334] 마케팅 무형자산 제안은 그 배분대상 이익을 마케팅 유형자산의 이용에 귀속되는 비통상적 이익이라고 본다는 점에서 사용자 참여 제안과 공통점을 가지며, 비통상적 이익은 물리적 실재 여부와 관계없이 시장 관할국가에 배분되어야 한다고 본다.[335] 마케팅 무형자산은 특정 사업모델만을 한정하고 있지 않으므로 중립적이고 객관적이라는 장점이 있고, 또한 마케팅 무형자산과 관련된 수익 이외의 다른 모든 수익은 기존 이전가격 규칙에 따라 배분되도록 하므로 새로운 규칙이 기존 세무관행에 미치는 충격을 최소화할 수 있는 장점이 있다.[336] 그러나 마케팅 무형자산이 무엇인지 명확히 정의 또는 구분해 내기 어렵기 때문에 실무적으로 적용이 복잡하다는 문제가 있다.[337]

---

333) OECD, *Public Consultation Document*, p.12(31항).

334) OECD, *Public Consultation Document*, p.11(29항); 여기서 사용되는 '마케팅 무형자산'의 개념은 OECD 이전가격 가이드라인(Transfer Pricing Guidelines)이 규정하고 있는 마케팅 무형자산을 의미한다. OECD 이전가격 가이드라인에 따르면, 마케팅 무형자산이란 마케팅 활동과 관련된 무형자산으로서, 제품이나 서비스의 상업적 이용을 돕고, 관련 제품의 중요한 판매 촉진 가치를 가지는 것을 말하며, 예를 들어 상품과 서비스의 마케팅과 판매에 도움이 되는 상표, 상표명, 고객 리스트, 고객 관계, 독점시장 및 고객 정보가 그에 포함된다{OECD(2017), *Transfer Pricing Guidelines for Multinational Enterprises and Tax Administrations*, OECD Publishing, 2017, available at http://dx.doi.org/10.1787/tpg-2017-en(이하 "OECD, *Transfer Pricing Guidelines*"), p.27}.

335) OECD, *Public Consultation Document*, p.13(40항).

336) 한국공인회계사회, 앞의 보고서, 144면.

337) 한국공인회계사회, 위의 보고서 145면; 또한 미국이 제시한 마케팅 무형자산 제안에 대하여는 우리나라의 기업 중 IT 기업들뿐만 아니라 세계 각국에 수출하는 비 IT 기업들도 현지에 지점이나 자회사를 설치하지 않은 경우에도 마케팅 무형자산

3) 중요한 경제적 실재 제안("Significant economic presence" proposal)

중요한 경제적 실재 제안은 인도의 안으로, 고정사업장이 없는 외국법인이라 할지라도 디지털기술 및 기타 자동화된 수단을 통해 일정 국가와 의도적이고 지속적인 상호작용을 가지는 경우, 이를 기초로 중요한 경제적 실재(significant economic presence)가 인정된다면 해당 국가에 과세권을 부여할 수 있다는 주장이다.[338] 이 제안은 지속적인 수익의 발생을 기본적인 요소로 하여, 다음과 같은 다른 요소들이 결합될 때 중요한 경제적 실재를 창출할 수 있다고 본다.[339] 그 예로는 (i) 사용자 기반의 존재와 관련된 데이터 입력, (ii) 관할 국가에서 유래되는 디지털콘텐츠의 양, (iii) 현지 통화 또는 지급수단으로 청구하고 회수되는 대금, (iv) 현지 언어로 된 웹사이트의 유지, (v) 고객에게 최종적으로 상품을 전달할 책임 또는 기업에 의한 사후관리 또는 유지보수와 관리 등의 지원서비스 공급, (vi) 온라인 활동 여부와 무관한 지속적인 홍보 및 판매촉진활동 등이다.[340] 이와 같은 중요한 경제적 실재 제안은 적용가능한 기업 범위가 넓어 포괄적이고 중립적이며, 복잡한 요소를 평가할 필요가 없어 간단하다는 장점이 있으나, 반면 '경제적 실재'라는 개념이 모호하고 포괄적인 측면이 있으며, '디지털 실재'와의 관계도 모호하다는 비판이 존재한다.[341]

이라는 새로운 과세기준에 의해 시장소재지국에서 법인세를 납부해야 하는 상황이 생길 수 있기 때문에 우리나라 국익 측면에서 보면 고려되고 있는 대안 중 가장 불리하므로, (향후 논의가 마케팅 무형자산 기준안의 채택으로 기울어진다면) 원칙적으로 정상거래 원칙을 적용하되, 업종이나 지역에 따라 마케팅 무형자산이 특별히 중요하다고 판정되는 경우에 한해 예외적으로 적용되어야 한다는 견해가 제시되기도 하였다{이경근, '디지털 경제' 관련 국제조세기준 개정 논의의 시사점(下), 조세일보, 2019. 8. 6., available at http://www.joseilbo.com/news/htmls/2019/08/20190806381651.html(검색일자: 2021. 5. 19.)}.

338) OECD, *Public Consultation Document*, p.16(51항).
339) OECD, *Public Consultation Document*, p.16(51항).
340) OECD, *Public Consultation Document*, p.16(51항).

(2) 전 세계적인 세원잠식 방지를 위한 제안

소득산입규칙과 비용공제부인규칙 및 원천지국과세규칙은 2019년 2월 13일 공개협의문서 발표 이후 논의가 발전되어, 2020년 1월 OECD/G20 BEPS 포괄적 이행체계(IF) 합의안[342] 및 2020년 10월 합의안(Pillar One · Two Blueprints)[343]에 그 구체화된 합의내용이 포함되어 있다. 2019년 2월 13일 공개협의문서에서는 각 규칙의 개념과 기본원칙에 대해서만 간략히 밝히고 있으므로 구체적인 내용은 후술할 2020년 1월 OECD/G20 BEPS 포괄적 이행체계(IF) 합의안 및 2020년 10월 필라 1·2 블루프린트(Pillar One · Two Blueprints) 논의에서 살펴보기로 한다.

3. 2019년 5월 OECD/G20 합의안 도출을 위한 작업프로그램 발표

OECD/G20 BEPS 포괄적 이행체계(IF)는 2019년 5월 28~29일 회의를 통해 OECD/G20 합의안 도출을 위한 작업프로그램(Programme of Work to Develop a Consensus Solution to the Tax Challenges Arising from the Digitalisation of the Economy, 이하 "2019년 5월 작업프로그램")을 승인하였고, 승인된 보고서는 2019년 5월 31일 발표되었다.[344] 이 보고서는 2019

---

341) 한국공인회계사회, 앞의 보고서, 145면.

342) OECD(2020), *Statement by the OECD/G20 Inclusive Framework on BEPS on the Two-Pillar Approach to Address the Tax Challenges Arising from the Digitalisation of the Economy*, 29-30 January 2020(이하 "OECD, *Statement on the Two-Pillar Approach*"), available at https://www.oecd.org/tax/beps/statement-by-the-oecd-g20-inclusive-framework-on-beps-january-2020.pdf.

343) OECD(2020), *Tax Challenges Arising from Digitalisation - Report on Pillar Two Blueprint*, 14 Oct 2020, available at https://www.oecd-ilibrary.org/docserver/abb4c3d1-en.pdf?expires=1621437020&id=id&accname=guest&checksum=15BDC3396BB3B88372E12CA6F8366090(이하 "OECD, *Pillar Two Blueprint*").

년 2월의 공개협의문서 발표 이후 논의를 좀 더 진척시켰는데, 필라 1의 경우 새로운 과세권의 적용을 받는 이익금액과 각 과세관할권 간 이익의 배분금액을 결정하기 위한 다양한 접근방법의 모색을 위해 새로운 이익배분규칙(new profit allocation rules)으로서 수정잔여이익분할법(Modified residual profit split method, "MRPS"),[345] 공식배분법(Fractional apportionment method),[346] 간주이익배분법(Distribution-based approaches)[347] 등의 방법을 제시하고 검토하였다.[348] 이러한 제안들은 과세권의 재배분의 대상 및 범위 등에서 중요한 차이점이 있으나, 소비자 또는 사용자가 위치하는 시장관할권에 더 많은 과세권을 배분한 것이라는 점에서 공통점이 있는 것으로 평가된다.[349]

필라 2의 경우에는 2019년 5월 작업프로그램을 통하여 세원잠식방지(GloBE) 제안, 즉 글로벌 최저한세의 기본적인 구조에 대하여 합의가 이루어졌다. 그리하여 2019년 2월 공개협의문서에서 언급하였던 소득산입규칙에 대해 다시 한 번 소개하고, 세부규칙으로서 과세권전환규칙[350]에 대해

---

344) OECD(2019), *Programme of Work to Develop a Consensus Solution to the Tax Challenges Arising from the Digitalisation of the Economy*, 31 May 2019, available at https://www.oecd.org/tax/beps/programme-of-work-to-develop-a-consensus-solution-to-the-tax-challenges-arising-from-the-digitalisation-of-the-economy.pdf(이하 "*Programme of work*"), p.40(94~96항).

345) 수정잔여이익분할법은 다국적기업의 비통상적 이익의 일부를 시장관할권에 배분하는 방법을 말하며, 여기서 배분대상이 되는 비통상적 이익은 현재의 이익배분 기준에서는 인정되지 않고 있는, 시장에서 창출된 가치를 반영한 것을 말한다{OECD, *Programme of work*, p.12(28항)}.

346) 공식배분법은 새로운 과세권의 배분대상이 되는 이익을 통상적 이익과 비통상적 이익을 구분하지 않고 일정한 배분공식(allocation key)을 적용하여 시장관할권에 배분하는 방법을 말한다{OECD, *Programme of work*, p.14(30항)}.

347) 간주이익배분법은 현지 매출액에 홍보, 판매 및 사용자 관련 활동(user-related activities)에 해당하는 기준이익률(baseline profit)을 곱하여 산출된 간주이익을 시장관할권에 배분하는 방법이다{OECD, *Programme of work*, p.15(32~33항)}.

348) OECD, *Programme of work*, pp.11~23.

349) 한국공인회계사회, 앞의 보고서, 129면.

88

추가로 소개하면서 이를 소득산입규칙의 한 축으로 하여 설계할 것임을 명시적으로 밝혔다.[351] 또한 세원잠식지급에 대한 과세(Tax on base eroding payments)의 세부규칙으로서 비용공제부인규칙과 원천지국과세규칙을 제시하고, 소득산입규칙을 보완하는 제도라고 평가하면서 제도설계를 위해 향후 추가적으로 검토해야 할 문제들을 제시하였다.[352] 아울러 2019년 5월 작업프로그램은 필라 1의 경우 향후 장기적인 합의기반 해결방안의 도출을 위한 통합접근법(Unified Approach)의 개발에, 그리고 필라 2의 경우에는 위 세원잠식방지제안의 핵심 설계요소에 가장 적합한 작업프로그램 개발에 각 초점을 맞출 것임을 밝혔다.[353]

4. 2019년 10월 공개협의문서 발표 – 통합접근법 제안

OECD 사무국은 2019년 10월 9일 그간 진행되어 온 필라 1 관련 논의를 종합하여 새로운 공개협의문서(Public consultation document – Secretariat Proposal for a "Unified Approach" under Pillar One)를 발표하였으며, 앞서 소개한 2019년 2월 공개협의문서의 세 가지 제안[354]의 공통점을 바탕으로 하여 통합접근법(Unified Approach)을 제안하였다.[355] OECD 사무국이 제

---

350) 과세권전환규칙이란 국외원천소득이 조세조약상 본사소재국(수취인의 거주지국)에서 소득공제(exemption)되고, 그 지점의 사업소득에 최저한세율 미만의 실효세율로 과세(원천지국에서 비과세·저율과세)되는 경우, 해외지점 소득에 대한 공제 혜택을 중단하고 당초의 소득공제(비과세)방법 대신 세액공제방법으로 대체하여, 거주지국인 본사소재국으로 과세권을 전환하여 과세하는 한편 원천지국에서 납부된 세액은 세액공제하는 방법을 말한다. 제3장에서 구체적으로 살펴본다.

351) OECD, *Programme of work*, p.30(72항), Box. 2.2.

352) OECD, *Programme of work*, pp.30(73항)~32(Box. 3.2.).

353) OECD, *Programme of work*, p.40(94~96항).

354) 사용자 참여 제안(user participation proposal), 마케팅 무형자산 제안(marketing intangibles proposal), 중요한 경제적 실재 제안(significant economic presence proposal)을 말한다.

안한 통합접근법은 새로운 이익배분기준 등과 관련하여 3구간 메커니즘(3 Tier Mechanism)을 적용하였는데, 이는 새로운 이익배분규칙의 적용대상으로서 시장소재지국에 배분될 (간주) 초과이익(deemed residual profit)의 일부인 이익 A와, 시장소재지국에서 다국적기업이 기본적인 마케팅 및 유통 활동을 수행하는 경우 그 기본적인 기능(Baseline activities)에 대한 고정 보상으로서의 이익 B, 그리고 시장관할 국가 내 다국적기업의 활동(기능)이 이익 B 상당을 초과하는 경우 그에 대한 추가적인 보상을 포함한 법적 구속력 있고 효율적인 분쟁 예방 및 해결방법인 이익 C로 구성된다.[356]

한편, 필라 2에 관하여는 2019년 5월 작업프로그램(PoW)을 통해 세원잠식방지(GloBE) 제안 관련 기본구조에 관하여 큰 틀에서 합의가 이루어진 상황이었으므로, 2019년 10월 공개협의문서에서는 특별히 추가적인 제안은 제시되지 않았다. 다만, 이후 2019. 11. 8. ~ 2019. 12. 2. 공개협의문서{Public Consultation Document － Global Anti-Base Erosion Proposal("GloBE") － Pillar Two} 및 2019. 12. 9. 진행된 공개협의를 통해 과세표준 산정에 있어 재무회계기준의 이용여부 및 재무제표의 이익조정의 문제(세무회계와 재무회계상의 영구적·일시적 차이 해소 방안),[357] 국외소득 통산 범위(Blending),[358] 적용제

---

355) OECD(2019), *Public consultation document － Secretariat Proposal for a "Unified Approach" under Pillar One*, OECD, 9 October 2019 － 12 November 2019, available at https://www.oecd.org/tax/beps/public-consultation-document-secretariat-proposal-unified-approach-pillar-one.pdf(이하 *"Public consultation document － Secretariat Proposal"*), p.4(7항); OECD, *Public Consultation Document*, p.4(10항)에 따르면 OECD 사무국의 2019년 10월 공개협의문서에서 제시하고 있는 위 세 가지 제안의 중요한 공통점은 다음과 같다. (ⅰ) 고도로 디지털화된 사업이 원격으로 운영가능하고 수익성이 높은 경우, 사용자/시장 관할 국가에게 과세권을 재배분한다. (ⅱ) 사용자/시장 관할 국가의 물리적 실재에 의존하지 않는 새로운 과세연계점을 제시한다. (ⅲ) 현재 운영되고 있는 정상가격원칙과 독립기업원칙을 벗어난다. (ⅳ) 조세제도의 단순성과 안정성, 제도의 이행에 있어서 조세확실성의 향상을 추구한다.

356) OECD, *Public consultation document － Secretariat Proposal*, p.9(30항).

357) OECD, *Public consultation document － Secretariat Proposal*, pp.9~16.

외(Carve-outs)[359] 등 기술적이고 실무적인 사항에 대해 추가적인 논의가 이루어졌다. 그리고 2019. 12. 17. Progress Note on Pillar Two를 통해 2019. 5. 작업 프로그램 이후의 논의와 그에 따른 진행상황에 관한 간단한 브리핑 및 업데이트를 거친 뒤, 2020. 1. 29. ~ 30. 필라 1의 통합접근법과 함께 OECD/G20 BEPS 포괄적 이행체계(IF) 합의안으로서 발표되었다.

Ⅵ. 2020년 OECD/G20 BEPS 포괄적 이행체계(IF) 합의안과 필라 1 · 2 블루프린트

1. 두 가지 접근법에 관한 OECD의 정책방향과 미국의 영향력

앞에서 살펴본 바와 같이 당초 유럽 국가들을 중심으로 한 OECD의 목표는 디지털경제의 확산에 따른 다국적기업의 세원잠식과 소득이전(BEPS) 문제 및 기존 국제조세 체계의 한계를 해결하고자 하는 것이었다. 따라서 새로운 과세권 배분의 적용대상 역시 디지털경제에 기반한 수익창출과 직접 관련된 자동화된 디지털서비스사업(Automated digital services)에 초점이 맞추어져 있었다. 그러나 OECD 사무국이 제시한 두 가지 접근법의 구체화 논의가 진행됨에 따라, 디지털경제와 직접적으로 연관되어 있다고 평가하기 어려운 전통적인 제조업과 같은 이른바 소비자대상사업(Consumer-facing businesses)도 필라 1의 적용대상 범위에 포함시켜야 한다는 논의가 점차 힘을 받게 되었으며, OECD의 정책방향도 그와 같이 흘러가게 되었다. 이에 대해서는 구글(Google), 페이스북(Facebook), 아마존(Amazon), 애플(Apple) 등 대규모 다국적 IT 기업을 보유하고 있는 미국의 강력한 영향력에 의한

---

358) OECD, *Public consultation document – Secretariat Proposal*, pp.17~22.
359) OECD, *Public consultation document – Secretariat Proposal*, pp.23~24.

것이라는 평가가 많다. 왜냐하면 필라 1에 따른 과세권 배분 대상을 디지털 서비스사업에만 한정할 경우 위와 같은 대규모 다국적 IT 기업을 다수 보유하고 있는 미국은 전 세계적으로 막대한 세수의 손실만을 입게 될 뿐이므로, 그 손실을 보전하기 위해서는 미국도 반대급부로서 소비자대상사업을 추가함으로써 과세권을 확보할 필요가 있기 때문이다.[360] 또한 미국뿐만 아니라 OECD 국가들 중 일부 유럽 선진국들의 경우에도 소비자대상사업을 포함하면 추가적인 글로벌 과세권을 확보하는 것이므로 이와 같은 제안에 굳이 반대할 이유가 없었을 것이다. 이와 같은 배경 하에 OECD 사무국이 제안한 두 가지 접근법은 당초의 개요 발표 시와는 달리 점차 디지털 서비스사업과 소비자대상사업을 모두 포함하는 것으로 필라 1의 적용범위가 확장되게 되었다.

2. 2020년 1월 OECD/G20 BEPS 포괄적 이행체계(IF) 합의안 발표

OECD/G20 BEPS 포괄적 이행체계(IF)는 2020. 1. 29. ~ 30. 합의 기반 해결방안의 도출을 위한 기본구조로서 필라 1의 통합접근법(Unified Approach)을 채택하는 한편, 필라 2에 대해서는 세원잠식방지제안(GloBE proposal)에 대해 진행된 구체적인 기술적 설계 성과의 내용을 담은 합의안(Statement by the OECD/G20 Inclusive Framework on BEPS on the Two-Pillar Approach to Address the Tax Challenges Arising from the Digitalisation of the Economy, 이하 "2020년 1월 합의안")을 발표하였다.[361] 포괄적 이행체계(IF)는 필라

---

360) 임동원, "디지털세의 해외 도입 현황과 시사점", 「KERI Brief」, 한국경제연구원, 2020. 5. 27., 8면; 한성수, "아시아국가들을 겨냥하고 있는 OECD 디지털稅", 국세신문(Daily NTN) 특별기고, 2020. 2. 4., available at https://www.intn.co.kr/news/articleView.html?idxno=2010255(검색일자: 2021. 5. 29.).

1의 통합접근법에 따른 과세권 재분배를 위해 효과적이고 구속력있는 분쟁 예방 및 해결 기구를 포함한 향상된 조세확실성(Tax certainty)이 필요하며, 해결방안의 설계 및 이행에 있어 복잡성을 최소화할 필요가 있다고 보았다.[362] 한편, 미국 재무장관은 2019. 12. 3. OECD 사무총장에게 필라 1(통합접근법) 제안 지지를 위한 전제로서 세이프하버(Safe harbour) 도입을 제안하였다.[363] 그러나 다수의 포괄적 이행체계(IF) 회원들은 세이프하버를 기초로 하여 필라 1을 구현할 경우 불확실성의 증가 등 제도 이행에 있어 중대한 문제점을 발생시키고, 전체 프로세스 내의 모든 정책 목표를 달성하지 못할 수 있다는 우려를 표명하였으며, 합의기반 해결책의 도출을 위한 최종 합의에 도달하기 위해서는 미국의 세이프하버 제안 문제를 해결할 필요가 있다고 보았다.[364]

OECD/G20 BEPS 포괄적 이행체계(IF)가 2020년 1월 합의안을 통해 발표한 두 가지 접근법(Two-Pillar Approach), 즉, 필라 1의 통합접근법과 필라 2의 세원잠식방지제안의 개요에 대하여 살펴본다.

(1) 필라 1 - 통합접근법(Unified Approach)

OECD 사무국이 2019년 10월 공개협의문서를 통하여 제안한 통합접근

---

361) OECD, *Statement on the Two-Pillar Approach*, p.4(1항).

362) OECD, *Statement on the Two-Pillar Approach*, p.4(2항).

363) 당시 미 재무장관 스티븐 므누신(Steven T. Mnuchin)은 OECD 사무총장에게 2019. 12. 3.자로 보낸 서신에서, 기존 국제조세 체계 내의 정상가격원칙 및 그에 따른 과세대상 과세연계점으로부터 이탈하는 것에 대하여 심각한 우려를 가지고 있다고 하면서 필라 1에 대하여 세이프하버를 제안하였다(available at https://aboutbtax. com/NgX). 세이프하버 체제에서는 기업들은 필라 1을 채택할 것인지 결정하여 새로운 규칙의 적용여부를 선택할 수 있으므로, 미 재무부는 미국에 기반을 둔 다국적기업이 다른 국가에 세금을 납부하는 것을 방지함과 동시에 미국이 거주지국인 경우에 과세권을 확보하고자 한 것이다(Assaf Harpaz, *op. cit.*, pp.74~75).

364) OECD, *Statement on the Two-Pillar Approach*, p.4(3항).

법은 이후 포괄적 이행체계(IF)의 논의를 거쳐 다음과 같이 구체화되었다. 즉, 디지털경제를 통하여 창출된 전 세계적인 과세이익은 시장관할에 이익 A(Amount A, 이하 "이익 A"), 이익 B(Amount B, 이하 "이익 B"), 이익 C(Amount C, 이하 "이익 C")의 세 가지 범주의 형태로 배분된다.[365] 위 세 가지 유형의 과세대상이익은 일부 중복(overlaps)이 발생할 수 있으나 기본적으로 각각 다른 범위를 가지며, 새로운 과세권을 창출하는 이익 A와 달리 이익 B와 C는 새로운 과세권의 창출 없이 기존의 이익배분 규칙에 기초하여 배분된다.[366]

1) 이익 A

이익 A는 다국적기업의 초과이익(residual profit) 중 공식에 따라 산출된 일정 부분을 시장소재지국에 배분함으로써 새로운 과세권을 형성하는 것으로서, 기존의 고정사업장 원칙과 달리 물리적 실재의 여부에 관계없이 적용될 수 있다고 보았다. 이익 A는 시장관할권 경제 내 사업에 대하여 해당 관할권 내에서 또는 원격 지시를 통한 적극적이고 지속적인 참여를 통해 창출된 이익을 반영하므로, 통합접근법의 주요 부분을 구성한다.[367]

① 적용업종 범위

이익 A의 적용업종은 자동화된 디지털서비스사업(Automated digital services)과 소비자대상사업(Consumer-facing businesses)이다. 디지털서비스사업은 여러 관할권에 걸쳐 많은 고객 또는 사용자에게 표준화된 기반으로 제공되는 자동화된 디지털서비스를 통하여 수익을 창출하는 비즈니스를

---

365) OECD, *Statement on the Two-Pillar Approach*, p.8(10항).
366) OECD, *Statement on the Two-Pillar Approach*, p.8(11항).
367) OECD, *Statement on the Two-Pillar Approach*, p.8(10항).

의미한다.[368] 다만 그 서비스가 고객에게 온라인으로 제공된다고 하더라도 높은 수준의 인간의 개입과 판단이 포함되는 서비스의 경우에는 적용대상에서 제외되며, 그 예로는 일반적으로 법률, 회계, 건축, 엔지니어링, 컨설팅 등의 전문서비스가 해당한다.[369] 소비자대상사업은 일반적으로 '소비자'[370]에 대한 상품과 용역의 판매를 통하여 수익을 창출하는 사업을 의미한다.[371] 이때 상품과 서비스를 소비자에게 직접 판매하는 사업뿐만 아니라, 소규모 조립 및 포장과 같은 일상적인 작업을 수행하는 제3자 재판매업자 또는 중개인을 통해 간접적으로 소비재를 판매하는 사업체도 소비자대상사업에 포함된다.[372] 소비자대상사업의 구체적인 예는 소프트웨어, 가전제품, 휴대폰 등 개인용 컴퓨팅 제품, 옷, 위생용품, 화장품, 사치품, 브랜드 식품과 음료수, 프랜차이즈 모델(호텔, 식당 등 라이선스 계약 모델), 자동차 등이다.[373]

② 규모기준(Thresholds)

먼저 총매출액의 경우 해당 기업의 글로벌·대상 업종 총매출액이 일정 기준을 초과하는 경우에 적용되며, OECD 사무국은 글로벌 총매출액의 경우 7.5억 유로(국가별 보고서 제출대상)를 잠정 제안하였다.[374] 또한 새로운 과세권에 따라 배분될 총 이익이 특정 최소금액을 충족하지 못할 경우

---

368) OECD, *Statement on the Two-Pillar Approach*, p.10(22항).

369) OECD, *Statement on the Two-Pillar Approach*, p.10(23항).

370) 상업적 또는 전문적인 목적이 아닌 개인용도로 물품을 구매하는 개인을 의미한다 (individuals that are purchasing items for personal use and not for commercial or professional purposes).

371) OECD, *Statement on the Two-Pillar Approach*, p.11(24항).

372) OECD, *Statement on the Two-Pillar Approach*, p.11(25항).

373) OECD, *Statement on the Two-Pillar Approach*, p.11(28항).

374) OECD, *Statement on the Two-Pillar Approach*, p.12(35항); Wolfgang Schön, "Ten Questions about Why and How to Tax the Digitalized Economy", *Bulletin for International Taxation*, Vol. 72, No. 4/5, March 2018, p.281.

적용제외가 고려되며,[375] 이는 내수중심의 기업을 제외하고자 하는 것이다. 이익 A의 계산에는 이익률 기준이 적용되며, 이는 이익 A가 특정 수준의 수익성을 초과하는 이익부분에만 적용된다는 것을 의미한다.[376]

③ 과세연계점

새로운 과세연계점(Nexus)은 해당 기업의 시장소재지국 내 중요하고 지속적인 참여(significant and sustained engagement)를 나타내는 지표에 기반하여 생성된다. 시장소재지국 내 대상 사업부문의 매출액이 수년간 지속적으로 발생하는 것은 중요하고 지속적인 참여를 나타내는 주요 증거가 된다.[377] 디지털서비스사업의 경우 과세연계점은 단일 시장소재지국 내에서 일정 수준 이상 지속적으로 매출요건(revenue threshold) 충족시 인정된다.[378] 그러나 소비자대상기업의 경우에는 다국적기업이 시장과의 상호작용 없이 단지 상품을 소비자에게 판매하는 것만으로 과세연계점이 인정될 수는 없으므로, 지속적 매출 이외의 추가적인 요소(additional or "plus" factors)가 필요하다.[379]

④ 이익 A의 산출

이익 A의 산출을 위하여는 우선 다국적기업그룹의 글로벌 이익(과세표준)에서 통상이익을 제거하여 초과이익을 계산하여야 하고, 그 중 시장기여분에 해당하는 배분대상이 이익 A이다. 이러한 이익 A를 합의된 배분지표에 따라 시장소재지국에 배분하게 된다. 이익 A 산출의 기초가 되는 과세

---

375) OECD, *Statement on the Two-Pillar Approach*, p.12(35항).

376) OECD, *Statement on the Two-Pillar Approach*, p.14(46항).

377) OECD, *Statement on the Two-Pillar Approach*, p.12(37항).

378) OECD, *Statement on the Two-Pillar Approach*, p.13(38항).

379) OECD, *Statement on the Two-Pillar Approach*, p.13(39항).

표준은 연결기준의 회계정보에서 산출된 이익에 기반한다. 이익 A를 산출함에 있어 적용되는 이익의 지표는 세전이익을 적용하는데, 이는 공개협의 과정과 정부, 납세자 등과의 다양한 논의를 통해 세전이익이 법인세가 일반적으로 과세되는 과세표준의 근사치에 가깝다는 의견에 따른 것이다. 이 규칙은 손실 역시 고려될 수 있도록 손익 모두에 적용되며, 과세연도에 손실 (결손금)이 발생한 경우 이월결손금 규칙이 적용된다.[380]

⑤ 이중과세의 제거

2020년 1월 합의안은 이익 A의 경우 기존 정상가격원칙에 더하여 배분하게 되는 것이므로, 이중과세를 제거하기 위한 적절한 메커니즘이 필수적이라고 보았다.[381] 나아가 이익 A의 계산에 있어 개별기업 및 개별국가 기준이 아닌 다국적기업그룹(또는 비즈니스 라인) 전체의 이익을 적용대상으로 하기 때문에, 이익 A로 인한 이중과세를 제거하기 위한 방법으로서 현재 사용되는 일반적인 방법인 소득공제, 세액공제 또는 이전가격의 대응조정 메커니즘을 적용하는 것은 간단한 문제가 아니라는 점[382] 및 이익 A가 기존의 양자조약이 체결되지 않은 여러 국가들에게도 영향을 미칠 것이라는 점 등을 염두에 두어야 한다고 보았다.[383]

2) 이익 B

이익 B는 국외자회사 또는 지점 등 전통적인 고정사업장의 기본적인 마케팅 및 유통활동(baseline marketing and distribution activities)에 대한 보

---

380) OECD, *Statement on the Two-Pillar Approach*, pp.13~14(44항).
381) OECD, *Statement on the Two-Pillar Approach*, pp.14~15(48항).
382) OECD, *Statement on the Two-Pillar Approach*, p.15(49항).
383) OECD, *Statement on the Two-Pillar Approach*, p.15(51항).

상을, 기존 정상가격원칙에 기반하여 표준화된 수익률(고정률, fixed return)로 계산한 금액을 말한다. 2020년 1월 합의안은 이익 B가 선택사항 또는 세이프하버(safe-harbour)가 될 수 없으며, 이익 B 산정의 목적은 이전가 격원칙의 행정절차를 간소화하여 의무준수비용을 줄이고 거래가격 결정에 대한 분쟁과 불확실성을 줄이는 것이라고 보았다.[384]

3) 이익 C

이익 C는 시장소재지국 내 다국적기업의 해외자회사·지점 등의 활동이 이익 B에 따라 기본적인 활동에 대해 보상된 금액을 초과하는 추가 이익을 말한다.[385] 2020년 1월 합의안 단계에서는 이익 C의 범위에 대하여 여전히 논의 중에 있었으며, 이를 필라 1에 대한 전반적인 합의 도달을 위한 중요 요소로 보았다.[386]

4) 조세확실성(Tax Certainty) : 분쟁의 예방과 해결

2020년 1월 합의안은 조세확실성의 확보를 통합접근법의 필수요소이자 필라 1의 핵심 구성요소라고 보았다. 또한 조세확실성에 대한 작업에는 기 존의 다자간 절차 모델의 최대한 활용, 국내법적 제약 고려, 선진국과 개발 도상국 모두를 위한 포괄적이고 공정한 프로세스의 보장이 요청된다고 천 명하였다.[387]

---

384) OECD, *Statement on the Two-Pillar Approach*, p.16(58항).

385) 다만, 이익 C의 추가적 보상은 이익 A에 의하여 보상되는 이익과 중첩될 가능성이 존재하는 문제가 있으므로{OECD, *Statement on the Two-Pillar Approach*, p.16(56 항)}, OECD 사무국도 당초 제안 시부터 추가적인 논의를 통해 이익 A와 이익 C 사이의 관계에 대한 결론을 내려야 할 것임을 언급한 바 있다(OECD, *Public Consultation Document*, p.16).

386) OECD, *Statement on the Two-Pillar Approach*, p.8(2항).

387) OECD, *Statement on the Two-Pillar Approach*, p.17(65항).

① 이익 A에 대한 분쟁 예방 및 해결을 위한 새로운 체제

이익 A의 배분에 관한 새로운 접근방식은 전 세계적으로 합의된 공식을 기반으로 하므로 과세권 배분에 대해 기존의 정상가격원칙과 다른 방법을 채택하지만, 그로 인한 분쟁의 위험을 완전히 제거하기는 어렵고 이익 A의 배분은 여러 국가에 영향을 미칠 가능성이 있으므로 기존 상호합의절차를 통한 분쟁 해결에는 한계가 있다. 이러한 결과를 피하기 위하여 2020년 1월 합의안은 조세확실성 절차를 통해 분쟁의 조기예방을 위한 명확하고 법적 구속력있는 절차를 마련할 것을 제안하였다.[388) 즉, 다국적기업이 대상범위 내에 있는지 여부, 특정 국가에 과세연계점이 존재하는지 여부, 이중과세를 제거하기 위한 경감 관할권(relieving jurisdictions)의 식별 등 이익 A의 모든 측면에 대한 확실성을 조기에 제공하여야 한다고 보고,[389) 이를 위해 포괄적 이행체계(IF)가 대표패널(Representative panels)을 구성하여 검토기능을 수행하고 조세확실성을 제공하는 방법을 제안하였다.[390)

② 조세확실성과 이익 B 및 C에 대한 분쟁 예방 및 해결

이익 B에 대한 조세확실성 및 분쟁 예방 및 해결 작업의 핵심은 기본적인 마케팅 및 유통활동에 대한 고정수익률을 사용하여 분쟁을 제한하는 것이다.[391) 즉, 이익 B의 경우 사전에 정해진 고정수익률로 보상하는 시스템으로서 분쟁 예방적인 성격이 내재되어 있다. 한편, 2020년 1월 합의안은 이를 넘어서는 범위의 분쟁 해결을 위하여, 의무적이고 법적 구속력 있는 중재제도(Mandatory binding arbitration)의 도입가능성에 대해 제안하였다.[392)

---

388) OECD, *Statement on the Two-Pillar Approach*, p.18(69항).

389) OECD, *Statement on the Two-Pillar Approach*, p.18(70항).

390) OECD, *Statement on the Two-Pillar Approach*, p.18(71항).

391) OECD, *Statement on the Two-Pillar Approach*, p.18(76항).

아울러 위와 같은 중재제도의 목적은 이를 분쟁 해결의 주요 방법으로 의존하려는 것이 아니라, 오히려 권한 있는 당국이 상호합의절차(Mutual Agreement Procedure, "MAP")[393]에 따라 적시에 분쟁을 해결하도록 강한 동기부여를 제공하기 위함이라는 점을 밝혔다.[394]

(2) 필라 2 – 세원잠식방지제안(GloBE proposal)

필라 2의 경우 2019년 5월 작업프로그램(PoW)에서 세원잠식방지제안의 기본적인 구조에 대해 합의가 이루어졌으므로, 이후에는 구체적인 핵심요소의 내용과 다양한 설계 옵션에 대한 논의가 진행되었다.[395] 2020년 1월 합의안에서는 세원잠식방지제안의 각 구성요소에 대한 간략한 요약과 주요 문제의 작업현황에 관한 업데이트가 제공되었다.[396]

1) 소득산입규칙(Income inclusion rule)

소득산입규칙의 기본 접근방식은 피지배외국법인(CFC) 과세제도의 설계 방식을 기반으로 하고 있다. 소득산입규칙은 해당 소득이 최저한세율을 초과하는 실효세율의 적용을 받지 않는 경우 법인의 주주가 해당 법인소득의 비례적인 몫을 고려하도록 요구함으로써 최저한세로 작동하고, 다국적기업그룹의 소득이 최저한세율로 과세되도록 보장함으로써 세금을 이유로 소득

---

392) OECD, *Statement on the Two-Pillar Approach*, p.19(79항).
393) 상호합의절차(MAP)는 국제조세 시스템의 필수적 구성요소로서, 조약의 당사자 사이의 이중과세를 제거하기 위한 메커니즘을 제공한다(Mark Martin & Thomas Bettge, "OECD explores disputes resolution improvements", *International Tax Review*, 28 January 2021).
394) OECD, *Statement on the Two-Pillar Approach*, p.19(80항).
395) OECD, *Statement on the Two-Pillar Approach*, p.28(4항).
396) OECD, *Statement on the Two-Pillar Approach*, p.28(7항).

을 저세율 과세주체에 배분되는 유인을 줄일 수 있으므로 다른 국가뿐만 아니라 모회사소재국의 과세표준을 보호한다.[397]

2) 과세권전환규칙(Switch-over rule)

세원잠식방지제안은 최저한세율보다 낮은 실효세율로 과세되는 해외지점 및 해외자회사에 동일하게 적용되어야 한다. 과세권전환규칙은 소득산입규칙이 이중 조세조약에 따라 소득공제되는 해외지점에 적용되도록 설계된 메커니즘으로, 국가들이 조세조약에서 소득공제방법을 사용하기로 약속한 경우에만 적용되며, 해당소득이 해외 국가에서 낮은 실효세율로 과세되는 경우 소득공제혜택을 세액공제로 전환하는 과세권전환규칙을 통해 소득산입규칙을 달성한다.[398]

3) 비용공제부인규칙(Undertaxed payment rule)

소득산입규칙은 자회사의 저세율 과세소득에 대해 모회사소재국의 소득으로 간주하여 모회사에게 과세하는 반면, 비용공제부인규칙은 공제를 부인하거나 그룹 간 지급에 대해 동등한 조정을 하는 방식으로 작동한다. 2020년 1월 합의안은 비용공제부인규칙이 다른 규칙들과 양립 및 조정가능하고 경제적 이익을 초과하는 이중과세를 피하며, 납세협력비용을 최소화하고, 소득산입규칙의 적용 및 적용제외(carve-outs)의 가능한 사용과 효과를 고려하여 설계되어야 한다고 보았다.[399]

---

397) OECD, *Statement on the Two-Pillar Approach*, p.28(8항).
398) OECD, *Statement on the Two-Pillar Approach*, p.29(14항).
399) OECD, *Statement on the Two-Pillar Approach*, p.29(16항).

4) 원천지국과세규칙(Subject to tax rule)

원천지국과세규칙은 조세조약상 모회사소재국 과세대상으로서 자회사가 모회사에 지급한 자회사 소득을 모회사소재국이 저율과세할 때 그에 대한 조세조약 혜택을 부정하고 자회사소재국에서 원천징수 등의 방식으로 과세하도록 하는 규칙이다.[400] 2020년 1월 합의안은 원천지국과세규칙이 OECD 모델조세조약 주석 조항을 기반으로 할 수 있고, 적용대상지급의 범위, 최저한세율 심사 설계, 필요한 조정의 범위 및 비용공제부인규칙에 대한 원천지국과세규칙의 역할 등에 대하여 추가 논의가 필요하다고 언급하였다.[401]

3. 2020년 10월 필라 1·2 블루프린트 발표

OECD/G20 BEPS 포괄적 이행체계(IF)는 2020. 10. 8. ~ 9. 제10차 총회를 개최하여 필라 1·2 블루프린트{Tax Challenges Arising from Digitalisation – Report on Pillar One Blueprint(이하 "필라 1 블루프린트") and Report on Pillar Two Blueprint(이하 "필라 2 블루프린트"), 이하 필라 1 블루프린트와 필라 2 블루프린트를 통칭하여 "필라 1·2 블루프린트"라고 한다}를 승인하였고, 이는 2020. 10. 14. G20 재무장관회의에서 승인된 후 공식 발표되었다.[402] 필라 1·2 블루프린트는 2020년 1월 합의안에서 두 가지 접근법의 기본골격 합의 이후 진행된 세부사항의 논의경과를 담은 중간보고서로

---

400) OECD, *Statement on the Two-Pillar Approach*, p.30(18항).

401) OECD, *Statement on the Two-Pillar Approach*, p.30(19항).

402) OECD(2020), *Tax Challenges Arising from Digitalisation – Report on Pillar One Blueprint*, 14 Oct 2020, available at https://www.oecd-ilibrary.org/docserver/beba0634-en.pdf?expires=1621779863&id=id&accname=guest&checksum=915840D9F637E728E4A2270E6AD66F40(이하 "OECD, *Pillar One Blueprint*"), p.7.

서, 필라 1 · 2의 구성요소를 구체화하여 소개하고 현재까지 최종 합의되지 않은 정치적 · 기술적 쟁점에 관한 이견 및 향후 논의방향에 대해 제시하였다.[403] 포괄적 이행체계(IF)는 그간 2020년 말까지 최종 합의를 예정하고 작업을 진행하여 왔으나, COVID-19 대유행 등의 영향을 감안하여 최종 합의 시점을 2021년 중반으로 공식 연장하였다.[404] 이하에서는 장을 바꾸어 필라 1 · 2 블루프린트의 주요내용에 대하여 구체적으로 살펴본다.

---

403) 기획재정부 보도참고자료, "경제협력개발기구(OECD)/주요 20개국(G20) 포괄적 이행체계(IF), 디지털세 논의 경과 보고서 공개", 2020. 10. 12., p.1.

404) OECD, *Pillar One Blueprint*, p.9.

제3장 OECD/G20의 필라 1·2 블루프린트 관련 논의

제1절 필라 1 블루프린트 관련 논의

필라 1 블루프린트는 필라 1의 핵심 구성요소를 다음의 세 가지로 분류하여 설명하고 있다. 일정규모 이상 다국적기업의 글로벌 초과이익의 일정부분(시장기여분)에 대해 시장소재지국에 과세권을 배분하는 이익 A, 다국적기업 국외관계사의 기본적인 마케팅 및 유통활동에 대해 시장소재지국에 고정률로 과세권을 배분하는 이익 B, 효율적인 분쟁예방 및 분쟁해결 절차의 개발을 통한 조세확실성 증진이 그것이다.[405] 한 가지 주의할 점은 앞서 2020년 1월 합의안에서 제시되었던 이익 C가 필라 1 블루프린트에서는 필라 1의 핵심 구성요소에서 제외되었다는 것으로, 당초 이익 C의 적용범위로 논의되었던 부분에 대하여는 기존의 정상가격원칙이 그대로 적용된다. 다만, 이익 C의 분쟁 예방 및 해결을 위한 방안으로 언급되었던 조세확실성 부분은 여전히 유효하며, 아래에서 보는 바와 같이 조세확실성의 한 축인 이익 A 외의 분쟁 예방 및 해결 부분에 통합되어 함께 논의된다.

필라 1 블루프린트는 위 세 가지 핵심 구성요소를 다음과 같이 11개의 구성요소로 세분화하여 설명하였다. 우선, 이익 A의 경우 적용범위, 과세연계점, 매출귀속, 과세표준, 이익배분, 이중과세 제거의 여섯 개 세부요소로 이루어진다. 이익 B는 적용범위와 금액계산의 두 가지 세부요소로 되어 있다. 조세확실성은 이익 A 관련 분쟁 예방 및 해결과 이익 A 외의 분쟁 예방

---

405) OECD, *Pillar One Blueprint*, p.11(7항).

및 해결이라는 두 개의 축으로 구성된다.[406] 이하에서 필라 1 블루프린트의 주요 내용에 대해 살펴본다.

Ⅰ. 이익 A(Amount A)

1. 적용범위(Scope)

필라 1 블루프린트는 이익 A를 통하여 수립된 새로운 과세권이 오로지 이익 A에서 정의된 범위 내에 있는 다국적기업그룹들에 대해서만 적용될 것으로 정하였다.[407] 이익 A의 범위는 업종기준과 규모기준 요건에 따라 정해진다.

(1) 업종기준(Activity test)

필라 1 블루프린트는 업종기준과 관련하여 다음과 같이 디지털서비스사업과 소비자대상사업을 포함하였다. 이처럼 두 가지 범주의 사업이 적용범위에 포함되게 된 배경에 대하여는 앞서 살펴 본 바와 같다.

1) 디지털서비스사업(Automated digital services, "ADS")

디지털서비스사업(ADS)은 특정한 다국적기업이 대규모의 전 세계적인 고객 또는 사용자를 대상으로 자동화되고 표준화된 서비스를 제공하고, 지역적 인프라가 없거나 거의 없는 시장의 고객들에게도 원격으로 그와 같은 서비스 제공을 통하여 매출을 발생시킬 수 있으므로(데이터의 수익화로부

---

406) OECD, *Pillar One Blueprint*, p.11, 그림 1.1.
407) 이처럼 대상업종을 제한하는 것은 필라 1에서 시장소재지국의 과세권을 확장하고자 하는 것과 불일치한다고 비판하는 견해로는, Mindy Herzfeld, "Selling a Digital Brooklyn Bridge", *Tax Notes Federal*, Vol. 169, 23 November 2020, p.1232.

터의 매출을 포함), 디지털서비스사업의 범위는 서비스가 '고객'에게 제공되는지 여부를 넘어서 디지털서비스사업의 '중요하고 지속적인 시장 참여' 여부에 달려 있다.[408] 디지털서비스사업의 정의는 적용업종(positive list)과 제외업종(negative list)의 열거규정 및 보충적인 일반적 정의규정으로 구성된다.[409] 디지털서비스사업의 일반적 정의는 두 가지 요소로 구성된다. 우선 자동화된(automated) 것이어야 한다. 특정한 사용자에 대한 서비스 공급 시스템이 준비되면 서비스 공급자(service provider) 측면에서 사람의 관여가 최소화되어야 한다.[410] 다음으로 디지털(digital)인 것이어야 한다. 이는 해당 서비스가 인터넷 또는 전자적 네트워크를 통하여 제공되어야 한다는 것을 말한다.[411] "자동화된(automated)" 것은 이용자가 그 서비스를 자동적으로 공급받는 것을 가능하게 하며, 서비스 제공에 있어 '사람의 관여가 최소화' 되었는지 여부의 판단은 오로지 서비스 공급자 측면의 문제이고, 이용자의 측면에서 인간의 관여 여부를 고려하지 않는다.[412] 한편, "디지털 (digital)인" 것이란, 현장에서의 물리적 서비스 제공방법[413]과 구별된다.[414] 디지털서비스사업 적용업종(positive list)은 다음 9개 서비스 범주를 포함한다. ① 온라인 광고서비스, ② 이용자 데이터[415]의 판매 또는 기타 양도, ③

---

408) OECD, *Pillar One Blueprint*, p.19(24항).

409) OECD, *Pillar One Blueprint*, p.22(40항).

410) OECD, *Pillar One Blueprint*, p.20(26항).

411) OECD, *Pillar One Blueprint*, p.20(26항).

412) OECD, *Pillar One Blueprint*, p.20(27항).

413) 비록 호텔이 웹사이트에서 온라인으로 예약 서비스를 제공하더라도, 그것은 그 서비스 기능을 제공함으로써 수익을 창출하는 것이 아니라, 숙박을 제공함으로써 수익을 창출하는 것이므로 디지털서비스사업에서 제외된다(OECD, *Pillar One Blueprint*, p.24, Box 2.2. ADS-Commentary).

414) OECD, *Pillar One Blueprint*, p.20(28항).

415) "이용자 데이터"는 이용자의 습관, 위치, 환경, 서비스의 사용, 취미, 개인적 관심사, 익명화되고 집계된 데이터(지리적 위치정보와 이용자 트래픽 수준을 포함)와

온라인 검색엔진, ④ 소셜 미디어플폼, ⑤ 온라인 중개플랫폼, ⑥ 디지털 콘텐츠 서비스, ⑦ 온라인게임, ⑧ 표준화된 온라인 교육서비스, ⑨ 클라우드 컴퓨팅 서비스.[416] 이러한 범주는 상호 배타적인 것이 아니고 중첩될 수 있는바, 즉, 하나의 디지털서비스사업이 다수의 디지털서비스사업으로 구성될 수 있다.[417] 다음으로, 제외업종에는 ① 맞춤형 전문적 서비스, ② 맞춤형 온라인 교육서비스, ③ 디지털서비스가 아닌 상품과 서비스의 판매, ④ 네트워크 연결성과 관계없는(사물인터넷) 물리적 상품의 판매를 통한 매출, ⑤ 인터넷 또는 기타 전자적 네트워크에의 접근을 제공하는 서비스가 포함된다.[418]

2) 소비자대상사업(Consumer-facing business, "CFB")

소비자대상사업은 소비자에게 일반적으로 판매되는 유형의 상품과 서비스의 판매로부터 수익을 창출하는 사업으로, 즉 상업적 또는 전문적 목적이 아닌 개인적 사용을 위하여 상품을 구입하는 경우를 말한다.[419] 필라 1 블루프린트는 이익 A에 소비자대상사업을 포함하는 것은 디지털서비스사업과 소비자대상사업이 결합된 서로 다른 사업모델에 대한 일관성 있는 처리를 보장하게 하며, 디지털서비스사업과 소비자대상사업 모두에 속하는 활동에 대하여는 디지털서비스사업의 정의가 적용된다고 설명하였다.[420] 필라 1 블루프린트에 따르면, 소비자대상사업은 중개인을 통한 간접적인 판

같은 정보를 포함한다(OECD, *Pillar One Blueprint*, p.26, Box 2.6.).

416) OECD, *Pillar One Blueprint*, pp.24~25(44항).
417) OECD, *Pillar One Blueprint*, p.25(45항).
418) OECD, *Pillar One Blueprint*, p.32(46항).
419) OECD, *Pillar One Blueprint*, p.37(52항).
420) OECD, *Pillar One Blueprint*, p.21(32항).

매, 가맹계약(franchising) 및 이용권계약(licensing)을 포함하여, 일반적으로 소비자에게 판매되는 유형의 상품과 서비스를 통하여 수익을 창출하는 사업으로 정의된다.[421]

3) 적용제외(Exclusions from scope)

필라 1 블루프린트는 천연자원, 금융서비스, 건설, 주거용 부동산의 판매와 임대 및 국제항공·해운업을 이익 A의 적용범위에서 제외한다.[422] 그 이유로는 우선 위 사업의 상당수가 디지털서비스사업도, 소비자대상사업도 아니기 때문에 이미 이익 A 범위 밖에 있다는 것이고, 또한 각 사업별로 다음의 고유한 근거 내지 이유가 존재한다는 것이다.[423] 천연자원의 경우에는 가격이 마케팅 요소가 아닌 천연자원 고유의 특성에 따라 책정되고, 그 생산이 일방적으로 그 지역정부에 의해 규제된다는 점을 들고 있다.[424] 또한 금융서비스는 인간의 관여와 판단이 해당사업 관련 디지털 기능의 주요 특색에 해당하고, 해당사업에 대한 고도규제[425]로 인해 소비자대면사업으로 인한 이익이 일반적으로 그 시장이 위치한 장소에서 과세되므로 이익 A를 재분배할 필요성이 인정되지 않는다.[426] 그리고 국제항공·해운업은 기업의 이익에 대해 오로지 그 본점의 관할권 내에서만 과세 가능하도록

---

421) OECD, *Pillar One Blueprint*, p.21(33항).

422) OECD, *Pillar One Blueprint*, p.47(105항).

423) OECD, *Pillar One Blueprint*, p.47(106항).

424) OECD, *Pillar One Blueprint*, p.47(111항).

425) Danish Mehboob, "OECD director: FS sector should follow four areas in digital tax debate", *International Tax Review*, 23 November 2020에서는 이와 같은 특성으로 인하여 금융서비스가 필라 1의 범위에서 제외되어야 한다는 점에 대해 동의하면서도, 기술이 더 발전되는 경우 규제가 어떻게 발전되는지 여부에 따라 논란이 발생할 수 있다고 지적하고 있다.

426) OECD, *Pillar One Blueprint*, p.49(123항).

해야 한다는 오랜 국제적 합의(OECD와 UN의 모델조세조약 제8조 및 대다수의 양자 조세조약 등)가 있어 왔기 때문이라고 한다.[427]

(2) 규모기준(Threshold test)

필라 1 블루프린트는 다국적기업이 업종기준과 함께 아래 두 가지 규모기준을 모두 충족한 경우에만 이익 A의 적용범위에 속할 수 있으며, 이는 이익 A가 초과이익을 창출하는 대규모 다국적기업에 초점을 맞추고, 납세협력비용은 예상되는 조세혜택에 비례하도록 하며, 조기 조세확실성 절차를 포함한 조세행정상 관리가능한 수준의 다국적기업의 수를 유지하는 역할을 할 것이라고 보았다.[428]

1) 글로벌 매출액 기준(Global revenue test)

일정 다국적기업의 연결매출액(consolidated revenue)이 특정 적용기준금액보다 많을 경우에 이익 A의 적용대상이 된다.[429] 구체적인 적용기준금액[430]에 대하여 OECD 사무국은 글로벌 매출액 기준으로 연 7.5억 유로(약 1조원, 국가별 보고서 제출 대상)를 제시[431]하였는데, 그 이유는 그보다 낮은 수치를 사용할 경우 시장 소재지국에 배분될 초과이익이 거의 증가하지 않고, 납세자의 의무준수 및 관리 비용 부담을 증가시키게 되며,[432] 연 7.5

---

427) OECD, *Pillar One Blueprint*, p.56(158항).

428) OECD, *Pillar One Blueprint*, p.22(36항).

429) OECD, *Pillar One Blueprint*, p.58(175항).

430) Assaf Harpaz, *op. cit.*, p.71에서는 그 적용기준금액을 결정함에 있어서도 정치적인 고려가 필요할 것이며, 적용기준금액의 설정으로 인하여 상대적으로 규모가 큰 다국적기업만을 대상으로 삼게 되었다고 한다.

431) OECD, *Pillar One Blueprint*, p.58(175항).

432) OECD, *Pillar One Blueprint*, p.58(176항).

억 유로 미만의 인근 다수 납세자들에 관한 조세확실성 절차는 과세당국의 운영능력을 넘어설 수 있기 때문이다.[433]

2) 국외 적용업종 매출액 기준(De minimis foreign in-scope revenue test)

필라 1 블루프린트는 이익 A의 적용대상으로 위 글로벌 매출액기준 충족과 함께 국내시장 밖에서 얻은 대상사업 매출액(in-scope revenue)이 특정한 적용기준금액보다 많을 것을 요구하였다. 이와 같은 국외 적용업종 매출액이 글로벌 매출액보다 적은 다국적기업은 이익 A 하에서 시장소재지국에 분배할 수 있는 잠재적 이익이 상대적으로 적을 것이고, 하나의 국가 내에서 적용업종 매출을 주로 얻는 다국적기업에 대하여는, 이익 A 공식이 다국적기업의 초과이익에 대한 과세권을 현재의 정상가격원칙에 기초한 이익배분 규칙 하에서 이미 과세권을 가진 동일한 국가에 배분할 것이므로 이익 A를 적용하는 것이 단지 제한적인 과세영향을 미칠 것으로 예상하였다.[434] 따라서 이차적인 국외 적용업종 매출액 기준은 이익 A 범위 내의 다국적기업을 결정하기 위하여 적용되며, 국외 적용업종 매출액 기준은 다국적기업의 국내 사업규모에 상대적인 것이 아니라 절대적인 숫자로 설정될 것으로 전망하였다.[435]

---

433) OECD, *Pillar One Blueprint*, p.59(178항); 또 다른 방안으로서 단계적 접근법이 제안되기도 하였는데, 이는 보다 높은 글로벌 매출 적용기준금액(higher global revenue threshold)에서 시작하여 수 년이 지남에 따라 점진적으로 줄어들도록 하거나, 장기간 동안 적용 후에 검토한 뒤 비로소 공제부터 시작하도록 하는 방안이다 {OECD, *Pillar One Blueprint*, p.59(180항)}.

434) OECD, *Pillar One Blueprint*, p.59(182항).

435) OECD, *Pillar One Blueprint*, p.59(183항).

2. 과세연계점(Nexus)

(1) 개요

새로운 과세연계점 규칙은 이익 A 관련 활동에 대한 시장소재지국의 과세권 배분 자격(권리)을 결정하고, 다른 과세 목적, 관세 또는 기타 다른 조세 이외의 영역을 위하여 과세연계점을 변경하지 않으며, 다른 기존의 조세 또는 조세 이외의 규칙에 어떠한 의도하지 않은 파급효과를 제한하기 위하여 독립조항으로서 고안되었다.[436] 필라 1 블루프린트는 새로운 과세연계점 규칙이 기존의 고정사업장 규칙의 운영에 영향을 미치지 않을 것이며, 고정사업장 원칙은 앞으로도 현재와 같이 운영될 것이라고 천명하였다.[437]

필라 1 블루프린트에 따르면, 새로운 과세연계점 규칙은 디지털서비스사업과 소비자대상사업에 각각 다르게 적용되는데, 우선 디지털서비스사업의 경우 최소매출기준이 과세연계점 인정을 위한 유일한 조건이 된다.[438] 디지털서비스사업의 본질적 속성상 해당 서비스가 원격제공될 수 있도록 하고, 비록 물리적 실재가 없다고 하더라도 해당 사업이 시장에서 일반적으로 중요하고 지속적으로 참여할 수 있도록 한다.[439] 한편, 소비자대상사업의 경우 디지털서비스사업과 비교하여 원격사업 활동 정도(또는 능력)가 적고, 외국에서 창출되는 매출과 관련된 추가적인 복잡성과 의무준수비용의 요청, 디지털서비스사업과 비교하여 전형적으로 낮은 이익률 등을 고려할 때 최소매출기준 상향과 함께 추가적인 요소를 요건으로 하여야 한다고 보았다.[440]

---

436) OECD, *Pillar One Blueprint*, p.64(189항).
437) OECD, *Pillar One Blueprint*, p.65(194항).
438) OECD, *Pillar One Blueprint*, p.64(190항).
439) Assaf Harpaz, *op. cit.*, p.58, p.62, p.63; OECD, *Pillar One Blueprint*, p.64(190항).

따라서 디지털서비스사업은 연간 최소매출기준의 충족으로 과세연계점이 인정되고, 소비자대상사업의 경우는 연간 최소매출기준과 함께 '중요하고 지속적인 시장 참여(significant and sustained engagement with the market)' 조건을 충족할 때 과세연계점이 인정될 것으로 보았다.[441] 현재 최소매출기준은 각각의 시장규모에 상응하여 GDP에 의하여 측정될 것으로 보이나, 이는 상당히 복잡한 작업이 될 것이므로 과세연계점 규칙은 간단하게 시장 내에서의 매출액을 이용할 수 있을 것으로 예상하였다.[442]

(2) 소비자대상사업의 과세연계점 인정을 위한 추가적 지표

위와 같이 소비자대상사업의 과세연계점 인정을 위해 추가적인 요건이 필요하다는 전제에서 몇 가지 가능한 선택사항이 검토되었다. 우선 그 중 하나는, ① 시장에서의 매출이 특정단계를 넘어서는 경우 다국적기업이 적극적인 참여를 한 것으로 간주하는 것("deemed engagement" provision)으로, 이 경우 추가적인 요건은 존재하는 것으로 간주된다.[443] 그 밖에 가능한 선택사항으로 ② 고정사업장이나 그룹 내 기업의 거주와 같은 형태의 물리적 실재를 가지는 경우, ③ 고정사업장에 미치지 못하는 물리적 실재가 존재하는 경우, ④ 시장관할권에서의 대상사업 범위 내 판매를 지원하는 실질적이고 지속적인 맞춤형(targeting) 광고와 홍보활동에 대한 심사[444] 등을 제시하였다.

---

440) OECD, *Pillar One Blueprint*, p.66(199항).

441) OECD, *Pillar One Blueprint*, pp.64~65(192항).

442) OECD, *Pillar One Blueprint*, p.65(197항).

443) OECD, *Pillar One Blueprint*, p.66(203항).

444) 예를 들어, 시장관할권을 위한 광고 및 홍보비용이 시장 매출기준의 특정 비율을 초과하는 경우 요건이 충족된 것으로 보는 것이다{OECD, *Pillar One Blueprint*, p.68(215항)}.

3. 매출귀속기준(Revenue sourcing rules)

필라 1 블루프린트는 과세연계점 판단의 전제로서, 글로벌 매출이 귀속될 시장소재지국을 판단하는 기준인 '매출귀속기준'을 제시하였다.[445] 이는 대상사업범위 내 매출을 관련 시장소재지국에 귀속시키기 위한 방법으로, 귀속기준을 통해 대상사업범위 내 매출의 각 유형을 확인하는 작업이 필요할 것으로 보았다.[446] 필라 1 블루프린트는 그 예로서, 소비자상품의 직접 판매의 경우 상품이 소비자에게 최종적으로 인도되는 관할권에 매출의 귀속을 찾을 수 있고,[447] 수용가능한 지표는 소비자 상품이 판매되는 소매점의 관할권 또는 배송주소가 될 것이라고 보았다.[448]

매출귀속기준은 이익 A 범위 내의 디지털서비스사업과 소비자대상사업 하에서 범주화되고, 그에 따라 식별된 각 유형의 활동에 대해 귀속 원칙을 확인한 다음, 다국적기업이 귀속 관할권을 찾는데 사용할 수 있는 수용가능한 지표들의 단계적 목록이 수반될 것으로 보았다.[449] 이하에서는 필라 1 블루프린트가 제시한 매출귀속기준에 관한 일반적 기준과 함께 디지털서비스사업과 소비자대상사업에 대한 구체적 기준에 대해 살펴본다.

---

445) OECD, *Pillar One Blueprint*, p.70(218항).

446) OECD, *Pillar One Blueprint*, p.70(219항).

447) 이와 관련하여 개인정보보호규칙과 저촉될 수 있다는 점을 고려해야 한다는 견해로는 TEI(Tax Executives Institute), "Comments on Pillar One and Two Blueprints", available at https://www.tei.org/sites/default/files/advocacy_pdfs/12132020-TEI-Comments-OECD-Pillar-1-and-2-Blueprints.pdf, p.9.

448) OECD, *Pillar One Blueprint*, p.70(219항).

449) OECD, *Pillar One Blueprint*, p.71(226항).

(1) 일반적 기준(General rules)

필라 1 블루프린트는 다국적기업이 자신이 창출한 수익의 유형과 관련하여 다음[450]과 같은 매출귀속기준[451]을 반드시 적용하여야 한다고 보았다.

1) 다국적기업은 각각의 기준에 명시된 대로 해당 정보를 사용할 수 없거나 신뢰할 수 없는 경우를 제외하고는, 지표들의 체계 구조에서 첫 번째로 나타나는 지표를 적용해야 한다.

---

450) OECD, *Pillar One Blueprint*, p.71(227~232항).
451) OECD, *Pillar One Blueprint*, pp.71~72(233항)에 따르면 이 기준에 대해 아래의 정의가 적용된다.
① "개발자(Developer)"는 무형 상품 또는 서비스를 개발한 당사자를 의미한다.
② "독립적 판매자(Independent distributor)"는 다국적기업과 계약하고 다국적기업의 상품을 판매 또는 재판매하는 독립기업(independent enterprise)을 의미한다.
③ "무형상품/서비스(Intangible goods/services)"는 다운로드 되는 자료나 자문서비스와 같은 물리적 성질을 가지고 있지 않거나 물리적 형태로 배송될 수 없는 제품 또는 서비스를 말한다.
④ "관할권(Jurisdiction)"은 과세 목적상 관할권인 국가(country) 또는 영역(territory)을 말한다.
⑤ "통상 거주지(Ordinary residence)"란 사람이 항상 거주하는 장소를 말한다.
⑥ "다른 온라인 구매(other online purchases)"란 디지털서비스사업(ADS) 범위 내에 있는 상품 또는 서비스의 구매, 또는 이용자가 대가를 지불하는 디지털서비스사업 범위 내에 있는 추가적인 기능의 구매를 말한다.
⑦ "구매자(purchaser)"란 상품 또는 서비스를 취득하기 위한 계약 하에서 대금을 지급하는 당사자를 말한다.
⑧ "판매자(seller)"는 구매자와의 계약 하에서 상품 또는 서비스를 제공하는 당사자를 말한다.
⑨ "유형상품(tangible goods)"이란 옷이나 가정용품과 같은 물리적 성질을 가진 제품을 말한다.
⑩ "유형서비스(tangible services)"란 호텔 숙박 또는 운송과 같이 물리적인 형태로 제공되는 것을 말한다.
⑪ "이용자(User)"란 서비스에 접근하는 어떠한 개인 또는 기업을 말하나, 서비스의 공급자 또는 공급자로서 같은 다국적기업그룹 내의 구성원, 사람의 사업 과정 내에서 행위하는, 해당 단락 내에서 언급되는 사람의 피용자는 포함되지 않는다.
⑫ "이용자 프로필(User profile)"이란 다국적기업이 이용자에 대하여 수집하고 보관하는 정보를 말한다.
⑬ "시청자(Viewer)"란 광고를 시청하는 개인을 말한다.

2) 해당 정보는 오로지 다국적기업이 보유한 범위에 있지 않고, 정보를 얻기 위한 합리적인 절차를 거쳤으나 그것이 성공하지 못한 경우에 한하여 이용가능하지 않은 것으로 여겨진다.

3) 정보는 다국적기업이 '해당 지표가 귀속기준 내 원칙에 대한 진정한 표현이 아니라는 것'을 입증할 수 있다면 신뢰할 수 없는 것으로 여겨진다.

4) 만약 해당 지표가 이용가능하지 않거나 신뢰할 수 없다면, 다국적기업은 체계 구조 내에서 그 다음의 지표를 적용하여야 한다. 체계 구조 내에서의 모든 지표가 이용가능하지 않거나 (그것을 얻기 위한 합리적인 절차를 거친 이후에) 신뢰할 수 없는 상황에서는, 다국적기업은 그 접근법이 취한 대안의 이용가능한 정보와 문서에 근거한 귀속기준을 적용해야 한다.

5) 다국적기업은 이 기준에서 정한 문서를 보유해야 한다.

(2) 디지털서비스사업(ADS)

온라인광고, 매매 또는 기타 이용자 데이터의 이전과 디지털 콘텐츠 서비스로부터의 매출은 포함목록에 포함되었는지 여부와 관계없이 디지털서비스사업 범위 내 사업의 일반적인 매출흐름에 해당한다.[452] 예를 들어, 온라인 광고서비스로부터의 매출과 관련하여 시청자의 실시간 위치에 근거한 온라인 광고서비스의 매출귀속기준은 '광고시청자의 실시간 위치(real-time location)의 관할권'이다.[453] 관련지표는 우선 시청자 기기의 재생 중 지리적 위치의 관할권이고, 다만 이것이 이용가능하지 않거나 신뢰할 수 없는

---

452) OECD, *Pillar One Blueprint*, p.72(236항).
453) OECD, *Pillar One Blueprint*, p.72(238항).

경우에는 시청자 기기의 재생 중 인터넷 프로토콜(The Internet Protocol, "IP") 주소의 관할권이며, 이것 역시 이용가능하지 않거나 신뢰할 수 없는 경우에는 시청자의 실시간 위치의 관할권을 결정하는데 이용할 수 있는 다른 이용가능한 정보로 판단한다.[454]

디지털서비스사업의 세부적으로 적용되는 매출귀속기준의 유형을 구체적으로 살펴보면 다음과 같다. 온라인 검색엔진[455]의 경우에는 '온라인 광고서비스로부터의 매출' 및 '매매 또는 다른 이용자 데이터의 이전으로부터의 매출'이 매출귀속기준으로 적용된다. 그리고 소셜 미디어 플랫폼이나 온라인게임의 경우에는 '온라인 광고서비스로부터의 매출', '매매 또는 다른 이용자 데이터의 이전으로부터의 매출', '디지털 콘텐츠 서비스로부터의 매출'이 매출귀속기준으로 적용된다.[456]

(3) 소비자대상사업(CFB)

소비자대상사업의 경우 크게 네 가지로 나누어 살펴볼 수 있다. 우선 소비자대상상품의 소비자에 대한 직접 판매로부터의 매출의 경우 귀속기준은 소비자에게 상품의 최종 인도를 하는 장소의 관할권이다.[457] 관련지표는,

---

454) OECD, *Pillar One Blueprint*, p.72(239항).

455) OECD, *Pillar One Blueprint*, pp.87~88(338~339항)에 따르면, 온라인 검색엔진은 이용자가 인터넷으로부터 정보를 알아내도록 하는 웹사이트이다. 검색서비스는 이용자에 대하여 무료이지만, 그 제공자가 서비스로부터 금전을 창출하는 방법은 일반적으로 두 가지 유형이 있다. 하나는 광고할 공간을 판매하고 검색엔진에서 특정한 웹사이트를 홍보하는 것으로, 이러한 유형의 매출을 위해서 '온라인 광고 서비스로부터의 매출'에 대한 귀속기준이 적용된다. 두 번째 유형은 검색엔진의 이용자에 대한 정보의 수집으로서, 공급자는 그 정보를 광고주에게 판매할 수 있다. 온라인 검색엔진에서 이러한 유형의 매출을 위한 귀속기준은 '이용자 데이터의 매매 기타 이전으로부터의 매출'의 경우와 같다.

456) OECD, *Pillar One Blueprint*, p.73(239항 표).

457) OECD, *Pillar One Blueprint*, p.79(277항).

우선 소비자에게 직접 판매되는 소매점의 관할권이고, 만약 이것이 적용가능하지 않을 경우 소비자에게 상품이 인도되는 최종주소의 관할권이다.[458] 독립된 유통자를 통하여 판매되는 소비자대상상품으로부터의 매출의 경우에도 그 귀속기준은 소비자에게 상품이 최종적으로 인도되는 장소의 관할권이다.[459] 다만, 관련지표로서 그 최종 인도장소의 관할권은, 우선 소비자에게 직접 판매되는 소매점의 관할권이고, 만약 이것이 적용가능하지 않을 경우 상품의 최종 인도주소지 관할권이며, 또한 이것 역시 이용가능하지 않을 경우에는 다국적기업에 의하여 이미 이용가능한 다른 정보에 의해 나타나는 소비자에 대한 상품의 최종 인도장소의 관할권일 것이다.[460]

다음으로 소비자대상서비스로부터의 매출에 관하여 보면, 그 귀속기준은 서비스의 향유 또는 이용이 이루어지는 장소의 관할권이다. 이러한 서비스의 유형은 일반적으로 서비스가 물리적으로 이행되는 경우에 동일한 시간과 장소에서 소비되기 때문이고, 소비자가 이행받고자 하는 장소가 가장 정확한 시장관할권이기 때문이다.[461] 관련지표는, 우선 서비스가 수행되는 주소의 관할권, 또는 온라인으로 전달되는 서비스의 경우에는 이용자의 통상 거주지의 관할권이다.[462]

---

458) OECD, *Pillar One Blueprint*, p.79(278항).

459) OECD, *Pillar One Blueprint*, p.79(279항).

460) OECD, *Pillar One Blueprint*, p.80(280항).

461) OECD, *Pillar One Blueprint*, p.92(381항).

462) OECD, *Pillar One Blueprint*, p.80(282항); 이에 따르면 통상 거주지의 판단기준은 다음과 같다. 먼저 이용자 프로필 정보에 근거한 구매자의 통상 거주지의 관할권으로 판단(구매자의 기기의 지리적 위치 또는 IP 주소에 관한 순환되는 데이터로부터 취득한 거주지에 관한 정보, 구매자의 청구지 주소, 구매자 전화번호의 휴대폰 국가 코드, 구매자가 입력한 거주지 정보, 기타 이용가능한 정보의 순으로 판단)하고, 해당 정보가 이용가능하지 않거나 신뢰할 수 없는 경우, 구매자의 청구지 주소의 관할권, 구매자의 기기의 지리적 위치의 관할권, 구매자 기기의 IP 주소의 관할권의 순으로 판단한다.

마지막으로 프랜차이즈와 라이선싱으로부터의 매출의 경우, 소비자대상 상품과 소비자대상서비스로 나누어 생각해 볼 수 있다. 소비자대상상품에 관하여 보면, 프랜차이즈상품 또는 상품에 부착된 무형자산의 라이선스로부터의 매출에 대한 귀속기준은 소비자에게 상품이 최종적으로 인도되는 장소의 관할권이다.[463] 관련 지표는 우선 가맹사업자(franchisee) 또는 라이선시(licensee)에 의하여 고지된 대로의 (소비자에게 직접 판매되는 소매점의 관할권에 근거한) 인도 또는 향유 장소의 관할권이고, 만약 이것이 적용가능하지 않으면 상품의 최종적 인도주소의 관할권이며, 다만 이것 역시 적용가능하지 않을 경우에는 이미 가맹본부(franchisor)/라이센서(licensor)에게 이용 가능한 다른 정보에 의하여 확인되는 소비자에 대한 상품의 최종 인도장소의 관할권이 그 귀속기준이 된다.[464]

다음으로 소비자대상서비스의 경우, 프랜차이즈 서비스 또는 소비자에 대한 서비스 제공을 지원하는데 이용되는 무형자산의 라이선싱으로부터의 매출을 위한 귀속기준은 서비스의 향유 또는 이용 장소의 관할권이다.[465] 관련지표에 관하여 보면, 우선 가맹사업자(franchisee) 또는 라이선시(licensee)에 의하여 고지된 대로의 (서비스가 이용되는 장소의 주소관할권에 근거한) 서비스의 인도 또는 향유 장소의 관할권이고, 이것이 이용불가능하다면, 가맹본부(franchisor)/라이센서(licensor)가 이미 이용가능한 다른 정보에 의하여 확인되는 서비스의 향유 또는 이용 장소의 관할권이 그 매출귀속기준이 된다.[466]

---

463) OECD, *Pillar One Blueprint*, p.80(283항).
464) OECD, *Pillar One Blueprint*, p.80(284항).
465) OECD, *Pillar One Blueprint*, p.80(285항).
466) OECD, *Pillar One Blueprint*, p.80(286항).

4. 과세표준 결정(Tax base determinations)

이익 A는 정의된 범위 내에 있는 다국적기업그룹의 초과이익의 공유에 대한 새로운 과세권 배분대상이므로, 과세표준은 개별적인 각 기업(entity)을 기준으로 하기보다는 글로벌 그룹 전체의 이익을 기준으로 결정되고, 그러므로 그룹의 연결재무회계로부터 시작할 필요가 있다.[467] 이러한 접근법은 아래와 같이 이익 A 과세표준 결정을 위한 세 가지 문제를 제기한다. 첫째, 이익 A를 위한 기준으로서 이익의 표준화된 척도의 정의, 둘째, 사업라인 또는 지역적 기준으로 구분된 회계를 사용하여 이익 A를 계산하는 세분화 문제, 셋째, 이익 A의 계산에 있어서 손실을 고려하기 위한 이월결손금 규칙의 적용 문제이다.

(1) 연결회계기준에 기반을 둔 세전이익 측정

이익 A의 과세표준은 다국적기업그룹의 대상사업범위 내 연결재무회계로부터 파생되는 조정된 세전이익(PBT) 측정을 사용하여 정량화된다.[468] 이익 A 과세표준의 일관된 계산을 위한 시작점은 손익계산서의 최종수치, 즉 손익의 합계가 될 것이다. 그리고 이 지점으로부터 표준화된 세전이익 수치에 도달하기 위한 일정한 세무조정이 이루어질 것이나, 다만 이는 관리 및 규정준수의 용이성을 위해 복잡성을 제한하고 필라 2 하에서의 조정과 일치하도록 최소한으로 유지될 것이다.[469] 이러한 조정의 목적은 이익 A 과세표준을 포괄적 이행체계(IF) 관할권의 법인세 과세표준과 가능한 일치시키고자 하는 것으로, 이는 포괄적 이행체계(IF) 관할권의 법인세 과세표

---

467) OECD, *Pillar One Blueprint*, p.98(406항).
468) OECD, *Pillar One Blueprint*, p.98(407항).
469) OECD, *Pillar One Blueprint*, p.103(430항).

준에서 일반적으로 제외되는 특정한 중요 항목을 제외함으로써 달성될 것이다.[470] 해당 조정에는 이익 A 과세표준의 계산을 위한 소득세 비용의 추가,[471] 배당소득 및 주식과 관련된 손익의 제외,[472] 지분법 회계를 사용하여 도출된 모든 손익의 제외,[473] 공공정책적 이유로 대부분의 포괄적 이행체계(IF) 회원국에서 법인세 목적으로 공제할 수 없는 비용의 제외 등이 포함된다.[474]

(2) 세분화 체계(The segmentation framework)

필라 1 블루프린트는 세분화된 기준에 따라 이익 A의 과세표준을 계산해야 하는 주된 이유로, 이익 A는 그룹이 대상사업범위 내 활동에서 발생하는 이익에만 적용되기 때문임을 들면서, 따라서 두 가지 유형의 서비스를 모두 제공하는 그룹의 경우 범위 내 활동에서 발생한 이익에 대해서만 이익 A를 적용할 수 있는 세분화 접근방식이 필요하다고 보고 있다.[475] 그러나 세분화를 사용하여 관련 세전이익을 결정하는 것은 납세자에 대한 추가적인 의무준수비용과 과세당국에 대한 추가 부담을 야기할 것이라는 점 역시 부인할 수 없으므로, 필라 1 블루프린트는 이익 A를 위한 세분화 체계에 있어 추가적인 정확성의 혜택과 추가적인 복잡성 및 세분화로 인해 발생되는 비용 간의 균형을 제공하는 것을 목표로 하였다.[476]

---

470) OECD, *Pillar One Blueprint*, p.103(431항).
471) OECD, *Pillar One Blueprint*, p.103(432항).
472) OECD, *Pillar One Blueprint*, p.104(435항).
473) OECD, *Pillar One Blueprint*, p.104(436항).
474) OECD, *Pillar One Blueprint*, p.104(438항).
475) OECD, *Pillar One Blueprint*, p.105(442항): 예를 들어, 디지털서비스사업에 대한 범위 요건에 대하여 보면, 대상사업범위 내에 있는 표준화된 클라우드 컴퓨팅 서비스와 그 범위 밖의 맞춤형(bespoke) 클라우드 서비스를 구별한다.

이익 A의 체계와 관련하여, 납세자들이 디지털서비스사업, 소비자대상사업, 그리고 범위 외 활동에 따른 각 순이익을 독자적으로 계산하는 것은 불가능할 수 있지만, 그럼에도 불구하고 필라 1 블루프린트는 총금액기준과세(gross basis taxation)가 아닌 순액기준과세(net basis taxation) 원칙을 적용하므로, 여전히 대상사업범위 내 활동으로 인한 이익을 계산할 필요가 있다고 보았다. 이를 달성하는 가장 쉬운 방법은 연결기준(consolidated basis)으로 이익 A의 과세표준을 계산하는 것으로, 대상사업범위 내 이익률의 대용(proxy)으로 그룹의 연결이익률을 사용하고 이를 대상사업범위 내 매출에 적용하여 대상사업범위 내 수익에 대한 대용값을 생성하는 것이다.[477] 이 대용물로서 이익 A를 계산한 후 배분공식을 이용하여 시장 관할권 사이에 배분이 이루어지므로, 기본적으로 그룹은 이익 A 과세표준을 그룹기준으로 계산한다.[478] 그러나 일부 상황에서는 그룹기준으로 이익 A 과세표준을 계산하는 것이 적절하지 않거나 납세자간에 공평한 경쟁의 장을 유지할 수 없도록 하는 경우가 있을 것이므로, 그러한 경우 이익 A의 과세표준은 세분화 체계에 따라 분할된 계정(segmented accounts)을 사용하여 계산될 것이다.[479]

필라 1 블루프린트가 제시한 세분화 체계는 다음 3단계 절차를 기반으로 한다.[480] 1단계, 이익 A 범위의 모든 다국적기업그룹은 대상사업범위 및

---

476) OECD, *Pillar One Blueprint*, p.99(411항).
477) OECD, *Pillar One Blueprint*, p.106(444항).
478) OECD, *Pillar One Blueprint*, p.106(444항).
479) OECD, *Pillar One Blueprint*, p.106(445항): 같은 항에 따르면 예를 들어 대규모 그룹이 두 개의 실질적으로 독립적인 사업을 운영하고 이들이 서로 다른 이익률을 가진 경우, 세분화된 기준으로 이익 A의 과세표준을 계산하여야 납세자가 높은 마진 활동과 낮은 마진 활동의 이익을 결합함으로써 잠재적으로 이익 A의 납세의무를 줄이거나 제거하는 것을 막을 수 있다고 한다.
480) OECD, *Pillar One Blueprint*, p.106(447항).

과세연계점 규칙에 필요한 디지털서비스사업, 소비자대상사업, 그리고 대상범위 밖 활동의 각 매출로 세분화한다. 2단계, 이익 A 과세표준의 세분화에 필요한 다국적기업그룹 수 제한을 위해, 글로벌 매출이 합의된 적용기준금액{threshold, 일정 규모([X] billion EUR)} 미만인 다국적기업그룹은 세분화 면제(segmentation exemption)를 적용하여 그룹기준으로 이익 A의 과세표준을 계산하도록 한다. 관리 및 전환의 용이성을 위하여 이 적용기준금액은 처음에는 "[X] billion EUR"로 설정되며, 5년의 전환기간 동안 줄어든다.[481] 3단계, 세분화 면제 대상이 아니거나 세이프하버의 자격을 갖추지 못한 기업들은 세분화된 기준으로 이익 A 과세표준을 계산한다. 3단계는 납세자가 이익 A 과세표준을 세분화된 기준으로 계산해야 하는지 여부를 결정하고, 필요한 경우 관련 손익측정이 별도로 계산될 관련 부분(segments)을 정의한다.[482]

(3) 이월결손금 규칙(Loss carry-forward rules)

이월결손금 규칙은 세분화 체계에 의해 결정된 바에 따라 그룹 또는 관련 부문 단계에서 "언-아웃" 메커니즘("earn-out" mechanism)을 통하여 적용된다.[483] 이는 해당 과세기간 동안 이익 A 차원에서 발생한 결손금(손실, loss)이 이익(profit)과 달리 시장관할권에 배분되지 않는다는 것을 의미한다.[484] 대신에, 그 결손금은 당해연도에 배분하지 않고 관련 그룹 또는 부

---

481) OECD, *Pillar One Blueprint*, p.107(452항); 또는 대안적으로 이러한 세분화 면제는 세이프하버로 작동할 수 있다. 이것은 적용기준금액 미만의 다국적기업그룹은 이익 A의 과세표준 계산에 있어서 그룹기준(group basis)으로 또는 세분화기준(segmentation basis)으로 계산하는 것을 선택할 수 있다는 것을 의미한다{OECD, *Pillar One Blueprint*, p.107(453항)}.

482) OECD, *Pillar One Blueprint*, pp.107~108(455항).

483) OECD, *Pillar One Blueprint*, p.112(480항).

분(group or segment)에 대한 단일계정(single account)에 모아두었다가 후속연도로 이월하여 이익발생시 공제(earn-out mechanism)하며, 보고된 과거의 결손금이 해당계정에서 모두 흡수될 때까지 이익 A 하에서의 이익은 해당 부분(segment)에 대해 발생하지 않는다(그리고 시장에 재배분되지 않는다).[485] 제도 내의 결손금(손실), 즉 이익 A의 도입 이후 발생한 결손금의 계산은 관련 세무조정 이후의 연결재무제표로부터 발생하게 될 것이며,[486] 세분화가 없는 경우 모든 손익은 그룹 내의 다른 사업활동과 연결되어 있고, 이익 A 목적으로 동일한 과세표준 내에서 혼합된다.[487] 반대로 이익 A 과세표준이 세분화된 경우, 세분화 접근법은 그룹 내 각 다른 부분에서 발생한 결손금과 이익을 별도로 계산할 것을 요구할 것이고, 하나의 부분에서 발생한 결손금은 일반적으로 다른 부분의 이익을 줄이는데 사용할 수 없다(즉, 이익과 결손금의 부문 간 혼합이 없다).[488]

위와 같은 이월결손금 규칙은 기존의 국내 이월결손금 제도와 독립하여 별도로 유지되며, 이는 정상가격원칙 기반 이익배분 시스템에 따라 기업 단계에서 발생한 결손금("entity-level losses")은 이익 A의 과세표준을 변경하지 않고, 이익 A에서 구제받지 못한 결손금도 정상가격원칙에 따라 결정된 다국적기업그룹 기업의 별도 과세표준에 영향을 주지 않는다는 것을 의미한다.[489] 실제적으로 이는 다음을 의미한다. 우선, 이익 A 또는 그 일부에 대한 납세의무가 있는 그룹기업(group entity)은 기업 단계의 결손금(entity-

---

484) OECD, *Pillar One Blueprint*, pp.112~113(480항).

485) OECD, *Pillar One Blueprint*, p.100(415항), pp.112~113(480항).

486) OECD, *Pillar One Blueprint*, p.111(475항).

487) OECD, *Pillar One Blueprint*, p.111(476항).

488) OECD, *Pillar One Blueprint*, pp.111~112(476항).

489) OECD, *Pillar One Blueprint*, p.114(486항).

level losses)을 가지고 해당 납세의무를 줄이거나 제거할 수 없다. 또한 이익 A 그룹 또는 관련 부분의 결손금은 정상가격원칙 기반 수익배분 시스템에 따라 결정된 기업의 이익과 상계되지 않으며, 정상가격원칙 기반 이익배분 시스템에 따른 기업 단계의 결손금은 일반적으로 이익 A의 이익 또는 세금 {Amount A profit (or tax)}에 의해 영향을 받지 않는다.[490]

5. 과세이익 배분(Profit allocation)

(1) 이익 A의 결정 공식

이익 A는 시장관할권 경제에서 사업의 지속적이고 중대한 참여와 합리적으로 관련된 사업의 초과이익 일부에 대한 단순화된 대용물(proxy)을 나타낸다.[491] 필라 1 블루프린트는 이익 A의 계산 및 배분이 정상가격원칙에 기반을 둔 것이 아니라 공식(formula)을 통해 이루어지는데 이러한 공식은 그룹 또는 관련있는 부분의 과세표준에 적용되고,[492] 각각의 적격 시장관할권에서 과세대상인 이익 A의 양을 계산하려면 다음의 3단계 절차가 필요하다고 보았다.[493]

1단계, 잠재적으로 이익 A에 따라 재분배될 기업의 초과이익을 분리하고, 전통적인 이전가격 규칙 하에서 이익 A와 일상적인 활동의 보수 간의 상호작용을 제한하기 위하여 수익성 적용기준금액(profitability threshold)이 적용된다.[494] 이 적용기준금액은 단순화를 위해 이익 A의 매출액 대비 세

490) OECD, *Pillar One Blueprint*, p.114(486항).
491) OECD, *Pillar One Blueprint*, p.122(507항).
492) OECD, *Pillar One Blueprint*, p.120(496항).
493) OECD, *Pillar One Blueprint*, p.125(519항).
494) OECD, *Pillar One Blueprint*, p.122(507항).

전이익 비율(PBT to revenue ratio, 즉, 백분율)의 고정된 비율을 기반으로
할 것[495]이고, 이용가능한 결손금의 이월공제 이후에 이익 A 과세표준에
적용될 것이다.[496]

2단계, 이익 A 하에서 시장 관할권에 배분될 수 있는 초과이익의 적절한
몫을 식별하기 위한 재분배비율(reallocation percentage)이 적용된다.[497] 필
라 1 블루프린트 하에서 오로지 그룹 또는 관련있는 부문의 초과이익의 일
부만 이익 A에 귀속되는데, 이는 다국적기업그룹이 이익 A와 무관하게 초
과이익을 발생시키는 다양한 활동을 수행하기 때문이며, 따라서 그룹의 초
과이익의 상당 부분은 거래 무형자산, 자본 및 위험과 같은 다른 요소에 대
해 기존 규칙에 따라 배분된다.[498] 시장관할권에 귀속되는 초과이익의 비
율은 단순화를 위해 다국적기업그룹 또는 정상가격원칙의 특정 상황에 기
반하지 않은 새로운 단순화 규칙{즉, 대용물(proxy)}을 통해 결정되고, 이
러한 단순화규칙은 초과이익에 고정비율을 곱한 것이 될 것이다.[499]

3단계, 위 2단계를 거쳐 배분대상 과세소득(allocable tax base) 계산이 완
료되면, 해당 소득은 배분지표(allocation key)를 기반으로 다양한 적격 시장
관할권(이익 A를 위한 과세연계점이 설정된 곳)에 배분되는데, 이 배분은
각 적격 시장관할권에서 발생한 범위 내 매출(in-scope revenue)에 근거한
다.[500] 다만, 배분지표를 적용하려면 매출(revenue)에 대한 명확한 정의가
필요할 것이다.

---

495) OECD, *Pillar One Blueprint*, p.123(508항).
496) OECD, *Pillar One Blueprint*, p.123(507항).
497) OECD, *Pillar One Blueprint*, p.120(496항).
498) OECD, *Pillar One Blueprint*, p.124(511항).
499) OECD, *Pillar One Blueprint*, p.124(512항).
500) OECD, *Pillar One Blueprint*, p.125(514항).

(2) 이중계산의 문제

이익 A는 기존의 소득세 시스템에 덧입혀져 배분될 것이며, 이는 이익 A와 기존의 소득세 시스템 간의 상호작용이 불가피하다는 것을 의미한다. 이러한 상호작용 중 일부(즉, 이익 A와 기존 정상가격원칙에 기반한 이익배분 규칙)는 특정 시장관할권에서 다국적기업그룹의 동일한 이익에 대한 중복과세(duplicative taxation)를 초래할 수 있으며, 이는 필라 1 블루프린트가 의도하는 정책과 불일치할 수 있다{이중계산(double counting)의 문제}.[501] 우려되는 바는 시장관할권이 초과이익의 동일한 항목에 두 번 과세하는 것인데, 기존의 이전가격 규칙에 따라 기존의 과세실재를 통해 한 번, 그리고 이익 A를 통해 다시 한 번 과세되는 것이다. 이중계산 문제는 다음 항에서 살펴 볼 이중과세(double taxation) 제거 메커니즘을 통하여 적어도 부분적으로는 해결될 것으로 예상된다. 이는 기업이 기존 이익배분규칙에 따라 시장관할권에서 상당한 초과이익을 배분받는 경우, 해당 기업은 이익 A 납세의무의 일부를 부담하는 이중과세를 제거할 목적으로 그룹 내에서 납세기업(paying entity)으로 식별될 수 있기 때문이다.[502]

6. 이중과세제거(Elimination of double taxation)

이익 A는 기존의 이익배분규칙에 덧씌워져(overlay) 적용된다. 다국적기업그룹의 이익은 이미 기존의 이익배분규칙에 따라 배분되고 있기 때문에, 이중과세(double taxation) 방지를 위해 새로운 과세권과 기존 이익배분 규칙 간의 조화를 이룰 방법이 필요하다.[503] 필라 1 블루프린트는 위 두 개의

---

501) OECD, *Pillar One Blueprint*, p.128(528항).

502) OECD, *Pillar One Blueprint*, p.121(499항), p.128(528항).

503) OECD, *Pillar One Blueprint*, p.135(556항).

이익배분 시스템을 조정하기 위해서, 다국적기업그룹 내에서 이익 A 납세의무를 부담하는 기업(들), 즉 납세기업(paying entities)을 식별하고자 하였으며, 이는 어떤 관할권(들)이 이익 A로부터 발생하는 이중과세 완화를 필요로 하는지를 효과적으로 결정할 것으로 보았다. 이 방법은 다음의 두 가지 구성요소를 기반으로 한다. (ⅰ) 다국적기업그룹 또는 관련되는 경우, 그 부분(segment) 내 납세기업(들)의 식별, 그리고 (ⅱ) 이중과세제거 방법이 그것이다.[504]

(1) 첫 번째 구성요건 : 납세기업(paying entities)의 식별

1) 1단계 : 활동심사(Activities test)

활동심사(Activities test)는 다국적기업그룹의 초과이익 창출을 위해 실질적이고 지속적으로 기여하는 다국적기업그룹 내 기업을 확인하기 위하여 정성적 평가를 수행할 것을 요구한다. 이것은 개념적으로 다국적기업그룹 내의 이러한 기업들이 이익 A 납세의무를 부담해야 하는 기업들이라는 사실을 반영한다.[505] 실질적으로, 활동심사에는 납세기업(paying entity)이 수행할 것으로 예상되는 관련 활동의 유형을 설명하는 일반원칙이 포함된다.[506] 여기서 제안된 일반원칙은 납세기업을 "이익 A와 관련된 초과이익을 배분받는 기능(functions)을 수행하고, 자산(assets)을 사용하거나 소유하고/하거나 경제적으로 중요한 위험(risks)을 부담하는 다국적기업그룹 또는 부분의 구성원 또는 구성원들"로 식별하는 것이다. 이 원칙은 기업에게 그룹의 초과이익에 참여할 권리를 부여하는 것으로 간주되는 활동의 유형을

---

504) OECD, *Pillar One Blueprint*, p.135(557항).
505) OECD, *Pillar One Blueprint*, p.136(561항).
506) OECD, *Pillar One Blueprint*, p.136(562항).

반영하고자 하며, 이와 같은 일반원칙은 이미 이전가격의 부분을 구성하는 일련의 개념에 의존한다.[507] 활동심사의 일부로 쉽게 사용될 수 있는 표식에는 적어도 ① 기업(entity)에 의하여 수행된 기능(functions), 사용된 자산(assets) 및 부담하는 위험(risks), ② 기존의 이전가격 문서로부터 도출된 기업의 특성화, ③ 기업(entity)의 객관적인 정상가격 이익(arm's length profits)을 결정하는데 사용되는 이전가격방법의 세 가지가 있다.[508] 이러한 표식에 따라 경제적으로 중대한 위험을 부담하는 주요 무형자산을 이용하여 기업적 수익을 얻을 권리가 있는 기업, 적극적 접근법에 따라 그룹의 가치사슬상 기업의 주된 기업으로서 특징지어지고, 통상적으로 이전가격 방법에 따른 초과이익을 받아야 하는 기업이 잠재적인 납세기업으로 식별될 것으로 예상하였다.[509]

2) 2단계 : 수익성심사(Profitability test)

수익성심사는 잠재적인 납세기업(paying entity)이 이익 A 납세의무를 부담할 능력이 있는지 확인하기 위한 것이다. 수익성심사는 일상적이고 낮은 이익(또는 손실)을 내는 기업이 납세기업으로 식별되지 않도록 하고, 일정 초과이익을 얻는 범위 내의 다국적기업그룹에 대해 한정하여 이익 A를 적용하고자 하는 것이다.[510] 수익성심사의 목적은 그룹 또는 부분 수준에서

---

507) OECD, *Pillar One Blueprint*, p.141(585항).

508) OECD, *Pillar One Blueprint*, p.141(586항).

509) OECD, *Pillar One Blueprint*, p.141(587항); 필라 1 블루프린트는 활동심사의 일부로서, 다국적기업그룹이 이익 A 과세표준을 세분화된 기준에 따라 계산하는 경우, 잠재적인 납세기업이 속한 부분(segments)을 결정할 필요가 있다고 보았다. 예를 들어, 만약 제약그룹이 이익 A를 제약 및 소비자 건강관리 부분(segments)에 독립적으로 적용한 경우, 동일 기준으로 그것의 납세기업을 식별할 필요가 있다는 것이다{OECD, *Pillar One Blueprint*, p.142(590항)}.

510) OECD, *Pillar One Blueprint*, p.142(592항).

이익 A와 관련된 초과이익을 얻는 기업을 확인하는 것이다.[511] 이익 A의 맥락에서, 수익성심사는 급여(payroll)와 유형자산(tangible assets)에 대한 고정수익(fixed return)을 초과하는 소득을 취득한 기업을 식별할 것이다.[512] 급여와 유형자산을 실질적 활동의 지표로 이용하는 것은 이러한 요소들이 일반적으로 적은 이동성을 가지고 있고, 조세왜곡으로 이어질 가능성이 적기 때문이다.[513]

한편, 국가별로 과세표준 결정상 상당한 차이가 있어 세무회계를 수익성심사에 적용하는 것은 적절하지 않으므로, 수익성심사는 그룹이 연결회계를 준비하는데 사용하는 기업 단계의 재무회계에 기초하여 적용될 것이며, 이는 필라 2 블루프린트와의 일치를 위해서도 필요하다.[514] 또한 연결회계를 준비하는 그룹에 의하여 이용되는 IFRS 또는 유사한 회계기준에 따라 준비될 것이며, 이는 국내회계기준에 따라 준비된 기업 단계의 회계에 의존하는 것에 비해 보다 일관성을 부여할 것으로 보았다.[515] 아울러 수익성심사는 이익 A의 계산과 납세기업의 식별 사이의 균형을 보장하기 위해 세전이익의 비교 측정을 기반으로 할 필요가 있다고 보았다.[516]

---

511) OECD, *Pillar One Blueprint*, p.142(593항).
512) OECD, *Pillar One Blueprint*, p.143(595항).
513) OECD, *Pillar One Blueprint*, p.143(594항).
514) OECD, *Pillar One Blueprint*, p.143(596항).
515) OECD, *Pillar One Blueprint*, p.143(596항).
516) OECD, *Pillar One Blueprint*, p.143(597항): 같은 항에 따르면, 잠재적 납세기업이 이익 A 세분화 체계 하에서 정의된 것처럼 하나 이상의 부분(segment)에서 발생한 이익을 얻는 경우, 수익성심사를 적용하기 위하여 이러한 둘 또는 그 이상의 부분 사이에 기업 단계(entity-level)의 회계를 세분화할 필요가 있다. 그리고 서로 다른 부분이 함께 집단화되지 않도록 할 필요가 있는데, 그 이유는 그와 같은 집단화로 인해 기업(entity)이 부적절하게 식별되거나 납세기업으로 식별되지 않는 결과에 이르지 않도록 하기 위함이다. 또한 이익 A 과세표준을 계산하기 위해 개발된 세전이익(PBT)의 정의는 배당소득과 주식처분으로 인한 손익을 제외할 것이고, 다른 소득의 유형도 또한 제외한다고 한다.

3) 3단계 : 시장관련성 우선순위 심사(Market connection priority test)

필라 1 블루프린트는 활동심사 및 수익성심사의 적용은 다국적기업그룹 또는 부분을 기준으로 (이익 A 과세표준이 계산되는 기준에 따라) 잠재적인 납세기업 집단을 식별할 것이라고 하였다. 그러나 잠재적인 납세기업이 오로지 이익 A에 대한 과세권을 배분받는 시장관할권의 제한된 수로부터 수익을 얻는 경우가 있을 것이다.[517] 그러므로 필라 1 블루프린트는 시장관련성 우선순위 심사 도입의 필요성을 제시하였다. 즉, 기업은 그것이 관여하는 시장관할권과 관련된 이익 A 납세의무만 부담해야 한다는 것이다.[518] 이에 따르면 이익 A가 배분된 각 시장관할권에 대해 납세자는 납세기업이 해당 시장관할권에 대해 납세기업으로서 식별되기에 충분한 관련성(connection)을 가지는지 여부를 결정해야 하며,[519] 그러한 경우에만 이익 A 납세의무를 부담한다.

4) 4단계 : 비례배분(Pro-rata allocation)

앞서 본 수익성심사에 따르면 일상적인 수익을 초과하여 벌어들이는 기업에 한하여 납세의무를 부담하는 납세기업이 될 수 있다.[520] 그러므로 거주관할권의 과세권이 일상적 수익으로 줄어들면, 수익성심사에 따라 정의된 바와 같이 납세기업은 추가적인 이익 A 납세의무를 부담할 이익을 가지지 않는 것으로 간주된다.[521] 한편, 시장관련성 우선순위 심사에서 확인된

---

517) OECD, *Pillar One Blueprint*, p.143(599항): 같은 항에 따르면 간단한 예는 해당 지역에서 발생하는 모든 초과이익을 받을 권리가 있는 두 지역적 본부(principals)가 있는 그룹이며, 이 시나리오에서 각각의 지역적 본부가 초과이익이 발생하는 시장관할권과 관련하여 발생하는 이익 A 납세의무를 부담해야 한다고 주장할 수 있다.

518) OECD, *Pillar One Blueprint*, p.137(566항).

519) OECD, *Pillar One Blueprint*, p.144(601항).

520) OECD, *Pillar One Blueprint*, p.145(608항).

기업 또는 기업들이 주어진 시장관할권에 대한 이익 A 납세의무를 전부 부담하기에 충분한 이익을 가지지 못한 경우, 그룹 또는 부분 내의 다른 납세기업들이 이익 A 납세의무의 나머지 부분을 부담할 필요가 있을 것이다.[522] 필라 1 블루프린트는 이러한 이익 A 납세의무의 일부를 정형화된 비례배분(formulaic pro-rata) 기준에 따라 해당 기업들 사이에 배분한다고 하며, 이 공식은 일상적인 수익을 초과하는 납세기업의 세전이익 및/또는 기업의 수익성을 기반으로 한다{즉, 세전이익(PBT)/매출(revenue)}.[523] 이는 납세기업과 이익 A가 배분된 시장관할권 사이에 충분한 연결을 설정할 수 없는 경우에 안전장치의 지위를 제공할 것이다.[524]

(2) 두 번째 구성요건 : 이중과세(double taxation) 제거방법

필라 1 이중과세 제거를 위한 두 번째 구성요건은 이중과세 제거의 '방법'과 관련이 있는바, 이 방법을 적용하면 납세기업이 서로 다른 관할권에서 동일한 이익에 대해, 현재의 법인소득세(Corporate Income Tax, "CIT") 규칙과 새로운 이익 A 시스템에 따라 중복하여 과세를 당하지 않을 것으로 보았다.[525] 오늘날 국가들은 국제 사법적인 이중과세를 제거하기 위해 소득

---

521) OECD, *Pillar One Blueprint*, pp.145~146(608항).

522) OECD, *Pillar One Blueprint*, p.146(609항).

523) OECD, *Pillar One Blueprint*, p.146(611항).

524) OECD, *Pillar One Blueprint*, p.137(567항): 추가적인 대안으로 논의되는 것은, 그룹 내의 기업 또는 기업들을 최후수단으로서의 납세기업으로 지정하는 것이다. 예를 들어 이는 최종모회사 또는 세원잠식방지제안에 따라 합의된 수준 미만의 과세대상(납세의무자)으로 식별된 기업일 수 있다. 이러한 접근방식은 위에서 설명된 1단계와 2단계를 적용한 후 잠재적 납세기업이 식별되지 않을 경우에 납세기업을 식별하기 위하여 사용될 수 있다. 대안적으로, 식별된 기업이 항상 이익 A 납세의무를 부담하기에 충분한 이익을 갖도록 보장하는 비례배분 이전의 단계 설계를 고려할 수 있을 것이다. 만약 이러한 절차가 개발되면 안전장치(back-stop) 규칙은 필요하지 않을 것이다{OECD, *Pillar One Blueprint*, p.147(613항)}.

공제방법(the exemption method)[526]과 세액공제방법(the credit method)[527] 두 가지를 주로 사용한다.[528] 다만 소득공제방법과 세액공제방법이 기계적으로 동일한 결과를 제공하지는 않는다. 세액공제방법 하에서는 해당 이익이 시장관할권에서 거주지국가에서의 세율보다 낮은 세율로 과세되는 경우, 거주지관할권이 납세기업의 이익에 대해 2차적인 과세권을 보유한다.[529] 반면 소득공제방법의 경우 거주지관할권이 납세기업의 이익에 대하여 2차적인 과세권을 가지지 않는데, 그러한 이익이 소득공제되었거나 제거되었기 때문이다.[530] 그러나 시장관할권에서의 현재의 평균적인 법인세율(26%, 다만 세율은 때에 따라 변경될 수 있다)을 고려할 때 오직 상대적으로 높은 세율을 가진 관할권에 대해서만 2차적 관할권이 의미있을 것으로 보이므로, 필라 1 블루프린트는 관할권이 이익 A에서 야기되는 이중과세를 경감하기 위하여 소득공제방법 또는 세액공제방법을 선택할 수 있을 것이라고 예상하였다.[531]

1) 소득공제방법(exemption method)

소득공제(비과세)방법에 따르면 납세기업은 이익 A 하에서 시장관할권에 배분된 그 이익의 일부를 과세에서 제외한다.[532] 이는 소득공제방법이 이익 A로부터 야기되는 이중과세 문제를 효과적으로 제거하고 비교적 적

---

525) OECD, *Pillar One Blueprint*, p.148(620항).
526) OECD 및 UN 모델의 Article 23 A에 있는 버전을 말한다.
527) OECD 및 UN 모델의 Article 23 B.
528) OECD, *Pillar One Blueprint*, p.148(621항).
529) OECD, *Pillar One Blueprint*, p.148(622항).
530) OECD, *Pillar One Blueprint*, pp.148~149(622항).
531) OECD, *Pillar One Blueprint*, p.149(622항).
532) OECD, *Pillar One Blueprint*, p.149(624항).

용이 간단할 것이라는 점을 의미한다. 그 이유는 이익 A에 따라 배분된 이익에 대해 과세되는 비율을 결정하는데 거주 관할권이 필요하지 않고, 이익 A에 따라 재배분된 관련 납세기업의 이익비율을 간단하게 식별할 수 있기 때문이다.[533] 소득공제방법은 단순하다는 장점이 있으나, 소득공제방법을 선택함에 있어서는 2차적 과세권이 부존재한다는 점과, 소득공제방법과 함께 이익 A 시스템을 적용함으로써 납세자가 전반적으로 적은 세금을 납부할 가능성이 있다는 점을 고려할 필요가 있다.[534]

2) 세액공제방법(credit method)

세액공제방법은 비록 소득공제방법보다 복잡하지만, 특정 관할권에서는 이익 A의 이중과세를 완화하기 위해 세액공제방법을 사용하는 것을 선호한다.[535] 세액공제방법에 따르면 납세기업(paying entity)의 거주지 관할권은 다른 관할권에서 납부한 세액을 자신의 세액에서 공제해 준다.[536] 그리고 이용가능한 공제액(credit)은 시장관할권에서 적용된 세금과 경감관할권(relieving jurisdiction)에서 이익 A 배분에 따라 지급되었을 세금 중 더 낮은 금액으로 제한된다.[537]

Ⅱ. 이익 B(Amount B)

이익 B는 "기본적인 마케팅 및 유통활동(baseline marketing and distribution activities)"을 정상가격원칙과 일치하는 방식으로서 해당 활동을 수행하는

---

533) OECD, *Pillar One Blueprint*, p.149(625항).
534) OECD, *Pillar One Blueprint*, p.149(626항).
535) OECD, *Pillar One Blueprint*, p.150(627항).
536) OECD, *Pillar One Blueprint*, p.138(570항).
537) OECD, *Pillar One Blueprint*, p.150(628항).

관련 판매업자의 보수를 표준화하는 것을 목표로 한다.[538] 즉, 특정 관할권에 기본적인 마케팅 및 유통기능을 수행하는 고정사업장이나 자회사가 존재하는 경우 고정이익률이라는 단순화된 기준을 적용하여 보상을 하도록 하는 방법이며,[539] 기존의 이전가격원칙을 대체하는 역할을 한다. 이익 B는 과세당국을 위하여 이전가격규칙의 관리를 단순화하고 납세자의 의무준수비용을 절감하며, 조세확실성(Tax certainty)을 향상시킴으로써 과세당국과 납세자 간의 논쟁을 줄이기 위한 것이다. 유통계약(distribution arrangements)은 빈번하게 국내 이전가격 논쟁의 초점이 되고, 종종 과세당국 사이의 분쟁대상이 되므로, 양자간 조세조약에서 제공되는 상호합의절차(MAP)에 따른 합의가 필요하다. 이러한 이유로 많은 정부들과 기업들은 이익 B의 설계적 특성이 이러한 핵심적인 혜택을 실제로 현실화시키는 것이라는 전제 하에 해당 영역에서의 향상을 필라 1 블루프린트의 핵심적인 결과물로 평가하였다.[540]

1. 적용범위(Scope)

필라 1 블루프린트에서 이익 B의 적용범위에 대해 논의된 바는 아래와 같으며, 다만 향후 추가적인 작업을 통해 이익 B에 해당하는 고정수익 (fixed return)으로 볼 수 있는 특수관계거래(controlled transactions) 및 기본적인 마케팅 및 유통활동이 무엇인지 정의하는 것이 필요하다고 보았다.[541]

---

538) OECD, *Pillar One Blueprint*, p.155(649항).

539) 우진욱 · 이재호, 앞의 논문, 185면; Ryan Finley & Stephanie Soong Johnston, "OECD Unified Approach Proposes Sharp Break With Current System", *Tax Notes International*, 14 October 2019, pp.111~112에 따르면 이전가격 산정을 둘러싼 분쟁의 소지를 줄이기 위해 고정이익률이라는 보다 단순화한 기준을 적용한다고 한다.

540) OECD, *Pillar One Blueprint*, p.155(650항).

(1) 이익 B가 적용되는 단체 및 거래의 정의

이익 B는 시장관할권(자회사 또는 외국 당사자의 고정사업장)에 거주하는 경우(또는 고정사업장이 위치한 경우), 다국적기업그룹을 위하여 제품의 판매를 위한 기본적인 마케팅 및 유통활동을 수행하는 그룹기업(distribution entity, 이하 "유통기업"이라 한다)에 대한 보수(remuneration)이다.[542] 범위 내의 특수관계거래(controlled transactions)는 주로 ① 거주국가에서 관련 없는 고객에게 재판매하기 위한 외국 관련 기업으로부터의 제품구매, 그리고 정의된 기본적인 유통활동의 수행, 그리고 ② 거주지 내의 유통기업에 의해 정의된 기본적인 마케팅 및 유통활동의 수행, 외국 관련 기업과의 거래로 구성될 수 있다.[543]

(2) 기본적인 활동의 정의와 제외 지표

범위 내의 기본적인 마케팅 및 유통활동은 우선 수행되는 일반적인 기능, 즉 소유자산 및 일상적인 유통업자가 정상적으로 부담하는 위험의 목록을 참조함으로써 정의된다. 이 포함목록(positive list)은 일반적인 일상적 유통업자의 프로필에 대한 정성적 측정(qualitatively measure)을 목적으로 하는 좁은 범위의 정의를 기반으로 하고, 일상적인 유통업자에 의하여 수행되어서는 안 되는 전형적인 기능, 소유되어서는 안 되는 자산 및 정상거래에서 부담해서는 안 되는 위험의 '제외목록(negative list)'에는 유통업자를 이익 B 범위 밖에 있도록 하는 추가적 요소들에 대한 정성적 측정이 포함된다. 이와 함께, 포함·제외목록은 기본적인 활동의 정성적인 지표와 이익 B의 범위 내

---

541) OECD, *Pillar One Blueprint*, p.156(658항).
542) OECD, *Pillar One Blueprint*, p.156(659항).
543) OECD, *Pillar One Blueprint*, p.157(660항).

유통기업의 예상되는 위험부담(risk assumption)을 보여준다.[544] 이처럼 유통기업이 범위 내에 있는지를 심사함에 있어서는 정성적 요소와 정량적 지표가 함께 이용될 것이다.[545] 기본적인 마케팅 및 유통활동의 수행에 있어 요구되는 수행기능(functions performed), 이용자산(assets used) 및 부담위험(risks assumed)의 구체적인 내용은 아래와 같다.

1) 기능(functions)

필라 1 블루프린트는 이익 B의 유통기업의 전형적인 범위 내 기본적인 마케팅 및 유통활동에 ① 시장 내 재판매를 위한 제품 수입 및 통관, 운임, 보험 및 관세비용, ② 시장 내 재판매를 위한 상품구매, 다국적기업그룹의 지침 및 감독 하에, 그리고/또는 다국적기업그룹의 승인에 따른 시장 내에서의 판매 예산 및 계획의 개발·실행, ③ 시장 내 현지고객관계의 개발 및 유지, ④ 제3당사자인 고객과의 가격 및 기타 계약조건의 결정 또는 협상, ⑤ 고객과의 주문 및 계약처리, 재고의 추적관찰(monitoring) 및 일상적 관리, ⑥ 물류관리, 창고보관 및 고객에게 제품운송(외부위탁 포함), ⑦ 일반관리 기능, 예컨대 판매 송장 발행, 결제처리 및 수금, 회계, 그리고 재무및 세금 신고의무, ⑧ 다국적기업그룹이 수행하는 수요계획 활동에 대한 일상적인 조언의 제공, ⑨ 홍보활동을 포함한다.[546]

반대로, ① 마케팅 무형자산(지역 고객 목록/고객 관계 제외)의 개발, 향상, 유지 또는 보호와 관련된 활동의 수행, ② 현지시장에서 전략적 유통 및 홍보기능, 다국적기업그룹이 설정한 한도를 벗어난 가격책정 및 가격협

---

544) OECD, *Pillar One Blueprint*, p.157(663항).

545) OECD, *Pillar One Blueprint*, p.157(664항).

546) OECD, *Pillar One Blueprint*, p.158(667항).

상, 제품개발기능, ③ 특수관계거래에서의 기업가적 위험 및 책임의 부담과 관련된 활동, ④ 주로 정부기관 또는 정부계약자에 대한 제품 재유통과 관련된 활동[547] 중 어느 것이라도 수행하는 유통기업은 이익 B 범위에 포함되지 않는다고 본다.[548]

2) 자산(assets)

이익 B 범위 내에서 기본적인 활동을 수행할 때 유통기업이 사용하는 자산에는 ① 사무실, 제품 전시시설의 소유권/리스, ② 창고시설의 소유권/리스, ③ 재고자산의 제한된 소유권, ④ 자산의 현지고객 관계에 대한 고객목록/고객 관계, ⑤ 시장에서 판매할 권리와 제품명과 브랜드를 사용할 권리, ⑥ 제품에 대한 지역등록 또는 라이선스가 포함될 수 있다.[549] 유통기업이 지역상표, 브랜드, 상호와 같은 가치있는 마케팅 무형자산의 소유권을 가져서는 안 되며, 이는 이러한 것들이 유통기업의 대차대조표에 자산으로 포함되어 있는지 여부와 무관하다.[550]

3) 위험(risks)

이익 B 범위 내에서 기본적인 활동을 수행함에 있어 유통기업이 부담하는 위험은 ① 제한적인 시장 위험,[551] ② 신용위험이 없는 경우에서 제한적인

---

547) 이러한 활동을 수행하는 회사는 민간회사에 유통하는 회사와 다른 계약조건 및 경쟁에 직면할 수 있기 때문이다. 그러나 일부 포괄적 이행체계(IF) 회원국들은 이것이 제외목록에 있어야 생각하지 않으므로, 필라 1 블루프린트는 이 부분에 대하여는 추가적인 기술적 작업이 수행될 것임을 밝혔다{OECD, *Pillar One Blueprint*, p.159(668항)}.

548) OECD, *Pillar One Blueprint*, pp.158~159(668항).

549) OECD, *Pillar One Blueprint*, p.159(669항).

550) OECD, *Pillar One Blueprint*, p.159(670항).

551) 예를 들어 다국적기업그룹 내 다른 기업(entities)이 전략적 마케팅 계획을 개발하고, 가격을 정의하고 브랜드 개발활동을 함으로써 중대한 시장위험을 부담하지만,

위험 사이,[552] ③ 재고위험이 없는 경우에서 제한적인 위험 사이로서 일상적인 유통기업이 재고를 보유하는 위험범위까지, ④ 일상적인 유통기업이 재판매를 위하여 제품과 서비스를 구매하고 그것을 다른 환율로 재유통하거나 운영비용을 부담할 때, 외환위험이 없는 경우에서 제한적인 위험이 있는 경우 사이 등이 포함될 수 있다.[553]

(3) 이익 B 범위 밖의 기업과 거래를 식별하기 위한 대용물(proxies)로 이용될 수 있는 정량적 지표들

필라 1 블루프린트는 유통기업 식별을 위해 정성적 요소에 대한 고려와 함께 정량적 지표를 이용할 수 있다고 보았다.[554] 정량적 지표는 전형적인 마케팅 및 유통활동에 밀접하게 연결된 정량적 적용기준의 형태를 취한다.[555] 결과적으로, 만약 적용기준을 초과하면 일상적인 유통기업의 프로필에 상응하는 자산 소유와 위험부담을 포함하여, 유통기업이 기본적인 마케팅 및 유통활동 이상을 수행한다는 것을 나타낼 수 있고, 해당 활동은 위에서 설명한 제외목록에 속하게 될 것이다.[556]

한편, 이익 B의 적용은 소급되지 않으며 장래를 향한 것이므로, 이익 B 제도는 그 도입 이전에 체결된 상호합의 또는 이전가격 사전결정제도(APAs, 일방적, 양자간 또는 다자간 포함)를 대체하지 않는다.[557] 따라서

현지 유통기업이 특정 시장의 매출감소를 통하여 판매량 변동의 일부 위험을 부담할 수 있는 경우{OECD, *Pillar One Blueprint*, p.159(671항)}.

552) 예를 들어 일상적인 유통기업이 그 시장 내에서 판매하는 경우 그리고 고객관계를 개발하고 유지하는 경우{OECD, *Pillar One Blueprint*, p.159(671항)}.

553) OECD, *Pillar One Blueprint*, p.159(671항).

554) OECD, *Pillar One Blueprint*, p.160(673항).

555) OECD, *Pillar One Blueprint*, p.160(674항).

556) OECD, *Pillar One Blueprint*, p.160(674항).

557) OECD, *Pillar One Blueprint*, p.161(678항).

이익 B 제도와 기존의 상호합의 또는 이전가격 사전결정제도의 조화로운 운영을 위한 조치가 필요하다.

(4) 이익 B와 다기능 기업(multifunctional entities)

범위 내의 이익 B에서 특수관계거래(controlled transaction)를 수행하는 유통기업은 또한 R&D, 제조 또는 비영업 서비스(back-office services)와 같은 다른 활동을 수행할 수 있으므로, 이러한 경우 이익 B가 여전히 범위 내의 통제된 활동에 적용될 수 있는지 여부를 결정할 필요가 있다.[558] 원칙적으로 정상가격원칙은 사례별로 적용되어야 하며, 따라서 범위 내의 특수관계거래를 수행하는 기업에 이익 B를 적용하는 것은 해당 기업이 다른 활동에 참여하는 경우에도 가능해야 한다.[559] 예를 들어 추가적인 활동이 유통되는 제품과 관련이 없는 경우, 유통기업은 이익 B를 적용하고, 전체적인 이전가격 분석에 따라 추가적인 활동에 대한 보수를 별도로 결정할 수 있다.[560]

2. 금액계산(Quantum)

(1) 구조(structure)

이익 B에 따라 기본적인 마케팅 및 유통활동을 보상하기 위하여 제공되는 고정수익(fixed return)은 정상가격원칙에 따라 결정된 결과에 가까운 결론을 보장하기 위한 것이다.[561] 필라 1 블루프린트는 거래순이익률방법

---

558) OECD, *Pillar One Blueprint*, p.161(679항).
559) OECD, *Pillar One Blueprint*, p.161(680항).
560) OECD, *Pillar One Blueprint*, p.161(680항).
561) OECD, *Pillar One Blueprint*, p.162(685항).

(Transactional Net Margin Method, "TNMM")[562]을 기본적인 마케팅 및 유통활동에 대한 적절한 보수와 관련된 가장 적합한 이전가격방법으로 제시하였다.[563]

(2) 지역 또는 산업에 따라 차별화된 수익

필라 1 블루프린트는 이전가격지침은 심지어 동일하거나 또는 유사한 제품을 유통하는 경우에도 정상가격이 시장에 따라 다를 수 있다고 하면서, 이는 지리적 위치, 시장규모, 시장에서의 경쟁의 정도와 구매자와 판매자의 상대적으로 경쟁적인 지위, 시장에 대한 정부규제의 성격과 정도, 운송비용, 시장의 수준(예컨대 소매 또는 도매)과 같은 여러 요인에 의하여 발생할 수 있다고 하였다.[564] 따라서 이와 같은 점을 고려하여 특정 지역 설정과 지역별 정상가격 수익의 차이를 이해하기 위한 추가 작업과 함께 지역에 따라 차별화된 수익의 설정이 이루어질 수 있다고 보았다.[565]

한편, 고정수익은 산업별로 달라야 할 수 있다고 보았다. 예를 들어 두 개의 유통업자가 다른 사업을 운영하는 경우 판매된 제품의 유형(예: 높은 가치 제품 대 상품화된 제품) 또는 마케팅 및 유통기능을 수행하는데 필요한 강도와 노력 등 여러 가지 이유에 따라 보수의 차이가 있을 수 있다.[566]

---

562) 거래순이익률방법은 거주자와 국외특수관계인 간의 국제거래와 유사한 거래 중 거주자와 특수관계가 없는 자 간의 거래에서 실현된 통상의 거래순이익률을 기초로 산출한 거래가격을 정상가격으로 보는 방법이다(국조법 제8조 제1항 제4호).

563) OECD, *Pillar One Blueprint*, p.162(685항).

564) OECD, *Pillar One Blueprint*, p.162(688항).

565) OECD, *Pillar One Blueprint*, p.162(688항).

566) OECD, *Pillar One Blueprint*, p.162(690항).

Ⅲ. 조세확실성(Tax Certainty)

조세확실성의 확보는 필라 1 블루프린트의 필수요소이다.[567] 가능한 모든 분쟁의 영역에 걸쳐 조세확실성을 제공 및 강화하는 것은 납세자와 과세당국 모두에게 이익을 가져다주고 투자, 일자리, 성장 촉진에 핵심이 되므로, 조세확실성은 디지털경제로 인한 조세문제 해결을 위한 합의 기반 해결책에 도달하기 위한 필수불가결한 부분이다.[568] 필라 1 블루프린트는 조세확실성에 관하여 이익 A에 대한 분쟁 예방과 해결, 그리고 이익 A 외의 분쟁 예방과 해결로 나누어 설명하고 있다.[569]

1. 이익 A 관련 분쟁 예방 및 해결을 위한 새로운 체계

(1) 표준화된 이익 A 자체평가보고서/문서패키지와 정보의 중앙집중식 신고, 확인 및 교환절차의 개발

필라 1 블루프린트는 이익 A가 다국적기업그룹에 의해 일관되게 이행될 수 있도록 표준화된 이익 A 자체평가보고서(self-assessment return) 및 문서패키지(document package)를 개발할 것임을 밝히고, 이는 조기 조세확실성(early tax certainty)의 요청여부와 관계없이 다국적기업그룹에서 사용될 것이며, 자체평가보고서는 경감 기업(relieving entities)의 식별을 포함하여 다국적기업그룹의 이익 A의 결정 및 관할권 배분의 각 단계를 설정할 것이라고 하였다.[570] 즉, 필라 1 블루프린트에 따르면, 다국적기업그룹 내의

---

567) OECD, *Pillar One Blueprint*, p.168(704항).
568) OECD, *Pillar One Blueprint*, p.168(703항).
569) OECD, *Pillar One Blueprint*, p.168(704항).
570) OECD, *Pillar One Blueprint*, p.171(714항). 같은 항에 따르면, 다국적기업그룹이 이익 A를 다수의 사업(business) 라인에 별도로 적용하는 경우에는 별도의 자체평가

이익 A 조정기업(co-ordinating entity)은 합의된 신고기한까지 전체 다국적기업그룹을 대리하여 이익 A에 대한 단일한 자체평가보고서와 문서패키지를 신고하여야 하고,[571] 원활한 신고를 위해 다국적기업그룹을 위하여 "대표과세당국 대리(surrogate lead tax administration)"를 식별하기 위한 접근법이 개발될 것이다.[572] 이를 위한 한 가지 방법은 다국적기업그룹이 스스로를 식별하고 공개적으로 이용가능한 "대표과세당국 대리"의 목록을 만들어 그 중 적합한 과세당국을 선정하는 방법이다.[573] 또한 조정기업은 이익 A 목적으로 납세기업이 될 수 있는 (초과이익 활동을 수행하는) 다국적기업그룹 내 모든 기업으로부터 해당 자체평가보고서에 동의 서명을 받아 그 대표과세당국에게 제출하여야 한다.[574]

대표과세당국은 다국적기업그룹이 제출한 자체평가보고서 및 문서패키지에 대해, 관련 항목의 완전성과 일관성의 확인(validation)을 수행하여야 한다. 이 절차는 다른 과세당국과 정보를 교환하기 전에 명백한 오류를 확인하고자 하는 것이며, 다국적기업그룹의 자체평가에 대한 실질적인 검토(review)를 하려는 것은 아니다.[575] 그런 다음 대표과세당국은 다국적기업그룹이 구성기업을 가지고 적용기준금액을 충족하는 시장이 있거나 또는

보고서를 준비하여 패키지로서 함께 제출해야 한다.

571) OECD, *Pillar One Blueprint*, p.171(716항).

572) OECD, *Pillar One Blueprint*, p.171(718항). 같은 항에 따르면, 대부분의 경우 대표과세당국(lead tax administration)은 다국적기업그룹의 최종모회사가 거주하는 장소의 관할권 내에 있으나 해당 관할권의 과세당국이 관여할 수 없는 경우(예를 들어 포괄적 이행체계의 구성원이 아니거나 이익 A로 이행되지 않았기 때문에) 또는 다른 과세당국이 더 적합할 수 있는 경우(예컨대 다국적기업그룹은 오로지 해당 관할권에서 명목상 활동만 하거나 과세당국이 역할을 수행할 수단이 없기 때문에)가 있을 수 있으므로 대표과세당국 대리가 필요하다고 한다.

573) OECD, *Pillar One Blueprint*, p.171(718항).

574) OECD, *Pillar One Blueprint*, p.172(720항).

575) OECD, *Pillar One Blueprint*, p.172(721항).

전 회계연도에 그러하였던 다른 관할권의 과세당국{이하 통틀어 "영향받는 과세당국(affected tax administrations)"이라고 한다}과 자체평가보고서 및 문서패키지를 교환하여야 한다.[576)]

(2) 다국적기업그룹에 의한 조세확실성의 요청

이익 A에 대한 조기확실성 절차는, 다국적기업그룹 조정기업의 대표과세당국에 대한 자발적 요청에 따라 개시된다. "조기확실성(early certainty)"은 일단 과세당국의 세무조정 요청에 따른 이중과세 발생 국면 이후의 (사후적) 분쟁해결과 비교하여, 분쟁예방 단계에서 과세당국이 다국적기업그룹에 의해 신고된 조세지위(tax position)에 대해 어떠한 조정을 하기 전의 확실성을 말한다.[577)] 조기확실성의 요청은 다국적기업그룹의 조정기업에 의하여 그의 대표과세당국에 제출되어야 하고, 이 경우 대표과세당국은 대부분의 경우 다국적기업그룹의 최종모회사 관할권에 있어야 한다.[578)] 조기확실성의 요청은 관련된 회계연도말로부터 [6개월] 이내의 합의된 기한까지

---

576) OECD, *Pillar One Blueprint*, p.172(723항): 이전 회계연도에 구성기업 또는 시장을 가졌던 다국적기업그룹이 해당 관할권 내에서 더 이상 구성기업이나 시장을 가지지 않는다고 보고한 경우, 해당 과세당국은 필요한 경우 이를 검토하고 이의를 제기할 기회를 가질 수 있다{OECD, *Pillar One Blueprint*, pp.172~173(723항)}.

577) OECD, *Pillar One Blueprint*, p.173(727항); OECD, *Pillar One Blueprint*, p.173(728항)에 따르면 다국적기업그룹이 조세확실성을 요구할 수 있는 두 가지 경우는 다음과 같다.
① 다국적기업그룹이 이익 A의 범위 내에 있는지 여부. 이 확실성은 오로지 한 번만 또는 주기적으로만 제공되면 될 것이다.
② 납세기업(paying entities)의 식별 및 경감관할권(relieving jurisdictions)에 의해 제공되어야 하는 이중과세(double taxation)로부터의 경감(relief)을 포함하여 이익 A에 대한 다국적기업그룹의 결정 및 배분이 합의되었는지 여부. 이 확실성은 비록 일부 다국적기업그룹의 경우 오직 높은 수준의 검토가 필요하더라도 매년 요구될 수 있다.

578) OECD, *Pillar One Blueprint*, p.174(729항).

제출되어야 하고, 대표과세당국은 요청을 받은 후 [1개월] 내에, 다국적기업그룹이 제공한 정보에 근거하여 다국적기업그룹이 구성기업 또는 시장을 가진 모든 관할권의 권한 있는 기관에 통지하여야 한다.[579] 다국적기업그룹 내 초과이익 활동을 수행하는 모든 구성기업은 자체평가보고서에 대한 어떠한 변경사항이든지 그에 구속될 것을 동의함을 확인하는 서명을 제출해야 하며,[580] 대표과세당국은 조정기업에게 이익 A 조세확실성에 대한 요청이 수락되었음을 통지할 것이다.[581]

(3) 패널검토가 필요한 경우 대표과세당국의 선택적 초기검토와 결정

다국적기업그룹이 조기확실성을 요청한 경우, 위에서 설명한 확인(validation)과 함께 다국적기업그룹 자체평가보고서의 초기검토(initial review)를 수행할 수 있다.[582] 초기검토의 시행은 패널검토(panel review)의 필요 없이, 대표과세당국이 낮은 위험의 다국적기업그룹을 식별하여 확실성을 빠르게 제공하기 위한 것이다.[583] 초기검토는 높은 수준을 목표로 하기 보다는 상대적으로 위험이 낮은 다국적기업그룹만 걸러 내는 것을 의도하기 때문에, 대부분의 사례에서 검토는 자체평가보고서와 문서패키지가 다른 과세당국과 교환될 때까지 완성될 것으로 기대되며, 이 기한은 다국적기업그룹의 회계연도 종료 후 15개월이 될 수 있다.[584]

대표과세당국이 초기검토를 수행하고 패널에 의한 검토가 불필요하다고

---

579) OECD, *Pillar One Blueprint*, p.174(729항).

580) OECD, *Pillar One Blueprint*, p.174(730항).

581) OECD, *Pillar One Blueprint*, p.174(731항).

582) OECD, *Pillar One Blueprint*, p.175(734항).

583) OECD, *Pillar One Blueprint*, p.175(736항).

584) OECD, *Pillar One Blueprint*, p.175(737항).

권고한 경우, 다른 영향받는 과세당국들은 [3개월] 내에 이를 고려한 평가 (comments)를 제출하여야 한다.[585] 한편, 다국적기업그룹이 확실성을 요청하고 다음 중 하나를 요청한 모든 경우에 과세당국의 리뷰패널이 구성될 수 있다. ① 대표과세당국이 초기검토를 수행하지 않았거나, 검토결과 결론에 도달하지 못한 경우, ② 대표과세당국이 초기검토를 수행하여 패널검토가 필요하다고 결론내린 경우, ③ 영향받는 과세당국이 구체적인 우려사항에 대한 설명과 함께 패널검토를 수행할 것을 제안하고, 이러한 제안이 이후 철회되지 않은 경우, ④ [셋 또는 그 이상의] 영향받는 과세당국이 패널구성을 원한다는 의사를 표시한 경우.[586]

(4) 영향받는 과세당국에 의한 리뷰패널의 구성, 절차 및 승인

리뷰패널(review panel)이 구성되면, 패널에 참여하는 과세당국은 패널참여를 희망하는 의사를 표시한, 영향받는 과세당국의 목록에서 선정될 것이다.[587] 패널은 이상적으로 6~8개의 과세당국으로 구성되어야 하고, 특정한 패널에서의 과세당국의 수는 다국적기업그룹의 지리적 분포에 따라 달라질 것이다. 또한 모든 과세당국이 패널절차에 참여할 기회를 가지도록 할 필요가 있다.[588] 절차의 간소화를 위해 조기확실성 검토와 관련한 다국적기업그룹의 모든 참여는 대표과세당국을 통하여 수행될 것이다.[589] 리뷰패널은 이익 A의 결정과 배분의 각각의 요소를 포함한, 다국적기업그룹의 자체평

---

585) OECD, *Pillar One Blueprint*, p.176(740항).
586) OECD, *Pillar One Blueprint*, p.177(742항). 같은 항에 따르면, 이 숫자는 다국적기업그룹이 매우 적은 수의 관할권에 구성기업을 가지는 경우 줄어들 수 있을 것이라고 한다.
587) OECD, *Pillar One Blueprint*, p.178(746항).
588) OECD, *Pillar One Blueprint*, p.178(747항).
589) OECD, *Pillar One Blueprint*, p.179(751항).

가에 대한 검토를 수행할 것이며, 여기에는 경감기업(relieving entities)의 식별이 포함된다.[590] 만약 언제라도 리뷰패널이 합의에 도달할 수 없고, 패널 내부에서 해결되지 않을 것이라는 점이 대표과세당국에게 분명해지면, 합의에 도달하지 못했다는 결론으로 패널검토를 종료할 것을 고려해야 한다. 만약 패널검토 시작일로부터 [12개월]까지 연장될 경우에는, 패널검토는 합의 도달 없이 종료되어야 한다.[591]

패널검토가 끝나면 다국적기업그룹은 결과통보를 받게 된다. 리뷰패널이 이익 A에 대한 다국적기업그룹 평가를 변경하여야 한다고 보는 경우, 다국적기업그룹은 이에 대한 동의를 요청받을 것이다.[592] 만약 리뷰패널이 다국적기업그룹의 자체평가에 대해 동의한다면, 대표과세당국은 이 자체평가 및 자체평가를 수락하라는 패널의 권고를 패널에 속하지 않은 모든 영향받는 과세당국에 송부한다.[593] 영향받는 과세당국이 리뷰패널의 권고에 대해 [3개월] 이내에 이의를 제기하지 않는 경우, 수락이 추정되고 다국적기업그룹은 대표과세당국에 의하여 통보를 받게 될 것이며, 리뷰패널에 의하여 동의되고 영향받는 과세당국에 의하여 승인된 이익 A에 대한 평가는 다국적기업그룹의 구성기업과 모든 포괄적 이행체계 회원국 관할권에서의 과세당

---

590) OECD, *Pillar One Blueprint*, p.179(752항). 검토에는 정보의 정확성을 보장하기 위해, 다국적기업그룹이 제공한 사실정보검사(testing factual information)도 포함될 수 있다.

591) OECD, *Pillar One Blueprint*, p.180(757항). 같은 항에 따르면, 이는 리뷰패널이 가능한 경우 합의에 도달할 수 있도록 인센티브를 제공하고, 합의가 가능하지 않은 경우에는 절차를 결정패널 단계로 이동하여 합리적인 기간 내에 다국적기업그룹에 대한 확실성을 보장한다.

592) OECD, *Pillar One Blueprint*, p.181(760항).

593) OECD, *Pillar One Blueprint*, p.181(761항). 같은 항에 따르면 패널의 권고에는 패널에 의해 수행된 검토의 요약(summary) 및 이익 A에 대한 다국적기업그룹 적용의 각 요소에 대해 모든 영향받는 과세당국에 의하여 동의된 해당 결론의 근거(basis)가 수반되어야 한다고 한다.

국에게 구속력이 있다.[594] 한편, 영향받는 과세당국이 리뷰패널의 권고에 이의제기를 하는 경우, 모든 영향받는 과세당국은 이러한 이의제기에 대하여 [2주] 이내에 의견을 제출할 것을 요청받게 된다. 리뷰패널은 최대 [2개월]의 기간 동안 이익 A의 다국적기업그룹의 평가에 대하여 조정이 필요한지 여부를 검토하고 다국적기업그룹과 논의할 수 있다.[595]

리뷰패널과 다국적기업그룹이 조정이 필요하다는(또는 수락된다는) 데에 동의하면, 대표과세당국은 영향받는 과세당국에게 이익 A에 대한 수정된 평가 및 이를 반영한 권고를 추가적인 이의제기 목적으로 재회람할 것이다. 이 때 이의제기는 [1개월] 이내에 제기되어야 하고, 오로지 당초 버전이 회람된 이래 변경된 요소들과 관련된 사항에 대한 것이어야 한다.[596] 이 절차는 새로운 요소와 관련된 추가적인 이의제기에 대해 [1개월]간 아무런 이의제기가 없을 때까지 지속된 다음, 대표과세당국은 다국적기업그룹에게 평가가 수락되었다고 통지하게 되며, 이처럼 리뷰패널에 의하여 동의되고 영향받는 과세당국에 의하여 승인된 이익 A에 대한 수정된 평가는 다국적기업그룹의 구성기업과 모든 포괄적 이행체계 회원국 관할권의 과세당국에게 구속력이 있다.[597]

리뷰패널이 영향받는 과세당국이 제기한 이의를 수용할 수 없는 경우, 대표과세당국은 영향받는 과세당국에 그 이유를 설명하고 영향받는 과세당국에게 그 이의에 대한 철회를 요청하게 되고, 영향받는 과세당국이 이러한 설명을 수락하고 이의를 철회하면 더 이상 이의가 남아 있지 않다고 추정되며, 이익 A의 평가는 마치 아무런 이의제기가 없었던 것처럼 모든 포괄

---

594) OECD, *Pillar One Blueprint*, p.181(763항).

595) OECD, *Pillar One Blueprint*, p.181(764항).

596) OECD, *Pillar One Blueprint*, p.181(765항).

597) OECD, *Pillar One Blueprint*, pp.181~182(765항).

적 이행체계 회원국 관할권에서 다국적기업그룹의 구성기업과 과세당국에게 구속력이 있다.[598] 만약 리뷰패널이 다국적기업그룹의 자체평가에 대한 합의에 도달하지 못하면, 다국적기업그룹과 모든 영향받는 과세당국은 대표과세당국으로부터 최종 결과를 위하여 결정패널에 회부될 사항에 대해 통지받게 된다.[599] 영향받는 과세당국은 리뷰패널이 동의한 사항에 대해 [3개월] 이내에 이의제기할 수 있고, 리뷰패널이 동의하지 않은 사항에 대해 의견을 제출할 수 있다.[600]

(5) 결정패널의 구성 및 절차

리뷰패널이 합의에 도달할 수 없거나 또는 다른 과세당국에 의한 이의를 수용할 수 없다면 관련 사항은 결정패널(determination panel)에게 제출된다. 결정패널은 관련자의 요청이 존재하고 다국적기업그룹이 절차상 협력하는 경우, 최종결정을 통해 다국적기업그룹에 확실성을 제공하는 것을 보장한다.[601] 이익 A에 관한 분쟁은 상당한 수의 관할권에 영향을 미칠 가능성이 있는데, 문제되는 분쟁에 관해 자세한 논의에 관여하지 않은 관할권 (즉, 리뷰패널에 속하지 않으며, 리뷰패널의 권고에 대해 어떠한 이의를 제기하지 않은 관할권)도 이에 포함된다. 따라서 이익 A에 관한 문제를 검토하는 결정패널의 적절한 구성을 위해서는 명확하고 객관적인 규칙이 요구된다 하겠다.[602]

---

598) OECD, *Pillar One Blueprint*, p.182(766항). 한편, 리뷰패널이 다국적기업그룹에서 제출한 자체 평가와 일치하지 않는 합의에 이르렀고, 다국적기업그룹이 그 자체평가를 수정하는데 동의하지 않는 경우, 다국적기업그룹은 패널의 결론을 수용하지 않는 것으로 취급된다{OECD, *Pillar One Blueprint*, p.182(767항)}.

599) OECD, *Pillar One Blueprint*, p.182(768항).

600) OECD, *Pillar One Blueprint*, p.182(769항).

601) OECD, *Pillar One Blueprint*, p.182(770항).

필라 1 블루프린트는 결정패널이 "최선제안(last best offer)" 방법을 사용할 것이고, 리뷰패널에 의해 합의되고 모든 영향받는 과세당국에 의하여 동의된 요소들에 대하여는 다시 논의하지 않을 것이라고 보았다.[603] 또한 결정패널은 가능한 한 각 질문에 대해 모든 패널구성원들의 합의에 도달하도록 노력하여야 하나, 이것이 불가능할 경우 결정은 각 질문에 대한 단순다수결로 수락될 수 있으며, 단순 과반수에 따라 명확한 결과가 나오지 않는 경우 의장은 추가투표를 하여야 한다.[604] 결정패널이 다국적기업그룹에 의하여 이미 동의된 접근방식(즉, 자체평가보고서에서 제출된 또는 다국적기업그룹이 동의한 변경사항이 반영된 입장)을 승인한 경우, 이익 A에 대한 평가는 다국적기업그룹의 구성기업과 모든 포괄적 이행체계 회원국의 과세당국에 구속력이 있다.[605] 결정패널이 그와 다른 결론에 도달하면, 대표과세당국은 다국적기업그룹의 조정기업에게 해당 결론의 수락을 요청할 것이고, 수락된다면 결과는 유사하게 구속력이 있다. 다만 다국적기업그룹이 패널의 결정에 구속되기로 약속한 경우에만 사안이 결정패널 단계로 진행되는 데에 동의한다면, 결정패널의 결론은 모든 사안에 구속력을 가질 것이다.[606]

(6) 다국적기업그룹이 패널의 결론을 받아들이지 않는 경우

다국적기업그룹이 리뷰패널의 권고에 동의하지 않는 경우 또는 결정패널

---

602) OECD, *Pillar One Blueprint*, p.183(771항).

603) OECD, *Pillar One Blueprint*, pp.183~184(773항).

604) OECD, *Pillar One Blueprint*, p.184(774항). 같은 항에 따르면 결정패널의 의장은 결정에 대한 주요 이유를 설명하는 결론의 간략한 이유를 준비해야 하며, 이는 대표과세당국에 의해 영향받는 과세당국에게 제공된다.

605) OECD, *Pillar One Blueprint*, p.184(775항).

606) OECD, *Pillar One Blueprint*, p.184(775항).

의 결론에 따라 다국적기업그룹이 사전에 결정패널의 결정에 구속되는 것에 동의하지 않는 한 적절한 경우 조기확실성 요청을 철회할 수 있고, 그런 다음 각각의 관할권에서 국내절차에 의존할 수 있다.[607] 한편, 필라 1 블루프린트는 모든 영향받는 과세당국이 리뷰패널의 권고에 동의하거나, 결정패널의 검토 완료 후 다국적기업그룹이 조세확실성 요청을 철회하는 경우, 과세당국이 여전히 패널의 결론에 구속되는지 여부를 고려하기 위한 추가적인 논의가 필요하다고 보았다.[608] 만약 예외적인 경우, 법적 또는 현실적인 문제로 다국적기업그룹 내의 특정 기업이 사전에 조정기업의 결정에의 구속에 동의하는 것이 불가능하고, 그 기업이 패널의 결정을 수락하지 않는 경우, 다국적기업그룹 내의 다른 기업에게 제공된 조세확실성은 사라질 것이며, 이는 그 다른 기업이 패널결과를 수락하더라도 그러할 것이다.[609]

2. 이익 A 외의 분쟁 예방 및 해결을 위한 새로운 체계

포괄적 이행체계(IF) 회원국들은 이익 A를 넘어서는 보다 큰 확실성을 제공하기 위한 새로운 접근법의 범위와 성격에 대해 다른 견해를 가지고 있었으며, 새로운 의무적이고 구속력있는 분쟁해결방법을 적용할 것인지 여부에 있어서 특히 그러하였다.[610] 그러나 필라 1 블루프린트의 이익 A를 넘어선 그 외의 조세확실성에 대한 작업이 오로지 의무적이고 구속력있는 분쟁해결에만 초점을 두는 것은 아니며, 이익 A를 넘어선 그 이상의 조세확실성에 대한 접근법은 1단계 분쟁예방, 2단계 기존의 상호합의절차, 3단

---

607) OECD, *Pillar One Blueprint*, p.184(777항).
608) OECD, *Pillar One Blueprint*, p.184(779항).
609) OECD, *Pillar One Blueprint*, p.184(780항).
610) OECD, *Pillar One Blueprint*, p.190(791항).

계인 의무적이고 구속력있는 분쟁해결로 구성된다.[611]

(1) 1단계 : 분쟁 예방 절차의 개선

조세분쟁 발생의 예방은 조세분쟁을 다루는 효과적인 접근방법 중 하나일 수 있고, 분쟁예방절차의 다양한 향상과 개선은 새로운 분쟁해결방법과 함께 발전하면서 그를 보완하는 역할을 한다.

1) ICAP(International Compliance Assurance Program)

ICAP(International Compliance Assurance Program)는 다국적기업그룹이 활동하는 다수 관할권에서의 과세당국에 의해 잠재적으로 모든 다국적기업그룹의 이전가격과 고정사업장 위험의 조정된 위험평가(co-ordinated risk assessment)를 수행하기 위한 자발적 프로그램이다.[612] 다국적기업그룹의 이전가격 및 고정사업장 문제와 이익 A 사이의 가능한 상호작용을 고려할 때, 이 프로그램은 이익 A의 범위 내에 있는 다국적기업그룹에 특히 도움이 될 수 있다.[613] 다국적기업그룹의 활동이 기본적인 마케팅 및 유통기능을 나타내는지(그리하여 이익 B의 범위 내에 있는지) 또는 이를 넘어서는지 여부에 대해 보다 확실하고 일관성 있는 결과를 촉진하기 위하여 다자간 ICAP와 유사한 메커니즘이 사용될 수 있다.[614]

2) 공동감사(Joint audits)

과세당국 사이에 잠재적인 입장의 불일치와 부동의가 초래될 가능성이

---

611) OECD, *Pillar One Blueprint*, p.190(792항).
612) OECD, *Pillar One Blueprint*, p.190(793항).
613) OECD, *Pillar One Blueprint*, p.191(793항).
614) OECD, *Pillar One Blueprint*, p.191(793항).

있는 여러 과세당국이 각각 그들 자체적으로 다국적기업그룹의 이전가격 감사를 하는 것보다, 공동감사 형태의 조기 조정개입이 더 효과적일 수 있다. 이에 FTA(Forum for Tax Administration) 내에서 공동감사의 이용 확대를 지원하기 위한 작업을 통해, 이전가격 분쟁과 이익 A 사이의 가능한 상호작용을 고려할 때 다국적기업그룹의 이익 A 범위의 조세확실성을 지원하는데 유용한 기여가 될 수 있을 것으로 보았다.[615]

3) 양자간 및 다자간 정상가격 산출방법 사전승인제도에 대한 개선된 절차

ICAP를 통해 다자간 조정된 위험평가와 보장은 개선된 양자간 및 다자간 이전가격 사전합의(Advance Pricing Agreements, APAs)와 함께 이루어질 수 있다. 필라 1 블루프린트는 양자간 및 다자간 정상가격 산출방법 사전승인제도 절차를 개선하기 위한 작업이 두 개의 FTA Focus Groups에 의해 수행되고 있음을 밝혔다.[616]

(2) 2단계 : 상호합의절차의 개선

필라 1 블루프린트는 기존 분쟁 방지 프레임워크의 향상 및 개선을 통해 분쟁의 수를 줄일 필요와 함께, 계속하여 발생하는 문제를 해결하기 위해서 양자간 및 다자간 상호합의 역시 필요한 것으로 보았다.[617] Action 14의 2020년 검토는 상호합의절차의 견고성과 효율성을 향상시키기 위한 추가 옵션을 고려하여, 보다 광범위한 조세확실성 의제를 발전시키는 수단을 제공할 것으로 보았다.[618] 이익 A를 넘어서는 의무적이고 구속력있는 분쟁해

---

615) OECD, *Pillar One Blueprint*, p.191(793항).

616) OECD, *Pillar One Blueprint*, p.191(793항).

617) OECD, *Pillar One Blueprint*, p.192(794항).

618) OECD, *Pillar One Blueprint*, p.192(795항). 특히, FTA 상호합의절차 포럼과 제1작

결 방법의 구현은 그 자체로 보다 효과적인 상호합의절차에 기여해야 한다. 즉, 더 광범위한 분쟁해결방법은 권한 있는 당국이 합의에 도달하기 위해 차이점을 연결하는 강력한 인센티브를 제공할 것으로 예상되어야 하며, 따라서 예외적으로만 개시되도록 해야 한다는 입장을 제시하였다.[619]

(3) 3단계 : 이익 A를 넘어선 구속력있는 분쟁해결방법

1) 이익 A 이상의 분쟁예방 및 해결 범위

앞서 언급한 바와 같이 필라 1 블루프린트가 이익 A를 넘어서 새로운 조세확실성 접근법을 통합해야 하는지 여부 및 그 범위에 대하여는 포괄적 이행체계(IF) 회원국들 간 견해 차이가 존재하였다. 일부는 의무적인 구속력있는 분쟁해결방법의 광범위한 적용을 지지하는 반면, 다른 회원국들은 이익 A와 무관한 분쟁은 기존의 상호합의 체계와 비구속적인 행정적 도구들을 통하여 해결되어야 한다고 여겼다.[620] 필라 1 블루프린트는 다음의 요소들을 기반으로 접근방식을 제시하였다.

업반(Working Party)은 ① 지난 3년 동안 연간 10건 이상의 이전가격 상호합의 사례가 있는 관할권에 대해 양자간 이전가격 사전합의 프로그램을 수립할 의무 도입, ② 글로벌 인식 교육 모듈(Global Awareness Training Module) 또는 유사한 교육 프로그램을 출시할 의무 도입, ③ 납세자가 그들의 상호합의 요청에 포함해야 하는 정보를 정의할 뿐만 아니라 상호합의에 대한 접근 여부를 결정하는 기준의 제공, ④ 국내 규칙에 따라 납세자가 이용할 수 있는 것과 동일한 조건 하에서, 상호합의 사건이 계속 중인 기간 동안 조세징수 중지의무의 도입, ⑤ 관할권은 모든 상호합의 계약이 국내적 시간제한의 만료에도 불구하고 이행될 수 있도록 하는 방안 등을 포함한 여러 요소를 추가하는 방법을 모색하였다.

619) OECD, *Pillar One Blueprint*, p.192(796항).
620) OECD, *Pillar One Blueprint*, p.193(799항).

① 범위 내 납세자

필라 1 블루프린트는 글로벌 매출과 국외의 범위 내 매출이 관련 이익 A 적용기준금액을 초과하는 다국적기업그룹을 위하여, 그들의 모든 구성기업에 대한 이전가격과 고정사업장 조정과 관련한 모든 분쟁을 위한 새롭고 혁신적인 의무적이고 구속력있는 해결절차를 예상하였다.[621] 이것은 다른 모든 분쟁예방 및 해결도구의 고갈에 따른 최후의 수단으로 설계되었으며, 이는 BEPS Action 14에 대한 2020년 검토의 일부를 포함하여 확장 및 개선될 것으로 제시하였다. 다만 새로운 절차는 이미 기존의 의무적이고 구속력있는 분쟁해결방법에 의하여 분쟁이 다루어지는 경우에는 적용되지 않는다는 입장을 밝혔다.[622]

② 기타 납세자

필라 1 블루프린트는 다른 모든 납세자들을 위해, 포괄적 이행체계는 권한이 있는 기관들이 상호합의를 통하여 시의적절한 방법으로 해결할 수 없는 중요한 이전가격과 고정사업장 설립과 관련한 분쟁을 위한 새롭고 혁신적인 해결방법을 검토할 것이라고 밝혔다. 이와 관련하여 ㉠ 의무적이고 구속력있는 분쟁해결절차와, ㉡ 동료심사(peer review) 및 통계보고(statistical reporting) 측면과 결합된 의무적이지만 구속력 없는 (자문) 분쟁해결절차의 이점을 탐색할 예정이라고 언급하였다.[623]

---

621) OECD, *Pillar One Blueprint*, p.193(800항).

622) OECD, *Pillar One Blueprint*, p.193(800항).

623) OECD, *Pillar One Blueprint*, p.194(800항). 같은 항에 따르면 의무적이지만 비구속적인 방법은 상호보완적인 검토 및 보고 체계와 함께, 일부 관할권의 관련 절차에 대한 친밀감과 편안함을 높일 수 있다고 보고 있다.

③ 이익 B

이익 B의 주요 목적은 객관적으로 정의된 활동들에 대해 합의된 표준화된 수익의 이용을 통하여 기본적인 마케팅 및 유통활동에 관련된 이전가격 분쟁을 방지하는 것이다. 이중과세의 위험을 발생시키는 이익 B의 적용과 관련된 모든 분쟁은(예를 들어, 납세자가 "기본적인 마케팅 및 유통활동"의 정의 내에 있는지 여부), 의무적이고 구속력있는 분쟁해결의 대상이 되고, 모든 다른 분쟁예방과 해결 도구들이 소진된 이후 최후의 수단이 된다.[624]

④ 상호합의 분쟁이 없거나 낮은 수준의 개발도상경제

Action 14 동료심사 진행 과정에서 50개 이상의 개발도상경제가 상호합의 분쟁이 없거나 매우 적은 사례에 불과하다는 점이 확인되었는바, 이처럼 상호합의 분쟁사례가 적거나 존재하지 않는 개발도상경제의 경우를 고려하면, 이익 A와 무관한 문제들을 위한 의무적이고 구속력있는 분쟁해결절차 마련은 정당화되지 않을 것이며, 이들에게 현재 중대한 위험을 나타내지 않는 상황을 해결하기 위하여 잠재적으로 복잡한 분쟁해결절차를 약속하고 이행하도록 요구하는 것은 균형이 맞지 않는 것으로 여겨질 수 있다.[625] 그러나 필라 1 블루프린트에 따르면 이들 관할권은 권한 있는 당국이 합의된 기간 내에 상호합의사례를 해결할 수 없는 경우에 한해 선택적인 구속력있는 분쟁해결방법을 약속하였다.[626]

2) 이익 A 이상의 분쟁에 대한 의무적이고 구속력있는 분쟁해결방법

일부 포괄적 이행체계(IF) 관할권에서는 새롭고 혁신적인 분쟁해결방법

---

624) OECD, *Pillar One Blueprint*, p.194(800항).
625) OECD, *Pillar One Blueprint*, p.194(800항).
626) OECD, *Pillar One Blueprint*, p.194(800항).

이 이익 A와 관련된 조세확실성을 제공하는 방법 및 체계와 독립되고 구별되어야 한다는 입장을 취하였다.[627] 필라 1 블루프린트는 이익 A 그 자체를 넘어서는 분쟁을 위한 메커니즘은 그것이 의무적이고 구속력이 있는지 여부와 관계없이 광범위하게 유사한 방식으로, 기존 상호합의 인프라의 일부로서 작동할 것이라고 보았다.[628] 그리고 납세자들은 적용되는 조세조약의 상호합의 조항에 따라 설정된 기한 내에 권한 있는 당국의 지원을 요청함으로써 이전가격 및 이익배분 분쟁과 관련된 상호합의를 시작할 수 있고, 상호합의를 통한 문제해결이 불가능할 경우 포괄적 이행체계를 통해 새로운 분쟁해결방법을 사용하는데 동의할 수 있을 것이라고 하였다.[629] 이 경우 권한 있는 당국이 상호간 합의로 해결할 수 없는 문제들에 한하여 결정을 내릴 전문가 패널에게 제출될 것이다.[630]

다만, 필라 1 블루프린트는 기존의 의무적이고 구속력있는 분쟁해결방법 (예컨대 양자조약 또는 EU 조세분쟁해결지침의 상호합의 중재조항과 같은)이 기본적으로 적용되어야 한다는 점 및 새로운 분쟁해결방법은 오로지 기존의 의무적이고 구속력있는 분쟁해결방법이 없거나 또는 협약당사자가 새로운 방법이 기존 방법에 우선되는데 명시적으로 동의한 경우에 한하여 적용되어야 한다는 데에 회원국들 간의 합의가 존재한다는 점을 유의할 필요가 있다.[631]

---

627) OECD, *Pillar One Blueprint*, p.195(801항).
628) OECD, *Pillar One Blueprint*, p.195(802항).
629) OECD, *Pillar One Blueprint*, p.195(802항).
630) OECD, *Pillar One Blueprint*, p.195(802항).
631) OECD, *Pillar One Blueprint*, p.195(802항).

제2절 필라 2 블루프린트 관련 논의

필라 2 블루프린트는 남아있는 세원잠식 및 소득이전(BEPS) 문제를 해결하기 위하여, 국제적으로 운영되는 대규모 다국적기업이 본사 소재지 또는 사업을 영위하는 관할권에 관계없이 최소 수준 이상의 세금을 납부하도록 설계되었다.[632] 필라 2 블루프린트는 OECD/G20 포괄적 이행체계(IF)의 2020년 1월 합의안 내용을 구체화하여, 글로벌 최저한세로 불리는 세원잠식방지(GloBE) 규칙인 소득산입규칙(과세권전환규칙 포함)과 그에 대한 안전장치(backstop) 역할을 하는 비용공제부인규칙,[633] 그리고 세원잠식방지규칙을 보완하는 조약규칙인 원천지국과세규칙에 대하여 제시하였다.[634]

Ⅰ. 세원잠식방지규칙(GloBE rules)

1. 적용범위

(1) 범위 내의 그룹과 기업들

다음의 범위 내 그룹과 기업들의 정의는 BEPS Action 13 국가별보고서[635]의 정의와 기본적으로 동일하며, 이는 재무보고 목적의 연결기준을

---

632) OECD(2020), *Tax Challenges Arising from Digitalisation – Report on Pillar Two Blueprint*, 14 Oct 2020(이하 "OECD, *Pillar Two Blueprint*"), p.14(8항).

633) OECD, *Pillar Two Blueprint*, p.14(9항).

634) OECD, *Pillar Two Blueprint*, p.14(11항); 글로벌 최저한세를 기회주의적 행동과 불평등을 해결하기 위한 기본규칙(default-rule)에 기반한 국제조세 제도로 설명하는 견해로는, Eduardo Baistrocchi, "The International Tax Regime and Global Power Shifts", *Virginia Tax Review*, Vol. 40, Iss. 2, 2021, p.268.

635) BEPS Action 13의 최종보고서는 통합기업보고서, 개별기업보고서 및 국가별보고서로 구성된 이전가격문서에 대한 3단계 접근방식을 채택하였다. 국가별보고서는 다국적기업그룹이 각 관할권에서 얻은 소득, 지불된 세금 및 사업활동 등의 정보와

기반으로 한다.[636]

1) 그룹(Group)

"그룹(Group)"이라는 용어는 적용되는 회계원칙에 따라 재무보고 목적으로 연결재무제표를 작성하는데 요구되거나 또는 기업지분이 공개증권거래소에서 거래되는 경우에 요구되는 소유권 또는 지배력을 통해 관련된 기업의 집단을 말한다.[637] 여기서 사용되는 "그룹"의 정의는 국가별보고서에서 사용되는 것과 동일한, 재무회계 목적으로 연결된 기업들의 집단을 의미한다.[638]

2) 다국적기업그룹(MNE Group)

"다국적기업그룹(MNE Group)"이라는 용어는 과세목적상 거주지가 서로 다른 관할권에 있는 두 개 이상의 기업을 포함하거나, 또는 한 관할권에서 세금 목적으로 거주하고 다른 관할권에서의 고정사업장을 통해 수행되는 사업과 관련하여 과세대상이 되는 기업을 포함하는 모든 그룹을 의미한다.[639] 세원잠식방지규칙에 따른 "다국적기업그룹"의 정의도 국가별보고서

모든 구성기업의 목록을 보고할 것을 요구한다{OECD, *Pillar Two Blueprint*, p.24(45항)}.

636) OECD, *Pillar Two Blueprint*, p.24(43항).

637) OECD, *Pillar Two Blueprint*, p.23, 2.2.

638) OECD, *Pillar Two Blueprint*, p.25(46항). 같은 항에 따르면, 이러한 연결심사 (consolidation test)는 결국 회계에 사용되는 지배력심사(control test)를 기반으로 하며, 일반적으로 연결심사의 효과는 한 기업이 다른 기업을 지배하거나 두 기업이 다른 기업에 의해 지배되는 경우 두 기업이 동일한 기업의 일부로 취급된다는 것이다. 또한 고정사업장의 자산, 부채, 수입 및 비용은 마치 계정별로 연결된 것처럼 본사의 재무제표에 포함되어 있기 때문에, 그룹의 정의는 기업 또는 약정이 고정사업장을 통해서만 외국관할권에서 사업활동을 수행하는 경우에도 적용된다고 한다.

639) OECD, *Pillar Two Blueprint*, p.23, 2.2.

에서의 정의와 기본적으로 일치하며 동일한 결과를 나타낸다.[640]

3) 구성기업(Constituent Entity)

"구성기업(Constituent Entity)"은 다음과 같은 것을 의미한다.[641]

(a) 재무보고 목적으로 다국적기업그룹의 연결재무제표에 포함되거나 다국적기업그룹의 최종모회사 지분이 공개증권거래소에서 거래되는 경우 포함되는 다국적기업그룹의 독립적인 사업단위.

(b) 오로지 규모 또는 중요성을 이유로 다국적기업그룹의 연결재무제표에서 제외되거나 제외될 사업단위.

(c) 그 기업단위가 재무보고, 규제, 세금신고 또는 내부통제를 위하여 해당 고정사업장을 위한 독립된 재무제표를 준비할 경우, 위의 (a) 또는 (b)에 포함된 다국적기업그룹의 모든 독립된 기업단위의 모든 고정사업장.

4) 최종모회사(Ultimate Parent Entity)

최종모회사는 다음 기준을 충족하는 다국적기업그룹의 구성기업을 의미한다.[642] (a) 해당 다국적기업그룹의 하나 이상의 다른 구성기업에 대해 직접 또는 간접적으로 충분한 지분을 소유하고 있거나 또는 지분이 과세거주관할권의 공개 증권거래소에서 거래되는 경우에 과세거주관할권에서 일반적으로 적용되는 회계원칙에 따라 연결재무제표를 작성할 필요가 있는 경

---

640) OECD, *Pillar Two Blueprint*, p.25(47항). 다만 다국적기업그룹의 정의는 국가별보고(CbCR) 목적상 다국적기업그룹의 정의에 직접 포함되는 그룹 매출 적용기준이 세원잠식방지(GloBE) 목적에 사용되는 정의에서 제외된다는 점에서 국가별보고서의 초안과 경미한 차이가 있다{OECD, *Pillar Two Blueprint*, p.25(47항)}.

641) OECD, *Pillar Two Blueprint*, p.24, 2.2.

642) OECD, *Pillar Two Blueprint*, p.24, 2.2.

우, 그리고 (b) 위 (a)에서 언급된 구성기업에 직접 또는 간접적으로 지분을 소유하는 해당 다국적기업그룹의 다른 구성기업이 없는 경우.

최종모회사는 동일한 다국적기업그룹의 일부인 다른 모든 구성기업에 대한 지배지분을 직접적으로 또는 간접적으로 소유하는 구성기업이다. 또한 최종모회사는 다국적기업그룹에 속한 다른 모든 구성기업의 재무회계를 연결하거나 연결해야 하는 기관이다.[643]

5) 관계사(Associates) 및 공동기업(Joint ventures)

관계사(Associates)란 IFRS 10 하에서 투자자가 상당한 영향력을 행사하는 단체 또는 약정을 말하며, 투자자가 피투자자의 의결권의 20% 이상을 보유하고 있는 경우 투자자는 투자에 대해 상당한 영향을 갖는 것으로 추정된다.[644] 관계사는 일반적으로 지분법에 따라 보고되며 따라서 해당 기업이 최종모회사의 지배를 받지 않기 때문에 "구성기업"의 정의에서 제외된다.[645] 공동기업(Joint venture)은 약정을 공동지배하는 당사자가 약정의 순자산에 대한 권리를 갖는 약정이다. 공동기업은 지배주주가 없고 일반적으로 각 다국적기업그룹의 지분법에 따라 보고되기 때문에 구성기업의 정의에서 제외된다.[646]

(2) 제외기업(Excluded Entities)

투자펀드(investment funds) 또는 연금펀드(pension funds)인 최종모회사가 될 단체는 다국적기업그룹의 구성기업으로 취급되지 않고, 세원잠식방

---

643) OECD, *Pillar Two Blueprint*, p.28(63항).
644) OECD, *Pillar Two Blueprint*, p.29(66항).
645) OECD, *Pillar Two Blueprint*, p.29(66항).
646) OECD, *Pillar Two Blueprint*, p.29(67항).

지규칙의 범위에서 제외된다. 이와 마찬가지로, 정부기관{government entity, 국부펀드(sovereign wealth funds) 포함}, 국제기구(international organisation)[647] 또는 비영리기구(non-profit organisation)인 최종모회사가 될 단체 역시 제외기업으로서 다국적기업그룹의 구성기업으로 취급되지 않고, 세원잠식방지규칙의 범위에서 제외된다.[648]

(3) 연결매출기준(Consolidated Revenue Threshold)

총 연결그룹매출이 그룹의 직전 회계연도에 7.5억유로 미만 또는 이에 상응하는 금액을 가진 다국적기업그룹은 세원잠식방지규칙의 적용에서 제외된다.[649] 이것은 국가별보고규칙에서 적용되는 것과 동일한 적용기준금액이다. 연결그룹 매출적용기준은 동일한 최종모회사가 소유하고 지배하는 모든 구성기업에 적용되며, "회계연도"라는 용어는 다국적기업그룹의 최종모회사가 그의 재무제표를 작성하는 연간 회계기간을 의미한다.[650]

2. 실효세율 계산(Calculating the ETR under the GloBE rules)

필라 2 블루프린트가 제안한 세원잠식방지규칙 하에서의 다국적기업의 실효세율(effective tax rate, "ETR")은 '대상조세(covered taxes)'의 금액을 세원잠식방지규칙에 따라 조정과정을 거쳐 결정된 '소득금액'으로 나누어 산정한다.[651] 이하에서는 대상조세의 정의와 세원잠식방지 목적상 다국적기업 소득의 과세표준 산정방법에 대해 먼저 살펴본 다음, 다국적기업그룹

---

647) OECD, *Pillar Two Blueprint*, p.33(75항), Box.
648) OECD, *Pillar Two Blueprint*, pp.32~33(75항), Box.
649) OECD, *Pillar Two Blueprint*, p.40, 2.4. Box.
650) OECD, *Pillar Two Blueprint*, p.40, 2.4. Box.
651) OECD, *Pillar Two Blueprint*, p.45(127항).

의 실효세율 결정을 위한 방법으로서 국가별 구분계산 접근법에 따른 연결 조정 및 기업의 소득과 세금에 대한 관할권 배분의 두 단계로 나누어 살펴 본다.

(1) 대상조세(Covered taxes)

1) 대상조세의 정의

대상조세(covered taxes)는 기업의 소득 또는 이익에 대한 세금을 의미하며, 일반적으로 적용되는 소득세 대신 부과되는 세금을 포함한다.[652] 대상조세에는 이익잉여금 및 기업자본에 대한 세금도 포함된다. 여기서 조세란 일반 정부[653]에 대한 의무적인 무상납부를 말한다.[654] 대상조세의 정의는 세원잠식방지 실효세율 계산에서 분자(즉, 대상조세의 척도)와 분모(즉, 순소득의 척도)를 조정하므로, 세원잠식방지 과세표준에 포함된 소득에 부과되는 세금은 실효세율을 결정할 목적으로 적용되는 세금으로 취급된다.[655] 대상조세의 정의는 세원잠식방지규칙의 목적으로만 개발되었고, 이중과세를 제거하기 위한 별도의 목적으로 개발된 OECD 모델조세조약(2017) 제2조의 대상조세(taxes covered) 조항과는 직접적인 상호관계가 없다.[656] 소

---

652) OECD, *Pillar Two Blueprint*, p.45, 2.4. Box.

653) "세금"에 대한 정의를 위해 사용된 용어인 "일반 정부(general government)"는 UN-OECD 정부회계(National Accounts)에서 정의된 용어로, 중앙행정부(central administration), 운영이 효과적으로 통제되는 정부기관(agencies), 주 및 지방정부와 그 행정부(state and local governments and their administrations)를 포함한다.; OECD, *Pillar Two Blueprint*, p.46(131항); OECD(2021), "The OECD Classification of Taxes and Interpretative Guide", in *Revenue Statistics 2020*, OECD Publishing, 2021, available at https://doi.org/10.1787/e65171a0-en.

654) OECD, *Pillar Two Blueprint*, p.45, 2.4. Box.

655) OECD, *Pillar Two Blueprint*, p.46(129항).

656) OECD, *Pillar Two Blueprint*, p.46(129항).

비세(excise taxes) 및 급여세(payroll taxes)와 같이 세원잠식방지에서 적용되는 세금의 정의에 해당하지 않는 세금은 세원잠식방지 과세표준 계산에서 공제가능한 것으로 처리된다.[657] 또한 대상조세 정의는 그러한 소득이 발생하는 시점에 소득에 부과되는 세금뿐만 아니라 후속 이익분배에 부과되는 세금에도 적용된다.[658] 이 정의는 일반적으로 적용되는 소득세 대신 부과되는 모든 세금(Taxes in lieu of a generally applicable income tax)[659]에도 적용되고, 이익잉여금 및 기업자본에 대한 세금도 포함된다.[660]

세금이 대상조세(covered tax)인지 여부를 결정함에 있어서는 세금의 기본 특성에 중점을 두며, 세금의 명칭 또는 세금을 징수하는데 사용되는 방법(예: 원천징수)은 그 성격을 결정하지 않는다.[661] 세금 부과가 관할권의 법인 소득세 규칙에 따라 부과되는지 또는 별도의 제도 또는 법령에 따라 부과되는지 여부는 그 기본 성격과 관련이 없으며, 세금이 공제가능한지 여부 또한 대상조세인지 여부를 결정하는 것과 관련이 없다.[662] 한편, 세금은 정부가 납세자에게 제공하는 모든 혜택이 지불액에 비례하지 않는다는 점

---

657) OECD, *Pillar Two Blueprint*, p.46(129항).
658) OECD, *Pillar Two Blueprint*, p.46(130항).
659) "대신 또는 대체(in lieu of)"라는 개념은 생산된 단위 수(number of units produced) 또는 상업적 측면(commercial surface area)에 기초한 세금과 같이, 그리고 대안적인 대준(alternative basis)으로 부과되는 세금을 포함하며, 이는 관할권의 법률에 따라 일반적으로 적용되는 소득세의 대체물로 사용된다. 예를 들어, 관할권에서 특정 범주의 사업 또는 투자에 대한 소득을 계산하는 간소화된 방법론을 부과하고, 이 세금이 일반적으로 적용되는 소득세 대신 부과되는 경우 해당 세금은 대상조세(covered tax)의 정의에 속하는 것으로 간주되어야 한다. 여기에는 외국지분투자에 대한 간주수익(deemed return), 소득의 대용물로 소득을 얻는 능력(income earning capacity)을 사용하고 법인세를 대체하도록 설계된 톤세(tonnage taxes)와 같은 세금이 포함된다{OECD, *Pillar Two Blueprint*, p.48(140항)}.
660) OECD, *Pillar Two Blueprint*, p.46(130항).
661) OECD, *Pillar Two Blueprint*, p.46(130항).
662) OECD, *Pillar Two Blueprint*, p.46(130항).

에서 무상이다.663) 한편, 일시적 차이를 해결하기 위한 원칙에 따라 부과시기는 대상조세의 정의에 아무런 영향을 미치지 않으므로, 소득 분배가 현재의 또는 종전의 누적된 이익잉여금에 영향을 주는지 여부와 관계없이 소득이 분배되는 시점에 분배하는 법인의 소득에 부과되는 세금은 대상조세이다.664) 또한 피지배외국법인세제(CFC 규칙)에 따라 납부한 세금은 모 관할권의 주주에게 귀속되는 피지배외국법인의 소득에 부과되는 경우 세원잠식 방지목적상 대상조세로 간주된다.665)

2) 비 대상조세(non-covered taxes)

판매세(sales taxes) 및 부가가치세(value-added taxes)와 같은 소비세(consumption taxes),666) 소비세(excise taxes),667) 디지털 서비스세(digital services taxes),668) 인지세 및 기타 양도세(stamp and other transfer taxes),669) 급여세(payroll taxes) 및

---

663) OECD, *Pillar Two Blueprint*, p.46(131항). 따라서 정부에서 제공하는 특권, 서비스, 부동산 또는 기타 혜택에 대한 수수료 및 지불은 세금에 해당하지 않는다. 마찬가지로, 세금에는 벌금 및 과태료가 포함되지 않을 뿐만 아니라, 해당 만기일 이후의 납세의무와 관련하여 이자(interest) 또는 유사한 요금이 포함되지 않는다{OECD, *Pillar Two Blueprint*, p.46(131항)}.

664) OECD, *Pillar Two Blueprint*, p.49(144항).

665) OECD, *Pillar Two Blueprint*, p.50(145항).

666) OECD, *Pillar Two Blueprint*, p.50(146항). 이러한 세금은 정의된 공급의 대가 (consideration)를 기준으로 계산되고, 납세자의 순소득(net income)에 대한 세금이 아니다.

667) OECD, *Pillar Two Blueprint*, p.50(147항). 투입물에 대한 소비세 및 기타 세금은 소득 증가를 나타내지 않는 특정한 투입과 관련하여 발생한다.

668) OECD, *Pillar Two Blueprint*, p.50(148항). 디지털 서비스세는 아래에서 보는 바와 같이 일반적으로 특정 디지털 서비스 제공으로 인한 총 매출에 적용되도록 설계되었으므로 소득세로 보지 않는다. 디지털 서비스세는 일반적으로 관할권의 법률에 따라 일반적으로 적용되는 소득세를 대체하는 것이 아니라 추가적으로 적용하도록 설계되었으므로, 대상조세에 대한 "대체(in lieu of)" 요건에도 해당되지 않는다.

669) 특정 거래에 부과되는 인지세, 종가세(ad valorem taxes) 및 기타 세금은 소득세 또는 소득세 대체(in lieu of) 세금이 아니므로 대상조세의 범위를 벗어난다{OECD,

사회보장부담금(social security contributions),[670] 재산세(property taxes)[671] 등은 대상조세에 해당하지 않는다.

(2) 과세표준

세원잠식방지 과세표준을 결정하는 시작점은 관련 재무회계기준을 사용하여 결정된 법인세 차감 전 이익 또는 손실이며, 여기에는 종전의 기타포괄소득에 포함된 항목이 포함될 수 있다. 여기에 특정 소득항목이 제거되고 특정 비용항목이 소득세 전 이익(또는 손실)에 다시 추가되어 세원잠식방지 과세표준에 도달하게 될 것이다.[672] 세원잠식방지 과세표준을 계산하기 위한 관련 재무회계기준은 연결재무제표 작성시 모기업이 사용하는 재무회계기준이며, 허용되는 재무회계기준은 IFRS 및 이와 동등한 재무회계기준이다. 또한 고정사업장의 세전이익 또는 손실은 고정사업장이 위치한 관할권에서 조세목적상 발생하는 것으로 취급되는 소득 및 비용을 기준으로 결정된다.[673] 고정사업장의 과세소득을 결정할 때 고려되는 고정사업장과 본사 간의 거래는 세원잠식방지규칙에 따라 고정사업장과 본사의 세전이익 또는 손실을 결정할 때 고려되며, 세원잠식방지 조세그룹 구성원 간의 거래로 인한 소득, 이익, 비용, 손실은 정상거래원칙에 따라 기업 수준의 재무회계에

Pillar Two Blueprint, p.50(149항)}.

670) OECD, *Pillar Two Blueprint*, p.50(150항).

671) 특정 항목 또는 재산 범주의 소유권에 기반한 세금은 법인(corporation)의 지분에 기반한 세금과 구별될 수 있고, 세원잠식방지규칙에 따라 대상조세가 되지 않아야 한다. 재산세는 재산에 책임이 있는지 여부와 관계없이 재산의 감정가를 기준으로 하고, 소득, 이익잉여금 또는 법인지분을 기반으로 하지 않으며, 일반적으로 적용되는 소득세 대신(in lieu of) 부과되는 세금도 아니다{OECD, *Pillar Two Blueprint*, p.51(151항)}.

672) OECD, *Pillar Two Blueprint*, p.51, 3.3. Box.

673) OECD, *Pillar Two Blueprint*, p.52, 3.3. Box.

기록되어야 한다. 그러나 거래가 동일한 관할권의 그룹구성원 간에 이루어지는 경우 내부거래항목을 제외할 수 있다.[674]

(3) 관할권별 구분계산

OECD 사무국이 제안한 관할권별 구분계산(jurisdictional blending) 접근법은 '관할권(국가)별'로 세원잠식방지목적상 다국적기업의 실효세율을 결정하는 방법을 말하며, 관할권별 실효세율 계산에는 다음 두 단계가 포함된다.[675] 첫 번째, 그룹의 각 기업의 소득을 결정하고, 연결항목과 관련하여 기업 단계에서 조정하는 것이다(연결조정). 두 번째, 각 기업의 소득과 납부한 세금을 관할권에 배분하는 단계이다. 우선 연결조정(Consolidation Adjustments)의 경우, 다국적기업은 재무정보가 모회사의 회계기준에 따라 엄격하게 준비되지 않은 경우에도, (a) 합리적이고, (b) 정보가 신뢰가능하며, (c) 정보의 사용이 모회사의 회계기준과 중대한 영구적 차이(material permanent differences)를 초래하지 않는 경우, 모기업의 연결재무계정을 준비하는데 사용되는 기업 수준의 재무정보에 의존하여 각 구성기업의 세전이익(또는 손실)을 결정할 수 있다.[676] 그리고 각 관할권에 대한 법인의 소득 및 세금 배분의 경우, 일반적으로 다국적기업은 관할권에 배분된 소득에 대한 세금이 최저한세율 미만인 경우에 관할권별 구분계산 접근법에 따라 과세대상이 되며, 세원잠식방지규칙에 따른 다국적기업의 추가세액 납세의무는 각 관할권별로 소득에 대한 총 세액을 최저한세율까지 올리는데 필요

---

674) OECD, *Pillar Two Blueprint*, p.52, 3.3. Box.

675) OECD, *Pillar Two Blueprint*, p.72(248항).

676) OECD, *Pillar Two Blueprint*, p.72, 3.4.1. Box. 또한 구성기업 간의 거래로 인한 소득, 이익, 비용 및 손실은 제거되어서는 안 되며, 정상가격원칙에 따라 기록되어야 한다. 그러나 거래가 동일한 관할권의 구성기업 사이에 이루어지는 범위에서 내부거래 항목은 제외될 수 있다.

한 금액의 총 합계이다.[677] 관할권별로 다국적기업의 소득이 최소수준의 과세대상인지 여부를 결정하기 위해, 구성기업이 벌어들인 소득 및 그 소득과 관련하여 납부되었거나 관련 신고된 수익에 대해 납부가능한 것으로 표시된 대상조세는 적절한 관할권에 관련되고 배분되어야 한다.[678]

고정사업장[679]인 구성기업이 벌어들인 세전이익(또는 손실)은 고정사업장이 위치한 관할권에 배분되고, 다른 경우에는 구성기업이 벌어들인 세전이익(또는 손실)이 거주지과세관할권에 배분된다.[680] 구성기업의 소득 또는 소유하고 있는 투과과세기업의 소득과 관련하여 구성기업이 납부한 모든 대상조세는 관련 소득과 동일한 관할권에 배분된다.[681] 다른 구성기업이 분배한 배당금과 관련하여 구성기업이 납부한 대상조세는 배당금을 지급한 구성기업의 관할권에 배분된다.[682] 그리고 일반적으로 각 관할권의 실효세율은 관할권에 배분된 조정된 대상조세 합계를 관할권에 배분된 세

---

677) OECD, *Pillar Two Blueprint*, p.77(269항); 관할권별 구분계산을 채택하면 각 구성기업별로 최저한세를 산정하여 납부하게 된다(Noam Noked, "Defense of Primary Taxing Rights", *Virginia Tax Review*, Vol. 40, Iss. 2, 2021, p.360).

678) OECD, *Pillar Two Blueprint*, p.77(270항).

679) 앞서 살펴 본 바와 같이 고정사업장은 본사(head office)로부터 독립된 구성기업으로 간주된다{OECD, *Pillar Two Blueprint*, p.78(271항)}.

680) OECD, *Pillar Two Blueprint*, p.77, 3.4.2. Box. 거주과세관할권이 없는 구성기업{무국적기업(stateless entity)}의 경우, 해당 소유자의 관할권이 기업을 투과과세 대상으로 취급하는 경우에는, 구성기업인 각 소유자의 이익의 지분이 소유자의 거주지 과세관할권에 배분된다. 그리고 관할권이 기업을 투과과세 대상으로 취급하지 않는 구성기업인 소유자의 이익의 지분을 포함하여 나머지 이익은 무국적 관할권(stateless jurisdiction)에 배분된다. 소유자의 과세관할권은 소유자가 기업의 소득 또는 손실의 지분을 직접 얻은 것과 동일한 방식으로 소유자가 과세관할권에서 기업의 소득 또는 손실의 지분에 대해 과세대상이 되는 경우 기업을 투과과세로 취급한다.

681) OECD, *Pillar Two Blueprint*, p.77, 3.4.2. Box. 예를 들어, 다른 관할권의 라이선시(licensee)로부터 받은 사용료(royalty)와 관련하여 납부된 원천징수세(withholding taxes)는 사용료를 받은 구성기업의 조세관할권에 배분된다{OECD, *Pillar Two Blueprint*, p.79(280항)}.

682) OECD, *Pillar Two Blueprint*, p.77, 3.4.2. Box.

전이익(또는 손실)의 합계로 나누어 계산되며, 관할권에 배분된 세전총이익이 0이거나 음수인 경우(즉, 손실발생), 해당 연도의 다국적기업그룹 관할권과 관련하여 세원잠식방지 소득 및 납세의무가 없다.[683]

3. 이월공제와 적용제외(Carry-forwards and carve-out)

다국적기업그룹의 추가세액(top-up tax) 계산을 위해서는 이월공제(Carry-forwards)와 적용제외(carve-out)의 두 가지 조정사항이 적용된다. 우선 이월공제는 다국적기업이 현지 법률에 따라 부과된 세금의 혼합으로 인해 또는 시기차이로 인해 발생하는 잠재적 변동성을 완화하고자 이전 기간에 발생한 손실 또는 초과세금을 후속기간으로 이월하는 것을 말한다. 이 조정은 관할권에서 특정 기간의 낮은 실효세율이 단순히 세원잠식방지소득의 항목에 대해 대상조세를 부과하는 시기 또는 재무회계와 현지 세법에 따른 소득의 인식시기 차이의 결과인 경우, 추가세금을 부과하지 않도록 하기 위함이다.[684] 두 번째 조정은, 세원잠식방지규칙의 범위에서 관할권 내의 실질적 활동에 따른 고정수익을 제외하기 위한, 관할권 내의 실질사업활동에 기반한 정량적 기준에 의한 적용제외(formulaic substance-based carve-out)이다. 실질적인 활동에 따른 고정수익을 제외하는 것은 세원잠식 및 소득이전(BEPS) 위험에 가장 취약한, 예를 들어 무형자산 관련 소득과 같은 초과소득(excess income)에 대한 세원잠식방지규칙에 초점을 둔다.[685]

---

683) OECD, *Pillar Two Blueprint*, p.80(285항).

684) OECD, *Pillar Two Blueprint*, p.83{286(a)항}.

685) OECD, *Pillar Two Blueprint*, p.83{286(b)항}.

(1) 결손금 및 초과세금의 이월

1) 이월결손금과 제도 도입 전 결손금

관할권 내 결손금(Losses)은 이월될 수 있으며, 후속연도에 세원잠식방지 과세표준 계산시 공제로 허용되므로, 그에 따라 해당연도의 세원잠식방지 과세표준이 감소될 것이다. 여기서 결손금은 1년 동안 관할권의 세원잠식 방지 과세표준에 포함된 소득에 대한 초과지출로 정의된다.[686] 결손금은 세원잠식방지규칙에 따라 무기한 이월될 수 있으며, 관할권에서 발생하는 이월결손금은 관할권별 구분계산모델에 따라 오로지 동일한 관할권에서 조정된 세원잠식방지 과세표준 계산시의 공제로만 사용될 수 있다.[687] 이월 결손금은 관할권의 실효세율이 손실이월에 관계없이 결정된 최소세율보다 낮은 경우 세원잠식방지 과세표준을 줄이는 데만 사용된다.[688] 결손금에는 다국적기업그룹이 규칙의 적용을 받기 전에 구성기업에 의해 발생한 적격 제도 도입 전 결손금(qualified pre-regime losses)도 포함된다.[689]

2) 초과세액(Excess taxes)

하나의 과세연도 동안 관할권의 초과세액은 소득산입규칙 세액공제(IIR tax credit)나 현지 세금의 이월, 또는 위 두 가지 모두를 생성할 수 있다. 초과세액은 해당연도의 관할권에 대한 총 세원잠식방지 과세표준에 대한 최저한세율을 초과하는, 1개 과세연도에 대해 구성기업의 세금신고서상 기한이 도래하고 납부해야 하는 것으로 반영된 대상조세의 금액으로 정의된

---

686) OECD, *Pillar Two Blueprint*, p.83(287항), Box.
687) OECD, *Pillar Two Blueprint*, p.87(303항).
688) OECD, *Pillar Two Blueprint*, p.87(303항).
689) OECD, *Pillar Two Blueprint*, p.83(287항), Box.

다.[690] 만약 관할권에 대한 세원잠식방지 과세표준의 계산결과 당해 과세연도 동안 소득이 없거나 결손금이 발생하는 경우, 해당연도에 대해 납부된 모든 대상조세의 금액은 해당연도의 초과세액이 되며 현지 세금의 이월에 포함된다.[691]

3) 소득산입규칙 세액공제(IIR tax credit)와 현지 세금 이월

관할권 내 초과세액은 소득산입규칙 세액공제(IIR tax credit)를 제공하지 않은 동일한 관할권에 대해 이전연도에 납부한 소득산입규칙 세액범위까지 소득산입규칙 세액공제를 생성한다.[692] 소득산입규칙 세액공제는 그 소득산입규칙에 따른 세액공제가 생성된 당해연도 또는 그 이후연도에 발생하는 관할권과 관련하여 주주의 소득산입규칙에 따른 납세의무를 줄이는데 사용될 수 있으며, 이는 납세자의 관점에서 이전에 납부한 소득산입규칙에 따른 세금의 환급과 기능적으로 동일하다.[693] 그러나 과세당국으로부터 현금으로 환급받고 다른 소득산입규칙에 따른 조세채무를 별도로 납부하는 대신에 주주는 공제액을 사용하여 해당 조세채무를 납부하며, 소득산입규칙 세액공제 적격은 항상 동일한 관할권과 관련하여 발생하고 소멸되는 일시적인 차이 또는 동일한 관할권에서 상쇄되는 두 영구적인 차이의 상호작용에 뿌리를 두고 있다.[694] 한편, 소득산입규칙 세액공제를 생성하지 않는 관할권의 초과세액은 합의된 연수만큼 이월될 수 있고, 구성기업이 납부한 현지세금이 총 소득에 대한 최저한세율 미만으로 떨어지는 후속연도에 해

---

690) OECD, *Pillar Two Blueprint*, p.84(287항), Box.

691) OECD, *Pillar Two Blueprint*, p.84(287항), Box.

692) OECD, *Pillar Two Blueprint*, p.87(305항).

693) OECD, *Pillar Two Blueprint*, p.89(314항).

694) OECD, *Pillar Two Blueprint*, p.89(314항).

당 관할권의 세금 비용으로 처리될 수 있다.[695]

4) 납세의무에 대한 사후 조정

이월공제법에 따른 관할권의 실효세율은 해당연도에 대한 관할권의 대상조세를 관할권의 세원잠식방지 과세표준으로 나누어 결정하나, 대상조세에 대한 다국적기업그룹의 납세의무는 다양한 이유로 인해 해당연도의 세금신고서가 제출된 후에 증가하거나 감소될 수 있다.[696] 관할권에 배분된 소득의 세원잠식방지 실효세율을 계산하기 위한 대상조세에 대한 구성기업의 납세의무에 대한 사후조정 증가(또는 감소)는 기업의 해당연도의 법인세비용 또는 이월잔액에 대한 조정으로 처리된다.[697] 이월조정방법 하에서 관할권의 세금감소 또는 환급은 관련 현지 세금 이월금액의 감소로 취급되며, 현지 세금 이월은 기간이 제한되어 있으므로 생성된 연도를 기준으로 추적해야 한다.[698]

5) 조세귀속의 이전(Transfers of tax attributes)

결손금 및 현지 세금의 이월은 다국적기업그룹의 조세에 귀속(tax attributes)되는 것으로서, 그룹 외부인이 양도하거나 사용할 수 없다.[699] 그러나 이연법인세자산(deferred tax assets)의 양도를 포함하는 거래에서 구성

---

695) OECD, *Pillar Two Blueprint*, p.84(287항), Box.
696) OECD, *Pillar Two Blueprint*, pp.91~92(323항). 같은 항에 따르면, 그 이유에는 현지 과세당국의 신고서 검토, 기업의 경영진 또는 세무사에 의한 신고서 검토, 적용 가능한 세법에 따라 이월하는 것이 허용되는 다음 기간의 손실, 배당금의 분배에 대한 납세기업 또는 그 주주에 대한 세금의 환급으로 인한 현지 세금 목적으로 인식된 소득금액의 변경이 포함될 수 있다.
697) OECD, *Pillar Two Blueprint*, p.84(287항), Box.
698) OECD, *Pillar Two Blueprint*, p.92(326항).
699) OECD, *Pillar Two Blueprint*, p.84(287항), Box.

기업의 지배에 변경이 있는 경우, 매수인과 매도인은 해당 조정이 일관성 있고 현지 세금 목적을 위한 이전(transfer)의 실제 효과와 일치한다면 구성기업의 해당 관할권에서 결손금 또는 현지 세금의 이월액 조정에 동의할 수 있다.[700]

(2) 실질사업활동에 기반한 정량적 기준에 의한 적용제외

필라 2 블루프린트가 제시한 급여(payroll) 및 유형자산(tangible assets) 비용을 토대로 하는 정량적 적용제외(carve-out)의 정책적 근거는 세원잠식 방지규칙의 범위에서 관할권 내에서의 실질적인 활동에 대한 고정수익을 제외하는 것이다.[701] 실질적인 활동의 지표로서 급여 및 유형자산을 사용하는 이유는 이와 같은 요소가 일반적으로 이동성이 적고 세금으로 인한 왜곡으로 이어질 가능성이 적기 때문이다.[702] 적용제외는 오로지 최저한세율 미만으로 과세되는 관할권에서 운영되는 다국적기업들에게만 혜택을 줄 것이고,[703] 적용제외금액은 급여구성요소와 유형자산 구성요소의 합계와 같으며, 해당기간에 적용제외금액이 세원잠식방지소득을 초과할 경우, 초과금액을 이월하여 장래의 세원잠식방지소득을 줄일 수 없다.[704]

우선, 적용제외에 있어서 급여구성요소는 납세자의 고용비용을 참조하여 계산된 해당 관할권에서 수행된 활동에 대한 고정수익을 세원잠식방지 과세표준에서 제거한다.[705] 급여구성요소는 적격피용자의 적격급여비용의

700) OECD, *Pillar Two Blueprint*, p.84(287항), Box.

701) OECD, *Pillar Two Blueprint*, pp.94~95(332항).

702) OECD, *Pillar Two Blueprint*, p.95(332항).

703) OECD, *Pillar Two Blueprint*, p.95(333항).

704) OECD, *Pillar Two Blueprint*, p.93, 4.3. Box.

705) OECD, *Pillar Two Blueprint*, p.95(337항).

[x]%로서, 적격피용자에는 파트타임 피용자를 포함하여 다국적기업의 모든 피용자가 포함되며, 또한 다국적기업의 일반적인 운영활동에 참여하는 독립계약자(independent contractors)도 포함된다.[706] 적용제외의 급여구성요소는 재무회계규칙에 따라 손익계산서에서 비용으로 처리된 금액이 아니라 현재 연도의 급여비용총액을 기준으로 한다.[707]

유형자산 구성요소는 다음의 합과 같으며, 관할권별로 계산된다. (a) 유형고정자산 감가상각액의 [x]%, (b) 의제된 토지 감가상각액의 [x]%, (c) 천연자원 감모상각의 [x]%, (d) 임차인의 사용권 유형자산 감가상각액의 [x]%. 한편, 투자부동산으로 보유한 건물과 토지는 적용제외 대상에서 제외되고, 사용목적이 아닌 매각예정자산도 적용제외에서 제외된다.[708]

(3) 실효세율 및 추가세액 계산

1) 관할권에 대한 실효세율

관할권에 대한 실효세율(ETR)은 다음과 같다.

$$\frac{\text{조정된 대상조세(Adjusted Covered Taxes)}}{\text{조정된 세원잠식방지소득(Adjusted GloBE Income)}^{[709]}}$$

조정된 대상조세는 세원잠식방지 과세표준에서 제외된 소득으로 인한 세

---

706) OECD, *Pillar Two Blueprint*, p.93, 4.3. Box. 이에 따르면 적용제외의 급여구성요소는 실제 활동이 수행되는 위치에 초점을 맞춘 관할권 기준으로 계산된다. 적격급여비용에는 급여 및 임금뿐만 아니라 의료보험, 연금기금 또는 기타 퇴직수당지급, 적격피용자에게 지급할 수 있는 보너스와 수당 및 주식기반보상과 같은 기타 직원 수당 또는 보수에 대한 지출이 포함되며, 급여세{또는 부가 혜택 세금(benefits taxes)과 같은 기타 피용자 비용 관련 세금}와 사용자의 사회보장부담금도 포함된다.

707) OECD, *Pillar Two Blueprint*, p.96(341항).

708) OECD, *Pillar Two Blueprint*, p.94, 4.3. Box.

709) OECD, *Pillar Two Blueprint*, p.102, 4.4. Box.

금을 제외하고, 관할권에 배분된 대상조세를 의미하며, 현지 세금 이월총액 또는 최저한세율과 동일한 실효세율을 달성하는데 필요한 현지 세금 이월금액 중 더 적은 금액만큼 증가한다.[710] 그리고 조정된 세원잠식방지소득은 해당연도 동안 해당 관할권에 대한 이월결손금에 의해 감소된 해당 관할권 내 모든 구성기업의 합산 소득 및 손실(combined income and loss)을 의미한다.[711]

2) 각 구성기업에 대한 추가세액 계산

관할권의 각 구성기업에 대한 추가세액(Top-up tax)은 다음과 같다.

구성기업의 조정된 세원잠식방지소득(Adjusted GloBE Income of the Constituent Entity) × 추가세율(Top up Tax Percentage)[712]

구성기업의 조정된 세원잠식방지소득은 해당기간 동안 구성기업의 소득과 관련하여 세원잠식방지 목적에 따라 계산된 해당 기업의 소득이 동일한 기간에 동일한 관할권에 있는 다른 구성기업이 입은 손실과 이월결손금의 몫, 그리고 관할권에 대한 적용제외의 비례적 몫에 의해 감소된 것을 의미한다.[713] 또한 추가세율은 해당 기간 동안 해당 관할권에 대해 계산된 실효세율에 대한 최저한세율의 초과분을 의미한다.[714]

---

710) OECD, *Pillar Two Blueprint*, p.102, 4.4. Box.
711) OECD, *Pillar Two Blueprint*, p.102, 4.4. Box.
712) OECD, *Pillar Two Blueprint*, p.102, 4.4. Box.
713) OECD, *Pillar Two Blueprint*, p.102, 4.4. Box.
714) OECD, *Pillar Two Blueprint*, p.102, 4.4. Box.

4. 실효세율 계산 단순화 옵션

2019년 12월 OECD 공개협의에서 많은 다국적기업은 특히 관할권별 구분계산의 맥락에서 세원잠식방지규칙 준수와 관련된 복잡성과 관리부담을 줄이기 위해 단순화 옵션이 필요하다고 강조하였다.[715] 포괄적 이행체계는 몇 가지 잠재적 단순화 조치를 탐색하였으나, 당시 아래의 단순화 조치 중 어느 것에 대하여도 세원잠식방지 규칙의 최종 설계에 포함하기로 하는 결정은 내려지지 않았다.[716]

(a) 국가별보고 실효세율(Country-by-country reporting ETR) 세이프하버[717]

(b) 최소이익제외(De minimis profit exclusion)[718]

(c) 수년을 포괄하는 단일한 관할권에서의 실효세율(ETR) 계산[719]

(d) 조세행정지침(Tax administrative guidance)[720]

---

715) OECD, *Pillar Two Blueprint*, p.106(376항); Noam Noked, *op. cit.*, p.368에서도 GloBE 규칙의 이행이 매우 복잡할 수 있다고 예상하고 있다.

716) OECD, *Pillar Two Blueprint*, p.106(378항).

717) 국가별보고 준비를 위해 수행한 작업을 활용하는 방안으로, 예를 들어 국가별보고서를 기반으로 하는 관할권의 실효세율이 합의된 실효세율보다 높게 설정된 특정 적용기준을 초과하는 경우 해당 관할권의 추가작업이 필요하지 않도록 하는 것이다{OECD, *Pillar Two Blueprint*, p.106(381~382항)}.

718) 다국적기업그룹의 세전이익이 특정 비율보다 적은 관할권을 세원잠식방지규칙으로부터 제외하는 방안이다{OECD, *Pillar Two Blueprint*, p.108(391항)}.

719) 특정 관할권의 실효세율이 특정 적용기준 비율을 초과한 경우(기준연도 또는 후속연도에), 다국적기업이 향후 3~5년 동안 해당 관할권의 실효세율을 계산할 필요가 없도록 유예기간(the grace period)을 부여하는 방안이다{OECD, *Pillar Two Blueprint*, p.109(399항)}.

720) 과세당국이 포괄적 이행체계 절차 내에서 개발된 저위험(low-risk)으로 간주되는 관할권을 설정하는 지침을 발표하고, 과세당국이 잠재적으로 각각의 관할권의 제한 법령을 참조하여 특정한 기간 내에 구체적으로 요청하지 않는 한, 다국적기업이 해당 관할권에 대해 실효세율 계산을 수행할 필요가 없도록 하는 방법이다{OECD, *Pillar Two Blueprint*, pp.110~111(406항)}.

5. 소득산입규칙과 과세권전환규칙

소득산입규칙은 다국적기업의 경우 자회사소재국이 그 사업소득에 대해 최저한세율보다 낮은 실효세율(effective rate)로 과세할 때 그 일정 부분의 소득을 모회사 소득으로 간주하여 모회사소재국에서 과세하도록 하는 규칙을 말한다. 소득산입규칙은 피지배외국법인(CFC) 규칙을 대체하는 것이 아닌 이를 보완하는 기능을 하며, Action 3 제안사항과 미국의 GILTI(Global Intangible Low-Taxed Income)[721] 제도의 내용을 기반으로 하는 것으로 이해된다. 소득산입규칙은 적용하는 그룹의 모회사(부분소유권을 가진 중간모회사 포함)가 직접적 또는 간접적으로 수익적으로 소유한(beneficially owned) 외국 구성기업의 저세율소득(low tax income) 부분에만 추가세금을 부과한다.[722] 여기서의 '수익적으로 소유'란 OECD 모델조세조약 제10조~제12조에서 사용하고 있는 수익적소유자의 개념과 동일한 것으로 이해되고, 소득산입규칙은 모든 관할권에서 일관되게 구현되며 다국적기업그룹이 본사의 위치와 관계없이 그리고 이중과세 또는 초과과세의 위험없이 운영되는 각 관할권에서 최소수준의 과세를 받도록 보장하기 위해, 동일한 전체 결과를 생성하는 방식으로 운영된다.[723] 한편, 과세권전환규칙은 아래에서 보는 바와 같이 국내법상 모회사(본사)가 고정사업장에 소득산입규칙을 적용해야 하는 경우에 한하여 소득산입규칙의 보완적 규칙으로 작동한다.[724]

---

721) Public Law No. 115-97, 22 December 2017, Section 14201 (a) introducing sec. 951A in Subpart F of part Ⅲ of subchapter N of chapter 1 of the Internal Revenue Code of 1986(US Congress, 2017): 미국의 GILTI는 해외자회사(피지배외국법인, Controlled Foreign Corporation, "CFC")의 소유권을 갖고 있는 미국 납세자의 경우, 해외자회사가 미국의 무형자산을 사용하여 벌어들이는 소득 중에 일반적인 소득을 초과하는 부분을 미국의 과세소득으로 포함시켜 과세하는 제도를 말한다.

722) OECD, *Pillar Two Blueprint*, p.112(410항).

723) OECD, *Pillar Two Blueprint*, p.112(411항).

(1) 소득산입규칙(Income Inclusion Rule)의 운영

보고기간 말에 외국 저세율 구성기업(foreign low-taxed Constituent Entity)의 지분권을 직접적 또는 간접적으로 소유하는 모기업은 다음의 소득산입규칙에 따라 해당기간 동안 해당 구성기업의 소득에 대한 비례적 지분에 대하여 추가세금(top-up tax)이 부과된다.[725]

1) 하향식 접근법(Top-down approach)

모회사는 동일한 다국적기업그룹의 다른 구성기업의 지분권을 직접적 또는 간접적으로 소유하고, 소득산입규칙을 채택한 관할권에 위치한 구성기업이다. 그리고 소득산입규칙이 적용되는 다른 구성기업 또는 단체에 의해 직접적으로 또는 간접적으로 지배되지 않으며, 또한 부분적으로 소유한 중간모회사도 이에 포함된다.[726] 소득산입규칙에는 서로 다른 관할권의 소득산입규칙이 저세율소득(low-taxed income)에 대한 동일한 지분에 적용될 수 없도록 적용순위규칙이 포함되어 있으며, 그 주요 메커니즘이 바로 하향식 접근법이다.[727] 이는 최종모회사로부터 시작하여 다국적기업그룹의 소유권 사슬의 최상위에 있거나 그 근처에 있는 구성기업의 관할권에 소득산입규칙의 적용의 우선순위를 부여하며, 최종모회사가 소득산입규칙을 구현한

---

724) OECD, *Pillar Two Blueprint*, p.121(456항).

725) OECD, *Pillar Two Blueprint*, p.114(418항), Box; 소득산입규칙에 따라 최저한세 이상의 실효세율이 적용되지 않은 경우 해당 기업이 얻은 소득을 모기업의 소득에 포함되도록 함으로써 모기업에게 최저한세로서 작동하게 된다{Bruno da Silva, "Taxing Digital Economy: A Critical View Around The GloBE (Pillar Two)", *Frontiers of Law in China*, Vol. 15, Iss. 2, 2020, p.116}.

726) OECD, *Pillar Two Blueprint*, p.114(418항), Box.

727) OECD, *Pillar Two Blueprint*, p.113(417항); 하향식 접근법은 가능한 한 적은 납세자에게 추가세금이 적용되도록 하므로, 조정의 필요성이 줄어들어 실용적이다(Joachim Englisch, "GloBE - Der 2020 Blueprint für eine internationale effektive Mindeststeuer", *FinanzRundschau*, 2021, available at https://doi.org/10.9785/fr-2021-1030102, p.11).

관할권에 위치하지 않는 경우 소득산입규칙 적용에 대한 책임은 해당 최종 모회사와 소유권사슬 아래에서 직접 소유하고 지배하는 구성기업에 속한 다.[728] 이는 다수 관할권에 있는 소유권사슬의 각 구성기업이 동일한 저세 율 구성기업에 소득산입규칙을 적용함으로써 발생할 이중과세를 방지하는 역할을 한다.[729]

2) 분할소유권 구조(Split-ownership structures)

하향식 접근법은 분할소유권 구조의 경우 소득산입규칙의 적용을 구체적 으로 다루는 추가 규칙의 적용을 받는다. 분할소유권 구조는 구성기업 지분 권의 상당 부분(예컨대 10% 이상)을 다국적기업그룹 외부인이 소유하는 구 조이며, 부분소유권을 가진 "중간" 모회사에게 소득산입규칙을 적용할 의 무를 부과한다. 그런 다음 중간모회사는 해당 중간모회사가 직접 또는 간접 소유권을 갖고 있는 저세율 구성기업의 소득에 대한 지분에 소득산입규칙 을 적용한다.[730] 분할소유권 규칙은 그룹 외부의 기업이 수익적으로 소유 한 소득과 관련하여 다국적기업그룹에 불균형적인 조세부담을 부과함이 없 이, 소득산입규칙이 중간모회사가 수익적으로 소유하고 있는 저세율 구성 기업의 모든 소득을 포섭하도록 보장하며,[731] 부분소유권을 가진 중간모기 업에 소득산입규칙을 적용하는 우선순위를 부여하므로 하향식 접근법에 대 한 예외로 작용한다.[732]

---

728) OECD, *Pillar Two Blueprint*, p.113(417항).
729) OECD, *Pillar Two Blueprint*, p.114(419항).
730) OECD, *Pillar Two Blueprint*, p.113(418항).
731) OECD, *Pillar Two Blueprint*, p.113(418항).
732) OECD, *Pillar Two Blueprint*, p.119(439항).

(2) 과세권전환규칙(Switch-over rule)

세원잠식방지제안의 설계논리는 모회사가 그 관할권 법률에 따라 소득공제(비과세) 혜택을 받는 고정사업장 소득을 창출하는 경우, 모회사 및 고정사업장 관할권의 관할권 실효세율을 정확하게 계산하기 위하여, 해당 소득공제 고정사업장의 소득이 그 소득에 대한 모든 세금과 함께 고정사업장 관할권에 배분되어야 함을 의미한다.[733] 모회사와 고정사업장 관할권 사이에 모회사의 소득을 배분하면 세원잠식방지제안에 따른 고정사업장의 소득 및 세금 측정이 모 관할권의 법률에 따른 국내 세금 결과와 일치하고, 세원잠식방지제안 하에서 면제 고정사업장과 외국 자회사에 대한 평등한 대우가 보장될 것이다. 그러나 소득산입규칙을 면제 고정사업장 소득에 적용하려는 모회사는 모회사 관할권이 고정사업장의 소득을 공제할 의무가 있는 양자조약을 체결한 경우에는 그와 같이 할 수 없다. 그러므로 모회사의 거주지 국가가 소득산입규칙에 따라 제공된 최저세율까지 고정사업장의 소득에 세금을 부과할 수 있도록 과세권전환규칙이 필요하다. 과세권전환규칙은 일방체약국의 고정사업장에 귀속되는 이익이 세원잠식방지규칙에 따라 구성기업의 저세율 이익(low-tax profits)인 경우, 상대체약국이 소득공제방법(exemption method)의 적용을 제한할 수 있도록 한다.[734] 과세권전환규칙의 목적은 소득산입규칙이 국내법에 따라 적용될 경우, 모회사의 거주지 국가에서 고정사업장의 소득에 과세하는 소득산입규칙을 적용하도록 허용하는 것으로, 거주국가가 고정사업장의 저세율 이익에 소득산입규칙과 동

---

733) OECD, *Pillar Two Blueprint*, p.121(453항).
734) OECD, *Pillar Two Blueprint*, p.121(455항). 같은 항에 따르면 이 규칙은 OECD 모델조세조약 제6조의 적용대상인 부동산 소득이 고정사업장에 귀속되고 조세조약에 따라 소득공제방법이 적용되는 경우에도 적용된다.

일한 실효세율 심사를 사용하여 합의된 최저한세율까지 과세를 허용하는
것이다. 이 규칙은 국내법상 본사가 고정사업장에 소득산입규칙을 적용해
야 하는 경우에만 적용된다.[735]

6. 비용공제부인규칙(Undertaxed Payments Rule)

비용공제부인규칙은 자회사가 비용공제의 형태로 모회사에 지급한 자회
사 소득에 대해 모회사 소재국이 최저한세보다 낮은 실효세율로 과세하는
경우, 자회사 소재국에서 해당 비용공제를 부인하고 과세하도록 하는 규칙
을 말한다. 비용공제부인규칙은 소득산입규칙과 세원잠식방지라는 동일한
일반적인 목적을 가지고 있지만 그 기능과 운영방식이 다르다. 소득산입규
칙은 모회사의 저세율 구성기업에 대한 직접 또는 간접 소유권을 근거로
추가세액을 징수하는 방법을 사용한다. 반면, 비용공제부인규칙은 부분적
으로 소득산입규칙에 대한 보완적 규정으로서의 역할을 하며, 소득산입규
칙의 적용범위 내에 있지 않은 구성기업의 이익과 관련된 조세목적의 전도
에 대한 유인을 줄인다.[736] 다만, 실제 비용공제부인규칙의 적용범위는 상
대적으로 좁을 것으로 예상되는데, 이는 비용공제부인규칙이 저세율 구성
기업이 다른 관할권의 법률상 세원잠식방지규칙에 따라 구현된 소득산입규
칙의 적용을 받지 않는 경우에 오직 저세율 구성기업의 소득에만 적용되기
때문이다.[737]

---

735) OECD, *Pillar Two Blueprint*, p.121(456항).
736) OECD, *Pillar Two Blueprint*, p.124(457항).
737) OECD, *Pillar Two Blueprint*, p.124(458항).

(1) 저세율 구성기업의 소득에 적용됨

비용공제부인규칙은 다국적기업그룹의 구성원인 비용공제부인규칙 납세자가 같은 그룹의 저세율 구성기업으로부터 해당 납세자에게 배분된 추가세액에 대해 조정하도록 한다.[738]

(2) 소득산입규칙이 비용공제부인규칙보다 우선함

만약 저세율 구성기업이 세원잠식방지규칙에 따라 구현된 소득산입규칙의 적용을 받는 외국 구성기업에 의해 직접적 또는 간접적으로 지배된다면, 비용공제부인규칙에 따라 추가세액이 배분되지 않는다.[739] 해당 관할권에서 다국적기업의 실효세율이 합의된 최저한세율보다 낮을 경우, 비용공제부인규칙에 따라 최종모회사 관할권에 위치한 구성기업으로부터 추가세액이 배분될 것이다.[740] 다만, 소득산입규칙은 모든 자회사 관할권에서 다국적기업이 얻은 저세율 소득을 포함하는 반면, 비용공제부인규칙은 오직 최종모회사 관할권('the UPE jurisdiction')에서 얻은 이익에만 적용[741]되고, 오로지 다국적기업의 관할권 실효세율이 해당기간 동안 해당 관할권에서 합의된 최저한세율 미만인 경우에만 적용된다.[742]

---

738) OECD, *Pillar Two Blueprint*, p.123, Box.

739) OECD, *Pillar Two Blueprint*, p.123, Box.

740) OECD, *Pillar Two Blueprint*, p.123, Box.

741) 최종모회사의 관할권에서 얻은 이익은 소득산입규칙의 적용범위를 벗어나는데, 모회사 관할권에 적용되는 모든 소득산입규칙이 외국 이익(foreign profits), 즉 모회사가 아닌 다른 모든 관할권에서 얻은 이익만을 다루기 때문이다. 반면, 최종모회사의 관할권은 세원잠식방지규칙을 적용하는 자회사 관할권의 관점에서 외국 관할권이다{OECD, *Pillar Two Blueprint*, pp.125~126(464항)}.

742) OECD, *Pillar Two Blueprint*, p.126(465항).

(3) 추가세액의 배분

추가세액(top-up tax)은 다음의 두 단계 배분지표(allocation keys)를 통해 비용공제부인규칙 납세자(UTPR Taxpayer)에게 배분된다.

(a) 첫째, 비용공제부인규칙 납세자가 해당 기간 동안 저세율 구성기업에게 직접 공제가능한 지급(deductible payments)[743]을 하는 경우, 구성기업의 추가세액은 모든 비용공제부인규칙 납세자에 의해 그 저세율 구성기업에게 직접 지급된 총 공제가능금액에 비례하여 비용공제부인규칙 납세자에게 배분된다.[744]

첫 번째 배분지표의 적용공식[745]은 다음과 같다.

비용공제부인 납세자 A로부터 저세율 구성기업 Z로의 직접적인 그룹 내 지급

그룹의 모든 비용공제부인 납세자로부터 저세율 구성기업 Z로의 모든 직접적인 그룹 내 지급

위 공식에서 그룹 내 지급(intra-group payments)이란 다국적기업그룹의 한 구성기업에 의해 다른 구성기업에게 이루어진 공제가능한 지급을 말한다.[746]

---

743) 비용공제부인규칙에서 "공제가능한 지급(deductible payments)"의 정의는, 해당 기간 동안 지급하였거나 지급해야 하는 모든 비용을 포함한다(장래의 또는 우발적인 지급의무 포함). 여기서 지급은 발생기준으로 이루어지며, 임대료, 사용료, 이자 및 서비스에 대한 이용요금을 포함한 현재의 모든 비용과 영수증을 포함하고, 또한 재고비용으로서 포함된 금액을 포함한다{OECD, *Pillar Two Blueprint*, p.131(493항)}. 그러나 이러한 지급에는 지급인의 관할권의 세법에 따라 일반적으로 공제가능한 지급만 포함되며, 지급인이 위치한 관할권에서 공제가능한 일반적 기준을 충족하지 않는 지급은 무시된다{OECD, *Pillar Two Blueprint*, p.131(494항)}.

744) OECD, *Pillar Two Blueprint*, p.123, Box.; OECD, *Pillar Two Blueprint*, p.127(473항).

745) OECD, *Pillar Two Blueprint*, p.129(481항).

746) OECD, *Pillar Two Blueprint*, p.131(495항).

(b) 둘째, 비용공제부인규칙 납세자가 순 그룹 내 비용(net intra-group expenditure)을 보유하고 있는 경우, 나머지 추가세액은 모든 비용공제부인규칙 납세자에 의하여 발생한 순 그룹 내 비용총액에 비례하여 배분된다.[747] 이러한 두 번째 배분지표는 저세율 관할권에 이익을 간접적으로 이동시키는 그룹 내 자금조달 구조를 목표로 하여 부분적으로 첫 번째 지분지표에 대한 보완적 규정으로 작동하도록 의도되었다.[748] 두 번째 배분지표의 적용공식[749]은 다음과 같다.

$$\frac{\text{비용공제부인규칙 납세자 A의 순 그룹 내 비용}}{\text{비용공제부인규칙 납세자의 모든 순 관계인 비용 합계}}$$

위 공식에서 '순 그룹 내 비용(net intra-group expenditure)'은 다음의 양수(+)인 차액이다: (ⅰ) 해당 구성기업의 다국적기업그룹의 다른 구성기업에 대한 모든 공제가능한 그룹 내 지급의 합계 및 (ⅱ) 다국적기업그룹의 다른 구성기업이 지급한 공제가능한 그룹 내 지급으로부터 해당 구성기업에 의해 발생된 세전소득.[750]

각 단계에서 비용공제부인규칙 납세자에게 배분되는 추가세액은 추가세액의 일부를 계산할 때 고려되는 공제가능한 그룹 내 총 지급액에 국내 대상조세 세율(covered tax rate)을 곱한 금액으로 제한되며, 다국적기업의 관할권 실효세율(jurisdictional ETR)이 합의된 최저한세율보다 낮은 관할권에 위치한 비용공제부인규칙 납세자에게는 추가세액이 배분되지 않는다.[751]

---

747) OECD, *Pillar Two Blueprint*, p.128(473항).
748) OECD, *Pillar Two Blueprint*, p.128(478항).
749) OECD, *Pillar Two Blueprint*, p.130(485항).
750) OECD, *Pillar Two Blueprint*, p.132(495항).
751) OECD, *Pillar Two Blueprint*, p.123, Box.

고정사업장은 세원잠식방지규칙 목적상 별도의 구성기업으로 취급되므로, 지급인 관할권(payer jurisdiction)에서 공제가능한 일반적 기준을 충족할 경우 고정사업장으로부터 그의 본사로, 또는 본사에서 고정사업장으로의 간주지급(deemed payments)과 조세목적으로 인식된 동일한 본사의 고정사업장 사이의 간주지급은 지급의 정의에 포함되어야 한다. 이는 첫 번째 또는 두 번째 배분지표에 따라 고려되는 지급에 적용된다.[752]

(4) 비용공제부인규칙에 따라 배분할 수 있는 추가세액 한도

비용공제부인규칙은 소득산입규칙에 대한 보완적 규정(backstop)으로 작동하도록 설계되었다. 따라서 각 관할권에서 비용공제부인규칙에 따른 총조정액(aggregate adjustments)은 다국적기업의 실효세율을 다국적기업이 운영하는 각 관할권의 최저한세율까지 올리는데 필요한 추가세액을 초과할 수 없다.[753] 그리고 이와 같은 조정에 대한 전체 한도 외에 다음의 두 가지 추가적인 한도가 있다.

(a) 첫 번째 한도는 비용공제부인규칙에 따라 조정이 이루어지는 관할권에 의해 적용된다. 저세율 구성기업에 대한 직접 지급(direct payments)과 관련하여 첫 번째 배분지표에 따라 배분될 수 있는 총 추가세액은, 비용공제부인규칙 납세자의 관할권에서 적용되는 국내 대상조세 세율에 규칙을 적용하기 위해 고려되는 공제가능한 직접 지급금액을 곱한 금액을 초과할 수 없다.[754]

(b) 두 번째 배분지표는 순 관계인 비용(net related party expenditure) 금액에 비례하여 비용공제부인규칙 납세자간의 추가세액을 배분하는데,

---

752) OECD, *Pillar Two Blueprint*, p.132(497항).

753) OECD, *Pillar Two Blueprint*, p.132(498항).

754) OECD, *Pillar Two Blueprint*, p.133(500항).

이 배분지표와 관련하여 배분되는 총 추가세액도 제한된다. 이 추가세액은 비용공제부인규칙 납세자의 관할권에서 적용되는 국내 대상조세 세율에 규칙을 적용하기 위해 고려되는 공제가능한 그룹 내 지급의 총액(세전금액)을 곱한 금액(그룹 내 소득공제 없음)을 초과할 수 없다. 이러한 지급은 첫 번째 배분지표에 따라 한도를 계산하기 위해 이미 고려된 지급을 제외하고, 모두 비용공제부인규칙 납세자에 의하여 이루어지는 그룹 내 지급이다.[755]

(5) 비용공제부인규칙 납세자(UTPR Taxpayer)의 정의

비용공제부인규칙 납세자(UTPR Taxpayer)는 세원잠식방지규칙에 따라 비용공제부인규칙을 구현한 관할권에 위치한 모든 구성기업이다.[756] 그러므로 추가세액은 오로지 그들이 위치한 관할권에서 비용공제부인규칙의 적용을 받는 구성기업 사이에만 배분된다. 소재지 관할권에서 비용공제부인규칙의 적용을 받지 않는 구성기업에는 어떠한 추가세액도 배분되지 않는다.[757] 비용공제부인규칙 납세자는 동일한 관할권에 위치한 하나의 구성기업 또는 여러 구성기업들로만 구성될 수 있다. 예를 들어, 해당 관할권의 세법상 조세연결그룹(tax consolidated group)에 속한다면, 여러 구성기업은 오로지 하나의 비용공제부인규칙 납세자를 구성할 수 있다.[758] 이러한 구성기업 결합은 비용공제부인규칙 납세자들에게 배분될 수 있는 총 추가세액에 영향을 주지 않아야 하고, 또한 구성기업이 첫 번째 배분지표에 따라 배분되는 추가세액에도 영향을 미치지 않아야 한다.[759] 단일한 비용공

---

755) OECD, *Pillar Two Blueprint*, p.133(501항).

756) OECD, *Pillar Two Blueprint*, p.123, Box.

757) OECD, *Pillar Two Blueprint*, p.135(516항).

758) OECD, *Pillar Two Blueprint*, p.136(518항).

제부인규칙 납세자를 형성하기 위해 특정관할권에서 여러 구성기업을 결합하거나 결합하지 않을 가능성은 해당 관할권의 국내법에 달려 있다.[760]

(6) 비용공제부인규칙에 따른 조정

비용공제부인규칙에 따라 추가세액이 배분된 납세자는 그룹 내 지급에 대한 공제를 거부하거나 국내법에 따라 이에 상응하는 조정을 해야 배분된 추가세액과 동일한 추가 납세의무를 갖게 된다.[761] 앞서 설명한 추가세액 배분방법은 비용공제부인규칙 관할권에서 비용공제부인규칙에 따라 이루어질 조정금액을 계산하기 위한 기준을 제공한다. 그러나 세원잠식방지규칙은 이러한 조정이 이루어져야 하는 방법을 규정하지 않으며, 이는 비용공제부인규칙을 채택하기로 선택한 관할권에 맡겨진 국내법 이행의 문제이다.[762] 조정은 관계인에 대한 지급에 관한 공제의 제한 또는 거부를 통한, 또는 추가세금의 형태가 될 수 있다. 조정이 이루어지는 형식은 국내 조세 시스템의 기존 설계에 따라 달라질 것이고, 기타 국내법 조항 및 조세조약에 따른 것을 포함한 관할권의 국제적 의무와 조정되어야 한다.[763] 비용공제부인규칙의 국내 설계는 납세자가 과세소득을 계산하기 위해 일반 국내 규칙에 따라 납부하였을 세금에 대해 증가되는 추가세금을 부과함으로써 비용공제부인규칙이 소득산입규칙에 대한 효과적인 보완적 규정으로 작동하도록 해야 한다.[764]

---

759) OECD, *Pillar Two Blueprint*, p.136(518항).

760) OECD, *Pillar Two Blueprint*, p.136(518항).

761) OECD, *Pillar Two Blueprint*, p.124, Box.

762) OECD, *Pillar Two Blueprint*, p.136(519항).

763) OECD, *Pillar Two Blueprint*, p.136(519항).

764) OECD, *Pillar Two Blueprint*, pp.136~137(520항).

만약 비용공제부인규칙 조정이 공제거부 또는 그룹 내 지급의 공제제한의 형태를 취한다면, 적용되는 범위는 비용공제부인규칙 납세자에게 배분된 추가세액에 달려 있다.[765] 거부되는 공제금액은 비용공제부인규칙 납세자에게 배분된 추가세액을 이 기업에 적용되는 법인세율로 나눈 값이며, 만약 비용공제부인규칙이 공제거부로 운영된다면, 기업에 배분된 최고 추가세액은 사실상 한도가 될 것이다.[766] 비용공제부인규칙은 다음과 같이 해당 기간 동안 그룹 내 지급을 기반으로 계산된다. 첫 번째 배분지표에 따라, 배분은 추가세액이 배분된 기간에 저세율 구성기업이 받은 총 그룹 내 지급을 기반으로 결정된다. 두 번째 배분지표에서, 배분은 추가세액이 배분된 기간 동안 종료되는 비용공제부인규칙 납세자의 회계기간 동안 순 그룹 내 비용을 기준으로 결정된다.[767]

7. 특별규칙(Special Rules)

(1) 단순화된 소득산입규칙(Simplified IIR)

소득산입규칙은 규칙을 적용하는 모기업에 의하여 직접 또는 간접적으로 소유된 구성기업의 소득에 적용되므로, 지분권이 있는 다국적기업의 관계사(Associates)와 공동기업(Joint Ventures)의 소득에 대한 지분은 지분법에 따른 그룹의 재무회계소득에 포함되지만 영구적인 차이로 세원잠식방지

---

765) OECD, *Pillar Two Blueprint*, p.137(521항).
766) OECD, *Pillar Two Blueprint*, p.137(522항). 같은 항에 따르면, 공제를 거부하는 것은 규칙에 따라 공제 불가능한 것으로 간주되는 총 비용에 대한 법인세율과 동일한 지급인의 조세부담 증가로 이어진다. 그러나 관할권은 만약 납세자에게 배분된 추가세액이 당해 연도에 조정을 초래하지 않은 경우, 조세채무가 이월되도록 보장하는 방법을 도입할 수 있다.
767) OECD, *Pillar Two Blueprint*, p.137(524항).

과세표준에서는 제외된다.[768] 그러나 관계사와 공동기업으로부터 다국적기업그룹의 소득을 제외하면 소득 누출과 불공정의 위험이 있으므로 이들에 대한 완전 면세는 적절하지 않다.[769] 다만, 관계사와 공동기업의 모든 소득에 소득산입규칙 적용시 관련 재무정보 확보의 어려움, 소수지분권이 관할권에서 다국적기업그룹의 실효세율에 중대한 영향을 미칠 가능성의 우려 등을 고려하여 단순화된 소득산입규칙을 적용할 수 있다.[770] 이는 일반적으로 지분법에 따라 보고되는 기업 또는 약정에 대한 소유지분으로 인한 다국적기업그룹의 소득에 적용되며, 단순화된 소득산입규칙의 적용은 하향식 접근법에 따라 최종모회사가 우선순위를 갖게 된다. 그러나 다국적기업그룹이 직접 소유지분을 갖고 있고, 세원잠식방지규칙을 채택한 관할권에서 조직되었으며, 실효세율이 최저한세율 이상인 기업 또는 약정인 경우에는 이 규칙이 적용되지 않는다.[771] 단순화된 소득산입규칙은 각 관계사 또는 공동기업 전체의 지분에 대한 실효세율을 결정하는바, 즉, 기업에 대한 각 투자로 인한 다국적기업그룹의 지분법 소득과 관계사 또는 공동기업 및 그 자회사에 의하여 연간 발생하는 (법인)소득세에 대한 다국적기업그룹의 비례적 지분을 근거로 각 기업에 귀속되는 소득에 대한 실효세율을 결정한다.[772] 단순화된 소득산입규칙은 이연법인세회계 및 전세계 합산을 기반으로 하여 실효세율을 계산할 목적으로 조세채무를 계산하므로 일반적으로 이월결손금 공제는 필요하지 않으며, 또한 고정수익(fixed return)에 대한 적용제외(carve-out)를 허용하지 않는다.[773]

---

768) OECD, *Pillar Two Blueprint*, p.144(539항).

769) OECD, *Pillar Two Blueprint*, p.144(540항).

770) OECD, *Pillar Two Blueprint*, pp.144~145(541~542항).

771) OECD, *Pillar Two Blueprint*, p.145(542항).

772) OECD, *Pillar Two Blueprint*, p.145(544항).

(2) 독립기업규칙(Orphan Entities rule)

세원잠식방지규칙은 납세자와 동일한 다국적기업그룹의 구성원인 저세율 구성기업에 대해서만 적용된다. 비록 다국적기업그룹을 구성하는 구성기업으로서 동일한 주주 또는 주주그룹에 의해 지배될지라도, 일부 기업 또는 약정은 세원잠식방지규칙 범위 내의 구성기업이 아닐 수 있다. 이러한 경우가 발생할 수 있는 가장 일반적인 상황은 다국적기업그룹의 기본 주주 또는 주주그룹 및 기업 또는 약정이 펀드, 재단, 또는 특수관계인(connected individuals, 예: 가족) 그룹으로 구성되어 있는 경우로서, 그 스스로 다국적기업그룹의 일부를 형성하지 않는 경우이다.[774] 이러한 기업 또는 약정을 "독립기업(Orphan Entities)"이라고 하며, 이들은 공통적인 지배주주의 이익을 위해 다국적기업그룹으로부터 이익을 추출하는데 사용될 수 있는 비구성기업(non-Constituent Entities)으로서, BEPS 위험을 유발한다.[775] 독립기업규칙은 이러한 위험을 완화시키기 위하여 다국적기업그룹의 범위에 대한 일반적인 정의의 예외로서, (ⅰ) 어떠한 기업이 다국적기업그룹의 일부 또는 모든 구성기업과 관련되어 있고(특수관계인 요건 충족), (ⅱ) 구성기업이 직접 지급한 공제가능한 그룹 내 지급에서 연간 매출액의 일정 금액 또는 일정 비율보다 수익이 더 많이 발생하는 경우, 해당 기업 또는 약정을 비용공제부인규칙 목적상 구성기업으로 취급한다.[776] 다만, 앞에서 본 적용제외기업은 독립기업으로 간주되지 않는다.[777]

---

773) OECD, *Pillar Two Blueprint*, pp.145~146(549~550항). 550항에 따르면, 단순화된 소득산입규칙은 해당 투자에 대한 전체 수익과 예상되는 해당 수익에 대한 조세채무를 간단하게 측정하는 지분투자에 부과되는 독립형 세금(stand alone tax)이기 때문에 이러한 간소화가 적절하다.

774) OECD, *Pillar Two Blueprint*, p.146(552항).

775) OECD, *Pillar Two Blueprint*, p.146(553항).

776) OECD, *Pillar Two Blueprint*, p.146(554항).

여기서 "특수관계인(connected persons)"이란, 모든 관련 사실과 상황에 근거하여 한 사람이 다른 사람을 지배하거나 둘 다 같은 사람(들)의 지배를 받는 경우 그 두 사람은 특수관계인이 된다는 것으로, 또한 다음의 어느 한 경우 개인 또는 기업은 다른 사람과 특수관계가 있는 것으로 간주된다.[778] (a) 한 사람이 직접적 또는 간접적으로 다른 사람의 수익지분의 50%를 초과하여 보유하는 경우(또는 회사의 경우 회사주식의 총 의결권과 주식가치 또는 회사에 대한 수익지분의 50% 초과) 또는 (b) 다른 사람이 직접적 또는 간접적으로 각 개인의 수익지분의 50%를 초과하여 보유하는 경우(또는 회사의 경우 회사주식의 총 의결권 및 주식가치 또는 회사에 대한 수익지분의 50% 초과).[779]

그리고 만약 그와 같은 기업을 독립기업으로 취급하면 비용공제부인규칙

---

777) OECD, *Pillar Two Blueprint*, p.146(553항).
778) OECD, *Pillar Two Blueprint*, p.147, Box.
779) 국조법 제2조 제1항 제3호의 "특수관계" 요건과 유사하다. 다만 국조법에서는 아래에서 보는 바와 같이 특수관계의 범위를 좀 더 넓게 보고 있다.
국조법 제2조(정의) ① 이 법에서 사용하는 용어의 뜻은 다음과 같다.
3. "특수관계"란 다음 각 목의 어느 하나에 해당하는 관계를 말하며, 그 세부 기준은 대통령령으로 정한다.
　가. 거래 당사자 중 어느 한쪽이 다른 쪽의 의결권 있는 주식(출자지분을 포함한다. 이하 같다)의 50퍼센트 이상을 직접 또는 간접으로 소유하고 있는 경우 그 거래 당사자 간의 관계
　나. 제3자와 그 친족 등 대통령령으로 정하는 자가 거래 당사자 양쪽의 의결권 있는 주식의 50퍼센트 이상을 직접 또는 간접으로 각각 소유하고 있는 경우 그 거래 당사자 간의 관계
　다. 거래 당사자 간에 자본의 출자관계, 재화·용역의 거래관계, 금전의 대차관계 등에 따라 소득을 조정할 만한 공통의 이해관계가 있고, 거래 당사자 중 어느 한쪽이 다른 쪽의 사업 방침을 실질적으로 결정할 수 있는 경우 그 거래 당사자 간의 관계
　라. 거래 당사자 간에 자본의 출자관계, 재화·용역의 거래관계, 금전의 대차관계 등에 따라 소득을 조정할 만한 공통의 이해관계가 있고, 제3자가 거래 당사자 양쪽의 사업 방침을 실질적으로 결정할 수 있는 경우 그 거래 당사자 간의 관계

에 따라 징수할 수 있는 추가세액이 증가하는 결과가 되는 경우, 독립기업은 비용공제부인규칙의 범위에 포함될 수 있다. 그러므로 독립기업은 소득 및 대상조세를 포함하여 다음 중 하나의 결과를 얻는 경우에만 포함된다. (a) 다국적기업그룹이 그의 실효세율을 계산하는 관할권의 범위에 새로운 관할권을 추가하고(독립기업과 동일한 관할권에 있는 구성기업이 없는 경우), 독립기업의 소득 및 대상조세를 고려한 결과 해당 관할권의 다국적기업의 실효세율이 최저한세율보다 낮은 경우, 또는 (b) 독립기업이 위치한 관할권의 다국적기업의 실효세율이 독립기업의 소득 및 대상조세를 고려한 후 최저한세율이 되거나 그 미만으로 유지되는 경우.[780]

Ⅱ. 원천지국과세규칙(Subject to tax rule)

원천지국과세규칙(Subject to tax rule, "STTR")은 조세조약상 원천지국인 자회사(자회사소재국 면세)가 모회사에 지급한 자회사 소득이 모회사소재국에서 최저한세율 미만으로 과세될 때, 그 소득에 부여되는 조세조약상 혜택을 배제하여 자회사소재국(원천지국)의 과세를 허용하는 규칙이다. 아래에서 보는 바와 같이 원천지국과세규칙은 관계회사 사이에서 지급된 금액에 한정하여 적용된다. 세원잠식방지규칙은 다른 관할권이 1차적 과세권한을 행사하지 않았거나 해당 지급이 실효적 과세 미만의 수준인 경우, 관할권에 합의된 최저한세율까지 "세금환급(tax back)" 권한을 제공하는 규칙을 개발하고자 하며,[781] 원천지국과세규칙은 세원잠식방지규칙을 보완하는 조약기반 규칙이다.

---

780) OECD, *Pillar Two Blueprint*, p.148(562항).
781) OECD, *Pillar Two Blueprint*, p.150(566항).

1. 적용범위

(1) 특수관계인 요건(Connected persons requirement)

원천지국과세규칙은 특수관계인 간의 지급에 적용되며, 한 사람이 다른 사람을 지배하거나 둘 다 동일한 사람 또는 사람들의 지배하에 있는 경우 두 사람은 "특수관계인(connected)"인 것으로 다루어진다. 이는 사실상의 지배관계(de facto control relationship)를 기반으로 하지만, 이러한 지배요건은 한 사람이 다른 사람의 이익지분의 50%를 초과하여 직접 또는 간접적으로 소유하거나 제3자가 직접적 또는 간접적으로 양자 모두에 대해 수익지분의 50%를 초과하여 소유하는 경우 자동적으로 충족된다.[782] 모든 관련 사실과 상황에 근거하여 한 사람이 다른 사람을 통제하거나 둘 다 같은 사람 또는 사람들의 통제를 받는 경우 두 사람은 "특수관계인(connected persons)"이 되며, 다음은 어떠한 경우에도 개인 또는 기업(enterprise)은 다른 사람과 특수관계인으로 간주된다.[783] (a) 한 사람이 직·간접적으로 다른 사람에 대한 수익지분의 50%를 초과하여 보유한 경우(또는 회사의 경우 회사주식의 총 의결권 및 주식가치 또는 회사에 대한 수익지분의 50% 이상 초과) 또는 (b) 다른 한 사람이 직·간접적으로 각 개인의 수익지분의 50%를 초과하여 보유하는 경우(또는 회사의 경우 회사주식의 총 의결권 및 주식가치 또는 회사에 대한 수익지분의 50% 초과). 위 심사는 앞서 살펴본 독립기업에 사용된 지배력심사와 동일하며, 이는 연결회계에서 사용되는 지배력심사와 유사하다.[784]

---

782) OECD, *Pillar Two Blueprint*, p.151(573항), b.

783) OECD, *Pillar Two Blueprint*, pp.153~154, 9.2.2. Box.

784) OECD, *Pillar Two Blueprint*, p.154(575항).

(2) 대상지급(covered payments)의 범주

원천지국과세규칙은 세원잠식의 문제를 일으키는 정의된 일련의 지급에 적용될 것이다.[785] 원천지국과세규칙은 이자와 수수료의 지급에 적용되고,[786] 그 밖에 (a) 서비스와 함께 무형자산을 사용하거나 사용할 권리에 대한 가맹수수료 또는 기타 지급, (b) 보험 또는 재보험료, (c) 보증, 중개 또는 융자의 수수료, (d) 동산의 사용 또는 사용권에 대한 임대료 또는 기타 지급, (e) 홍보, 조달, 대행, 또는 기타 중개서비스의 공급을 위해 지급된(또는 수취인이 보유한) 금액에 적용된다.[787] 위에서 나열된 (a)~(e)까지의 범주에 속하지 않는 지급에는 원천지국과세규칙이 적용되지 않으며, 지급을 통해 오직 저수익만 발생되는 경우에도 적용되지 않는다.[788] 여기서 지급은 수취인이 지급금을 받을 때 발생하는 비용을 참조하여 계산되거나 또는 원가가산기준(cost plus basis)에 따라 계산될 수 있고, 이익률이 합의된 비율보다 높지 않은 경우의 저수익 지급일 수 있다.[789] 저수익 지급에 대한 제외의 효과는 높은 수익을 발생시키는 지급에만 원천지국과세규칙을 집중시키는 것이다.[790]

(3) 제외기업

세원잠식방지규칙의 적용범위와 관련하여, 원천지국과세규칙은 소득산

---

785) OECD, *Pillar Two Blueprint*, p.151(573항), c.
786) OECD, *Pillar Two Blueprint*, p.155(589항).
787) OECD, *Pillar Two Blueprint*, p.155(590항).
788) OECD, *Pillar Two Blueprint*, p.155(594항).
789) OECD, *Pillar Two Blueprint*, p.158(613항).
790) OECD, *Pillar Two Blueprint*, p.158(615항). 수취인에게 낮은 수익을 발생시키는 활동은 지급인 관할권에 대한 세원잠식위험이 가장 적을 것이기 때문이다.

입규칙 및 비용공제부인규칙의 범위를 벗어나는 특정 기업에는 적용되지 않는다.[791] 이러한 규칙에서 제외될 것으로 예상되는 기업들은 투자펀드, 연금펀드, 정부기관(국부펀드 포함), 국제기구 및 비영리기구이다.[792]

(4) 중대성 적용기준(Materiality threshold)

적용기준 등이 없는 경우, 다국적기업은 각 개별 수취인 관할권에서 특수관계인(connected persons)에게 지급되는 모든 적용대상 지급에 대해 조정된 명목세율을 식별하고 계산해야 할 것이다. 이는 바람직하지 아니하므로 조세정책상 허용되는 한 원천지국과세규칙은 그러한 의무준수부담을 최소화하도록 노력해야 하며, 적용기준 등은 최소 결과를 규칙의 범위에서 제외할 수 있다.[793] 이를 위한 한 가지 방법은 중대성 적용기준의 적용으로, 이는 보다 큰 조세확실성을 제공한다. 그러나 중대하게 중요한 위험(materially significant risk)은 관할권의 크기에 따라 다를 수 있고, 적용기준심사를 관리하는 것 자체가 복잡성과 비용을 초래할 수 있으며, 특히 과세당국의 능력이 낮은 경우 더욱 그러하다.[794] 그러므로 다국적기업그룹의 규모, 계층화된 대상지급의 유로가치, 그리고 총 지출비용에 대한 대상지급의 비율 중 어느 하나 또는 조합을 기반으로 중대성 적용기준이 고려될 것이다.[795]

---

791) OECD, *Pillar Two Blueprint*, p.151(573항), d.
792) OECD, *Pillar Two Blueprint*, p.159(617항).
793) OECD, *Pillar Two Blueprint*, p.160(623항).
794) OECD, *Pillar Two Blueprint*, p.161(625항).
795) OECD, *Pillar Two Blueprint*, p.151(573항), e.

2. 운영 및 효과

(1) 원천지국과세규칙에 대한 명목기준(nominal basis)의 적용

원천지국과세규칙은 과세표준의 특정한 영구변경사항을 조정한 이후, 대상지급(covered payment)에 수취인 관할권에서 합의된 최저한세율보다 낮은 명목세율이 적용되는 경우에 작동된다.[796] 원천지국과세규칙은 조약규칙이므로 명목세율 심사를 적용할 목적으로 고려되는 세금은 OECD 모델 조세조약(2017) 제2조에 정의된 대로 조약 목적상 대상조세일 것이다.[797] 필라 2 블루프린트는 신뢰성 있는 결과도출을 위해 조정된 명목세율의 결정은 수취인 관할권에서 상대방 당사자에게 적용되는 법정세율로부터 시작하고, 지급 또는 수취 기업에게 직접적으로 연결된 우대세율 또는 특별면제, 제외, 감축 또는 확장을 참조하여 이를 조정한다.[798] 이러한 지급에 대한 실제세율에 수취인 관할권에서 과세되는 지급비율을 곱하면, 조정된 명목세율이 산출되는바, 즉, 지급으로부터 제외 또는 공제를 고려한 후 과세대상 지급의 비율을 참조하여 지급에 대한 세율을 계산할 것이다.[799]

(2) 최저세한세율까지 추가과세(Top-up to a minimum rate)

원천지국과세규칙의 효과는 원천지국이 합의된 최저한세율까지 지급총액에 과세하도록 허용하는 것이다. 즉, 지급인 관할권은 원천지국과세규칙에 따라 제공된 최저한세율과 수취인 관할권에서 대상지급에 적용되는 조정된 명목세율의 차이와 동일한 비율(rate)로 대상지급에 원천징수세를 부

---

796) OECD, *Pillar Two Blueprint*, p.163(637항).
797) OECD, *Pillar Two Blueprint*, p.163(639항).
798) OECD, *Pillar Two Blueprint*, p.163(640항).
799) OECD, *Pillar Two Blueprint*, p.163(640항).

과할 수 있다.[800]

Ⅲ. 규칙 간 적용순위

1. 원천지국과세규칙

원천지국과세규칙이 원천지국에게 대상지급에 추가세액을 적용하도록 허용하는 경우(예: 원천징수세의 형태), 해당 추가세액의 효과는 세원잠식 방지규칙의 실효세율을 결정할 때 고려될 것이다.[801] 이 추가세액은 국가별 구분계산 접근법에 따라 그 지급을 소득으로 고려하는 구성기업에 배분된다.[802] 세원잠식방지규칙은 수취인의 실효세율 계산을 함에 있어서 원천지국과세규칙의 결과에 따라 세금이 부과되도록 함으로써 원천지국과세규칙의 적용에 효과적으로 우선순위를 부여한다. 즉, 다른 필라 2 규칙들과의 관계에 있어서 원천지국과세규칙이 우선 적용된다.[803]

2. 세원잠식방지규칙

세원잠식방지규칙에 따라 과세표준 및 대상조세를 계산하고 배분하는 방법은 각 구성기업의 소득에 부과되는 국내 및 국외 세금을 모두 고려하도록 설계되었다.[804] 그러므로 국가별 구분계산에 따른 세원잠식방지규칙에

---

800) OECD, *Pillar Two Blueprint*, p.165(650항). 같은 항에 따르면, 이 규칙은 (세전)지급총액에 적용되기 때문에, 과다과세위험을 완화하기 위해 원천지국과세규칙에 따른 작동비율과 추가세액 금액을 소득산입규칙 및 비용공제부인규칙에 따라 설정된 최소실효세율보다 낮은 비율로 제한하는 것이 적절할 수 있다.

801) OECD, *Pillar Two Blueprint*, p.171(671항).

802) OECD, *Pillar Two Blueprint*, p.171(671항).

803) OECD, *Pillar Two Blueprint*, p.171(671항).

804) OECD, *Pillar Two Blueprint*, p.172(672항).

따라 구성기업의 실효세율을 결정함에 있어서, 국외소득에 대한 과세(피지배외국법인세제 등) 또는 비거주자의 국내원천소득에 대한 과세(원천징수제도 등)에 대한 기존 규칙의 효과가 고려되는바, 즉, 피지배외국법인세제에 따라 부과되는 세금과 원천징수세는 다른 필라 2 규칙에 대해 우선순위를 가진다.[805]

(1) 소득산입규칙

소득산입규칙은 세원잠식방지규칙에 따라 비용공제부인규칙에 우선적으로 적용된다. 그러나 소득산입규칙에는 다른 관할권의 소득산입규칙이 저세율 소득에 대한 동일한 지분에 적용될 수 없도록 하는 추가 조정규칙이 포함되어 있다.[806] 각 관할권에서 소득산입규칙의 적용을 조정하기 위한 주요방법은 최종모회사로부터 시작하여 다국적기업그룹의 소유권사슬의 최상위에 있거나 그 근처에 있는 구성기업의 관할권에서 소득산입규칙의 적용에 우선순위를 부여하는 하향식 접근법을 통한 것으로, 최종모회사가 소득산입규칙을 구현한 관할권에 위치하지 않는 경우 소득산입규칙 적용에 대한 책임은 해당 최종모회사와 그 소유권사슬 아래에서 직접 소유하고 지배하는 구성기업에 속한다.[807]

(2) 과세권전환규칙

과세권전환규칙은 소득산입규칙을 보완하기 위한 규칙이다. 해당 관할권의 법에 따라 면제된 고정사업장 소득을 소득산입규칙에 적용하려는 모

---

805) OECD, *Pillar Two Blueprint*, p.172(672항).
806) OECD, *Pillar Two Blueprint*, p.172(673항).
807) OECD, *Pillar Two Blueprint*, p.172(673항).

회사는 모회사 관할권이 고정사업장 소득을 면제할 의무가 있는 양자조세조약을 체결한 경우 이를 실현할 수 없을 것이므로, 이를 보완하기 위해 모회사의 거주지국에서 소득산입규칙에 따라 제공된 최저한세율까지 고정사업장 소득에 세금을 부과할 수 있도록 과세권전환규칙이 필요하다.[808]

(3) 비용공제부인규칙

소득산입규칙은 비용공제부인규칙보다 우선한다. 그러므로 세원잠식방지규칙에 따라 소득산입규칙의 적용을 받는 외국 구성기업에 의해 직접 또는 간접적으로 지배되는 구성기업에 대하여는 비용공제부인규칙에 따라 추가세액을 배분할 수 없다.[809]

제3절 필라 1 · 2 블루프린트에 대한 평가

Ⅰ. 필라 1 · 2 블루프린트에 대한 평가

1. 필라 1 · 2 블루프린트의 의의

필라 1 · 2 블루프린트는 OECD의 2020년 1월 합의안, 즉 두 가지 접근법(Two Pillar Approach) 논의에 대하여 의미있는 구체화가 진행됨에 따라 도출된 중간 결과물이라고 할 수 있다. 즉, 2020년 1월 합의안에서는 전 세계적인 의사합치 기반 해결방안의 도출을 위한 기본구조로서의 필라 1의 통합접근법의 개요에 대해 제시한 것으로 볼 수 있다면, 2020년 10월의 필라 1 · 2

---

808) OECD, *Pillar Two Blueprint*, p.172(675항).

809) OECD, *Pillar Two Blueprint*, p.172(676항).

블루프린트에서는 그에 관한 최종 합의 도출을 위한 상당한 진전을 이루어 낸 것으로 평가되고 있다.[810] 또한 필라 1·2 블루프린트는 2020년 1월 합의안 이후 각 구성요소별 의견수렴 상황과 함께 추가적인 논의와 작업이 필요한 부분 및 향후의 논의 방향에 대해서도 항목별로 명확하고 구체적으로 제시하여 '블루프린트'로서의 역할을 충실히 수행하였다. 나아가 이는 1998년 오타와 전자상거래 각료회의 개최 이후 2013년부터 본격적으로 진행되어 온 BEPS 프로젝트에 대하여 비록 종국적이지는 않더라도 실질적으로 유의미한 성과라 할 것이며, 디지털세(필라 1·2) 최종 합의를 위한 가교이자 동시에 최종 합의의 실현을 실질적으로 앞당기는 역할을 하였다.

2. 필라 1·2 블루프린트와 기존 국제조세 제도의 차이 및 관계

필라 1·2 블루프린트는 기존의 고정사업장 원칙, 이전가격세제 등을 일괄 폐지하는 것이 아니라, 기존 국제조세 체계를 유지하면서 일정 범위 내에서 새로운 필라 1·2 제도가 우선적으로 적용되는 방식을 취하고 있다. 즉, 우선 필라 1 블루프린트의 이익 A 제도에 관하여 보면, 디지털경제를 이용한 다국적기업의 대규모 수익창출에도 불구하고 과세권배분의 전제로서 물리적 실재를 요구하는 기존 고정사업장 원칙 하에서는 과세대상이 될 수 없었던 이익 A의 영역에 대해, 물리적인 고정사업장이 없는 경우에도 일정한 요건 충족시 새로운 과세연계점(New Nexus)을 인정하여 시장소재지국에 새롭게 과세권을 창설하고, 과세권 배분지표(allocation key)에 따라 글로벌 초과이익의 일부(시장기여분)를 배분함으로써 과세대상 범위 내로 포섭하도록 하였다. 다시 말하여 기존 고정사업장 제도에 따라 종전부터 과세대상이

---

810) 기획재정부 보도참고자료, "경제협력개발기구(OECD)/주요 20개국(G20) 포괄적 이행체계(IF), 디지털세 논의 경과 보고서 공개", p.1, 2020. 10. 12.

되었던 부분은 기존 고정사업장 제도에 따르고, 이와 함께 기존 고정사업장 제도에 따라 과세대상이 아니었던 부분의 경우에도 이익 A 제도에 따른 과세요건을 충족하는 경우에는 새로운 과세대상으로 삼아 규율하게 된 것이다. 이는 기존 국제조세 체계의 틀을 유지하는 전제에서 기존 제도로서 규율할 수 없었던 영역에 대한 새로운 과세권 창설과 배분에 관한 제도이므로, 이익 A 제도는 '과세권 창설'의 관점에서는 기존 고정사업장 제도와 적용범위를 달리한다고도 볼 수 있다. 따라서 이익 A 제도와 기존 고정사업장 제도는 기본적으로 병존하여 작동하며, 다만 이익 A 범위 내에서는 이익 A 제도가 기존 고정사업장 제도에 우선하여 적용된다. 이와 같은 필라 1 제도는 전 세계적인 과세권 배분의 관점에서 볼 때, 기존 고정사업장 제도의 디지털경제 하에서의 한계를 보완하는 역할을 수행하게 될 것이다.

다음으로 필라 1 블루프린트의 이익 B 제도에 관하여 살펴본다. 필라 1 논의는 다국적기업의 국외관계사가 수행하는 기본적인 마케팅 및 유통활동에 대하여 시장소재지국에 고정수익률로 과세권을 배분하기 위한 방법으로 이익 B를 상정하고, 해당금액 범위 내에서는 기존의 이전가격세제에서의 정상가격 산정방식을 단순화·표준화하여 적용하는 방식을 채택하였다. 이는 납세자들의 납세협력비용과 과세당국의 집행·관리비용을 절감하고 조세확실성을 제고하는 방식으로 평가되며, 향후 최종 합의될 이익 B 범위 내에서는 새로운 제도가 기존의 이전가격 과세제도를 대체하게 된다. 그러나 새로운 이익 B 제도는 기존 이전가격세제와 완전히 다른 결과를 도출하는 것이 아닌, 기존 이전가격세제와 동일 내지 유사한 결과를 의도하는 것이며, 다만 정상가격 계산방식을 단순화함으로써 비용절감 및 조세확실성을 도모하기 위한 것임을 유의할 필요가 있다.

필라 2 블루프린트 논의는, 남아있는 다국적기업의 세원잠식과 소득이전을 위한 공격적 조세회피(BEPS) 문제를 해결하기 위한 세원잠식방지규칙(글로벌 최저한세)의 도입에 관한 것이다. 그러므로 필라 2 블루프린트 논의는, 기본적으로 (특히 세원잠식방지규칙의 경우) 기존의 국제조세 체계 하에서는 해결할 수 없었던 적용범위 밖의 조세회피 영역에 대한 새로운 규율이자 동시에 새로운 과세권 확보로 볼 수 있으며, 관할권별 실효세율이 합의된 최저한세율에 미달하는 경우 그 차액에 대하여 추가세액(top-up tax)을 과세하는 방식으로 세원잠식과 소득이전(BEPS) 문제를 해결하고자 하였다는 점에서 의의를 찾을 수 있다.

Ⅱ. 필라 1 · 2 블루프린트의 한계

1. 필라 1 · 2 블루프린트 논의의 한계점

앞에서 살펴 본 바와 같이 필라 1 · 2 블루프린트는 OECD/G20 BEPS 포괄적 이행체계(IF) 회원국들 사이에서 상당한 논의의 진전을 이루어 내었지만, 그럼에도 불구하고 최종 합의가 아닌 중간보고서의 성격을 가지고 있다는 점에서 본질적인 한계를 부인할 수 없었다. 필라 1 · 2 블루프린트만으로는 OECD/G20 BEPS 포괄적 이행체계(IF) 각 회원국들에 종국적이고 확정적인 효력을 부여할 수 없었으며, 더욱이 최종 합의가 실현될 것이라는 점 및 나아가 최종 합의의 내용에 대해서도 절대적으로 보장할 수 없었기 때문이다. 더욱이 필라 1의 이익 A 적용범위 등에 대하여, 각국의 이해관계에 따라 세이프하버 도입여부에 관한 견해 대립[811]이 존재하여 왔고,[812] 필라 2의

---

811) OECD, *Pillar One Blueprint*, p.57(168~169항).

812) 앞서 살펴 본 바와 같이 필라 1의 이익 A의 적용범위에 관하여 세이프하버의 도입을 강하게 주장한 국가는 미국이었다. 그러나 재닛 옐런(Janet Yellen) 미국 재무장관이 2021. 1. 21. 미국 상원 금융위원회(United States Senate Committee on

구체적인 적용방안에 있어서도 OECD 사무국의 제안에도 불구하고 적용제외(carve-outs), 실효세율 합산 범위(blending), 규칙 적용순위(rule order), 최저한세율(minimum tax rate)[813] 등은 포괄적 이행체계(IF) 회원국들 사이에 이견이 커서 정치적 합의가 필요[814]한 상황이었다.

2. 필라 1·2 블루프린트에 대한 세계 각국 이해관계자들의 비판

OECD는 필라 1·2 블루프린트 발표 직후인 2020. 10. 12.부터 2020. 12. 10. 기간 동안 공개협의문서(Public Consultation Document: Report on the Pillar

---

Finance) 인사청문회에서 미국이 BEPS 문제와 디지털 과세분쟁을 해결하기 위한 OECD/G20의 다자간 노력에 협력할 것이라고 밝힘에 따라, 향후 미국의 입장 변화 가능성을 어느 정도 예상할 수 있게 되었고(available at https://www.finance.senate.gov/imo/media/doc/Dr%20Janet%20Yellen%20Senate%20Finance%20Committee%20QFRs%2001%2021%202021.pdf), 2021. 2. 26. G20 재무장관 및 중앙은행 총재 화상회의에서 재닛 옐런 미 재무장관이 "미국은 더는 '세이프하버(safe-harbor)' 규정을 주장하지 않을 것"이라고 함으로써 바이든 행정부는 트럼프 전 행정부의 핵심요구를 철회하였다. 미국의 이와 같은 입장 변화는 필라 1·2 블루프린트에 대한 글로벌 최종 합의의 실현을 앞당기는 역할을 하게 된다{연합뉴스, "바이든 정부, 트럼프 시절 '디지털세 선택과세' 주장 포기", 2021. 2. 27., available at https://www.yna.co.kr/view/AKR20210227013200071?input=1195m(검색일자: 2021. 4. 4.)}. 당시 European Commission의 Benjamin Angel도 미국의 이와 같은 태도가 합의에 이르는데 새로운 자극이 될 것이라고 평가하였다(Danish Mehboob, "US Relinquishes its 'Safe Harbour' Request in Digital Tax Negotiations", *International Tax Review*, 1 March 2021).

813) Daniel Shaviro, "What Are Minimum Taxes, and Why Might One Favor or Disfavor Them?", *Virginia Tax Review*, Vol. 40, Iss. 2, 2021, p.443, p.444에서는 필라 2는 미국에서의 GILTI와 유사하지만, 여러 국가가 관련되어 있어 최저한세율을 설정함에 있어서 이견이 있을 수밖에 없을 것이라고 지적하고 있다.

814) OECD, *Pillar Two Blueprint*, p.14(6항); 다만 미 재무장관 스티븐 므누신(Steven T. Mnuchin)은 2019. 12. 3. OECD 사무총장에게 보낸 서신에서 필라 1에 대하여는 세이프하버를 제안하였으나, 필라 2에 대하여는 미국의 GILTI와 유사한 제도로 보아 전적으로 찬성한다고 한 바 있다(https://aboutbtax.com/NgX). 또한 많은 미국 기업들은 OECD가 GILTI 체제를 필라 2와 동일한 규칙, 특히 소득산입규칙의 다른 형태로 인식하기를 희망한다고 한다(Josh White, "OECD must clarify coexistence of GloBE and GILTI rules, say MNEs", *International Tax Review*, 7 January 2021).

One and Pillar Two Blueprints)를 발표하여, 세계 각국의 이해관계자들로부터 필라 1·2 블루프린트에 대한 서면의견을 수렴하였다.[815] 이에 세계 각국의 다국적기업그룹, 법무법인, 회계법인, 각종 기관 및 기업들은 저마다의 의견으로 응답하였는바, OECD가 2020년 12월 16일 공개한 이해관계자들의 서면의견을 살펴보면 다음과 같은 다양한 비판과 제안을 확인할 수 있었다.

우선 필라 1의 디지털서비스사업(ADS) 정의에 있어서 "자동화된(automated)"의 개념이 모호하고, 소비자대상사업(CFB)의 정의에 있어 다국적기업이 공급하는 재화나 서비스가 단순한 구성품인지 또는 완제품인지, 또는 다국적기업의 소비자와의 "대면(facing)" 여부 및 정도에 대한 판단이 매우 주관적이며, 나아가 해당 정의가 '최종사용자가 상업적 목적이 아닌 개인적 목적으로 상품 또는 서비스를 구입했는지 여부'라는 알 수 없는 의도에 의존한다는 점에서 문제가 있다고 한다.[816] 그리고 재무제표 이상의 세분화(Segmentation) 체계를 요구하는 것은 납세자와 과세당국 모두의 프로세스에 복잡성과 모호함을 더하고 그에 따라 분쟁 위험을 증가시킨다는 견해도 있다.[817] 또한 필라 2 제도의 경우도, 합리적 이유 없이 너무

---

815) OECD(2020), *Public Consultation Document: Reports on the Pillar One and Pillar Two Blueprints*, 12 October 2020 – 14 December 2020, OECD, available at https://www.oecd.org/tax/beps/oecd-g20-inclusive-framework-on-beps-invites-public-input-on-the-reports-on-pillar-one-and-pillar-two-blueprints.htm.

816) American Bar Association(ABA), "American Bar Association section of taxation: Comment on the Pillar One Blueprint", 14 December 2020, available at https://www.oecd.org/tax/beps/public-comments-received-on-the-reports-on-pillar-one-and-pillar-two-blueprints.htm, p.2

817) Amazon, "Comments on Tax Challenges Arising from Digitalisation – Reports on the Pillar One and Pillar Two Blueprints", 14 December 2020, available at https://www.oecd.org/tax/beps/public-comments-received-on-the-reports-on-pillar-one-and-pillar-two-blueprints.htm, p.2.

복잡하므로 단순화할 필요가 있으며, 세원잠식방지(GloBE) 규칙과 이른바 GILTI 제도가 공존("GILTI Co-existence")하는 방법을 제시하지 못하고 있는바, GILTI 제도와의 공존이 필라 2 단순화의 핵심이므로 이는 해결되어야 할 문제라고 비판되고 있다.[818] 이에 더하여 필라 2가 자체적으로 또는 필라 1과 결합하여 다국적기업의 유효세율에 상당한 영향을 미칠 수 있는 문제가 있으므로, 글로벌 유효세율이 확실히 최저한세율을 초과하는 경우 해당 기업을 필라 2의 적용에서 완전히 면제하는 등의 단순화 조치가 필요하다고 주장하는 의견도 있었다.[819]

3. 소결

위와 같은 점들은 필라 1·2 블루프린트의 분명한 한계점으로 언급될 수 있다. 그러나 당시 전 세계적인 디지털경제의 확대일로(擴大一路)와 각국의 과세정책 방향에 비추어 볼 때, 필라 1·2 블루프린트 논의의 핵심 골자인 두 가지 접근법에 대해서는, 각국의 이해관계에 따라 구체적인 내용에 있어서 다소간의 변경이 이루어질 가능성은 있지만,[820] 종국적으로 의사합치에 기반한 최종 합의의 타결 및 그에 따른 전 세계적인 제도 시행은 시기와 속도의 문제일 뿐이며 필연적인 귀결[821]이라고 보는 견해가 지배적이었다.

---

818) Amazon, *op. cit.*, p.5.

819) Unilever, "Unilever comments on the OECD Public Consultation Document on the Reports on the Pillar One and Pillar Two Blueprints", 14 December 2020, available at https://www.oecd.org/tax/beps/public-comments-received-on-the-reports-on-pillar-one-and-pillar-two-blueprints.htm, p.8.

820) 예컨대 독일의 경우에도 순수출국(net exporter)이므로 필라 1에 따라 시장소재지국에게 과세권이 배분되는 경우 세수가 줄어들 것을 염려한다고 한다(Ryan Finley, "OECD's Pillar 1 and 2 Impact Assessments Open to Debate", *Tax Notes International*, vol. 100, November 2020, p.842).

821) 정유석, 앞의 논문, 290면.

글로벌 최종 합의 도출이 실패할 경우 각국의 개별 조치에 따라 초래될 전 세계적인 혼란을 감안하여 볼 때, 포괄적 이행체계(IF)의 두 가지 접근법이 완벽한 제도는 아닐 수 있다 하더라도 다수의 국가들이 궁극적으로 반대하기는 어려운 대안이었기 때문이다.[822] 따라서 위와 같이 필라 1·2 블루프린트를 통해 제시된 과제들은 종국적으로는 해결될 과제이자 극복될 수 있는 한계점이었다.

---

822) Ryan Finely & Stephanie Soong Johnston, *op. cit.*, p.116.

제4장 디지털세(필라 1·2) 최종 합의와 그 후속작업 및 성과

제1절 OECD/G20 포괄적 이행체계(IF)의 필라 1·2 최종 합의문 채택

OECD/G20 포괄적 이행체계(IF)는 2021년 7월 1일 제12차 총회를 개최하였고, 필라 1·2의 핵심내용 중 상당 부분에 대해 IF 139개국 중 130개 국가의 지지를 얻어 필라 1·2 합의안을 대외 공개하였다.[823] 이후인 2021년 10월 8일, OECD/G20 포괄적 이행체계(IF)는 제13회 총회를 개최하여, 앞서 공개된 2021년 7월 1일자 위 합의문에서 결정되지 않은 주요 쟁점사항에 대해 합의하고 마침내 디지털세(필라 1·2) 최종 합의문을 채택하기에 이르렀다.

이는 약 4년에 걸친 치열한 다자 협의 끝에 포괄적 이행체계(IF) 회원국들 간의 첨예한 이견을 극복하고 이루어낸 국제적 합의로, 지난 100여 년간 이어져 내려온 국제조세 체계의 원칙을 새로 정립하는 역사적인 성과이다. 필라 1을 통해 물리적 실재 없이도 시장소재국에 과세권 배분이 가능하게 되었으며, 필라 2를 통해 글로벌 최저한세 제도가 도입됨으로써 그간 지속적으로 문제 제기되어 왔던 다국적기업의 조세회피에 대해 적극적으로 대응할 수 있게 되었다.[824]

---

823) OECD(2021), *Statement on a Two-Pillar Solution to Address the Tax Challenges Arising from the Digitalisation of the Economy*, 2021. 7. 1., available at https://www.oecd.org/tax/beps/statement-on-a-two-pillar-solution-to-address-the-tax-challenges-arising-from-the-digitalisation-of-the-economy-july-2021.pdf.

824) 기획재정부 보도참고자료, "디지털세 합의안, 포괄적 이행체계(IF) 총회에서 130개

여기서 주목할 부분은 디지털세(필라 1 · 2) 최종 합의 내용 중 종전의 필라 1 · 2 블루프린트의 논의에서 변경된 사항이다. 특히 필라 1의 경우 앞서 살펴본 필라 1 · 2 블루프린트에서는 이익 A의 적용범위 요건을 업종기준과 규모기준으로 정하고, 업종기준의 경우 디지털서비스사업(ADS)과 소비자대상사업(CFB)을 포함하도록 하여 각 사업의 대상범위에 관한 논의가 중요한 의미를 가졌다. 그러나 2021년 10월 디지털세(필라 1 · 2) 최종 합의에 이르러, 필라 1 제도의 이익 A는 연결매출액 200억유로 및 이익률 10% 이상 기준을 충족하는 글로벌 다국적기업을 적용대상으로 하며, 채굴업, 규제금융업 등 일부 업종의 경우에는 그 특수성을 감안하여 적용범위에서 제외하는 것으로 최종 확정되었다. 또한 해당 관할권 내 매출액이 100만유로 이상일 경우 과세연계점을 형성하고, 글로벌 이익 중 통상이익률 10%를 넘는 초과이익(residual profit)에 배분율(시장기여분) 25%를 적용하여 시장소재국에 과세권을 배분하는 것으로 결정되었다. 이는 미국의 의견 등 국제정치적 요소가 반영되어 나타난 결과로 이해되며, 이로 인해 앞서 살펴 본 필라 1 블루프린트의 논의는 2021년 10월 디지털세(필라 1 · 2) 최종 합의 및 그 후속작업에 이르기까지 위와 같이 바뀐 기준에 맞추어 변경 및 조정되기에 이른다.

한편, 필라 2의 경우는 2020년 10월의 블루프린트 논의와 2021년 10월의 최종 합의 내용 사이에 필라 1의 경우와 같은 급격한 변경 사항은 보이지 않으며, 필라 2 블루프린트 논의를 통해 제안된 내용에 대해 당초 반대 입장을 보이던 미국이 2021년 1월 바이든 행정부가 들어서면서 입장을 전환

_____

국의 지지 확보", 2021. 7. 2., 3면. 기획재정부는 위 보도참고자료 3~4면에서 필라 1의 경우 그간 국내 고정사업장이 없어 국내에서 큰 매출이 발생하더라도 충분히 과세하지 못했던 거대 글로벌 디지털 기업에 대한 우리나라의 추가 과세권 확보가 가능해진다는 점이 가장 큰 의미가 있고, 필라 2의 경우 글로벌 최저한세는 조세피난처 등을 활용한 다국적기업의 조세회피를 차단하려는 국제적 노력으로써 우리나라도 이에 적극 동참할 필요가 있다고 밝히고 있다.

함에 따라 논의의 빠른 진전이 있게 되었다. 즉, 2021년 2월경 개최된 G20 재무장관 및 중앙은행 총재 화상회의에서 재닛 옐런(Janet Yellen) 미 재무 장관이 미국은 더 이상 세이프하버 규정을 주장하지 않을 것이라고 천명[825] 한 뒤, 미 재무부가 2021년 5월 20일 기존 입장을 바꿔 15%의 글로벌 최저한 세율을 제안[826]하면서 G7 국가(미국, 일본, 독일, 영국, 프랑스, 이탈리아, 캐 나다)의 글로벌 최저한세율 합의가 급물살을 타게 된다.[827] 마침내 2021년 6월 4일과 5일 양일간 영국 런던에서 열린 G7 재무장관 회의에서 글로벌 최 저한세율을 최소 15%로 정하기로 합의하였으며,[828] 2021년 10월 디지털세 (필라 1 · 2) 최종 합의를 통해 최저한세율을 15%로 하는 글로벌 최저한세 제도의 핵심내용을 최종 확정하고 공식적으로 발표하기에 이르렀다.

이하에서는 먼저 OECD/G20 포괄적 이행체계(IF)의 디지털세(필라 1 · 2) 최종 합의의 주요내용에 대해 간략히 살펴본 뒤, 절을 바꾸어 디지털세(필 라 1 · 2) 최종 합의에 따른 후속 작업 및 성과에 대해 구체적으로 검토하고 자 한다.

---

825) 2021. 2. 26. 열린 G20 재무장관 및 중앙은행 총재 화상회의에서 재닛 옐런 미 재무 장관이 "미국은 더는 '세이프하버(safe-harbor)' 규정을 주장하지 않을 것"이라고 하여 바이든 정부는 트럼프 전 행정부의 핵심 요구를 철회하였다. 이와 같은 미국 의 입장 변화는 두 가지 접근법(Two Pillar Approach)에 대한 글로벌 최종 합의의 실현 가능성을 높이는 역할을 하게 되었다{연합뉴스, "바이든 정부, 트럼프 시절 '디지털세 선택과세' 주장 포기", 2021. 2. 27., available at https://www.yna.co.kr/ view/AKR20210227013200071?input=1195m(검색일자: 2021. 4. 4.)}.

826) 조세일보, "미, 글로벌 법인세 최저세율 21%→15%로 하향 제안", 2021. 5. 21., available at http://www.joseilbo.com/news/htmls/2021/05/20210521424145.html(검색 일자: 2021. 6. 6.).

827) 연합뉴스, "G7, 다국적기업 최저법인세 설정 합의에 근접", 2021. 5. 25., available at https://www.yna.co.kr/view/AKR20210525040600009(검색일자: 2021. 5. 26.).

828) 연합뉴스, "G7 최저 법인세율 '역사적 합의' 이뤘지만...실현까진 곳곳 난제", 2021. 6. 6., available at https://www.yna.co.kr/view/AKR20210606013500009(검색일자: 2021. 6. 6.).

Ⅰ. 필라 1 최종 합의의 주요내용

1. 이익 A(Amount A)

(1) 적용범위(Scope)

이익 A는 연결매출액 200억유로 및 이익률 10% 이상 기준을 충족하는 글로벌 다국적기업을 적용대상으로 하며, 채굴업, 규제금융업 등 일부 업종의 경우에는 그 특수성을 감안하여 적용대상에서 제외한다.[829]

(2) 과세연계점(Nexus)

이익 A 산정에 있어 과세연계점이란 해당 기업에 대한 과세권을 배분받을 자격이 있는 시장소재국을 판단하는 기준을 말하며, 해당 관할권 내 매출액이 100만유로 이상일 경우 과세연계점을 형성한다.[830] 다만 GDP가 400억유로보다 낮은 작은 관할권(smaller jurisdictions)의 경우에는 과세연계점이 25만유로가 될 것이다.[831] 이와 같은 특별목적의 과세연계점 규칙은 오로지 해당 관할권의 이익 A 배분 자격여부를 결정하기 위해서만 사용된다.[832]

(3) 배분총량(Quantum)

적용대상인 다국적기업그룹에 대한 이익 A의 배분은 글로벌 이익 중 통

---

829) OECD(2021), *Statement on a Two-Pillar Solution to Address the Tax Challenges Arising from the Digitalisation of the Economy*, 2021. 10. 8., p.1., available at https://www.oecd.org/tax/beps/statement-on-a-two-pillar-solution-to-address-the-tax-challenges-arising-from-the-digitalisation-of-the-economy-october-2021.pdf.

830) *Ibid.*

831) *Ibid.*

832) *Ibid.*

상이익률 10%를 넘는 초과이익(residual profit)에 배분율(시장기여분) 25%를 적용하여 시장소재국(market jurisdictions)에 과세권(이익 A)을 배분하는 방식으로 이루어진다.[833] 당초 2021년 7월 1일자 필라 1·2 합의안에서는 배분비율을 20~30%로 정하였으나,[834] 2021년 10월 8일 필라 1·2 최종 합의를 통해 배분비율을 25%로 확정하였다.

(4) 매출귀속기준(Revenue sourcing)

과세연계점 판단의 전제가 되는 기업의 매출은 재화 또는 서비스가 사용되거나 소비되는 최종시장소재국에 귀속하는 것으로 한다.[835] 다만 그 밖에 특수한 거래에 대한 기준은 추후 정립할 것이며, 매출귀속기준을 적용함에 있어 적용대상인 다국적기업은 해당 기업의 특정한 사실관계와 정황에 따라 신뢰할 만한 방법을 사용하여야 한다.[836]

(5) 과세표준 결정(Tax base determination)

이익 A에 대한 과세표준은 재무회계소득을 기반으로 하여 결정하며, 손실은 이월된다.[837]

---

833) *Ibid.*, p.2.

834) OECD(2021), *Statement on a Two-Pillar Solution to Address the Tax Challenges Arising from the Digitalisation of the Economy*, 2021. 7. 1., p.2., available at https://www.oecd.org/tax/beps/statement-on-a-two-pillar-solution-to-address-the-tax-challenges-arising-from-the-digitalisation-of-the-economy-july-2021.pdf.

835) OECD(2021), *Statement on a Two-Pillar Solution to Address the Tax Challenges Arising from the Digitalisation of the Economy*, 2021. 10. 8., p.2., available at https://www.oecd.org/tax/beps/statement-on-a-two-pillar-solution-to-address-the-tax-challenges-arising-from-the-digitalisation-of-the-economy-october-2021.pdf.

836) *Ibid.*

837) *Ibid.*

(6) 구분회계(Segmentation)

구분회계는 재무계정에 공개된 구분(segments)에 기반하여 그 구분이 적용범위 규정(scope rules)을 충족하는 예외적인 경우에 한정하여 수행한다.[838]

(7) 마케팅·유통이익 세이프하버(Marketing and distribution profits safe harbour)

적용대상 범위 내 다국적기업이 시장소재국에 배분하는 초과이익 부분에 대해 해당 국가에 이미 세금을 납부하고 있는 경우에는 세이프하버 규칙을 통해 그 국가에 배분될 과세권(이익 A)의 규모를 제한(cap)한다.[839]

(8) 이중과세제거(Elimination of double taxation)

잔여이익이 있는 법인이 조세채무를 부담하되, 소득공제 혹은 세액공제 방식을 이용하여 중복과세를 조정한다.[840]

(9) 조세확실성(Tax certainty)

이익 A와 관련된 모든 이슈는 의무적·강제적인 분쟁해결절차(in a mandatory and binding manner)로 해결되며, 디지털세를 도입·운영하는 모든 국가는 해당 조정결과에 구속된다.[841] 다만 BEPS action 14의 유예(deferral) 판정을 받고, 상호합의건수가 없거나 적어 분쟁대응역량이 낮은 개발도상국에 대해서는 강제적 분쟁해결절차 적용을 선택할 수 있도록 특례를 부여

---

838) *Ibid.*
839) *Ibid.*
840) *Ibid.*
841) *Ibid.*

하고, 주기적으로 재심사를 진행한다.[842] 만약 재심사를 통해 특례 부여요 건을 갖추지 못한 것(ineligible)으로 판정된 국가는 이후의 모든 후속연도에 도 부적격한 것으로 취급된다.[843]

2. 이익 B(Amount B)

이익 B의 산정은 앞서 필라 1 블루프린트를 통해 살펴본 바와 같이 기본 적인 마케팅 및 유통활동에 관한 정상가격원칙의 단순화 및 간소화를 위한 작업으로서, 이 작업에 있어 특별히 저소득국가의 필요에 대해 초점을 맞추 게 될 것이다.[844] 필라 1·2 최종 합의에서는 이익 B에 대한 구체적인 내 용에 대해 2022년 말까지 완성할 것임을 발표하였다.[845] 이후인 2022년 12 월 8일 및 2023년 7월 17일 두 차례에 걸쳐 그 간의 논의를 종합한 이익 B 보고서 초안을 발표하였는바, 이에 관한 구체적인 내용에 대하여는 아래 에서 살펴보기로 한다.

3. 행정(Administration)

필라 1의 행정절차에 대하여는 세금신고의무(filing obligation)를 포함한 조 세의무준수(tax compliance)를 간소화할 것이고, 다국적기업 내 하나의 기업이 필라 1 행정 관련 절차를 일괄하여 수행하는 것을 허용할 것이다.[846]

---

842) *Ibid.*
843) *Ibid.*
844) *Ibid.*, p.3.
845) *Ibid.*
846) *Ibid.*

212

4. 국가별 단독과세(Unilateral measures)

당초 2021년 7월 1일자 필라 1·2 합의안에서는 국가별 단독과세(일방적 조치)와 관련하여, 필라 1 합의시 새로이 도입될 국제조세 규범의 적용과 기존의 디지털서비스세 및 유사한 과세의 폐지 간의 적절한 조정을 제시할 것이라고 발표함으로써,[847] 기존의 디지털서비스세 및 유사한 과세의 폐지 또는 도입 취소를 검토할 것임을 시사하였다. 그리고 이후인 2021년 10월 8일 필라 1·2 최종 합의를 통하여, 필라 1 시행시 기존 디지털서비스세 및 유사 과세는 폐지하며 향후에도 도입하지 않기로 합의하고, 아울러 필라 1 의 시행 전에도 2021년 10월 8일 최종 합의 시점부터 필라 1 다자협정 (MCL)의 발표 혹은 2023년 12월 31일 중 이른 시점 사이의 기간에 마찬가지로 새로운 디지털서비스세 및 유사 과세가 부과되지 않는 것으로 합의하였다.[848] 다만 기존에 운영 중인 제도의 철폐 방안에 대해서는 회원국들의 의견을 반영하여 적절히 조율할 것으로 발표하였다.[849]

5. 이행(Implementation)

필라 1의 시행에 관하여는, 회원국들이 관련 다자협정에 2022년 서명한 후 2023년에 발효할 것임을 밝혔다.[850]

---

847) OECD(2021), *Statement on a Two-Pillar Solution to Address the Tax Challenges Arising from the Digitalisation of the Economy*, 2021. 7. 1., p.3., available at https://www.oecd.org/tax/beps/statement-on-a-two-pillar-solution-to-address-the-tax-ch allenges-arising-from-the-digitalisation-of-the-economy-july-2021.pdf.

848) OECD(2021), *Statement on a Two-Pillar Solution to Address the Tax Challenges Arising from the Digitalisation of the Economy*, 2021. 10. 8., p.3., available at https://www.oecd.org/tax/beps/statement-on-a-two-pillar-solution-to-address-the-tax-c hallenges-arising-from-the-digitalisation-of-the-economy-october-2021.pdf.

849) *Ibid.*

850) *Ibid.*

Ⅱ. 필라 2 최종 합의의 주요내용

1. 적용범위(Scope)

글로벌 최저한세는 원칙적으로 연결매출액 7.5억유로(약 1조원) 이상의 다국적기업에 적용된다.[851] 다만 소득산입규칙의 경우 각국은 7.5억유로 미만의 다국적기업에도 적용 가능한 것으로 보았다.[852] 그러나 정부기관, 국제기구, 비영리기구, 최종모회사인 연금펀드·투자기구 등은 적용대상에서 제외된다.[853]

2. 소득산입규칙(IIR)

소득산입규칙은 필라 1 블루프린트를 통해 살펴본 바와 같이 자회사 소득에 대해 저율과세될 경우 추가세액을 모회사에 부과한다.[854] 이는 하향식(top-down) 접근법의 적용을 받아 상위모회사에 우선 납부의무를 부여하므로, 최종모회사에 우선 부과되는 결과가 된다.[855]

3. 비용공제부인규칙(UTPR)

비용공제부인규칙은 소득산입규칙이 적용되지 않을 경우 이에 대한 보완책으로서 추가세액을 자회사들에 배분하는 규칙이다. 여기서 소득산입규칙이 적용되지 않을 경우라 함은 최종모회사가 저율과세되는 경우 또는 모회

---

851) *Ibid.*, p.4.

852) *Ibid.*

853) *Ibid.*

854) *Ibid.*

855) *Ibid.*

사 소재지국이 소득산입규칙을 도입하지 않을 경우를 말한다. 2021년 7월 합의시에는 비용공제부인규칙의 배분방식에 대해 최종 합의에 이르지 못하였다가, 2021년 10월 필라 1·2 최종 합의를 통해 배분방식에 대해 최종 결정하였다. 2021년 7월 합의시에는 해외진출 초기단계기업에 대한 비용공제부인규칙의 적용제외 가능성에 대해 검토하는 단계[856]였으나, 2021년 10월 최종 합의에 이르러 해외진출 초기단계의 다국적기업은 비용공제부인규칙을 5년간 적용제외하는 것으로 합의하였다.[857] 여기서 '해외진출 초기 단계의 다국적기업'이라 함은 5천만유로 이하의 유형자산이 외국에 소재하며, 5개 이하의 다른 관할국에서 활동하는 기업을 의미한다.[858] 또한 적용 제외 기간인 '5년'에 관하여는, 해당 다국적기업이 필라 2 대상 범위에 처음 포함된 이후 5년간, 그리고 이미 필라 2 대상 범위에 포함된 다국적기업의 경우에는 비용공제부인규칙이 시행된 시점부터 5년간을 의미한다.[859]

또한 비용공제부인규칙의 발효시점과 관련하여, 2021년 7월 합의시 본 규칙의 유예가능성에 대해 검토하였고, 2021년 10월 최종 합의를 통해 제도의 시행을 1년 유예하여 2024년부터 발효하는 것으로 최종 확정하였다.[860] 이를 통해 각국 정부와 기업들이 새로운 제도를 준비하고 이에 적응할 수 있는 시간적 여유를 확보할 수 있게 되었다.

---

856) OECD(2021), *Statement on a Two-Pillar Solution to Address the Tax Challenges Arising from the Digitalisation of the Economy*, 2021. 7. 1., p.4., available at https://www.oecd.org/tax/beps/statement-on-a-two-pillar-solution-to-address-the-tax-challenges-arising-from-the-digitalisation-of-the-economy-july-2021.pdf.

857) OECD(2021), *Statement on a Two-Pillar Solution to Address the Tax Challenges Arising from the Digitalisation of the Economy*, 2021. 10. 8., p.4., available at https://www.oecd.org/tax/beps/statement-on-a-two-pillar-solution-to-address-the-tax-challenges-arising-from-the-digitalisation-of-the-economy-october-2021.pdf.

858) *Ibid.*

859) *Ibid.*

860) *Ibid.*, p.5.

4. 실효세율(Effective tax rate)

글로벌 최저한세의 실효세율 계산의 경우, 국가별로 계산한 실효세율
(=대상조세/필라 2 과세표준)을 기준으로 최저한세에 미달하는 만큼 추가
세액을 부과하는 방식으로 이루어진다.[861] 여기서 추가세액이란 (최저한세율
- 국가별 실효세율)에 (필라 2 과세표준 - 실질기반 적용제외)를 곱한 금
액을 말한다. '실질기반 적용제외'에 대해서는 아래에서 살펴본다.

5. 최저한세율(Minimum rate)

앞서 2021년 7월 합의시에는 최저한세율을 최소 15% 이상으로 하는 것
으로 합의[862]하였으나, 2021년 10월 최종 합의시 15%로 결정[863]하였다.

6. 적용제외(Carve-outs)

(1) 실질기반 적용제외

글로벌 최저한세에 있어서의 추가세액 계산에 이용되는 지표인 실질기반
적용제외란 실질 사업활동 지표(유형자산 순장부가치 및 급여비용)에 고정
률을 적용하여 필라 2 과세표준에서 공제하는 것을 말한다.[864] 여기서 '고

---

861) *Ibid.*, p.4.; OECD(2021), *Statement on a Two-Pillar Solution to Address the Tax Challenges Arising from the Digitalisation of the Economy*, 2021. 7. 1., p.4., available at https://www.oecd.org/tax/beps/statement-on-a-two-pillar-solution-to-address-the-tax-challenges-arising-from-the-digitalisation-of-the-economy-july-2021.pdf.

862) *Ibid.*

863) OECD(2021), *Statement on a Two-Pillar Solution to Address the Tax Challenges Arising from the Digitalisation of the Economy*, 2021. 10. 8., p.4., available at https:// www.oecd.org/tax/beps/statement-on-a-two-pillar-solution-to-address-the-tax-challenges-arising-from-the-digitalisation-of-the-economy-october-2021.pdf.

864) *Ibid.*

216

정률'이란 유형자산 장부가치 및 급여의 5%를 말하고, 다만 경과기간을 두어 10년 동안 유형자산 장부가치의 8%, 급여의 10%를 공제하되, 동 공제비율은 첫 5년간은 연간 0.2%p씩 감소하고, 마지막 5년간 유형자산은 연간 0.4%p씩, 급여는 연간 0.8%p씩 감소하도록 설정한다.[865]

(2) 최소기준 적용제외(de minimis exclusion)

필라 1·2 최종 합의는 글로벌 최저한세의 적용에서 제외되는 최소기준을 두어, 한 관할국에서 매출액 1천만유로 미만 및 이익 1백만유로 미만의 다국적기업의 경우 그 관할국에서 적용을 제외하였다.[866]

(3) 국제해운업 제외

실제 이익이 아닌 선박의 순톤수와 운항일수를 기준으로 과세표준을 산출하는 톤세 제도를 적용하는 해운업계의 특성을 고려하여, 국제해운소득(international shipping income)을 필라 2의 적용대상에서 제외하였다.[867] 이는 톤세 제도를 적용받는 해운회사들의 경우 해당 국가에서의 실효세율이 낮아 필라 2의 시행으로 불가피하게 세부담이 증가할 수밖에 없는 문제를 해소하는 역할을 수행한다.[868] 적용제외 대상인 국제해운소득의 정의는 OECD 모델조세조약을 준용한다.[869]

---

865) *Ibid.*

866) *Ibid.*

867) *Ibid.*, p.5.

868) 기획재정부 보도참고자료, "디지털세 필라 1·2 최종 합의문 공개 – '23년부터 디지털세 본격 도입될 전망 –", 2021. 10. 9., 11면.

869) OECD(2021), *op. cit.*, p.5.

7. 원천지국과세규칙(STTR)

원천지국과세규칙(STTR)은 저세율국 소재 국외관계사에 대한 이자·사용료 등 지급금에 대해 특정 세율수준보다 낮은 명목세율 적용시 양자조약에 기반하여 원천지국에 추가 과세권을 인정하고자 하는 규칙이다.[870] 원천지국과세규칙에 적용되는 최저한세율에 대하여는 2021년 7월 합의시 7.5~9%를 제시하고 최종 합의시 구체적 수치를 확정하기로 하였으며,[871] 2021년 10월 최종 합의시 이를 9%로 최종 확정[872]하였다.

8. 지위(Rule status)

필라 2의 적용에 있어 글로벌 최저한세는 공통접근(common approach) 방식으로 실효성을 확보하게 될 것이다.[873] 필라 2 최종 합의에 따르면 공통접근 방식이란 포괄적 이행체계(IF) 회원국들은 반드시 필라 2를 도입해야 하는 것은 아니나, 이를 도입할 경우에는 포괄적 이행체계(IF)를 통해 합의된 필라 2 하에서의 방식을 준수할 의무를 부과하고, 또한 다른 회원국들이 필라 2 및 합의된 세이프하버를 적용하는 것을 수용할 의무를 의미한다.[874]

---

870) *Ibid.*

871) OECD(2021), *Statement on a Two-Pillar Solution to Address the Tax Challenges Arising from the Digitalisation of the Economy*, 2021. 7. 1., p.5., available at https://www.oecd.org/tax/beps/statement-on-a-two-pillar-solution-to-address-the-tax-challenges-arising-from-the-digitalisation-of-the-economy-july-2021.pdf.

872) OECD(2021), *op. cit.*, p.5.

873) *Ibid.*, p.3.

874) *Ibid.*

9. 단순화(Simplifications)

정책적 목표와 균형이 맞지 않는 과도한 이행 및 집행비용(compliance and administrative costs)을 방지하기 위해, 포괄적 이행체계(IF)는 세이프하버와 다른 방안을 검토할 것이다.[875]

10. 이행(Implementation)

필라 2 최종 합의는 2022년까지 각국 법제화 후 2023년부터 시행하는 것으로 목표를 설정하되, 다만 비용공제부인규칙은 1년 유예하여 2024년부터 시행할 것을 발표하였다.[876]

제2절 필라 1의 후속작업 및 성과

Ⅰ. 후속작업 및 성과 개요

필라 1의 경우 이익 A에 대해서는 2022. 7. 11. 및 2022. 10. 6. 두 차례에 걸쳐 모델규정 초안이 포함된 진행상황보고서가 발표되었다. 또한 2022. 12. 20.에는 국가별 단독과세금지 관련 다자협약안이 공개되었고, 위 두 개의 진행상황보고서 및 다자협약안에 대해 각별로 이해관계자 의견수렴절차를 거친 바 있다. 이와 같은 과정을 거친 뒤 최근 발표된 2023. 7. 11.자 디지털세(필라 1, 2)에 대한 성명문(Outcome Statement on the Two-Pillar Solution to Address the Tax Challenges Arising from the Digitalisation of

---

875) *Ibid.*, p.5.

876) *Ibid.*

the Economy)에서는 포괄적 이행체계(IF) 143개국 중 138개 회원국이 이익 A의 주요내용에 대해 승인하였다.[877] 본 디지털세(필라 1·2)에 대한 성명문에 따르면 2023년 하반기에 다자조약(MLC, Multilateral Convention)안을 최종적으로 공개할 예정으로, 이후 포괄적 이행체계(IF) 회원국들은 다자조약에 서명할 수 있게 되고, 2023년말에는 포괄적 이행체계(IF) 차원의 다자조약 서명식이 개최될 예정이다.[878] 그리고 이와 같은 다자조약에 대해 2025년 발효가 이루어질 경우, 다자조약 내 규정에 따라 필라 1 이익 A는 2026년 또는 2027년부터 시행될 것으로 예상되고 있다.

필라 1 이익 B의 경우에는 2022. 12. 9. 및 2023. 7. 17. 두 차례에 걸쳐 공청회 자료(공개협의문서, Public Consultation Document)의 형태로 모델규정 초안이 공개되었고 그에 대한 이해관계자들의 의견수렴절차가 진행되었다. 그리고 2023. 7. 11.자 디지털세(필라 1·2)에 대한 성명문에서는 이익 B의 모델초안에 대하여 2023년말까지 추가적인 논의를 지속한 뒤, 2024년 1월에 이익 B의 최종안을 OECD 이전가격지침(TPG, Transfer Pricing Guideline)에 반영할 계획임을 밝혔다.[879] 다만 이익 B의 시행시기에 대하여는 기업들이 준비되는데 필요한 시간과 국가들이 이전가격지침을 입법으로 반영하는데 필요한 시간을 고려하여 결정할 것이라는 입장이다.[880]

---

877) OECD(2023), *Outcome Statement on the Two-Pillar Solution to Address the Tax Challenges Arising from the Digitalisation of the Economy*, 2023. 7. 11., p.1., available at https://www.oecd.org/tax/beps/outcome-statement-on-the-two-pillar-solution-to-address-the-tax-challenges-arising-from-the-digitalisation-of-the-economy-july-2023.pdf; 본 성명문에서는 필라 1 이익 A 외에도 필라 1 이익 B, 필라 2 원천지국과세규칙(STTR; Subject To Tax Rule), 이행 지원에 대한 사항을 포함하고 있으며 이에 대해서는 각 항목에서 후술한다.

878) *Ibid.*, p.2.

879) *Ibid.*, p.3.

880) *Ibid.*, p.3.

Ⅱ. 이익 A 관련 작업

1. 1차 진행상황보고서(Progress Report on the Amount A of Pillar One) 공개

2022. 7. 11. 발표된 1차 진행상황보고서는 필라 1 이익 A 중 적용범위(Scope), 재배분 대상(Charge to tax), 과세연계점(Nexus), 매출귀속규칙(Revenue Sourcing Rule), 과세소득 산정 및 배분(Determination and allocation of taxable profit), 이중과세제거(Elimination of Double Taxation with respect to Amount A), 정의(Definition) 등의 주요 요소에 관한 모델규정 초안 및 관련 설명을 담고 있다. 이하에서는 핵심 요소들에 관한 주요 내용에 대해 살펴보기로 한다.

(1) 적용범위(Scope, 제1절)

1) 적용대상그룹(Covered Group, 제1조)

이익 A는 해당 사업연도의 연결매출액 200억유로(글로벌 매출액기준) 및 세전이익률 10%를 초과(수익성기준)하는 다국적기업그룹(이하 "적용대상그룹"이라 한다)에 대해 적용된다(제1조 제2항 제a, b호).[881] 글로벌 매출액 기준과 관련하여, 해당 사업연도가 12개월 미만이거나 12개월을 초과하는 경우에는 해당 사업연도의 기간에 비례하여 조정하며(제1조 제2항 제a호), 직전 2년간 대상그룹이 아닌 경우에는 해당연도뿐만 아니라 '직전 4개년 중 2개년 이상' 및 '최근 5개년 평균(당해 + 직전 4년)'이 10%의 세전이익률을

---

881) OECD(2022), *Progress Report on Amount A of Pillar One*, 2022. 7. 11., p.10., available at https://www.oecd.org/tax/beps/progress-report-on-amount-a-of-pillar-one-july-2022.pdf.

초과하는 경우 인정된다(제1조 제2항 제b호).[882]

한편, 다국적기업이 글로벌 매출액기준은 충족하나 수익성기준은 충족하지 못한 경우, 그룹의 어느 공시된 부문이 매출액 200억유로 및 세전이익률 10% 초과 등 위의 기준을 충족할 경우 해당 공시 부문은 적용대상에 포함된다(제1조 제6항).[883] 다만 수익성기준과 관련하여, 공시된 부문을 포함하는 부문 변경이 해당 사업연도 또는 직전 4개 사업연도에 발생하지 않은 경우 및 공시된 부문을 포함하는 부문 변경이 해당 사업연도 또는 직전 4개 사업연도에 발생하였으나 공시된 부문의 부문 재작성 계정[884]이 직전 4개 사업연도에 대해 작성된 경우에는 위 제2항 제b호의 수익성기준과 동일한 기준을 요구하나, 이와 달리 공시된 부문을 포함하는 부문 변경이 해당 사업연도 또는 직전 4개 사업연도에 발생하였으나 직전 4개 사업연도에 대해 공시된 부문의 부문 재작성 계정이 작성되지 않은 경우에는 부문 변경이 발생한 해당 사업연도의 세전이익률이 10%를 초과하고, 또한 가장 최근의 부문 변경이 발생한 사업연도의 다음 사업연도들의 평균 세전이익률이 10%를 초과할 것[885]을 요건으로 한다(제1조 제6항).[886]

2) 제외대상

정부기관, 국제기구, 비영리기구, 연금펀드, 투자펀드, 부동산투자기구 등은 이익 A의 적용대상에서 제외된다. 또한 채굴업 또는 규제금융업을 영위하는 그룹도 원칙적으로 이익 A의 적용대상에서 제외된다(제1조 제3항 및 제

---

882) *Ibid.*

883) *Ibid.*, p.11.

884) 부문 변경 이후 재작성된 연결재무제표에 보고된 정보

885) 부문 변경이 발생한 사업연도는 평균 세전이익률 계산에서 제외한다.

886) *Ibid.*, pp.11~12.

4항). 즉, 이익 A 적용대상그룹 여부 판단은 채굴업과 규제금융업을 제외한 비채굴활동 혹은 비금융활동이 글로벌 매출액기준 및 수익성기준을 충족하는지 여부에 따라 이루어진다(제1조 제3항 및 제4항). 채굴업의 경우 채굴활동, 채굴품 또는 주된 가공을 거친 가공품의 채굴국 내 판매활동 등과 관련한 매출액과 이익이 판단대상이고, 규제금융업의 경우 일정요건을 충족한 예금, 증권중개, 보험, 자산운용업 등과 관련한 매출액과 이익을 기준으로 적용대상 여부를 판단한다.

3) 파편화방지규칙

이익 A의 적용대상을 판단함에 있어서 내부파편화(Internal Fragmentation)를 통해 만들어진 각 그룹의 해당 사업연도 매출액 합계를 기준으로 글로벌 매출액기준 충족 여부를 판단한다(별표 A 제3조).[887] 내부파편화란 글로벌 매출액기준 회피를 주요 목적 중 하나로 하는 그룹 분할로서, 내부파편화로 인해 제외기업(정부기관, 국제기구 등), 최종모기업 아닌 투자펀드 또는 최종모기업 아닌 부동산투자기구가 그룹의 최종모기업에 대한 지배지분을 소유하는 것을 말한다(별표 A 제3조).[888]

4) 연결재무제표 작성의무

그룹의 최종모기업이 인정 재무회계 기준에 따라 연결재무제표를 작성할 필요가 없는 경우, 그룹의 최종모기업이 해당 회계연도에 대한 연결재무제표를 작성하였다면 글로벌 매출액기준과 수익성기준을 충족하였을 경우에 해당하면[889] 최종모기업은 이익 A 적용 목적상 가장 최근에 종료된 회계

---

887) *Ibid.*, p.31.

888) *Ibid.*

연도와 그 직전 4개 회계연도에 대한 연결재무제표를 작성해야 한다(제4조 제a항).[890]

(2) 재배분 대상(Charge to tax, 제2절)

1) 과세소득의 범위

적용대상그룹의 조정세전이익 중 아래에서 살펴 볼 매출귀속기준(제4조)에 따라 우리나라 귀속 매출액으로 결정된 매출액 관련 금액이자 과세연계점 기준(제3조)에 따라 우리나라와의 과세연계점이 인정되는 금액은 이익 A(과세권 재배분)의 과세소득에 해당한다(제2조 제1항).[891]

2) 과세소득의 결정방법

이익 A의 과세소득은 조정세전이익 산정조항(제5조)에 따라 적용대상그룹의 해당 사업연도 조정세전이익을 결정하고, 이익의 배분조항(제6항)에 따라 우리나라에 대한 배분을 하여 결정한다(제2조 제1항 제a, b호).

3) 과세방법

위에 따라 결정된 과세소득은 이중과세제거 조항(제5절)에서 정한 적용대상그룹의 하나 또는 그 이상의 구성기업의 각 사업연도 소득으로 법인세법에 따라 과세된다(제2조 제1항).[892]

---

889) 다만 그룹의 조정기업이 조기확실성 절차에 대한 규정 추가를 요청한 경우는 제외한다(제4조 제a, b항).

890) *Ibid.*, pp.31~32.

891) *Ibid.*, p.13.

892) *Ibid.*

4) 과세의 한계

위 이중과세제거 조항(제5절)에서 정한 적용대상그룹의 구성기업에 대한 법인세 과세는, 해당 구성기업에 대한 관할국에서 부과되는 다른 모든 직·간접세, 관세 또는 사회보장기여금의 결정에 영향을 미치지 아니한다(제2조 제2항).[893]

(3) 과세연계점 및 매출귀속기준(Nexus and revenue sourcing rules)

1) 과세연계점(Nexus, 제3조)

매출귀속기준에 따라 특정국에 귀속된 매출이 100만유로 이상인 경우 해당 국가는 과세연계점을 충족하여 필라 1 과세권을 배분받을 수 있다.[894] 즉, 과세연계점은 이익 A 과세권의 배분대상 국가를 결정하기 위한 기준이다. 해당 기간이 12개월보다 짧거나 긴 경우에는, 위 귀속 매출액 100만유로는 그 기간의 길이에 따라 비례적으로 조정한다.[895] 다만 해당 국가의 GDP(Gross Domestic Product)가 400만유로보다 적은 경우에는 귀속 매출이 250만유로 이상인 경우 과세연계점 요건을 충족하는 것으로 본다.

2) 매출귀속기준(Revenue Sourcing Rules, 제4조)

매출귀속기준은 적용대상그룹의 전체 매출을 국가별로 귀속시키기 위한 기준이다. 즉, 적용대상그룹의 매출은 상품·서비스 등 유형별로 각각 귀속원칙이 결정되며, 이와 같은 귀속원칙 및 매출유형에 따른 귀속원칙에 부합하는 구체적으로 신뢰가능한 지표(Reliable Indicator)에 따라 최종 소비된 시

---

893) *Ibid.*
894) *Ibid.*, p.13.
895) *Ibid.*

장소재지국에 귀속되게 된다(제1~4항).[896] 1차 진행상황보고서에서 제시하고 있는 '신뢰가능한 지표'는 열거된 신뢰가능한 지표(Enumerated Reliable Indicator),[897] 또 다른 신뢰가능한 지표(Another Reliable Indicator),[898] 신뢰가능한 대안지표(Alternative Reliable Indicator)[899]이다.

896) *Ibid.*, pp.13~14.

897) *Ibid.*, p.64.; 열거된 신뢰가능한 지표(Enumerated Reliable Indicator)란 또 다른 신뢰가능한 지표(Another Reliable Indicator)나 신뢰가능한 대안지표(Alternative Reliable Indicator)가 아닌 적절한 매출귀속기준을 위해 제공되거나 또는 이와 달리 당사자 간 협의를 통해 동의된 지표를 말하고, 또한 다음을 충족하는 지표를 말한다.
   a. 쟁점 매출유형의 매출귀속기준과 일치하는 결과를 산출한다. 그리고
   b. 다음의 신뢰성테스트를 한 가지 이상 충족한다:
      i. 해당 지표는 상업적 목적이나 법적, 규제적 또는 다른 관련된 의무를 이행하기 위한 목적으로 적용대상그룹에 의해 신뢰된다.
      ii. 해당 지표는 제3자가 적용대상그룹에 제공한 정보에 의해 확증된 것으로, 여기서 제3자가 제공한 정보는 그들의 상업적, 법적, 또는 다른 의무에 따라 수집된 정보를 의미한다.
      iii. 관련 수익귀속기준에 제공된 해당 지표와 하나 이상의 기타 지표가 동일한 관할권을 식별한다. 또는
      iv. 해당 지표는 위의 (i)~(iii)과 기능적으로 동등한(functionally equivalent) 다른 방식으로 검증된다.

898) *Ibid.*, 또 다른 신뢰가능한 지표(Another Reliable Indicator)란 열거된 적용대상그룹에 의해 사용될 수 있는 열거된 신뢰가능한 지표나 신뢰가능한 대안지표 이외의 정보를 의미한다. 그리고
   a. 쟁점 매출유형의 매출귀속기준과 일치하는 결과를 산출한다. 그리고
   b. 다음의 신뢰성테스트를 한 가지 이상 충족한다:
      i. 해당 지표는 상업적 목적이나 법적, 규제적 또는 다른 관련된 의무를 이행하기 위한 목적으로 적용대상그룹에 의해 신뢰된다.
      ii. 해당 지표는 제3자가 적용대상그룹에 제공한 정보에 의해 확증된 것으로, 여기서 제3자가 제공한 정보는 그들의 상업적, 법적, 또는 다른 의무에 따라 수집된 정보를 의미한다.
      iii. 관련 수익귀속규칙에 제공된 해당 지표와 하나 이상의 기타 지표가 동일한 관할권을 식별한다. 또는
      iv. 해당 지표는 위의 (i)~(iii)과 기능적으로 동등한(functionally equivalent) 다른 방식으로 검증된다.

899) *Ibid.*, p.65., 신뢰가능한 대안지표란 다음의 경우 적용대상그룹에 의해 사용될 수 있는 열거된 신뢰가능한 지표나 신뢰가능한 대안지표 이외의 정보를 의미한다.
   a. 쟁점 매출유형의 매출귀속기준과 일치하는 결과를 산출한 경우;
   b. 적용대상그룹이 사전확실성 절차에서 리뷰패널에 매출이 발생한 경우 열거된 지

다만, 관련 매출귀속기준에서 허용되고, 적용대상그룹이 열거된 신뢰
가능한 지표를 확인하기 위해 합리적 조치를 취하였고 이용가능한 열거
된 신뢰가능한 지표가 없다는 것을 입증하였으며, Knock-out Rule(적용대
상그룹이 법적, 규제적, 상업적 이유로 특정 국가에서는 매출이 발생하지
않는다는 국가를 식별하고, 해당 국가들은 제외한 후 배분기준 적용)[900]을
적용한 이후에만 예외적으로 간접지표인 배분기준(Allocation Key)을 사용
할 수 있다.[901] 아울러, 위의 규정에도 불구하고 동 제도의 시행 첫 3년인
초기 전환기(Initial Transition Phase)에는 간접지표인 배분기준(GDP, 최종
소비지출)의 적용을 허용한다.[902]

매출귀속기준을 적용함에 있어서는 적용대상그룹의 각 매출유형에 따라
매출의 귀속 국가를 판정하게 되는데, 최종재의 최종고객에 대한 판매, 디
지털 콘텐츠 판매, 부품 판매, 서비스 제공(위치 특정 서비스, 광고서비스,
온라인 중개서비스, 운송서비스, 고객리워드 프로그램, 기타 서비스), 무형
자산 또는 데이터의 허여·판매·이전 등으로 구분하여 매출귀속기준을
적용한다. 주요 매출유형에 따른 구체적인 매출귀속기준을 살펴보면 다
음과 같다.

① 최종고객에 판매된 완제품 매출

최종고객(Final Customer)이란 소비나 사용을 위해 완제품(Finished
Goods sold)을 획득하는 인(기업 고객, 정부 포함)을 말하며, 최종고객에게

표 외에 해당 정보를 사용해야 하는 이유를 설명하는 서류를 제출한 경우; 그리고
c. 위 열거된 신뢰가능한 지표의 신뢰성 테스트를 충족하지 못하지만 이와 달리
신뢰할 수 있고 사전확실성 결과에서 동의되었음을 입증한 경우

900) *Ibid.*, p.77.
901) *Ibid.*
902) *Ibid.*, p.15, pp.74~75.

판매된 완제품의 매출은 최종고객에게 인도된 장소(place of delivery)가 위치한 국가에서 발생한 것으로 취급한다(제4조 제4항).[903]

② 디지털 콘텐츠 판매

디지털 콘텐츠 판매에 따른 매출은 '기타 서비스'에 적용되는 매출귀속기준을 적용한다(제4조 제6항).[904] 이에 대하여는 아래 기타 서비스 항목에서 살펴본다.

③ 부품 판매

부품 판매(sale of Components)의 경우 부품이 포함된 완제품이 최종고객에게 인도되는 장소가 위치한 국가에서 매출이 발생하는 것으로 본다(제4조 제7항).[905] 부품이 포함된 완제품이 최종고객에 인도되는 장소는 최종고객의 배송주소(delivery address of the Final Customer), 소매점 위치(place of the retail store selling to the Final Customer), 제3자 유통업자의 위치(Location of the Independent Distributor) 지표를 사용한다[별표 E, Section 5(2)].[906] 다만 또 다른 신뢰가능한 지표 또는 신뢰가능한 대안지표가 사용되지 않는 경우 남은 부품 판매 매출은 별표 E Section 2 제6항의 배분기준(Allocation Key) 요건을 충족하는 한, 부품배분기준(Component Allocation Key)을 사용하여 귀속시킨다[별표 E, Section 6(2)].[907]

---

903) *Ibid.*, p.14.

904) *Ibid.*

905) *Ibid.*

906) *Ibid.*, p.67, p.66.

907) *Ibid.*, p.68.

④ 서비스 제공

서비스 제공(provision of services)은 서비스의 이용지를 매출귀속기준으로 하는 것을 원칙으로 하며, 위치 특정 서비스, 광고서비스, 온라인 중개서비스, 운송서비스, 고객리워드 프로그램, 기타 서비스로 분류하여 세부적인 귀속기준을 규정하고 있다. 위치 특정 서비스(Location-Specific Services)는 서비스 수행 장소(place of performance)가 있는 국가, 광고 서비스(Advertising Services)는 온라인 광고 서비스 제공 매출의 경우에는 광고 시청자 위치(Location of the Viewer of the advertisement)가 소재한 국가, 온라인 광고 외 광고 서비스 매출은 광고 게시 또는 수신(display or reception) 장소가 소재한 국가를 매출귀속기준으로 본다(제4조 제8항 제a, b호).[908] 한편, 온라인 중개 서비스(Online Intermediation Services)의 경우는 (a) 위치 특정 서비스를 제외한 유형 재화, 디지털 콘텐츠, 서비스를 촉진하는 온라인 중개 서비스 매출은 구매자가 위치한 국가와 판매자가 위치한 국가에서 각 50%씩 발생한 것으로 취급하고, (b) 위치 특정 서비스를 촉진하는 온라인 중개 서비스 매출은 구매자가 위치한 국가와 위치 특정 서비스가 수행되는 장소가 위치한 국가에서 각 50%씩 발생한 것으로 취급한다(제4조 제8항 제c호).[909]

그리고 운송서비스(Transport Services)의 경우, 승객항공서비스(Passenger Transport Services) 매출은 착륙장소가 위치한 국가에서 발생하는 것으로 취급하고(제4조 제8항 제d호),[910] 착륙장소는 승객항공운송 배분기준(Passenger Air Transport Allocation Key)을 사용하여 결정한다[별표 E Section 6 D(1)].[911]

---

908) *Ibid.*, p.14.

909) *Ibid.*

910) *Ibid.*

이와 달리 화물항공운송 매출의 경우에는 이륙장소가 위치한 국가와 착륙국가가 위치한 국가에서 각 50%씩 발생하는 것으로 취급하고,[912] 장소는 화물항공운송 배분기준(Cargo Air Transport Allocation Key)을 사용하여 결정한다[별표 E Section 6 D(2)].[913] 한편, 비항공운송서비스(Non-air transport services)의 경우, 승객 비항공운송(Passenger Non-air Transport Services)은 목적장소가 위치한 국가에서 매출이 발생하는 것으로 취급하고 착륙장소는 승객 비항공운송 배분기준(Passenger Non-Air Transport Allocation Key)을 사용하여 결정하며, 화물 비항공운송(Cargo Non-air Transport Services)은 출발장소가 위치한 국가와 목적장소가 위치한 국가에서 50%씩 발생하는 것으로 취급하고 장소는 화물 비항공운송 배분기준(Cargo Non-Air Transport Allocation Key)을 사용하여 결정한다[별표 E Section 6 D(3, 4)].[914]

마지막으로 기타 서비스 매출(재판매업자를 통해 판매된 기타 서비스 제외)은 서비스가 수행되는 장소가 위치한 국가에서 발생한 것으로 취급하는데(제4조 제8항 제f호),[915] 여기서 서비스가 수행되는 장소는 작은 고객(Smaller customer)의 경우에는 고객의 청구주소를 사용하여 결정하고, 큰 고객(Large customer)의 경우에는 고객이 대상그룹에 보고한 서비스 사용장소, 계약 등에 의해 확인되는 사용장소를 사용하여 결정한다[별표 E Section 6 F(2)].[916]

---

911) *Ibid.*, p.70.

912) *Ibid.*, p.14.

913) *Ibid.*, p.71.

914) *Ibid.*

915) *Ibid.*, p.15.

916) *Ibid.*, p.71.

⑤ 무형자산 및 사용자 데이터

무형자산(Intangible Property)의 라이선싱(licensing), 판매(sale) 또는 다른 이전(other alienation)으로 얻는 매출은 (a) 완제품 또는 부품과 관련된 무형자산의 경우 완제품(부품이 포함된 완제품을 포함한)이 최종고객에게 인도되는 장소가 있는 국가, (b) 서비스 또는 디지털 콘텐츠를 지원하는 무형자산의 경우 서비스 또는 디지털 콘텐츠 사용 국가가 있는 국가, (c) 그 외 무형자산 매출은 무형자산 사용장소가 있는 국가에서 발생한 것으로 취급한다[제4조 제9항 제a호, 별표 E Section 7 A(1)].[917]

사용자데이터(User data)의 라이선싱(licensing), 판매(sale) 또는 다른 이전 (other alienation)으로 얻는 매출은 데이터가 전송되는 사용자의 위치가 있는 국가에서 발생한 것으로 취급한다[제4조 제9항 제b호, 별표 E Section 7 B(1)].[918] 데이터가 전송되는 '사용자의 위치'는 (a) 사용자프로필정보(User Profile Information of the User), (b) 사용자데이터가 전송되는 사용자기기의 지리적 위치(geolocation), (c) 사용자데이터가 전송되는 시청자 기기의 IP 주소 (IP address)를 사용하여 결정된다[별표 E Section 7 B(2)].[919]

⑥ 경과기간(Transition)

앞서 언급한 바와 같이 매출귀속기준에 관한 위의 규정에도 불구하고 초기전환기(Initial Transition Phase)[920]에는 적용대상그룹이 배분기준 사용조건을 충족하지 못한 경우에도 매출의 전부 또는 일부에 대하여 간접지표인 배분기준을 사용할 수 있다[제4조 제13항, 별표 E Section 11 A(1)].[921] 독립

---

917) *Ibid.*, p.15, p.72.
918) *Ibid.*, p.15, p.73.
919) *Ibid.*, p.74.
920) 다자협약이 발효되는 날 또는 그 이후에 개시된 첫 3개 연도를 의미한다.

적 판매업자(Independent Distributor)를 통한 완제품 판매의 경우, 매출의 (a) 85%는 독립적 판매업자의 소재지에서 발생하는 것으로 보고, (b) 5%는 저소득 국가 배분기준(Low Income Jurisdiction Allocation Key)을 사용하며, (c) 위 (a) 또는 (b)에 따라 배분받는 국가를 제외하고 매출의 10%는 글로벌 배분기준(Global Allocation Key)을 적용한다[별표 E Section 11 A(1a)].[922) 또한 독립적 판매업자를 통해 판매하였으나 위 별표 E Section 11 *A*(1a)를 적용할 수 없는 적용대상그룹의 경우 해당 매출은 글로벌 배분기준(Global Allocation Key)을 적용한다[별표 E Section 11 A(1b)].[923) 부품 판매의 경우에는 부품배분기준(Component Allocation Key)을 사용하고[별표 E Section 11 A(c)], 기타 서비스 공급의 경우에는 서비스 배분기준(Services Allocation Key)을 사용하며[별표 E Section 11 A(d)], 그 외의 모든 경우에는 글로벌 배분기준(Global Allocation Key)을 사용하여 귀속시킨다[별표 E Section 11 A(e)].[924)

(4) 과세소득 배분(Determination and allocation of taxable profit, 제4절)

적용대상그룹의 각 사업연도 조정세전이익(Adjusted Profit Before Tax)은 해당 사업연도에 속하는 회계상 손익(Accounting Profit or Loss)에서 일정한 세무조정(book-to-tax adjustments) 및 결손금(Net Losses) 공제를 거쳐 산정되는 금액을 말한다(제5조 제1항).[925) 여기서 회계상 손익은 연결재무제표를 기준으로 한 것이나, 기타포괄손익으로 인식된 항목을 제외한 것을

---

921) *Ibid.*, p.15, p.74.
922) *Ibid.*, p.75.
923) *Ibid.*
924) *Ibid.*
925) *Ibid.*, p.15.

의미한다(제7절 제9항).[926] 세무조정 항목에는 법인세 비용 또는 수익(Tax Expense or Tax Income), 제외배당(Excluded Dividends), 제외되는 지분평가·처분손익(Excluded Equity Gain or Loss), 정책상 부인되는 비용(Policy Disallowed Expenses, 예: 벌금), 전기오류 및 회계정책변경(Prior Period Errors and Changes in Accounting Principles), 제외기업의 재무회계 손익(Financial Accounting Profit or Loss of Excluded Entities), 자산 공정가치 조정(Asset Fair Value or Impairment Adjustments) 등이 포함되고(제5조 제2항),[927] 결손금 공제를 위한 적용대상그룹의 해당 사업연도 결손금은 (a) 회계상 이익의 누적 총액을 초과하는 누적 회계상 손실의 총액[적격기간(Eligible Prior Period)[928] 동안 이월공제 허용]과 (b) 일정 요건(별표 H)을 갖춘 적격사업결합(Eligible Business Combination) 또는 적격분할(Eligible Division)로 이전된 손실(결손금 승계 가능)을 말한다(제5조 제3항).[929]

과세소득 배분은 위와 같이 산정된 조정세전이익에서 통상이익(매출의 10%)을 넘는 초과이익의 25%에 대해 매출귀속기준에 따라 산정된 국별 귀속 매출비중에 비례하여 이루어진다(제6조 제2항).[930] 이러한 이익배분 금액을 수식(algebraic form)으로 나타내면, "특정국에 배분되는 과세소득 = [대상그룹의 조정세전이익 − (총매출 × 10%)] × 25% × (특정국 귀속 매출/총매출)"이 된다(제6조 제2항 제c호).[931] 다만, 적용대상그룹의 초과이익을 이미 과세하고 있는 시장소재지국의 경우 마케팅 및 유통이익 세이

---

926) *Ibid.*, p.23.
927) *Ibid.*, pp.15~16.
928) 필라 1 시행 전 3년간을 포함하고, 총 10년간 이월을 허용한다.
929) *Ibid.*, p.16.
930) *Ibid.*
931) *Ibid.*, pp.16~17.

프하버(Marketing and Distribution Profits Safe Harbour Adjustment) 조정을 통해 배분되는 재배분이익을 차감한다(제6조 제3항).[932] 즉, 관할권에 배분되는 이익은 "이익배분공식에 따른 이익금액 – 마케팅 및 유통이익 세이프하버 조정금액(단, 0보다 큰 경우)"이다(제6조 제1항).[933] 이와 같은 마케팅 및 유통이익 세이프하버 조정금액의 적용방식은 적용대상그룹의 특정국 내 초과이익 중 일정한 비율에 해당하는 이익과 특정국에 배분될 필라 1 과세소득(이익 A)을 비교하여, 전자가 후자보다 큰 경우 특정국에 대한 필라 1 과세소득 배분을 면제하고, 반대로 후자가 전자보다 큰 경우 후자에서 전자를 차감한 금액을 필라 1 과세소득으로 배분하는 방식으로 이루어진다(제6조 제5항).[934] 다만, 1차 진행상황보고서는 마케팅 및 유통이익 세이프하버의 적용방식과 적용국가, 이중과세제거와의 상호관계 등에 대해 현재 추가적인 논의가 진행 중임을 밝히고 있다(제6조 제4항 각주2, 제5항 각주3).[935]

(5) 이중과세제거(Elimination of double taxation with respect to Amount A, 제5절)

이중과세제거(Elimination of double taxation)는 적용대상그룹의 이익이 기존 국제조세 체계에 따라 과세되고 있는 상황에서 필라 1 과세권 재배분(이익 A)에 따라 다시 과세됨으로 인해 발생하는 이중과세를 조정하기 위한 절차이다.

---

932) *Ibid.*, p.17.

933) *Ibid.*

934) *Ibid.*

935) *Ibid.*

1) 이중과세제거 과세표준(Elimination tax base)

이중과세제거를 위한 과세표준은 적용대상그룹의 최종모기업이 연결재무제표 작성시 적용하는 회계기준을 사용하여 국가별(each Specified Jurisdiction)로 재산정한 회계상손익에서 일정한 세무조정(Adjustments to determines Elimination Profit or Loss) 및 결손금 공제(Elimination Losses)를 거쳐서 산정한다(제9조 제1항, 별표 I Section 1 제1항).[936] 이중과세제거 과세표준 산정을 위한 세무조정 항목은 법인세 손익(Tax Expense or Income), 배당소득(Non-Portfolio Dividends), 지분평가·처분손익(Non-Portfolio Equity Gain or Loss), 정책상 부인되는 비용(Policy Disallowed Expenses), 전기오류 및 회계정책변경(Prior Period Errors and Changes Expense), 미지급연금비용(Accrued Pension Expense) 등이 이에 해당한다(별표 I Section 2 제1항).[937] 결손금 공제(Elimination Losses)에 대하여 보면 상기 세무조정 후 산정된 회계상 손실액은 적격기간 동안 이월공제가 허용되고, 일정 요건을 갖춘 적격 합병·분할(Eligible Business Combination or Eligible Division)의 경우 결손금을 승계한다(별표 I Section 7 제1항, 제5항).[938]

2) 이중과세제거 부담국가 식별

이중과세제거 목적상 적용대상그룹의 특정국이란 해당 사업연도 총제거이익(aggregate Elimination Profit)의 95% 이상을 차지하는 가장 작은 수의 국가들의 집단에 속하는 국가(제거이익이 큰 국가가 작은 국가에 우선하여 포함된다)와 위의 경우에 해당하지 않더라도 제거이익이 5천만 유로 이상인 국가를 말한다(제8조 제1항 제a호 및 제b호).[939] 그리고 최소기

---

936) *Ibid.*, p.18, p.85.
937) *Ibid.*, p.85.
938) *Ibid.*, p.89.
939) *Ibid.*, p.18.

준에 미달하는 낮은 이익의 국가들은 이중과세제거 부담에서 배제된다.

3) 이중과세제거 부담 배분

이중과세제거 부담의 배분은 적용대상그룹의 잔여이익률(Return on Depreciation and Payroll, "RoDP")이 높은 국가 위주로 아래의 공식에 따라 이루어진다. 국가적 잔여이익률이란 제거이익(Elimination Profit)을 감가상각비(Depreciation amount)와 급여(Payroll amount)의 합계액으로 나눈 이익률, 즉 '감가상각비(D) + 급여(P)' 대비 이익률을 말한다[제거이익/(감가상각비 + 급여), 제9조 제2항 제a호].[940] 제9조 제2항 제b호에서는 위 국가적 잔여이익률에 대비하여 '조정된' 국가적 잔여이익률에 대해 정의하고 있는데, 이는 국가적 잔여이익률의 계산에 사용한 제거이익에서 총 재배분이익 (total Amount A Profit)을 차감하여 재계산한 이익률을 말하며, 이를 수식으로 표현하면 [(제거이익 − 총 배분이익)/(감가상각비 + 급여)]가 된다.[941]

이중과세제거 부담은 다음의 1단계, 2단계, 3A단계, 3B단계 각 특정국가의 순으로 순차배분되고, 이중과세경감국가의 적용대상그룹의 해당 사업연도 총 재배분이익은 각 단계별 이중과세경감국가에 배분된 재배분이익을 합한 금액을 의미한다(제9조 제3항).[942] 우선 1단계 특정국가는 국가적 잔여이익률이 적용대상그룹 잔여이익률의 1500%를 초과하는 국가를 말하고, 2단계 특정국가는 조정된 국가적 적용대상그룹 잔여이익률이 적용대상그룹 잔여이익률의 150%를 초과하는 국가를 말한다(제9조 제5항 제a, b호).[943] 3A단계 특정국가는 조정된 국가적 잔여이익률이 적용대상그룹 기준자산 잔여

---

940) *Ibid.*
941) *Ibid.*
942) *Ibid.*
943) *Ibid.*, p.19.

이익률(Elimination Threshold RoDP)[944]을 초과하고 40%보다 큰 국가를 말한다(제9조 제5항 제c호).[945] 마지막으로 3B단계 특정국가는 조정된 국가적 잔여이익률이 적용대상그룹 기준자산 잔여이익률보다 큰 국가를 말한다 (제9조 제5항 제d호).[946]

순차배분방식에 대하여 구체적으로 살펴보면, 먼저 1단계 특정국가 중 적용대상그룹의 국가적 잔여이익률이 가장 높은 국가부터 가장 낮은 국가 순으로 이중과세제거 부담을 배분한다. 1단계 특정국가그룹 내에서는 우선 적용대상그룹의 국가적 잔여이익률이 가장 높은 국가는 다음 각 호 중 가장 적은 금액만큼의 이중과세제거 부담을 배분받는다.

(a) 두 번째로 국가적 잔여이익률이 높은 국가와 그 국가적 잔여이익률이 같아지도록 감액되는 금액

(b) 적용대상그룹의 과세권 재분배 이익(Amount A Profit)

(c) 해당 국가의 조정된 국가적 잔여이익률을 적용대상그룹의 잔여이익률의 1500%와 같아지도록 감액되는 금액(제9조 제6항).[947]

다음으로 적용대상그룹의 해당 사업연도에 관하여, 위 (a)호(제9조 제6항 제a호)에 따라 이중과세제거 부담이 국가적 잔여이익률이 가장 높은 특정국가에 배분된 경우, 국가적 잔여이익률이 가장 높은 국가와 두 번째로 높은 국가에 대해서 각 특정국가의 다음 (c)호에 따른 금액이 두 특정국가의 (c)호에 따른 금액의 합계액에서 차지하는 비율에 따라 다음 각 호 중 가장 작은 금액만큼의 이중과세제거 부담을 배분받는다.

---

944) 적용대상그룹의 매출액에 10%를 곱한 값을 감가상각비와 급여의 합계액으로 나눈 이익률을 말한다.

945) *Ibid.*

946) *Ibid.*

947) *Ibid.*

(a) 특정국가의 조정된 국가적 잔여이익률이 세 번째로 잔여이익률이 높은 특정국가의 잔여이익률과 동일하게 되도록 감액하는 금액

(b) 적용대상그룹의 잔여 과세권 재배분 이익; 또는

(c) 두 특정국가의 조정된 국가적 잔여이익률을 적용대상그룹의 잔여이익률의 1500%와 동일하게 되도록 감액되는 금액(제9조 제7항).[948]

그리고 위 제9조 제7항과 같은 과세권 재배분 이익에 대한 이중과세제거 부담의 배분방법은, 1단계 특정국가에 속하는 조정된 국가적 잔여이익률이 두 번째로 높은 특정국가부터 다른 특정국가에 대하여 다음 각 호의 어느 하나에 해당할 때까지 반복적으로 적용한다.

(a) 적용대상그룹의 해당 사업연도 과세권 재배분 이익에 대한 이중과세 제거부담이 1단계에 속하는 특정국가에 대하여 완전히 배분되는 때; 또는

(b) 1단계에 속하는 모든 특정국가들의 조정된 국가적 잔여이익률이 적용대상그룹의 해당 사업연도 잔여이익률의 1500%와 같아지는 때(제9조 제8항).[949]

위와 같이 1단계 특정국가들에 대한 부담 배분이 이루어진 후에도 적용대상그룹의 각 사업연도 과세권 재배분 이익에 대한 이중과세제거 부담이 배분되지 않고 남아있는 경우, 그 이중과세제거 부담은 2단계 특정국가들에게 각 특정국가의 잔여이익이 특정국가들의 잔여이익의 총합에서 차지하는 비율에 따라 다음 각 호의 어느 하나에 해당할 때까지 배분한다.

(a) 적용대상그룹의 해당 과세연도 과세권 재배분 이익에 대한 이중과세

---

948) *Ibid.*, pp.19~20.
949) *Ibid.*, p.20.

제거 부담이 완전히 배분되는 때; 또는

(b) 2단계 모든 특정국가들의 조정된 국가적 잔여이익률이 적용대상그룹의
해당사업연도 자산노동이익률의 150%와 같아지는 때(제9조 제9항).[950]

이에 따라 적용대상그룹의 각 사업연도와 관련한 2단계 특정국가의 잔여
이익은 해당 특정국가의 제거이익(Elimination Profit)에서 다음 각 호를 차
감한 금액이다.

(a) 특정국가의 제거이익 중 특정국가의 잔여이익률을 적용대상그룹의
잔여이익률의 150%와 같게 하는 금액; 또한

(b) 1단계 특정국가에 이중과세제거 부담으로 배분된 과세권 재배분 이
익(제9조 제10항).[951]

그리고 위와 같이 배분한 이후에도 적용대상그룹의 각 사업연도 과세권
재배분 이익에 대한 이중과세제거 부담이 배분되지 않고 남아있는 경우, 그
이중과세제거 부담은 3A단계에 속하는 특정국가들에게 각 특정국가의 잔
여이익이 특정국가들의 잔여이익의 총합에서 차지하는 비율에 따라 다음
각 호의 어느 하나에 해당할 때까지 배분한다.

(a) 적용대상그룹의 해당 사업연도 과세권 재배분 이익에 대한 이중과세
제거 부담이 완전히 배분되는 때; 또는

(b) 3A단계에 속하는 모든 특정국가들의 조정된 국가적 잔여이익률이
40%와 적용대상그룹의 해당 사업연도 기준 잔여이익률(Elimination
Threshold RoDP) 중 더 큰 것과 같아지는 때(제9조 제11항).[952]

---

950) *Ibid.*
951) *Ibid.*
952) *Ibid.*

적용대상그룹의 각 사업연도와 관련하여 3A단계에 속하는 특정국가의 잔여이익은 해당 특정국가의 제거이익에서 다음 각 호를 차감한 금액이다.

(a) 특정국가의 제거이익 중 특정국가의 잔여이익률을 적용대상 그룹의 기준 잔여이익률과 40% 중 더 큰 것과 같게 하는 금액; 또한

(b) 1단계 및 2단계에 속하는 특정국가에 이중과세제거 부담으로 배분된 과세권 재배분 이익(제9조 제12항).[953]

마지막으로 위와 같이 1단계부터 3A단계 특정국가들에게 이중과세제거 부담을 배분한 후에도 적용대상그룹의 각 사업연도 이익 A에 대한 이중과세제거 부담이 배분되지 않고 남아있는 경우, 그 이중과세제거 부담은 3B단계에 속하는 특정국가들에게 각 특정국가의 잔여이익이 특정국가들의 잔여이익의 총합에서 차지하는 비율에 따라 다음 각 호의 어느 하나에 해당할 때까지 배분한다.

(a) 적용대상그룹의 해당 사업연도 과세권 재배분 이익에 대한 이중과세제거 부담이 완전히 배분되는 때; 또는

(b) 3B단계에 속하는 모든 특정국가들의 조정된 국가적 잔여이익률이 적용대상그룹의 해당 사업연도 기준 잔여이익률과 같아지는 때(제9조 제13항).[954]

적용대상그룹의 각 사업연도와 관련하여 3B단계 특정국가의 잔여이익은 해당 특정국가의 제거이익에서 다음 각 호를 차감한 금액이다.

(a) 특정국가의 제거이익 중 특정국가의 잔여이익률을 적용대상그룹의 기준 잔여이익률과 같게 하는 금액; 또한

---

953) *Ibid.*, p.21.

954) *Ibid.*

(b) 1단계 및 3A단계에 속하는 특정국가에 이중과세제거 부담으로 배분된 과세권 재배분 이익(제9조 제14항).[955]

한편, 우리나라가 이중과세경감국가인 경우 위와 같이 배분된 이중과세제거 부담은 적용대상그룹의 구성기업들에 대해 소득공제 또는 세액공제 방법의 적용을 통해 경감된다(제10조).[956]

2. 2차 진행상황보고서(Progress Report on the Administration and Tax Certainty Aspects of Pillar One) 공개

OECD 포괄적 이행체계(IF)는 2022. 10. 6. 2차 진행상황보고서를 통해 필라 1의 행정(Administration) 및 조세확실성(Tax Certainty) 쟁점에 관한 논의를 공개하였다. 행정 및 조세확실성 관련 논의는 위 1차 진행상황보고서에서는 제외되었던 사항으로서, 2차 진행상황보고서에서 확인할 수 있는 필라 1의 행정 및 조세확실성 모델규정 초안(Model Articles and Commentary for the Administration of Amount A)의 구체적인 내용은 다음과 같다.

(1) 행정(Administration of Amount A)

이익 A는 시장소재국의 과세표준에 포함되고 또한 일반적인 행정절차(general administrative procedures)의 대상이 된다.[957] 조세행정절차가 각

---

955) *Ibid.*

956) *Ibid.*

957) OECD(2022), *Progress Report on the Administration and Tax Certainty Aspects of Pillar One – Two-Pillar Solution to the Tax Challenges of the Digitalisation of the Economy*, 6 October 2022 – 11 November 2022, p.12., available at https://www. oecd.org/tax/beps/progress-report-administration-tax-certainty-aspects-of-amount-a-pil lar-one-october-2022.pdf

기업(entity)의 이익 A와 관련된 조세채무(tax liability) 또는 각 기업에 부여되어야 할 이중과세조정(double taxation relief)을 적절히 평가하기 위해, 각 과세당국(tax administration)은 이익 A 관련 금액을 결정하기 위해 사용되는 해당 적용대상그룹의 정보 및 계산에 접근할 수 있어야 한다.[958]

1) 과세권 재배분 신고 요건

필라 1 적용대상그룹 내에 납세의무가 있거나 이중과세조정이 필요한 구성기업들 모두는 해당 과세당국에 과세권 재배분(이익 A) 세무신고서 및 공통 서류패키지(Amount A Tax Return and Common Documentation Package)의 신고의무를 부담한다(제12조 제1항).[959] 이와 같은 의무는 그룹의 조정기업(Group's Coordinating Entity)이 사업연도 종료 후 12월 내 대표과세당국(Lead Tax Administration)에 세무신고서 및 공통 서류패키지를 제출함으로써 충족된다(제12조 제2항 및 제3항).[960] 또한 대표과세당국에 세무신고서 및 공통 서류패키지가 제출된 날을 다른 모든 관할권에 대한 신고일로 의제함으로써 행정적 혼란을 최소화하고 행정절차 처리에 있어 일관성을 도모하고 있다(제12조 제4항).[961]

2) 과세권 재배분 세무신고 및 공통 서류패키지의 내용

과세권 재배분 세무신고 및 공통 서류패키지는 필라 1 이행체계에 의거하여 마련된 표준양식으로 신고하여야 하고, 적용대상그룹에 대한 다음 각 호의 정보를 포함한다(제13조).[962]

---

958) *Ibid.*

959) *Ibid.*, p.34.

960) *Ibid.*

961) *Ibid.*

(a) 적용대상그룹 및 최종모기업(UPE);

(b) 이 법 및 이와 유사한 다른 국가의 법에서 이에 상응하는 조항에 따른 납세의무가 있는 그룹;

(c) 다음의 각 금액을 산출하기 위해 필요한 금액 및 정보:

　(i) 이 법 및 이와 유사한 다른 국가의 법에서 이에 상응하는 조항에 따른 과세소득금액 및 각 국가별 해당 소득금액에 대한 각 그룹 구성기업의 납세의무의 내용 및

　(ii) 이 법 및 이와 유사한 다른 국가의 법에서 이에 상응하는 조항에 다른 각 국가 내에 각 구성기업에 대한 이중과세 경감대상 소득금액;

(d) 필라 1 이행체계의 일부로서 합의되고 필라 1 규칙의 행정을 위해 필요한 기타 정보; 그리고

(e) 적용대상그룹의 사전확실성 검토 또는 포괄적 확실성 검토 요청.[963]

3) 간소화 절차

2차 진행상황보고서는 과세권 재배분 세무신고 적용기업을 위한 간소화 절차(Streamlined Compliance)를 마련하여 일정 요건을 충족한 납세자로 하여금 과세권 재배분 세무신고 및 공통 서류패키지의 제출의무를 간소화할 수 있도록 하고 있다. 필라 1 시행국 내 기업이 과세권 재배분 세무신고를 하는 경우, 해당 기업은 필라 1 시행국 내 필라 1 관련 세무신고의무(해당 국가에서의 과세권 재배분에 대해 법인세가 발생함으로 인해 정기적으로 관련 과세당국에 서류를 제출해야 하는 의무를 말한다)를 이행한 것으로 본

---

962) *Ibid.*, p.36.
963) *Ibid.*

다(제14조 제1항 제a호).[964] 기업의 필라 1 시행국 내 법인세 과세연도 종료일자는 사업연도 종료일자와 동일해야 하며, 해당 사업연도에 대해 이 법에 의거한 필라 1 시행국 내 과세소득은 각 사업연도의 마지막 날에 발생한 것으로 간주한다(제14조 제1항 제b, c호).[965] 이 법에 따른 과세소득은 필라 1 시행국 내 법인세 분할납부제도(선납제도를 포함하여 기업의 예상 조세채무에 대해 과세연도 중 일부 금액을 납부하도록 하는 모든 제도를 말한다)와 관련된 산출세액에 포함되지 아니한다(제14조 제1항 제d호).[966] 과세권 재배분에 따라 발생한 세금은 사업연도 종료일부터 18개월 이내에 납부하여야 한다(제14조 제1항 제e호).[967]

위와 같은 간소화 절차는 기업이 각 사업연도에 다음 각 호의 요건을 모두 갖춘 경우에만 적용한다.

(a) 해당 기업이 필라 1 시행국의 법에 따른 세법상 거주자가 아닐 것;

(b) 최종 원천징수대상 소득을 제외하고 이 법에 따른 소득 이외에 필라 1 시행국 내 과세소득이 없을 것; 그리고

(c) 해당 사업연도에 필라 1 시행국 내 그룹 공제의 혜택을 받지 않았거나 연결납세그룹 대상(적용대상그룹의 구성기업이 다른 구성기업의 세액 손실과 같은 법인세 항목을 이전하거나 활용할 수 있는 제도의 대상인 것을 말한다)일 것(제14조 제2항).[968]

---

964) *Ibid.*, p.38.

965) *Ibid.*

966) *Ibid.*

967) *Ibid.*

968) *Ibid.*

4) 납부 관련

과세권 재배분 납세의무자의 결정방법에 대해서는 현재 두 가지 방식이 논의 중에 있다. 그 첫 번째는 적용대상그룹 내 지정된 하나의 구성기업(Designated Entity)이 각국에 단독으로 신고·납부의무를 부담하는 단독 납세의무자 방식이고, 두 번째는 적용대상그룹 내 다수의 구성기업이 각국에 각각 신고·납세의무를 부담하되, 그룹 내 하나의 대리기업(Agent)이 단독으로 신고·납부를 대리하는 다수 납세의무자 방식이다.[969]

5) 과세권 재배분 전환 기간

과세권 재배분 전환 기간(Amount A Transition Periods)은 새로운 제도의 연착륙(soft landing)을 위하여 마련한 규정이다. 적용대상그룹의 구성기업 또는 적용대상 부문의 구성부문 매출귀속전환 사업연도와 관련하여 과세권 재배분(Amount A) 세무신고 및 공통 서류패키지를 제출하고(files/submits) 해당 서류들이 제3장, 제4조, 별표 E에 따른 규정을 정확하게 적용하는 "합리적인 조치(Reasonable Measures)"를 취한 경우 위 각 규정의 적용에 대한 조정(adjustment)을 면제하도록 하고 있다(제16조 제1항).[970] 매출귀속전환 사업연도(Revenue Sourcing Transitional Period)란 초기 매출귀속 전환단계 및 직후 연속하는 3개 사업연도를 의미하거나, 적용대상그룹이 과거에 적용대상그룹이 아니었거나 그룹이 최초 귀속전환 단계에 적용대상 부문이었던 공

---

969) 기획재정부 보도자료, "디지털세 포괄적 이행체계 총회 결과 - 필라 1 행정 및 조세확실성 진행상황보고서 공개 -", 2022. 10. 8., 5면.

970) OECD(2022), *Progress Report on the Administration and Tax Certainty Aspects of Pillar One - Two-Pillar Solution to the Tax Challenges of the Digitalisation of the Economy,* 6 October 2022 - 11 November 2022, p.43., available at https://www. oecd.org/tax/beps/progress-report-administration-tax-certainty-aspects-of-amount-a-pil lar-one-october-2022.pdf.

시된 부문을 보유하지 않은 경우, 그룹이 최초 적용대상그룹이었거나 그룹의 공시된 부문이 최초 적용대상부문이었던 사업연도의 개시일로부터 연속하는 3개 사업연도를 의미한다[제16조 하단 용어정의(Definitions)].[971]

또한 적격채굴그룹(Qualifying Extractives Group)의 회원인 적용대상그룹의 구성기업 또는 적용대상 부문의 구성부분의 경우 채굴전환 사업연도(Extractives Transitional Period)와 관련하여 별표 B에 따른 규정을 정확하게 적용하는 합리적인 조치를 취한 경우, 별표 B에 따른 규칙의 적용과 관련하여 어떠한 조정도 하지 않도록 하고 있다(제16조 제2항). 채굴전환 사업연도(Extractives Transitional Period)란 초기 채굴전환 사업연도와 직후 연속하는 3개 사업연도를 의미하거나, 적격채굴그룹이 초기 채굴전환 사업연도 동안 모든 사업연도에 매출기준(revenue test) 및 수익성기준(profitability test) 또는 부문매출기준(segment revenue test) 및 부문수익성기준(segment profitability test)을 충족하지 아니한 경우, 매출기준 및 수익성기준 또는 부문매출기준 및 부문수익성기준 중 어느 하나의 조건을 충족한 최초 적격채굴그룹이었던 사업연도 개시일부터 연속하는 3개 사업연도를 의미한다[제16조 하단 용어정의(Definitions)].[972]

규제금융업(Regulated Financial Services)을 수행하는 적용대상그룹의 구성기업 또는 적용대상 부문의 구성부분의 경우에는, RFS 전환 사업연도(RFS Transitional Period)와 관련하여 별표 C에 따른 규정을 정확하게 적용하는 합리적인 조치를 취한 경우 별표 C에 따른 규정의 적용에 대해 어떠한 조정도 하지 아니하도록 하고 있다(제16조 제3항).[973] RFS 전환 사업연도

---

971) *Ibid.*
972) *Ibid.*
973) *Ibid.*

(RFS Transitional Period)란 그룹 또는 공시된 부문이 매출기준(revenue test) 및 수익성기준(profitability test) 또는 부문매출기준(segment revenue test) 및 부문수익성기준(segment profitability test) 중 어느 하나의 조건을 충족한 사업연도 개시일로부터 연속하는 3개 사업연도를 의미한다[제16조 하단 용어정의(Definitions)].[974] 여기서 합리적인 조치(Reasonable Measures)란 적용대상 리뷰패널, 리뷰패널, 결정패널, 대표과세당국 또는 당사자회의에 의해 제공된 지침에 부합하는 노력을 말한다[제16조 하단 용어정의(Definitions)].[975]

6) 재배분이익 산출 및 납세의무 이행을 위한 단일화된 통화환산규칙

본 법의 목적상 달리 구체적으로 명시하지 않는 한, 본 법 조항의 적용과 관련된 모든 금액은 해당 사업연도 평균환율을 기준으로 적용대상그룹의 연결재무제표의 표시통화로 환산하여야 한다(제17조 제1항).[976] 다만 본 법 목적상 어떠한 조항이 명시적으로 금액을 유로화로 결정한 경우에는 동 조항에 따라 요구되는 기타 통화의 유로화 환산은 관련 사업연도 동안의 평균환율에 기초해야 한다(제17조 제2항).[977]

7) 조세확실성 체계로 인한 수정

사업연도에 대한 포괄적 확실성 검토(Comprehensive Certainty Review)를 마무리하는 과정의 일환으로, 적용대상그룹의 과세권 재배분(이익 A) 세무신고 및 공통 서류패키지를 재신청(refile)해야 하는 경우, 다음이 적용된다(제18조 제1항).[978]

---

974) *Ibid.*, pp.43~44.
975) *Ibid.*, p.44.
976) *Ibid.*, p.45.
977) *Ibid.*

(a) 해당 사업연도에 대한 적용대상그룹의 과세권 재배분 세무신고 및 공통 서류패키지는 대표과세당국이 요구되는 구체적인 변경사항에 따라 [90일] 이내에 재신청되어야 한다. 그리고

(b) 제14조가 적용되는 경우, 기업은 제1항 (a)호에 따라 기 제출된 과세권 재배분 세무신고에 대하여 [기 제출된 세무신고 수정과 관련된 국내법 조항 기재]에 의거하여 [수정요청 또는 수정신고] [및 공통 서류패키지]를 제출하며, 국내법상의 기한과 관계없이 당해 사업연도에 신고한다(제18조 제1항 제a호, 제b호).[979)

제1항 제b호가 제1항이 적용되는 적용대상그룹의 계열기업에 적용되지 않는 경우, 그리고 해당 기업이 제12조에 적용되는 경우, 해당 기업은 국내법상의 기한과 관계없이 [이행 국가 기재]에서의 해당 사업연도에 대한 법인세 신고를 [90일] 이내로 수정해야 한다(제18조 제2항).[980)

위 제1항 및 제2항이 적용되는 경우, 기업은 [국가 기재]에 본 특별법에 따른 과세소득과 관련하여 [120일] 이내에 추가납부하여야 한다(제18조 제3항).[981)

8) 시의적절한 이중과세제거를 위한 보완규칙

[이행 국가 기재]은 본 특별법의 제7조에 따라 해당 기간을 종료일로부터 [x]일/개월 이내로 이중과세 경감자격이 있는 기업에게 이중과세 경감혜택을 제공해야 한다. 단, 다음의 요건이 충족되어야 한다(제19조 제1항).[982)

978) *Ibid.*, p.47.
979) *Ibid.*
980) *Ibid.*, pp.47~48.
981) *Ibid.*, p.48.
982) *Ibid.*, p.49.

248

(a) 해당 기업이 제12조에 따른 의무사항을 충족하였고, 그리고

(b) 사업연도 종료일부터 12개월 이내에 이중과세 경감신청을 위해 필요한 [이행 국가 기재]의 국내절차를 준수한 경우.[983)]

제1항이 적용되는 경우, 해당 기업은 사업연도 종료일로부터 18개월 후에 [z]일/개월 이내에 과세권 재배분 소득과 관련한 세금 납부 증빙서류를 과세당국에 제출해야 한다(제19조 제2항).[984)]

(2) 조세확실성

필라 1 이익 A(과세권 재배분) 관련 분쟁은 필라 1·2 최종 합의에 기초하여 의무적이고 강제적인 절차에 따라 조정되고, 디지털세를 도입·운영하는 모든 국가는 해당 결과에 구속되게 된다.[985)] 조세확실성은 크게 이익 A 쟁점 절차 및 기타 관련쟁점 절차로 구성된다.

1) 이익 A 쟁점 절차

이익 A 쟁점 절차는 쟁점의 성격에 따라 i) 이익 A 적용대상 여부를 판단하는 적용대상 확실성(Scope Certainty Review), ii) 매출귀속기준과 적용제외 매출 등을 검토하는 사전확실성(Advance Certainty Review), iii) 이익 A 관련 사항 전반을 판단하는 포괄적 확실성(Comprehensive Certainty Review)의 세 가지 절차로 구분된다.[986)] 그리고 이와 같은 세 가지 절차에서 합의되지 않은 쟁점(any disagreements that arise)은 구속력있는 결정패널(Determination

---

983) *Ibid.*

984) *Ibid.*

985) *Ibid.*, p.53.

986) *Ibid.*, pp.53~54.

Panel) 절차를 통해 최종 결정된다.[987]

① 적용대상 확실성 절차

적용대상 확실성 절차는 대표과세당국 또는 리뷰패널이 기업의 이익 A 적용대상 여부를 판단하는 절차로서, 그룹의 조정기업(Coordinating Entity)은 각 사업연도의 마지막 날 이후 대표과세당국에게 다자확실성 신청서(request for multilateral certainty)를 제출하여 적용대상그룹 여부에 대한 확인을 신청할 수 있다.[988] 이 때 다자확실성 신청서는 해당 사업연도 종료 후 [42개월] 내에 제출되어야 한다.[989] 조세확실성 이행체계의 효율성을 증진하고 합리적으로 판단할 때 명백한 사례의 경우에 대해서는 리뷰패널의 검토를 줄이기 위해, 적용대상 요건 미충족 여부 등 간단한 사례에 대해서는 대표과세당국이, 적용제외 매출(채굴업·규제금융업 등) 관련 쟁점 등의 경우에는 리뷰패널이 적용대상 확실성 여부를 검토한다.[990]

후속대상 확실성 검토(Follow-Up Scope Certainty Review)는 어떤 그룹이 적용대상 확실성 절차를 신청하고 적용대상그룹이 아니라는 합의된 결과를 부여받았다면, (a) 그룹이 적격채굴그룹 또는 적격규제금융업으로 간주되는 경우, (b) 해당 그룹이 리뷰패널로부터 과거에 적용대상 확실성 검토를 받았고, 적용대상그룹이 아니라는 합의된 적용대상 확실성 결과를 받은 경우, 그리고 (c) 위 (b)에 언급된 사업연도로부터 어느 사업연도 동안 그 그룹이 적용대상그룹이 아닌 경우에는 완전한 적용대상 확실성 절차를 위한 서류패키지를 제출할 필요 없이 간소화된 문서에 기반하여 후속대상

---

987) *Ibid.*, p.54.

988) *Ibid.*, p.63.

989) *Ibid.*

990) *Ibid.*, pp.66~67.

확실성 검토를 실시함으로서 지속적으로 적용대상그룹이 아니라는 확실성 결과를 확보할 수 있도록 하는 제도이다.[991] 이는 어떤 그룹이 적용대상그룹이 아닌 경우, 지속적으로 적용대상이 아니라는 점을 입증하기 위해 정보를 수집하고 제출하는 것이 그 효용에 비해 과중한 비용을 초래할 것임을 고려하여 제도 운용의 효율화 및 간소화 방안으로서 마련한 절차이다.[992]

② 사전확실성 절차

사전확실성 절차(Advance Certainty Review)는 매출귀속기준(매출구분 및 각 구분에 따른 신뢰성 있는 매출귀속방법) 및 적용제외매출 적용방법(채굴업·규제금융업의 매출 및 비용 구분 및 비채굴업·비규제금융업에 대한 조정 후 세전이익 또는 부문 조정 후 세전이익을 결정하는 방법)에 대해 리뷰패널이 재무제표 등 관련 정보를 바탕으로 미리 검토하는 절차를 말한다.[993]

사전확실성 검토는 리뷰패널에 의해 합의된 날짜에 시작된다.[994] 조정기업(Coordinating Entity)이 미래의 사업연도에 대해 포괄적 확실성 요청과 사전확실성 요청을 모두 제출하는 경우 리뷰패널은 향후의 사업연도에 대한 확실성을 제공하는 사전확실성 검토를 우선적으로 수행할 수 있다.[995] 그룹의 이전 사업연도에 대한 검토가 종료되지 않는 등 포괄적 확실성 검토가 지연되는 경우라도 그로 인해 사전확실성 검토의 시작이 지연되지는 않는다.[996]

---

991) *Ibid.*, pp.76~77.
992) *Ibid.*, p.76.
993) *Ibid.*, pp.84~85, p.104.
994) *Ibid.*, p.104.
995) *Ibid.*
996) *Ibid.*

③ 포괄적 확실성 절차

포괄적 확실성 절차(Comprehensive Certainty Review)는 이익 A의 계산·배분 등 관련 쟁점 전반에 대해 검토하는 절차이다. 기업의 포괄적 확실성 요청이 최초인 경우 또는 종전의 확실성 검토가 기업의 미협조 혹은 조세확실성 검토 요청의 철회로 합의에 따른 포괄적 확실성 결과 없이 종료된 경우 등에는 리뷰패널이, 그 밖의 경우에는 대표과세당국이 포괄적 확실성 절차 검토를 수행한다.[997]

리뷰패널은 (a) 대표과세당국, (b) 대표과세당국에 해당하지 않는 [3개] 대상국들의 과세당국으로서 공통 서류패키지의 정보에 따라 이중과세 제거를 위한 경감을 제공해야 하는 과세당국, 그리고 위 (a) 또는 (b)에 해당하지 않는 [3개] 대상국들의 과세당국으로 구성된다.[998]

리뷰패널이 수행하는 검토의 첫 번째 단계에서는 그룹의 적용대상그룹 여부 관련 쟁점을 검토하고, 대상국들에 대한 매출귀속, 세전이익배분과 이중과세제거의 기준이 되는 협약의 적용요소와 관련된 사안들을 검토한다.[999] 여기에는 그룹의 정의, 글로벌 매출액기준 및 수익성 기준의 적용, 공시된 부문의 처리, 제외매출 결정 및 처리, 세전이익 계산, 거래구분 및 매출귀속 목적으로 신뢰할만한 방법의 선정, 마케팅·유통이익 세이프하버 및 이중과세제거에 관한 규정 적용 목적의 국가별 재무제표가 포함된다.[1000] 위와 같은 리뷰패널의 첫 번째 검토단계가 완료되면, 해당 사업연도에 대한 그룹의 협약 적용과 관련한 나머지 요소에 대해 두 번째 검토를 수행하며,

---

997) *Ibid.*, p.87.
998) *Ibid.*, p.88.
999) *Ibid.*, p.91.
1000) *Ibid.*, pp.91~92.

해당 요소는 그룹이 과세연계점 기준을 충족하는 대상국 파악, 세전이익의 대상국들에 대한 배분, [원천징수세의 영향에 대한 규정의 적용방법], 이중 과세제거이다.[1001]

④ 결정패널

결정패널(Determination Panel)은 위 세 가지 절차에서 합의되지 않은 쟁점을 최종적으로 판단하는 절차이다.[1002] 결정패널은 의장(Chair)의 조율 하에, 적용대상 리뷰패널, 리뷰패널, 대표과세당국 또는 하나 이상의 열거 대상국(Listed Parties) 또는 대상국(Affected Parties)이 지지하는 두 개 이상의 대안적 결론(alternative outcomes) 중 하나를 선택하여 해결을 위해 제출된 특정사안들을 해결한다.[1003] 결정패널은 대표과세당국을 통해 대상국 또는 열거대상국으로부터 해당 사안 및 대안적 결론들에 대한 설명을 요청할 수 있으나 이는 새로운 주장을 제기할 기회는 아니다.[1004] 다만 결정패널은 조정기업(Coordinating Entity) 또는 구성기업(Group Entities)에 추가 정보를 요청할 수 없으며, 제시되지 않은 대안적 결론 개발 및 선택하거나 해결을 위해 제출된 특정사안 외의 다른 사안에 대해 논평할 재량권이 없다.[1005]

결정패널은 각 사안에 대해 모든 회원의 의견일치(consensus)를 통해 합의에 도달하도록 노력해야 하며, 그러나 이것이 가능하지 않을 경우 패널의 절반 이상으로 구성된 과반수가 지지하는 결과를 선택한다.[1006] 특정사안

1001) *Ibid.*, p.93.
1002) *Ibid.*, p.113.
1003) *Ibid.*, p.116.
1004) *Ibid.*
1005) *Ibid.*
1006) *Ibid.*

에 대해 두 개 이상의 대체 결과가 있고 패널의 과반수가 지지하는 결과물이 없는 경우, 의장은 선택할 대체 결과를 식별하기 위해 패널 회원들을 초청하여 선호도에 따라 모든 대체 결과의 순위를 매기게 된다.[1007] 결정패널은 특정 시점에 제출된 모든 사안을 해결하고, 이러한 사안이 제출된 후 [90일] 이내에 단일 편집본으로 결정을 전달해야 한다.[1008] 서로 다른 기간(period) 또는 서로 다른 검토단계(different phases)에 대한 그룹의 검토와 관련된 사안이 동일한 결정패널에 제출되는 경우, 패널의 결정은 이러한 검토 또는 단계에 해당하는 별도의 편집본으로 전달되어야 한다.[1009] 결정패널의 구체적인 구성방식은 아직 합의되지 않았으며, 추가적인 절차의 개발과 그에 대한 합의가 예정되어 있다.[1010] 그러나 결정패널은 위와 같은 합의에 도달하기 위한 기준이나 결정을 내리기 위한 기간(timeframe)을 자유롭게 변경할 수는 없다.[1011]

⑤ 조세확실성 신청 및 확실성 결과의 철회

조정기업은 적용대상 확실성 결과, 포괄적 확실성 결과 또는 사전확실성 결과가 합의된 후를 포함하여 언제든지 대표과세당국에 서면통지를 통해 적용대상 확실성, 포괄적 확실성, 또는 사전확실성에 대한 요청을 철회할 수 있다.[1012] 대표과세당국은 조정기업의 통지 후 [30일] 이내에 본 서면통지를 적용대상 확실성 및 포괄적 확실성 요청이 제출되었던 경우에는 모든 대상국의 과세당국에, 또는 사전확실성 요청이 제출되었던 경우에는 대상

1007) *Ibid.*
1008) *Ibid.*, p.116.
1009) *Ibid.*
1010) *Ibid.*, p.126.
1011) *Ibid.*, p.127.
1012) *Ibid.*, p.143.

국의 과세당국에 교환한다.[1013]

조정기업이 적용대상 확실성 또는 포괄적 확실성 요청을 철회하거나, 적용대상 확실성 또는 포괄적 확실성 요청시 누락된 자료를 관련 기한 내에 미제공 또는 적용대상 확실성 보고서나 공통서류패키지에 대한 필수적 변경 사항에 동의하지 않아 철회한 것으로 간주되는 경우, a) 적용대상 확실성(Section 2.2), 리뷰패널에 의한 검토(Section 2.3.2) 또는 대표과세당국에 의한 검토(Section 2.3.3)에 따른 검토과정에서 열거대상국 또는 대상국이 적용대상 리뷰패널, 리뷰패널 또는 대표과세당국이 수행한 업무 또는 대표과세당국이 교환한 정보에 의존하는 것, b) 대상국에 국내법에 의해 허용된 국내조사활동을 수행하는 것, c) 해당 대상국의 국내 절차에 의존하도록 대상국이 허용하는 것, 또는 d) 조정기업이 후속 사업연도 동안의 그룹에 대한 협약의 적용에 대한 적용대상 확실성, 포괄적 확실성 또는 사전확실성 요청을 제출하는 것은 허용된다.[1014]

2) 기타 관련쟁점 절차

이익 A 관련 기타 관련쟁점 절차는 이익 A와 간접적으로 관련된 쟁점으로서 상호합의절차에서 2년간 미해결된 분쟁(이전가격 조정 및 고정사업장 사업이익 분쟁 등)을 필라 1 조세확실성 절차의 틀 내에서 의무적이고 구속력있는 방식으로 해결하는 절차를 말한다.[1015] 한편, 선택적인 구속력있는 분쟁해결 절차(elective binding dispute resolution mechanism)는 분쟁대응역량이 낮은 개발도상국(developing economies)에 대해서만 허용하며, BEPS

1013) *Ibid.*
1014) *Ibid.*
1015) *Ibid.*, p.155.

Action 14(상호합의) 동료평가(peer review)에서 유예(deferral) 조치를 받음과 동시에 상호합의 분쟁 건수가 없거나 적은 국가에 한하여 적용된다.[1016] 또한 선택적용 가능여부는 주기적으로 재심사가 필요하며, 재심사에 의해 부적격한 것으로 판정된 국가는 모든 후속연도에 부적격한 것으로 간주된다.[1017]

① 상호합의절차(Mutual Agreement Procedure)

기존 조세협정(Existing Tax Agreement)[1018]의 체약당사국 일방 또는 쌍방의 행위로 인해 그 기존 조세협정의 조항에 부합되지 않는 관련사안(Related Issue)[1019]에 관하여 적용대상그룹의 일원이 과세처분을 받았거나 받을 우려가 있는 경우, 기존 조세협정의 체결당사자인 국가의 국내법에서 제공하는 구제책과 관계없이, 적용대상그룹의 일원은 해당 사안을 체약당사국의 과세당국에 제시할 수 있다.[1020] 해당 사안은 관련사안과 관계된 과세처분에 대한 서면의견으로 제출되어야 하고, 기존 조세협정 조항에 부합되지 않는 관련사안에 관한 과세사실을 안 날부터 3년 이내에 신청되어야

1016) *Ibid.*

1017) *Ibid.*

1018) 기존 조세협정(Existing Tax Agreement)이라는 용어는 협정(agreement) 또는 그 적용이 후속 의정서(subsequent protocol) 또는 다른 협정(another agreement)에 의해 수정되거나 수정될 수 있는 협정을 의미하고, 그 목적 중 하나는 a) 당사자들; 그리고/또는 b) 위에서 설명한 협정의 당사자이고 당사자가 국제관계에 대해 책임을 지는 관할권 또는 영토 사이에 적용되는 소득에 대한 세금과 관련된 이중과세를 방지하는 것이다(*Ibid.*, p.165.).

1019) 여기서 관련사안(Related Issue)이란 적용대상그룹이 과세권 재배분(이익 A)을 적용할 때 현재 또는 미래에 영향을 미칠 수 있는 [OECD 모델 또는 UN 모델의 제5, 7, 9조 또는 (실질적인 이전가격 및 고정사업장 이익배분규칙에 대한 협약의 구체적인 조항 기재)에 근거한] 기존 조세협정의 조항에 의거하여 다루어지는 사안을 말한다(*Ibid.*, p.162.).

1020) *Ibid.*, p.156.

한다(제[X]조).[1021] 이와 같은 이의신청(objection)이 해당 과세당국이 보기에 정당하고, 과세당국 자체적으로 만족스러운 수준의 해결안을 도출하지 못하는 경우, 과세당국은 체약상대국과의 상호합의를 통해 기존 조세협정에 부합하지 않는 과세처분을 피하는 방향으로 문제를 해결한다.[1022] 이와 같이 이루어진 합의(agreement)는 체약국들의 국내법상 시한과 무관하게 이행된다.[1023] 다만 위 내용에도 불구하고, 적용대상그룹의 구성원이 기존 조세협정의 상호합의절차 관련 조항에 따라 절차개시를 신청한 경우, 그 적용대상그룹의 구성원은 그의 선택에 따라 본 법상 상호합의절차에 따라, 또는 기존 조세협정상 상호합의절차에 따라 그 개시를 신청할 수 있다.[1024] 적용대상그룹의 구성원이 위와 같은 본 법상 상호합의절차에 따라 절차개시를 신청하지 않고 대신 기존 조세협정상 상호합의절차에 따라 절차개시를 신청한 경우, 본 법상 상호합의절차 조항은 기존 조세협정상 상호합의절차 조항에 영향을 미치지 않는다.[1025]

한편, 유효한 기존 조세협정이 존재하지 않는 두 체약국 간에는 다음과 같은 조항이 적용된다.[1026] 적용대상그룹의 구성원이 체약당사국 일방 또는 쌍방의 행위로 인해 [실질적인 이전가격 및 고정사업장 이익배분규칙에 대한 협약(Convention)의 구체적인 조항 기재]의 조항에 부합하지 않는 관련사안(Related Issue)에 관하여 적용대상그룹의 구성원이 과세처분을 받거나 받을 우려가 있는 경우, 관련체약국(Relevant Contracting Jurisdictions)[1027]의 국내

1021) *Ibid.*
1022) *Ibid.*
1023) *Ibid.*
1024) *Ibid.*
1025) *Ibid.*
1026) *Ibid.*, p.161.
1027) 여기서 관련체약국(Relevant Contracting Jurisdictions)이란 a) [실질적인 이전가격

법상 구제책과는 관계없이, 적용대상그룹의 구성원은 해당 사안을 관련체약국 양측의 과세당국에 동시에 제시할 수 있다.[1028] 이 때 적용대상그룹의 구성원은 해당 사안이 관련사안과 연계된 과세처분에 대한 사안임을 밝혀야 한다.[1029] 해당 신청은 [실질적인 이전가격 및 고정사업장 이익배분 규칙에 대한 협약의 구체적인 조항 기재]의 조항에 부합하지 않는 관련사안과 관련하여 적용대상그룹의 구성원이 과세사실을 안 날부터 3년 내에 이루어져야 한다.[1030] 이와 같은 이의신청(objection)이 과세당국이 보기에 정당하고, 과세당국 자체적으로 만족스러운 수준의 해결안을 도출하지 못하는 경우, 과세당국은 관련체약국 과세당국과의 상호합의를 통해 협약에 부합하지 않는 과세처분을 피하는 방향으로 문제를 해결한다.[1031] 이와 같이 이루어진 합의(agreement)는 체약국들의 국내법상 시한과 무관하게 이행된다.[1032] 관련체약국의 과세당국은 [실질적인 이전가격 및 고정사업장 이익배분규칙에 대한 협약의 구체적인 조항 기재]의 해석, 적용으로 인해 발생하는 모든 어려움 또는 의혹을 상호합의를 통해 해결하도록 노력한다.[1033] 이들은 또한 협약에서 규정하지 않은 관련사안(Related Issue)과 연계된 과세처분으로 인한 이중과세제거를 위해 상호 협의한다.[1034]

및 고정사업장 이익배분규칙에 대한 협약의 구체적인 조항 기재]의 조항에 부합하지 않는 관련사안에 관하여 적용대상그룹의 구성원이 과세처분을 받거나 받을 우려가 있는 경우를 야기하는 행위를 한 체약국 및 b) 관련사안에 관하여 적용대상그룹의 구성원이 직접 영향을 받게 될 협약체약국을 말한다(*Ibid.*).

[1028] *Ibid.*

[1029] *Ibid.*

[1030] *Ibid.*

[1031] *Ibid.*

[1032] *Ibid.*

[1033] *Ibid.*

[1034] *Ibid.*

② 관련사안에 대한 분쟁해결제도

앞서 살펴 본 상호합의절차에 따른 상호합의 개시일부터 2년 내에 양 과
세당국이 쟁점 합의에 도달하지 못한 경우, 상호합의를 신청했던 기업이 해
당 사안의 해결을 분쟁해결패널(dispute resolution panel)에 서면으로 신청
하여야 한다(제19조 제1항 제a호, 제c호).[1035] 동 조항에서 명시한 분쟁해결패
널 제도는 체약상대국간 어떤 이견(any disagreement)이든 해결하기 위해
적용되며 이는 해당 사안이 관련사안(Related Issue)인지 여부와 무관하게
적용된다(제19조 제1항 제b호).[1036] 관할당국들은 관련사안에 대한 분쟁해결
패널의 결정사항이 통지된 시점부터 90일 이내에, 해당 사안에 대해 분쟁해
결패널의 결정 및 관할당국들 간에 이전에 합의된 모든 여타 사항을 반영
한 상호합의안을 도출해야 한다(제19조 제2항 제a호).[1037] 분쟁해결패널의 결
정은 최종적이고 양 체약당사국에 법적구속력을 가진다.[1038] 분쟁해결패널
의 결정사항을 반영한 상호합의는 분쟁해결협의를 요청한 적용대상그룹의
일원 및 해당 사안에 의해 직접적인 영향을 받는 적용대상그룹의 다른 구
성원들이 관할당국에 제안한 해결안을 수용한다는 내용의 서면확인서를 제
출하지 않거나, 분쟁해결패널의 결정으로 해결된 모든 관련사안에 대해 철회
또는 포기가 이루어진 경우, 협정체결 국가 중 하나에 속하는 법원의 최종
판결을 통해 분쟁해결패널의 결정이 무효라고 판정되는 경우 등의 예외를 제
외하고, 원칙적으로 협정 체약국들의 국내법에서 규정한 시한 또는 기존 조
세협정에서 정한 시한과 무관하게 이행되어야 한다(제19조 제2항 제b호).[1039]

1035) *Ibid.*, pp.169~170.
1036) *Ibid.*, p.170.
1037) *Ibid.*, p.171.
1038) *Ibid.*
1039) *Ibid.*, pp.171~172.

③ 선택적 · 구속력있는 분쟁해결 협의체 제도

세계은행의 분류상 인구 1인당 GNI를 기준으로 하여 World Bank Atlas 기법을 사용하여 산출했을 때 해당 협정 체결 국가가 저소득국(low-income), 중저소득국(lower-middle-income), 또는 고중소득국(upper-middle-income)에 속하는 경우, G20 회원국 또는 OECD 회원국이 아닌 경우, 상호합의와 관련된 자국의 정책 또는 관행의 개선이 이루어져야 한다는 의견을 FTA 상호합의 포럼의 다른 회원들로부터 수령하지 않은 경우, 상호합의 분쟁이 전혀 없었거나 그 빈도가 낮은 경우, 관련사안에 대해 앞서 살펴본 분쟁해결패널 제도(제19조)를 대신하여 선택적이고 법적구속력있는 분쟁해결패널제도(elective dispute resolution panel mechanism, 제20조)가 적용된다(제20조 제1항).[1040] 여기서 '상호합의 분쟁이 전혀 없었거나 그 빈도가 낮은 경우'란 매년 제출되는 상호합의 통계치에 기반할 때 연말 현재 처리해야 할 상호합의 사건 배분건수의 3년 간 평균이 10건 미만인 경우를 말한다(제20조 제2항).[1041]

3. 국가별 단독과세금지 관련 다자협약안 공개

2021년 10월에 발표된 필라 1 · 2 최종 합의에서 필라 1 도입시 각국은 다자협약(Multilateral Convention, "MLC")을 통해 기존에 일방적으로 도입한 디지털 서비스세 및 이와 유사한 조치(과세)를 폐지 및 향후 도입 금지하기로 합의한 바 있다.[1042] 2020. 12. 20. 발표된 다자협약안은 크게 다음

1040) *Ibid.*, pp.218~219.

1041) *Ibid.*, p.219.

1042) OECD(2022), *Public Consultation Document: Pillar One – Amount A: Draft Multilateral Convention Provisions on Digital Services Taxes and other Relevant Similar Measures*, 20 December 2022 – 20 January 2023, p.1., available at https://www.oecd.org/tax/beps/public-consultation-document-draft-mlc-provisions-on-dsts-and-other-relevant-similar-measures.pdf.

과 같이 세 가지 내용으로 구성된다.

(1) 기존 조치의 폐지(Removal of Existing Measures)

회원국은 본 협약이 발효하는 일자부터 회원국간 합의에 따른 '폐지대상 기존 조치 리스트(List of Existing Measures Subject to Removal, 협약 부칙에 포함)'에 나열된 조치를 적용할 수 없다(제37조 제1항).[1043] 위와 같은 폐지대상 기존 조치 리스트에 포함되거나 포함되지 않았다는 점은 아래에서 살펴볼 '디지털 서비스세 및 관련 유사한 조치'의 정의조항(제38조 제2항)에 해당 조치가 기술되어 있는지 여부에 대한 증거로 간주되지 않고, 오로지 본 협약의 목적을 위해서만 해당 조치의 처리를 결정한다(제37조 제2항).[1044]

(2) 디지털 서비스세의 향후 도입 금지

디지털 서비스세 또는 관련 유사한 조치(digital services tax or relevant similar measure)는 향후 도입이 금지된다. 여기서 디지털 서비스세 또는 관련 유사한 조치란, 주로 최종소비자 소재지 또는 이와 유사한 시장기반요소(market-based criteria)에 따른 과세이고 비거주자 또는 외국법인을 대상으로 한 과세이며, 각국 국내법에 따라 소득세로 취급되지 아니하는 조세를 말한다(제38조 제2항).[1045] 반면, 물리적 실재(직접적인 물리적 실재 및 대리인의 물리적 실재 및 활동 포함)를 기반으로 하는 전통적인 고정사업장 또는 유사한 국내법 과세연계점 요건(domestic law nexus requirements)을 피하기 위해 인위적인 구조화를 다루는 규칙, 부가가치세, 상품 및 서비스세,

---

1043) *Ibid.*, p.4.
1044) *Ibid.*
1045) *Ibid.*, p.5.

판매세 또는 기타 유사한 소비세 또는 종가기준이 아닌 단위당 또는 거래 기준으로 거래와 관련하여 일반적으로 적용되는 세금은 디지털 서비스세 또는 관련 유사한 조치의 용어에 포함되지 않는다(제38조 제3항).[1046]

(3) 의무 위반시 대응조치

위와 같은 디지털 서비스세 관련 기존 조치 폐지 및 향후 도입 금지 의무를 위반한 회원국에 대해서는 필라 1(이익 A) 과세권 배분을 감축한다.[1047]

Ⅲ. 이익 B 관련 작업

1. 1차 필라 1 이익 B 보고서

필라 1 이익 B는 기본적인 마케팅 및 유통활동(Baseline Marketing and Distribution Activities, BMDA)의 가격산정 절차를 간소화하여 과세당국과 기업의 조세확실성을 증진하고 이전가격 분쟁을 줄이기 위한 목적으로 논의되어 왔다.[1048] 포괄적 이행체계(IF)는 2021년 10월 필라 1 이익 B 제도 도입의 필요성에 합의한 이후 지속적인 실무작업반 회의를 거쳐 논의를 진행하였고 그 간의 논의성과를 2022. 12. 8. 1차 필라 1 이익 B 보고서를 통해 공개하였다. 필라 1 이익 A의 주요내용은 다음과 같다.

1046) *Ibid.*, pp.5~6.

1047) *Ibid.*, pp.4~5.

1048) OECD(2022), *Public Consultation Document: Pillar One – Amount B*, 8 December 2022 – 25 January 2023, p.3., available at https://www.oecd.org/tax/beps/public-consultation-document-pillar-one-amount-b-2022.pdf.

(1) 적용범위(Scope of Amount B)

이익 B는 기본적으로 다국적기업그룹 내의 내부거래(intra-group transactions)에 적용되는 것으로, 유형상품(goods) 도매업을 영위하고 사업관련위험을 제한적으로 부담하는 현지재판매업자(수행기능 등 경제적 특성이 재판매업자와 유사한 위탁판매업자 및 판매대리인도 적용대상에 포함)에게 적용된다.[1049] 적용범위 기준은 특수관계거래의 경제적 관련 특성과 관련된 정성적 평가(qualitative assessments)와 유통업자의 재무제표에서 도출되는 정량적 측정(quantitative measurements)이 혼합되어 있다.[1050] 정성적 평가는 해당 거래가 이익 B의 범위 내에 있는 경제적으로 관련된 특성을 나타내는 것으로 간주되는 특정 보조활동에 대한 허용기준을 설정할 수 있고, 정량적 측정은 유통업자가 거래의 정확한 기술에 따라 경제적으로 관련된 무형자산을 소유할 수 있는지 여부를 평가하는데 사용될 수 있다.[1051]

유통업자는 그 거주지인 시장에 주로 유통해야 하고, 다른 관할권에 위치한 고객으로부터 유통업자가 창출하는 연간 순매출액(annual net sales)은 그 유통업자의 연간 순매출액의 [X]%를 초과하지 않아야 한다.[1052] 유통업자는 핵심 유통기능 외에는 독립적인 방식으로 보수를 받거나 받아야 하는 경제활동을 수행해서는 안 되며, 이와 같은 부적격 활동에는 제조활동, 연구 및 개발활동, 조달활동, 그리고 자금조달활동 중 하나 또는 그 조합이 포함된다.[1053] 유통업자는 그러한 권리의 창출 또는 획득이 그 자체로 정당한 대가를 받을 수 있는 경우 시장에서 배포할 권리의 생성 또는 획득과

1049) *Ibid.*, pp.8~9(14, 15항).
1050) *Ibid.*, p.9(17항).
1051) *Ibid.*
1052) *Ibid.*, p.10{18(b)항}.
1053) *Ibid.*, p.10{18(c)항}.

관련된 활동을 수행하거나, 그 자체로 가치있거나 시장에서 고객관계를 유지하는데 중요한 역할을 하는 제3자 고객을 위한 기술 또는 전문서비스를 수행해서는 안 된다.[1054] 또한 유통업자는 거래의 정확한 기술에 따라 그러한 활동이 시장에서 판매되는 제품의 활용과 관련하여 고유하고 가치있는 무형자산을 생성하는 경우, 시장판매와 관련된 전략적 판매 및 마케팅 활동을 수행해서는 안 된다.[1055] 그리고 유통업자의 고객 중 어느 누구도 순매출액의 [X]% 이상을 차지해서는 아니 된다.[1056]

다만 다음의 허용기준(permissible thresholds) 내에서 특정 보조활동(certain ancillary activities)을 수행하는 것은 허용된다: i) 실제 상점 및 온라인 상점을 통한 최종소비자(소매)에 대한 유통업자의 연간 순매출은 연간 순매출의 [X]%를 초과하지 않고; ii) 유통업자가 지출하는 연간 마케팅 및 광고비용은 연간 순매출액의 [X]%를 초과하지 않는다.[1057] iii) 유통되는 제품과 관련하여 유통업자가 직접 부담하는 포장 및 조립비용(Packaging and assembly expenses)은 비용의 [X]%를 초과하지 않고; iv) 판매 후 제품 지원(제품 보증 포함), 고객에 대한 청구처리, 제품의 반품처리 또는 유통업자가 제공하는 유사한 지원 서비스와 관련된 연간 비용은 연간 순 [매출/비용]의 [X]%를 초과하지 않는다.[1058] 유통업자는 제한된 수준으로 정의될 수 있는 것 이상으로 경제적으로 중요한 위험(economically significant risks)을 가정하

1054) *Ibid.*, p.11{18(e)항}; 예를 들어 유통업자는 시장에서 유통활동을 수행하는 능력에 중요한 규제활동(any regulatory activities)을 수행해서는 안 되고, 또한 유통업자는 제품판매를 지원하거나 시장에서 고객관계에 필수적인 기술 또는 전문서비스를 수행해서는 안 된다(유통업자는 연간 유지관리계약으로부터 수익을 얻지 않는다).

1055) *Ibid.*, p.11{18(f)항}.

1056) *Ibid.*, p.11{18(g)항}.

1057) *Ibid.*, p.11{18(h)항}.

1058) *Ibid.*, p.12{18(h)항}.

지 않을 것으로 보이고, 또한 유통업자는 마케팅 무형자산(예: 데이터 센터, 인프라 투자, 상표 라이센스)을 포함하여 고유하고 가치있는 무형자산을 소유해서는 아니되며, 더욱이 유통업자는 진입장벽을 만드는 시장접근권이나 규제 라이센스에 대한 소유권이 없거나 제한적일 것으로 예상된다.[1059]

한편, 특수관계기업(associated enterprises)이 기본적인 유통활동과 관련된 특수관계거래(controlled transactions)를 다루는 양자 또는 다자간 사전승인제도(APA)를 체결한 경우 이익 B의 적용대상에서 제외되며, 따라서 특수관계거래가 적용범위 기준을 충족하더라도 양자 또는 다자간 APA에 반영된 조건이 이익 B 가격산정 방법론(Amount B Pricing methodology)보다 우선한다.[1060] 이와 같은 방법은 이익 B 제도 채택 당시 유효한 양자 및 다자 APA뿐만 아니라 향후의 양자 및 다자 APA와 갱신 또는 협상된 APA에도 적용된다.[1061]

(2) 가격산정 방법론(Amount B pricing methodology)

이익 B 가격산정 방법의 첫 번째 단계는 기본적인 마케팅 및 유통활동을 수행하는 전체 기업들을 식별하는 것이다.[1062] 공통적인 벤치마킹 검색 기준(benchmarking search criteria) 적용에 대한 합의는 많은 경우에 분쟁을 야기하는 벤치마킹 검색 수행에 대한 다양하고 주관적인 접근방식을 최소화하기 위한 초기단계로서 이익 B의 맥락에서 비교가능한 실체를 식별하는 표준화된 프로세스를 제공할 것이다.[1063]

1059) *Ibid.*, p.12{18(j)항}.
1060) *Ibid.*, p.13(20항).
1061) *Ibid.*
1062) *Ibid.*, p.13(49항).
1063) *Ibid.*, p.30(50항).

두 번째 단계는 기술적 분석으로서, 지리적 관련성(Geographic relevance), 산업관련성(Industry relevance), 자산집약도(Asset intensity), 운영비용강도 (Operating expense intensity) 등을 반영하여 비교대상기업들을 선정하는 작업이다.[1064] 현재까지의 개량경제학분석(econometric analysis)을 통한 예비관찰은 지리적 관련성, 산업관련성, 자산집약도, 운영비용과 수익성(profitability) 사이에 각 통계적으로 유의미한 관계가 있음을 나타내고 있다.[1065] 즉, 지리적 관련성은 수익성과 중요한 관계를 지속적으로 보여주고, 몇몇 산업은 수익성과 중요한 관계를 보여주고 있으며, 영업자산 대비 매출비율이 높은 기업은 일반적으로 영업마진(운영수익성)이 더 높고, 판매 대비 운영비용비율이 높은 회사는 일반적으로 더 높은 영업마진(운영수익성)을 얻는 것으로 나타났다.[1066]

세 번째 단계는 비교대상기업들의 수익률 등을 기준으로 정상가격 범위를 도출하는 작업이다.[1067] 포괄적 이행체계는 1차 필라 1 이익 B 보고서를 통하여 최종결과물과 그 형식은 아직 고려 중에 있지만 1차 보고서 공개 현재 표준가격 산정표 방식(pricing matrix approach)과 기계적 가격 산정방식(mechanical pricing tool approach)의 두 가지 결과도출 옵션에 대해 탐색하고 있음을 밝혔다.[1068] 아울러 이 두 가지 옵션 모두 동일한 기본 벤치마킹 및 기술분석(benchmarking and technical analyses)에 광범위하게 의존할 것이라고 보았다.[1069]

1064) *Ibid.*, p.32(57항).
1065) *Ibid.*
1066) *Ibid.*
1067) *Ibid.*, pp.32~33(59항).
1068) *Ibid.*, p.33(60항).
1069) *Ibid.*

이익 B 가격산정 방법론을 설계시 고려하여야 하는 기술적 사항으로, 우선 수익률 기준과 관련하여 이전가격세제상 여러 가지 정상가격산출방법 중 거래순이익률법(TNMM)을 적용한다.[1070] 순이익(net profit)을 매출액 (sales)으로 나눈 순이익 지표, 즉 순이익률은 독립 고객에 대한 재판매 목적으로 특수관계기업으로부터 구매시 이에 대한 정상가격을 결정하는데 자주 사용되며, 이는 적용대상 범위 내 거래와 관련하여 납세자 및 과세당국이 현재 일반적으로 채택하고 있는 가격산정방식이다.[1071] 다음으로 결과의 신뢰성(reliability of results)을 높일 것으로 예상되는 경우에는 개별기업의 특성을 감안한 비교가능성 조정(comparability adjustments)이 사용될 수 있다.[1072] 포괄적 이행체계(IF) 회원국들이 추가 고려가 필요하다고 본 특정 조정사항은 재고, 운전자본, 운영자산, 총 자산강도조정, 기능적 강도조정, 국가위험조정 및 산업위험조정, 위탁/판매대리인 조정이다.[1073] 그리고 다수의 특수관계자인 공급업자로부터의 구매(Purchases from multiple related party suppliers)와 관련하여, 기본적인 유통업자가 다수의 특수관계거래(controlled transaction)에서 수행한 활동과 관련하여 이익 B 적용대상범위 기준을 충족하는 경우 여러 특수관계자로부터의 구매는 이익 B에서 제외되지 않는다.[1074] 이와 관련하여 포괄적 이행체계(IF)는 이익 B에 대해 구체적인 단순화 조치를 개발할 수 있는지 여부를 고려하고 있으며, 예를 들어 납세자는 적용대상범위 내 기본적인 유통업자의 영업이익을 여러 특수관계거래에 걸쳐 귀속시키는 합리적인 배분방식을 채택할 수 있다.[1075] 그 배분방식은

1070) *Ibid.*, p.34(68항).
1071) *Ibid.*, p.35(69항).
1072) *Ibid.*, p.36(74, 75항).
1073) *Ibid.*, p.37(77항).
1074) *Ibid.*, p.37(80항).

정상가격원칙을 충족시키기 위하여 비교가능한 독립기업이 수용할 수 있는 결과가 되어야 한다.[1076]

(3) 이행방안(Documentation requirements)

일반적으로 이전가격의 문서화는 과세당국이 필요한 정보에 접근하여 과세당국이 위험평가를 수행하고 납세자의 조세관행 및 입장에 대한 감사수행여부에 대해 현명한 결정을 내릴 수 있도록 보장한다.[1077] 이익 B 사안에 있어서 과세당국이 납세자의 특수관계거래가 범위 내에 있는지 여부를 평가하기 위한 충분하고 관련성 있으며 신뢰할 수 있는 정보를 확보하여 특수관계거래의 가격산정을 이익 B 가격산정 방법론에 부합하도록 하기 위해서는 문서화 요구사항(documentation requirements)이 중요하다.[1078]

1) 정보제출의무(Amount B documentation requirements)

이익 B 적용범위 내의 특수관계거래를 하는 납세자는 이익 B 준수를 입증하기 위해 개별기업보고서(로컬파일, local file) 내용의 일부로서 관련 정보를 과세당국에 제출해야 한다.[1079] 로컬파일은 국외특수관계인과의 거래내역, 가격산출정보 등을 담은 이전가격 관련 서류로, 우리나라에서는 기업의 사업연도말로부터 12개월 내 제출의무가 있다. 과세당국에 제출되어야 하는 관련 정보에는 다국적기업그룹(MNE)이 아는 한 이익 B가 진실하고 정확하며 완전하다는 진술서, 적용범위 내 거래와 관련된 납세자 및 관련

1075) *Ibid.*, p.38(82항).
1076) *Ibid.*
1077) *Ibid.*, p.40(83항).
1078) *Ibid.*
1079) *Ibid.*, p.40(87항).

특수관계기업의 기능적 분석을 포함하여 적용범위 내 특수관계거래의 기술에 대한 설명, 이익 B 가격산정방법에 대한 설명, 납세자의 재무정보, 사업구조조정에 대한 설명, 특수관계거래 당사자의 신원, 계약기간, 유통계약의 성격 등 특수관계거래에 대한 정보, 기존 양자/다자간 APA 사본 등이 포함된다.[1080]

로컬파일의 정보 외에도 납세자와 과세당국은 마스터파일(master file)에 제공된 정보를 이익 B 가격산정 접근방식에 활용해야 한다.[1081] 특히 마스터파일은 주요 제품, 주요 지리적 시장, 가격정책 또는 무형자산의 개발, 소유 및 활용을 위한 다국적기업그룹의 일반전략 등 다국적기업그룹의 사업활동에 대한 중요한 정보를 제공할 수 있다.[1082] 마찬가지로, 국가별보고서(country-by-country report)에서 제공하는 정보는 다국적기업그룹 내 개별기업의 경제활동 위치 및 유형에 대한 특정 지표를 제공하므로 위험평가목적(risk assessment purposes)에 유용할 수 있다.[1083] 납세자의 과도한 규정준수부담을 피하기 위해, 특정납세자의 특수관계거래에 대한 이익 B의 적용가능성을 평가할 때, 과세당국은 납세자에게 이미 과세당국이 보유하고 있는 정보를 생성 또는 제출하거나 다른 형식으로 제출하도록 요청하는 것을 삼가야 한다.[1084]

납세자가 위와 같은 정보를 준비하여 과세당국에 제출하였다는 사실이 과세당국이 이익 B의 적용에 대한 납세자의 자체산정액(self-assessment)을 조사하는 것을 방해하지 않는다는 점을 강조하는 것이 중요하다.[1085] 마지

1080) *Ibid.*, pp.40~42(87항).

1081) *Ibid.*, p.42(89항).

1082) *Ibid.*

1083) *Ibid.*

1084) *Ibid.*, pp.42~43(89항).

막으로 일부 관할권에서는 거래가 이익 B의 적용대상에 처음으로 포함될 때 납세자가 이를 통지하도록 요구하는 절차를 도입하기를 원할 수 있다.[1086] 최초 통지 절차의 일환으로 과세당국은 납세자에게 앞서 살펴 본 개별기업보고서(로컬파일)에 포함된 관련 정보 항목을 제공하도록 요구할 수 있을 것이다.[1087]

2) 경과규정(Transitional issues)

이익 B 제도는 일부 다국적기업그룹이 이익 B 적용대상의 범위 내에 포함되기 위해 필요한 조건을 충족할 목적으로 관계사간 유통 사업모델을 재구성하도록 유도할 수 있다.[1088] 마찬가지로, 상업적, 운영상, 납세의무준수, 그룹 차원의 정책 등 다양한 이유로 제품 유통과 관련된 특수관계거래가 발생하지 않도록 관련기업 및 제3자와의 유통계약을 재구성하기로 결정할 수 있는 다국적기업그룹이 있을 수 있다.[1089] 원칙적으로, 다국적기업그룹이 적용대상범위 기준을 충족하기 위해 의도적으로 유통계약을 재구성한 경우 이는 이익 B의 적용대상에 해당한다.[1090] 반대로, 유통업자가 여전히 적용대상범위 기준을 충족하는 경우, 다국적기업그룹이 이익 B 제도의 적용범위에서 벗어나도록 재조직하였다면 과세당국은 여전히 해당 기업에 이익 B를 적용 가능하다.[1091]

1085) *Ibid.*, p.43(90항).
1086) *Ibid.*, p.43(91항).
1087) *Ibid.*
1088) *Ibid.*, p.43(92항).
1089) *Ibid.*, p.43(93항).
1090) *Ibid.*, p.43(95항).
1091) *Ibid.*, p.44(95항).

(4) 조세확실성(Tax certainty)

이익 B 제도는 조세확실성을 향상시키고 적용대상범위 내의 기본적인 마케팅 및 유통거래와 관련된 분쟁을 줄일 것으로 예상된다.[1092] 이익 B는 기본적인 마케팅 및 유통계약과 관련된 거래를 식별하기 위한 공통적이고 일관된 체계를 제공하고, 가격산정 방법론을 제공함으로써 이전가격방법 선택, 순이익지표 또는 적용범위 내 납세자의 구체적인 보수 등의 측면에 있어서 분쟁 위험을 줄일 것이다.[1093] 그러나 이전가격 문제와 마찬가지로, 특수관계거래에 이익 B를 적용하려면 과세당국과 납세자 모두에 의한 판단이 필요하다.[1094] 이익 B의 경우 마케팅 및 유통활동 수행과 관련된 거래가 적용범위 내 거래에 해당하는지 여부, 특히 계약의 해석과 관련하여 납세자와 과세당국, 또는 과세당국 간 사이에 불일치가 존재할 수 있다.[1095] 이와 같은 상황을 해결하기 위해 납세자는 이익 B 제도의 맥락에서도 분쟁예방 및 해결을 목표로 하는 다양한 기존 메커니즘을 활용할 수 있다.[1096]

1) 이익 B와 분쟁 예방

납세자는 이익 B의 적용과 관련하여 향후 분쟁을 피하기 위해 정상가격 산출방법 사전승인제도(APA)를 사용할 수 있다.[1097] 정상가격 산출방법 사전승인제도는 이중과세위험을 줄이고 관련 과세당국 및 납세자에게 공평하며 납세자에게 보다 큰 사전확실성을 제공할 수 있다.[1098] 또한 납세자는

1092) *Ibid.*, p.45(98항).
1093) *Ibid.*
1094) *Ibid.*, p.45(99항).
1095) *Ibid.*
1096) *Ibid.*, pp.45~46(100항).
1097) *Ibid.*, p.46(101항).

이익 B의 적용과 관련하여 사전적으로 상호합의절차(mutual agreement procedure)를 사용할 수 있다.[1099] 납세자는 체약국 중 하나 또는 양측 국가의 조치로 인해 협정에 부합하지 않는 과세결과가 발생할 것이라고 판단하는 경우 이중과세가 존재하기 전에 상호합의절차를 시작할 수 있다.[1100]

2) 이익 B와 분쟁 해결

과세당국이 이익 B가 적용되는 특수관계거래 가격에 영향을 미치는 1차 조정을 할 때 납세자가 이중과세를 겪는 경우가 있을 수 있다. 납세자는 이중과세가 발생한 경우 상호합의를 통한 조정을 신청할 수 있고,[1101] 양 과세당국 간 상호합의절차에 따라 합의에 도달할 수 없는 경우 납세자는 특정 조건 하에서 이익 B의 적용과 관련하여 해결되지 않은 문제에 대해 중재(arbitration) 절차를 신청할 수 있다.[1102]

2. 2차 필라 1 이익 B 보고서

앞서 살펴본 1차 필라 1 이익 B 보고서에 대한 공개협의를 통해 이익 B에 대한 작업이 더욱 발전하게 되었고, 그 결과가 2차 필라 1 이익 B 보고서에 반영되어 2023. 7. 17. 공개되기에 이르렀다.[1103] 포괄적 이행체계(IF)는 2023. 9. 1.까지 2차 필라 1 이익 B 보고서에 대한 공개협의를 거친 뒤,

---

1098) *Ibid.*

1099) *Ibid.*, p.46(102항).

1100) *Ibid.*

1101) *Ibid.*, p.46(104항).

1102) *Ibid.*, p.47(108항).

1103) OECD(2023), *Public Consultation Document: Pillar One - Amount B*, 17 July 2023 - 1 September 2023, p.2., available at https://www.oecd.org/tax/beps/public-consultation-document-pillar-one-amount-b-2023.pdf.

2023년 연말까지 관련 논의를 계속하여 그 결과를 2024년 1월 이전가격지침(Transfer Pricing Guidance, "TPG")에 반영할 계획이고, 다만 이익 B의 시행시기는 추후 각국의 이전가격지침 반영에 따른 입법시기를 고려하여 결정할 예정이다.[1104]

(1) 적용범위

단순화되고 간소화된 접근방식을 적용할 수 있는 특수관계거래(controlled transactions)는 유통업자가 비관련 당사자에게 도매 유통하기 위해 하나 이상의 특수관계 있는 기업으로부터 상품을 구매하는 구매-판매 마케팅·유통거래(국내 수입 재판매업)와, 위탁판매업자·판매대리인이 하나 이상의 특수관계기업의 비관련 당사자에게 상품 도매 유통에 기여하는 거래를 말한다.[1105]

반면, 독특하고 가치있는 무형자산을 보유하는 경우,[1106] 원재료 유통[1107] 및 서비스업의 유통 및 마케팅을 영위하는 경우,[1108] 비유통활동(non-distribution activities)을 수행하고 배분기준(allocation keys)을 사용하여 유통 및 비유통 기업간에 배분된 연간 간접운영비용(annual indirect operating expenses)의 비율이 전체의 30%를 초과하는 경우[1109] 등은 적용대상 범위에서 제외된다.

1104) *Ibid.*, p.3~4.; 기획재정부 보도자료, "디지털세 필라 2 어마운트 비(Amount B) 서면공청회 개시", 2023. 7. 18., 1면.

1105) OECD(2023), *Public Consultation Document: Pillar One – Amount B*, 17 July 2023 – 1 September 2023, p.7(제5항), p.21(제37, 38항)., available at https://www.oecd.org/tax/beps/public-consultation-document-pillar-one-amount-b-2023.pdf.

1106) *Ibid.*, p.13(13항).

1107) *Ibid.*, p.20(34항).

1108) *Ibid.*, p.19(32항).

1109) *Ibid.*, p.22(42항).

한편, 2차 필라 1 이익 B 보고서에서는 이익 B의 적용대상이 되는 기본적인(baseline) 유통활동을 판단하기 위한 방법으로 정량적 접근방법(A안)과 정성적 접근방법(B안)을 제시하면서, 두 가지 방법 중 어떤 것이 보다 적정한지 이해관계자들의 의견을 요청하고 있다. 정량적 접근방법(A안)은 매출대비 영업비용의 상한 30%만을 적용하는 안이고, 정성적 접근방법(B안)은 매출대비 영업비용의 50% 상한과 정성평가를 병행하여 적용하는 방안이다.[1110] 이에 대하여는 공청회 및 이해관계자들의 추가논의를 거쳐 최종적으로 기본 유통활동을 판단하기 위한 적정방법을 채택할 예정이며, 위 두 가지 안의 수정·결합 또는 다른 대안 개발, 또는 정량기준의 상한선 변동 여지도 있는 것으로 보고 있다.[1111]

(2) 가격산정

정상가격의 근사치는 영업자산 대 판매강도[operating asset to sales intensity (OAS), operating expense to sales intensity (OES)]와 산업군(industry)에 따라 만들어진 표준가격 산정표(Pricing matrix)를 통해 식별된다.[1112] 앞서 살펴 본 바와 같이 1차 보고서 공개 당시에는 표준가격 산정표 방식(pricing matrix approach)과 기계적 가격산정 방식(mechanical pricing tool approach)의 두 가지 옵션에 대해 검토하고 있었음을 밝혔으나, 2차 보고서에서 표준가격 산정표 방식을 제시하고 있음을 주목할 필요가 있다. 그리고 2차 보고서에

1110) *Ibid.*, pp.8~12(Box 2.1., 8항).

1111) 기획재정부 보도자료, "디지털세 필라 2 어마운트 비(Amount B) 서면공청회 개시", 2023. 7. 18., 참고 2(3면).

1112) OECD(2023), *Public Consultation Document: Pillar One – Amount B*, 17 July 2023 – 1 September 2023, p.25(제54항)., available at https://www.oecd.org/tax/beps/public-consultation-document-pillar-one-amount-b-2023.pdf.

서는 단순화되고 능률적인 접근을 목적으로, 적용범위 내 거래에 대한 정상 가격 결과를 확립하기 위한 순이익지표(net profit indicator)로 매출수익률(return on sales)을 적용하였다.[1113] 또한 지리적 차이(geographic differences)를 고려하여 반영하고,[1114] 기본적인 유통업자 간의 기능적 기여의 차이를 고려하는 확증테스트(corroborative test) 및 운영비용이 특히 낮은 기업이 과도한 보수를 받거나 반대로 운영비용이 특히 높은 기업이 접근방식에 따라 과소 보수를 받는 것을 방지하기 위한 가드레일(guardrail)을 적용하여 정상가격을 조정한다.[1115]

(3) 이행

포괄적 이행체계(IF)는 이익 B 제도에 대하여 2023년 연말까지 추가 작업을 완료한 뒤 이익 B 제도를 이행하는 다양한 방법(예: 이익 B 제도를 세이프하버로 설계, 이익 B 제도에 대한 규정 마련 등)에 대해 추가 논의를 진행할 예정이다.[1116]

1113) *Ibid.*, p.26(55항).
1114) *Ibid.*, pp.27~28(62~64항).
1115) *Ibid.*, p.30(72~75항).
1116) *Ibid.*, p.31(footnote 36).

제3절 필라 2의 후속작업 및 성과

Ⅰ. 후속작업 및 성과 개요

포괄적 이행체계(IF)는 2021년 10월 발표된 필라 1·2 최종 합의를 통해 최저한세율(15%) 및 적용대상[연결매출액 7.5억유로(약 1조원) 이상] 등 전체적인 제도 골격에 합의한 이후, 2021년 4월부터는 실무작업반회의를 통하여 각국 국내 법제화의 지침인 모델규정(Model Rules) 수립 작업을 진행하였으며, 2021. 12. 20. 필라 2 글로벌 최저한세(Global Anti-Base Erosion, "GloBE" 규칙) 모델규정을 대외적으로 발표하였다.[1117] 그리고 이후인 2022. 3. 16. 포괄적 이행체계(IF)는 디지털세 필라 2 글로벌 최저한세 시행을 위한 주석서(Commentary)를 대외 공개하였다. 이는 2021. 12. 20. 발표된 GloBE 모델규정의 내용을 구체화한 것으로, 모델규정 각 조문에 대한 해석 및 적용예시 등을 포함하고 있다.[1118]

한편, OECD는 2022. 12. 23. 각국의 필라 2 글로벌 최저한세 이행을 지원하기 위한 목적으로 간소화된 집행방안을 담은 필라 2 이행패키지를 발표하였다. 이는 세 가지 내용으로 구성되는데, i) 국가별 실효세율을 보다 간이한 방식으로 계산하기 위한 세이프하버 가이던스, ii) 필라 2 관련 세무신고시 각국의 과세당국 및 기업이 공통으로 사용하는 표준 신고서식(글로벌 최저한세 정보신고서), 그리고 iii) 제도시행 과정에서 국가간 분쟁의 예방 및 해결을 위한 조세확실성 절차가 그것이다.[1119] 다만 이는 공청회를 위한

1117) 기획재정부 보도참고자료, "디지털세 필라 2 모델규정 공개 – 글로벌 최저한세 도입을 위한 입법 지침 합의 –", 2021. 12. 20., 1면.

1118) 기획재정부 보도참고자료, "디지털세 필라 2 모델규정 주석서 공개 및 OECD 공청회 계획 발표", 2022. 3. 16., 1면.

1119) 기획재정부 보도자료, "디지털세 「필라 1 이슈」 및 「필라 2 이행 패키지」 관련

초안으로, 포괄적 이행체계(IF)는 국가들 간 최종 합의가 이루어진 세이프 하버를 제외한 나머지 부분에 대하여는 이해관계자들의 의견수렴을 통해 최종안을 마련할 계획이다.

우리나라는 위와 같은 GloBE 모델규정 및 주석서의 내용을 바탕으로 GloBE 규칙 국내도입을 위한 법제화 작업을 진행하여, 2022. 12. 31. 국조법에 독립된 장으로 글로벌 최저한세 제도를 도입하였으며, 2024. 1. 1. 시행 예정이다.

이하에서는 2021. 12. 20. 발표된 GloBE 모델규정 및 2022. 12. 23. 발표된 글로벌 최저한세 이행 패키지의 각 주요 내용에 대해 살펴본 다음, 우리나라의 국조법 입법 현황 및 내용에 대해 검토한다.

Ⅱ. GloBE 모델규정

1. 적용범위(Scope)

GloBE 규칙은 직전 4개 회계연도 중 2개 연도 이상의 연결재무제표상 매출액(annual revenue)이 7.5억유로(약 1조원) 이상인 다국적기업그룹(Multinational Enterprise Group, "MNE 그룹")의 구성원인 구성기업(Constituent Entities)에 적용된다(제1.1조 제1항).[1120] 다국적기업그룹(MNE 그룹)은 최종모기업의 관할국이 아닌 다른 관할국에 소재하는 기업 또는 고정사업장을 포함한 그룹을 의미하고(제1.2조 제1항), 구성기업(Constituent Entities)은 다국적기업그룹 최종

서면공청회 개시", 2022. 12. 23., 1면.

1120) OECD(2021), *OECD/G20 Base Erosion and Profit Shifting Project, Tax Challenges Arising from Digitalisation of the Economy – Global Anti-Base Erosion Model Rules (Pillar Two)*, 2021. 12. 20., p.8., available at https://www.oecd-ilibrary.org/docserver/782bac33-en.pdf?expires=1698651128&id=id&accname=guest&checksum=B2FFBAACE10CEA95103F714D9E3B5F59.

모기업의 연결재무제표에 포함되는 법인, 고정사업장 등 기업으로서 필라 2 계산의 기본단위를 의미한다(제1.3조 제1, 2항).[1121]

그리고 제외기업(Excluded Entity)은 정부기관, 국제기구, 비영리기구, 연금펀드, 최종모기업인 투자펀드 및 부동산투자기구로서, 이러한 제외기업에 대해서는 GloBE 규칙 적용이 배제된다(제1.5조, 제1.1조 제3항).[1122]

2. 과세조항(Charging Provision)

(1) 소득산입규칙(Income Inclusion Rule, "IIR")

다국적기업그룹의 최종모기업인 구성기업은 저율과세 구성기업의 추가세액(Top-Up Tax) 중 소득산입비율(Allocable Share)에 해당하는 금액을 모기업 관할국에 납부해야 한다(제2.1조 제1항).[1123] 소득산입규칙은 최종모기업을 시작으로 상위모기업 관할국부터 우선적으로 소득산입규칙이 적용되는 방식으로 하향식 접근법을 취하고 있다(제2.1조 제3항).[1124] 다만, 예외적으로 다국적기업그룹에 속하지 않는 제3자가 20%를 초과하는 부분을 소유한 중간모기업인 경우(부분소유모기업, Partially-Owned Parent Entity), 그 부분소유모기업 관할국이 추가세액을 부과한다(제2.1조 제4항).[1125]

이 경우 소득산입규칙 상쇄 메커니즘(IIR Offset Mechanism)에 따라, 소득산입규칙의 적용대상이 되는 중간모기업(Intermediate Parent Entity) 또는 부분소유모기업(Partially-Owned Parent Entity)을 통해 간접적으로 저과세

1121) *Ibid.*, pp.8~9.

1122) *Ibid.*, p.9.

1123) *Ibid.*, p.11.

1124) *Ibid.*

1125) *Ibid.*

구성기업의 소유권 지분을 소유한 모기업은 중간모기업 또는 부분소유모기업에 부과되는 추가세액 중 모기업의 배분가능한 지분 부분(Allocable Share, 소득산입비율)을 차감해야 한다(제2.3조).[1126]

(2) 비용공제부인규칙(Undertaxed Payments Rule, "UTPR")

비용공제부인규칙은 소득산입규칙이 적용되지 않는 추가세액에 대해 다른 구성기업들의 관할국으로 과세권을 이전토록 하는 규칙을 말한다(제2.5조 제1, 2, 3항).[1127] 여기서 소득산입규칙이 적용되지 않는 경우란 앞서 살펴본 바와 같이 최종모기업이 저율과세 또는 모기업 관할국이 소득산입규칙을 도입하지 않는 경우를 말하며, 이와 같은 경우에도 다른 구성기업들의 관할국으로 과세권을 이전하여 과세가 가능하도록 함으로써 비용공제부인규칙은 소득산입규칙의 보완장치(backstop)로 기능하게 된다.

각 관할국은 관할국에 배분된 UTPR 추가세액만큼 관할국 내 구성기업들의 세부담이 증가하도록 비용공제부인 등의 방법으로 국내법상 조정을 시행하고, 추가세액은 다음의 산식에 따른 관할국별 UTPR 비율(UTPR Percentage)에 따라 배분하게 된다(제2.6조 제1항).[1128]

$$\text{배분비율} = 50\% \times \frac{\text{해당 관할국 종업원수}}{\text{모든 관할국의 종업원수}} + 50\% \times \frac{\text{해당 관할국 유형자산}}{\text{모든 관할국의 유형자산}}$$

위의 산식에서 '모든 관할국'이라 함은 비용공제부인규칙을 도입한 적격관할국(Qualified UTPR in force)을 말하며(제2.6조 제1항 b, d호), '유형자산'이란

1126) *Ibid.*, p.12.
1127) *Ibid.*, p.13.
1128) *Ibid.*

순장부가액(Net Book Value)의 합계를 말한다(제2.6조 제1항 c, d호).[1129) 투자기업(Investment Entity)의 종업원수와 유형자산은 위 배분공식(산식)의 요소에서 제외된다(제2.6조 제2항 a호).[1130) 그리고 고정사업장에 배분이 이루어지지 않은 도관기업(Flow-through Entity)은 도관기업이 설립된 관할권에 위치한 구성기업(있는 경우)에 배분되어야 하며, 고정사업장에 또는 이 조항에 따라 배분되지 않은 도관기업이 보유한 종업원수와 유형자산은 위 배분공식(산식)에서 제외된다(제2.6조 제2항 b호).[1131)

3. GloBE 이익·손실의 계산

(1) 이익·손실 결정을 위한 조정

GloBE 이익·손실은 각 구성기업의 재무회계 당기순이익 또는 손실에 다음 항목에 대한 조정을 거쳐 결정된다: (a) 순 세금비용; (b) 제외배당금; (c) 제외 지분이익 또는 손실; (d) 포함 재평가방법 손익; (e) 제6.3조에 따라 제외된 자산 및 부채의 처분으로 인한 손익; (f) 비대칭 외화 손익; (g) 정책상 허용되지 않는 비용; (h) 회계원칙의 전기오류 및 변경; 그리고 (i) 미지급 연금 비용(제3.2조 제1항).[1132)

(2) 국제해운소득 제외

국제해운이익(International Shipping Income)을 보유한 다국적기업그룹의 경우, 각 구성기업의 국제해운소득과 적격 보조적 국제해운소득(Qualified

---

1129) *Ibid.*, pp.13~14.

1130) *Ibid.*, p.14.

1131) *Ibid.*

1132) *Ibid.*, pp.15~16.

Ancillary International Shipping Income)은 GloBE 이익·손실 계산에서 제외된다(제3.3조 제1항, 제5항).[1133)

국제해운소득은 구성기업이 선박의 소유, 임대, 또는 그 밖의 처분에 따라 국제운송에서 운영되는 선박에 의한 승객 또는 화물 운송, 슬롯용선계약(slot-chartering arrangements)에 따라 국제운송에서 운영되는 선박에 의한 승객 또는 화물 운송, 국제운송에서의 항해용선계약 또는 선체용선계약, 국제운송에서 승객이나 화물의 운송에 사용되는 선박의 판매 등으로부터 획득한 순이익(net income)을 말한다(제3.3조 제2항).[1134) 국제해운소득에는 동일한 관할권 내의 내륙수로(inland waterways)를 통해 선박으로 승객 또는 화물을 운송하여 얻은 순손익은 포함되지 않는다(제3.3조 제2항).[1135)

적격 보조적 국제해운소득이란 선박을 통한 승객 또는 화물 운송과 관련하여 주로 수행되는 일정한 보조적 활동(예: 3년을 초과하지 않는 범위에서 나용선계약에 따라 선박을 구성기업이 아닌 다른 해운회사에 임대, 국제선의 국내 구간에 대해 다른 해운회사가 발행한 항공권 판매, 컨테이너 임대 및 단기보관 또는 장비지체료 등)을 통해 얻은 순이익을 의미하며(제3.3조 제3항), 해당 구성기업의 국제해운이익의 50%를 한도로 인정된다(제3.3조 제4항).[1136)

(3) 주된 기업과 고정사업장 간 이익·손실 배분

고정사업장인 구성기업의 회계상 순이익·손실은 고정사업장의 별도 재무제표상 순이익·손실이고(제3.4조 제1항),[1137) 예외적인 경우(제3.4조 제5항)를

1133) *Ibid.*, p.18.
1134) *Ibid.*
1135) *Ibid.*, p.19.
1136) *Ibid.*

제외하고 고정사업장의 재무회계 순이익·손실은 주된 기업(Main Entity)의 GloBE 이익·손실을 결정할 때 고려되지 않는다(제3.4조 제4항).[1138] 여기서 예외적인 경우란 주된 기업과 고정사업장의 관할권 모두의 법률에 따라 고정사업장의 손실이 해당 주된 기업의 국내 과세소득 계산시 비용으로 취급되고 과세대상 소득항목과 상계되지 않는 한도 내에서 고정사업장의 GloBE 손실은 GloBE 이익·손실 계산목적상 주된 기업의 비용으로 처리되고, 이후 고정사업장에서 발생하는 GloBE 소득은 이전에 주된 기업의 GloBE 이익·손실 계산목적상 비용으로 처리되었던 GloBE 손실 금액까지 주된 기업의 GloBE 이익으로 취급되는 경우를 말한다(제3.4조 제5항).[1139]

(4) 주된 기업과 도관기업간 고정사업장 간 이익·손실 배분

도관기업인 구성기업의 재무회계 당기순이익 또는 손실은, (a) 고정사업장의 활동 또는 (b) 최종모기업이 아닌 투과과세기업(Tax Transparent Entity)의 경우에는 주주구성기업(구성기업－주주, Constituent Entity-Owner)의 소유지분에 귀속되는 금액만큼 그 고정사업장 및 주주의 GloBE 이익·손실로 처리한다(제3.5조 제1항 제a, b호).[1140] 그리고 최종모기업 또는 역혼성기업(Reverse Hybrid Entity)인 투과과세기업의 경우에는 위 (a)의 경우를 적용한 후 남은 재무회계 순이익 또는 손실이 해당기업에 배분된다(제3.5조 제1항 제c호).[1141]

1137) *Ibid.*
1138) *Ibid.*, p.20.
1139) *Ibid.*
1140) *Ibid.*
1141) *Ibid.*

282

4. 조정된 대상조세의 계산

(1) 조정된 대상조세

구성기업의 조정된 대상조세(Covered Taxes)는 재무회계상 순이익·손실에 반영된 당기법인세비용 중 대상조세 관련 금액에 일정한 조정을 거쳐 계산된다(제4.1조 제1항).[1142] 주요 조정 항목은 총 이연법인세 조정 금액(Total Deferred Tax Adjustment Amount) 포함, GloBE 이익·손실 계산시 제외되는 이익과 관련된 당기법인세비용(current tax expense) 차감, 당기법인세비용에 인식된 적격 환급가능 세액공제(Qualified Refundable Tax Credit) 차감, 3년 내 납부되지 않을 것으로 예상되는 당기법인세비용 차감 등이다(제4.1조 제1, 2, 3항).[1143]

(2) 대상조세의 배분

대상조세의 배분이란 한 구성기업의 회계상 계상된 대상조세를 아래 (a)~(e)에서 보는 바와 같이 GloBE 이익·손실과 관련하여 다른 구성기업으로 배분하는 것을 말한다(제4.3조 제2항).[1144] 이는 고정사업장(Permanent Establishment), 도관기업(Tax Transparent Entity), 혼성기업(Hybrid Entities)에 대한 대상조세의 배분, CFC 세금 및 한 구성기업에서 다른 구성기업으로의 대상조세의 배분에 적용된다(제4.3조 제1항).[1145]

   (a) 구성기업의 회계상 고정사업장의 GloBE 이익·손실에 대한 대상조세 금액이 있다면 이는 그 고정사업장의 대상조세로 배분한다(제4.3조

1142) *Ibid.*, p.22.
1143) *Ibid.*, pp.22~23.
1144) *Ibid.*, p.24.
1145) *Ibid.*

제2항 제a호).

(b) 도관기업(Tax Transparent Entity)의 회계상 주주구성기업(구성기업 – 주주, Constituent Entity-owner)에게 배분된 GloBE 이익 · 손실에 대한 대상조세가 있다면 이를 그 주주구성기업(구성기업 – 주주)의 대상조세로 배분한다(제4.3조 제2항 제b호).

(c) 특정외국법인의 이익에 대해 CFC 제도(Controlled Foreign Company Tax Regime)에 의한 주주구성기업(Constituent Entity-owner)의 대상조세가 있다면 이를 구성기업(특정외국법인)의 대상조세로 배분한다(제4.3조 제2항 제c호).

(d) 혼성기업(Hybrid Entities)인 구성기업의 이익에 대해 주주구성기업의 대상조세가 있다면 이를 혼성기업의 대상조세로 배분한다(제4.3조 제2항 제d호).

(e) 배당에 대한 주주구성기업의 대상조세가 있는 경우 이를 배당을 지급하는 구성기업의 대상조세로 배분한다(제4.3조 제2항 제e호).[1146]

위 (c) 및 (d)의 경우 이자 · 사용료 등 수동소득(Passive Income)에 대한 대상조세는 '수동소득 × (최저한세율 – 실효세율)'의 금액을 한도로 하여 구성기업(특정외국법인) 또는 혼성기업에 배분된다(제4.3조 제3항).[1147]

(3) 일시적 차이 조정

해당 회계연도의 구성기업에 대한 총 이연법인세 조정금액(Total Deferred Tax Adjustment Amount)은 해당 재무제표상 이연법인세비용(deferred tax expense

---

1146) *Ibid.*
1147) *Ibid.*

accrued)에 일정한 조정을 거쳐 산출된다(제4.4조 제1항).[1148] 이는 수익·비용의 회계상 – 세무상 인식시점 차이로 인한 일시적 차이(temporary differences)를 이연법인세회계를 통하여 조정하는 과정이다. 그리고 이연법인세비용 산출시 적용된 세율이 최저한세율(Minimum Rate)보다 높은 경우에는 이를 최저한세율로 재계산(recast)한다(제4.4조 제1항).[1149] 주요 조정항목은 GloBE 이익·손실 계산시 제외되는 항목과 관련된 이연세법인비용(deferred tax expense) 제외, 이연법인세자산(deferred tax asset)과 관련된 평가 및 인식에 관한 조정 (valuation adjustment or accounting recognition adjustment) 제외, 국내세율변화 (applicable domestic tax rate)에 따른 재계산(re-measurement)으로 인한 이연법인세비용 제외, 세액공제(tax credits)의 발생 및 사용과 관련된 이연법인세비용 제외이다(제4.4조 제1항).[1150]

총 이연법인세 조정금액(Total Deferred Tax Adjustment Amount)은, 환입 이연법인세부채(Recaptured Deferred Tax Liability)는 조정된 대상조세의 증가로 조정하고, 인식기준을 충족하지 않아 이연법인세자산의 손실이 인식되지 못한 경우 이연법인세자산의 손실 인식으로 인한 총 이연법인세 조정금액의 감소는 조정된 대상조세의 감소로 조정한다(제4.4조 제2항).[1151]

최저한세율보다 낮은 이율로 기록된 이연법인세자산은 납세자가 그러한 이연법인세자산이 GloBE 손실에 기인한 것임을 입증할 수 있는 경우 해당 이연법인세자산은 기록된 회계연도의 최저한세율로 재조정될 수 있다(제4.4조 제3항). 총 이연법인세 조정금액은 이에 따라 재계산되어 이연법인세자산이 증가된 만큼 감소된다(제4.4조 제3항).[1152]

1148) *Ibid.*, p.25.
1149) *Ibid.*
1150) *Ibid.*
1151) *Ibid.*

이연법인세부채는 환입예외발생액(Recapture Exception Accrual)이 아닌 경우로서 발생 후 5 회계연도 이내에 소멸(지급)되지 않는 경우, 해당 금액은 환입되어야(recaptured) 하며 이는 발생한 회계연도의 대상조세 감소로 처리된다(제4.4조 제4항). 환입예외발생액(Recapture Exception Accrual)은 유형자산 원가회수 허용분, 부동산사용에 대해 정부가 허가 또는 유사한 조치를 취하는데 드는 비용, 연구개발비용, 사후처리·복구비용, 미실현순이익에 대한 공정가치 회계처리, 외화환전순이익, 보험적립금 및 보험증권 이연취득비용 등 일정 항목과 관련하여 이연법인세부채의 변동으로 인해 발생한 세무비용을 의미하며, 이는 재계산 대상에서 제외된다(제4.4조 제5항).[1153]

(4) 신고 후 조정

구성기업의 이전 회계연도의 대상조세 납부의무가 감소한 경우, 해당 이전 회계연도의 대상조세에서 차감하는 방식으로 이전 회계연도의 실효세율을 재계산(recalculate)하여야 한다(제4.6조 제1항).[1154] 다만 대상조세의 감소 변동 금액이 1백만유로(약 13.5억원) 이하인 미미한 감소(immaterial decrease)인 경우 재계산하는 대신 당기 회계연도의 대상조세에서 차감하는 방식으로 선택(Annual Election)할 수 있다(제4.6조 제1항).[1155]

1152) *Ibid.*
1153) *Ibid.*, pp.25~26.
1154) *Ibid.*, p.27.
1155) *Ibid.*

5. 실효세율 및 추가세액 계산

(1) 실효세율의 결정

해당 관할국의 다국적기업그룹 실효세율(Effective Tax Rate, 국가별 통산)은 '각 구성기업의 조정된 대상조세(the sum of the Adjusted Covered Taxes of each Constituent Entity located in the jurisdiction)'를 '관할국의 순 GloBE 이익(Net GloBE Income = 각 구성기업의 GloBE 이익의 총합 - 각 구성기업의 GloBE 손실의 총합)'으로 나눈 값이다(제5.1조 제1, 2항).[1156] 이를 산식으로 나타내면 다음과 같다.

관할국의 실효세율 =	각 구성기업의 조정된 대상조세의 총합 / 각 구성기업의 GloBE 이익 총합 - 각 구성기업의 GloBE 손실 총합

(2) 추가세액

추가세액(Top-up Tax)은 실효세율이 최저한세율에 미달하는 만큼 계산하여 소득산입규칙 및 비용공제부인규칙에 따라 과세한다(제5.2조 제3항).[1157] 추가세액의 구체적인 계산식은 다음과 같다.

관할국의 추가세액(Top-up tax) = [(최저한세율 - 관할국 실효세율) × 관할국의 초과이익(순 GloBE 이익 - 실질 기반 소득제외)] + (가산되는 당기 추가세액) - (국내 최저한세)

'관할국의 초과이익(Excess Profit)'은 순 GloBE 이익(Net GloBE Income)에서 실질기반 소득(Substance based Income Exclusion)을 제외한 양수의 금

1156) *Ibid.*, p.28.
1157) *Ibid.*, p.29.

액을 말한다(제5.2조 제2항).[1158] '순 GloBE 이익'은 앞서 실효세율 결정시 산출된 금액(각 구성기업의 GloBE 이익의 총합 - 각 구성기업의 GloBE 손실의 총합)을 말하고, '실질 기반 소득제외'는 다음 항에서 살펴보는 바와 같이 급여 및 유형자산 장부가액의 일정비율(5%)을 추가세액 계산시 순 GloBE 이익에서 공제하는 것을 말한다(제5.2조 제2항).[1159]

'가산되는 당기 추가세액(Additional Current Top-up Tax)'이란 이전 회계연도의 실효세율이 재계산되어 추가세액이 새롭게 발생할 경우 이를 당기 회계연도의 추가세액에 가산하는 것을 말하고(제5.2조 제3항 제c호), '국내 최저한세(Domestic Top-up Tax)'란 15%의 실효세율(Qualified Domestic Minimum Top-Up Tax)이 충족되도록 미달세액을 납부하도록 하는 최저한세 제도를 운영하는 관할국의 경우 해당 제도에 따른 세액(국내 최저한세)을 말하는 것으로 이를 추가세액에서 차감한다(제5.2조 제3항 제d호).[1160]

(3) 실질기반 소득제외

앞서 살펴본 바와 같이 추가세액을 계산하기 위한 목적의 관할국의 초과이익(Excess Profit)은 관할국의 순 GloBE 이익에서 실질기반 소득제외(Substance-based Income Exclusion)를 차감하여 산출한다(제5.3조 제1항).[1161] 실질기반 소득제외는 각 구성기업의 급여(payroll carve-out) 및 유형자산 장부가액(tangible asset carve-out)의 합계를 말하며, 다만 투자기업인 구성기업은 제외한다(제5.3조 제2항).[1162]

1158) *Ibid.*
1159) *Ibid.*
1160) *Ibid.*
1161) *Ibid.*, p.30.
1162) *Ibid.*

일정 관할국의 구성기업의 급여는 해당 관할국에서 다국적기업그룹을 위해 활동을 수행하는 적격 직원의 적격급여비용의 5%를 말하며, 적격유형자산(Eligible Tangible Assets)의 장부금액에 자본화되어 포함된 적격급여비용 및 해당 회계연도의 GloBE 소득 또는 손실 계산에서 제외되는 구성기업의 국제해운이익 및 적격 보조적 국제해운이익은 제외된다(제5.3조 제3항).[1163]

구성기업의 유형자산 장부가액은 해당 관할국 내의 적격유형자산의 장부금액의 5%와 같고, 적격유형자산은 해당 관할국에 위치한 자산, 공장 및 장비, 천연자원, 유형자산에 대한 임차인(lessee)의 사용권, 유형자산에 대한 상당한 투자를 수반하는 부동산의 사용 또는 천연자원의 개발에 대한 정부의 허가 또는 이와 유사한 약정을 말한다(제5.3조 제4항).[1164] 판매, 임대 또는 투자목적의 재산(토지 또는 건물 포함)의 장부가액은 유형자산 장부가액의 계산에 포함하지 아니한다(제5.3조 제4항).[1165] 구성기업의 국제해운이익 및 적격 보조적 국제해운이익의 발생에 사용되는 유형자산(즉, 선박 및 기타 해운 장비 및 기반시설)의 장부가액 역시 유형자산 장부가액의 계산에 포함하지 아니한다(제5.3조 제4항).[1166] 다만 적격 보조적 국제해운이익의 인정 한도(해당 국제해운이익의 50%)를 초과하는 구성기업의 이익은 유형자산 장부가액의 계산에 포함된다(제5.3조 제4항).[1167]

(4) 가산되는 당기 추가세액

이전 회계연도의 실효세율 및 추가세액을 재계산해야 하거나 또는 재계

1163) *Ibid.*
1164) *Ibid.*, pp.30~31.
1165) *Ibid.*, p.31.
1166) *Ibid.*
1167) *Ibid.*

산이 허용되는 경우, 이전 회계연도의 대상조세 재계산 결과 추가세액이 새롭게 발생한 경우(incremental Top-up Tax)에는 가산되는 당기 추가세액(Additional Current Top-up Tax)으로 가산된다(제5.4조 제1항).[1168]

(5) 최소적용제외

구성기업에 대한 추가세액은 해당 관할권의 최근 3년 간 평균매출액(Average GloBE Revenue) 1천만유로 미만 및 평균 순 GloBE 이익이 1백만유로 미만(또는 평균 GloBE 손실인 경우)인 관할국의 추가세액은 0으로 간주한다(제5.5조 제1항, 제2항, 제3항 제b호).[1169] 해당 관할권의 평균매출액은 해당 관할권의 모든 구성기업의 매출액의 합계를 말한다(제5.5조 제3항 제a호).[1170]

(6) 소수지분 구성기업

최종모기업의 지분율이 30% 이하인 구성기업들의 그룹은 별도의 다국적기업그룹(separate MNE Group)인 것으로 보아 실효세율과 추가세액을 계산한다(제5.6조 제1항).[1171] 이와 같은 소수지분 구성기업(Minority-Owned Constituent Entities)의 조정된 대상조세 및 GloBE 이익·손실은 나머지 다국적기업그룹의 유효세율 및 순 GloBE 이익 결정에서 제외된다(제5.6조 제1항).[1172] 다만 소수지분 구성기업이 투자기업인 경우는 이와 같은 조항이 적용되지 않는다(제5.6조 제2항).[1173]

1168) *Ibid.*, pp.31~32.
1169) *Ibid.*, p.32.
1170) *Ibid.*
1171) *Ibid.*, p.33.
1172) *Ibid.*
1173) *Ibid.*

6. 기업 사업구조개편 및 소유구조

(1) 기업의 합병 · 분할시 연결매출기준

그룹(또는 기업)의 합병 · 분할시 다국적기업그룹의 연결매출액(consolidated revenue threshold) 기준은, 합병(mergers)의 경우 합병 전 회계연도(any Fiscal Year prior to the merger)의 각 그룹(기업)의 (연결)매출액 합계 7.5억 유로 이상인 경우, 분할(demergers)의 경우 분할 후 첫 번째 회계연도(first tested Fiscal Year ending after the demerger)의 경우 해당 회계연도 연결매 출액이, 그리고 분할 후 두 번째~네 번째 회계연도(second to fourth Fiscal Years ending after the demerger)의 경우에는 분할 회계연도 이후 2개 회계연 도 이상 연결매출액이 각 7.5억유로 이상인 경우 충족된다(제6.1조 제1항).[1174] 여기서 합병(merger)이란 두 개 또는 그 이상의 개별그룹(기업)의 모든 또 는 실질적으로 모든 그룹(기업)이 공통 통제권(common control)을 가진 결 합된 기업(combined Group)으로 구성되거나, 어떠한 그룹(기업)의 구성원 이 아니었던 기업이 다른 그룹(기업)과 공통 통제권(common control)을 가 진 결합된 기업(combined Group)으로 구성되는 경우의 계약을 말한다(제6.1 조 제2항). 그리고 분할(demerger)이란 단일그룹(기업)이 더 이상 하나의 최 종모회사에 의해 연결되지 않는 두 개 또는 그 이상으로 분리되는 경우의 계약을 말한다(제6.1조 제3항).[1175]

(2) 지분의 이전

대상기업(target)이 지분의 직 · 간접적 이전(transfer of direct or indirect

1174) *Ibid.*, pp.34~35.
1175) *Ibid.*, p.35.

Ownership Interests)에 따라 다국적기업그룹의 구성기업이 되거나 또는 아니게 되는 경우(Constituent Entities joining and leaving an MNE Group), 최종모기업의 연결재무제표에 반영된 대상기업의 회계상 순이익·손실, 자산 및 부채, 조정된 대상조세, 적격급여비용, 적격유형자산의 장부가액만을 고려한다(제6.2조 제1항).[1176]

(3) 자산 및 부채의 이전

자산 및 부채의 처분(disposition) 또는 취득(acquisition)의 경우, 처분구성기업(disposing Constituent Entity, 피합병법인·분할법인)은 처분이익·손실을 GloBE 이익·손실에 포함하고, 취득구성기업(acquiring Constituent Entity, 합병법인·분할신설법인)은 최종모기업의 연결재무제표 준비에 사용된 회계기준에 따른 취득구성기업의 자산·부채 장부가액을 사용하여 GloBE 이익·손실을 계산한다(제6.3조 제1항).[1177]

GloBE 조직재편성(GloBE Reorganisation)의 경우에는 처분구성기업은 처분이익·손실을 GloBE 이익·손실에서 제외하고, 취득구성기업은 처분구성기업의 자산·부채 장부가액을 사용하여 GloBE 이익·손실을 계산한다(제6.3조 제2항).[1178]

(4) 공동기업

다국적그룹기업이 50% 이상 지분을 소유하고 있는 공동기업(Joint Ventures) 및 그 자회사(JV Subsidiaries)의 경우, 이를 별도의 다국적기업그

1176) *Ibid.*
1177) *Ibid.*, p.36.
1178) *Ibid.*

룹의 구성기업 및 그 공동기업을 그 그룹의 최종모기업인 것으로 보아 실효세율 및 추가세액을 계산한다(제6.4조 제1항 제a호).[1179] 공동기업 또는 공동기업의 자회사의 소유지분을 직·간접적으로 보유하고 있는 모기업은 공동기업 구성원에 대한 추가세액 배분에 대해 소득산입규칙을 적용해야 한다(제6.4조 제1항 제b호).[1180]

7. 조세중립성제도 및 분배제도

(1) 도관기업인 최종모기업

최종모기업이 도관기업(Flow-through Entity)이고 다음의 조건을 충족하는 경우 최종모기업의 GloBE 이익은 주주지분에 귀속되는 금액만큼(by the amount of GloBE Income attributable to each Ownership Interest) 차감 조정된다(제7.1조 제1항, 도관공제제도).[1181]

   (a) 지분보유자가 다국적기업그룹 회계연도의 12개월 이내에 과세연도소득에 대해 세금을 납부할 의무를 지고, 그리고

      (i) 지분보유자가 그러한 소득에 최저한세 이상의 명목세율(nominal rate)로 납세의무를 부담하거나, 또는

      (ii) 최종모기업의 조정된 대상조세와 해당이익의 지분보유자의 세금의 총액이 해당이익의 전체 금액에 최저한세를 곱한 금액 이상이라고 합리적으로 예상할 수 있는 경우; 또는

   (b) 보유자가 최종모기업 관할권의 납세목적상 거주자(tax resident)인 자

1179) *Ibid.*, p.37.

1180) *Ibid.*

1181) *Ibid.*, p.39.

연인이고, 최종모기업의 이익 또는 자산의 5% 이하의 지분을 보유한 경우; 또는

(c) 보유자가 최종모기업 관할권의 거주자이고 최종모기업의 이익 또는 자산의 5% 이하의 지분을 보유한 정부기관, 국제기구, 비영리기구, 또는 연금펀드인 경우.[1182)

최종모기업인 도관기업의 GloBE 손실을 계산하는 경우에는 각 주주지분에 귀속되는 금액만큼 차감조정되고, 다만 보유자의 각 개별 과세이익 계산시 차감할 수 없는 손실은 차감조정에서 제외된다(제7.1조 제2항).[1183) 그리고 위 제7.1조 제1항에 따라 GloBE 이익을 줄이는 도관법인은 해당 세금을 비례적으로(proportionally) 줄여야 한다(제7.1조 제3항).[1184)

다국적기업그룹의 최종모기업인 도관기업이 고정사업장을 통해 사업을 전부 또는 부분적으로 수행하는 경우, 또는 투과과세기업(Tax Transparent Entity)에 대한 최종모기업의 소유권지분이 직접적으로 또는 투과과세구조(Tax Transparent Structure)를 통해 보유되는 경우, 해당 투과과세기업(Tax Transparent Entity)의 사업을 고정사업장을 통해 전부 또는 부분적으로 수행하는 경우, 이러한 고정사업장에 대해서는 위 도관공제제도가 적용된다.

(2) 배당공제제도의 적용을 받는 최종모기업

배당공제제도(Deductible Dividend Regime)의 적용을 받는 최종모기업이 GloBE 이익·손실을 계산함에 있어, 다음의 조건을 만족하는 경우 최종모기업의 GloBE 이익은 12개월의 회계연도 내에 공제가능한 배당(Deductible

---

1182) *Ibid.*, pp.39~40.
1183) *Ibid.*, p.40.
1184) *Ibid.*

Dividend)으로 분배되는 금액만큼 차감조정(0 미만은 아님)된다(제7.2조 제1항).[1185]

(a) 배당수령자(dividend recipient)가 다국적기업그룹 회계연도의 12개월 이내에 배당소득에 대해 납세의무를 지고, 그리고

   (i) 배당수령자가 해당 배당소득에 최저한세 이상의 명목세율(nominal rate)로 납세의무를 부담하거나, 또는

   (ii) 최종모기업의 조정된 대상조세와 해당 배당수령자의 배당소득세 총액이 해당이익의 전체 금액에 최저한세를 곱한 금액 이상이라고 합리적으로 예상할 수 있는 경우; 또는

   (iii) 배당수령자가 자연인이고, 배당이 공급협동조합(supply Cooperative)으로부터의 이익배당(patronage dividend)인 경우

(b) 배당수령자가 최종모기업 관할권의 납세목적상 거주자(tax resident)인 자연인이고, 최종모기업의 이익 또는 자산의 5% 이하의 지분을 보유한 경우

(c) 배당수령자가 최종모기업 관할권의 거주자이고 정부기관, 국제기구, 비영리기구, 또는 연금서비스기업(Pension Service Entity)이 아닌 연금펀드인 경우(제7.2조 제1항).[1186]

위에 따라 GloBE 이익을 감소시키는 최종모기업은 해당 대상조세(배당공제가 허용된 세금 제외)를 비례적으로(proportionally) 감소시키고 동일한 금액만큼 GloBE 이익을 감소시켜야 한다(제7.2조 제2항).[1187]

또한 최종모기업이 [직접 또는 해당 구성기업의 연쇄(chain)를 통해] 배

1185) *Ibid.*
1186) *Ibid.*
1187) *Ibid.*, p.41.

당공제제도(Deductible Dividend Regime)가 적용되는 다른 구성기업에 대한 소유권 지분을 보유하는 경우, GloBE 이익이 위 제7.2조 제1항의 요건을 충족하는 수령자에게 최종모기업에 의해 추가적으로 배분되는 한도 내에서 위 제7.2조 제1항 및 제2항은 최종모기업 관할국의 다른 구성기업에 적용된다(제7.2조 제3항).[1188] 그리고 공급협동조합(supply Cooperative)의 배당금(patronage dividends)은 수령자의 과세소득계산시 공제가능한 비용을 줄이는 한도 내에서 과세된다(제7.2조 제4항).[1189]

(3) 적격분배세제

신고 구성기업은 간주분배세(Deemed Distribution Tax) 금액을 조정된 대상조세에 추가하기 위해 적격분배세제(Eligible Distribution Tax System)가 적용되는 구성기업에 대해 매년 선택을 할 수 있다(제7.3조 제1항).[1190] 간주분배세는 (a) 해당 과세연도에 관할권의 실효세율을 최저한세율로 올리는데 필요한 조정된 대상조세 금액 또는 (b) 해당 관할국의 구성기업이 해당연도 동안 적격분배세제가 적용되는 모든 소득을 배분한 경우 납부해야 할 세액 중 적은 금액이다(제7.3조 제2항).[1191]

연간 간주분배세 환입계정(Deemed Distribution Tax Recapture Account)은 위 제7.3조 제1항의 적격분배세제 선택이 적용되는 각 회계연도에 설정된다(제7.3조 제3항). 간주분배세 환입계정은 해당 계정이 설정된 회계연도의 관할국에 대해 위 제7.3조 제2항에 따라 결정된 간주분배세 금액만큼 증가되고, 각 다음 회계연도 말에 이전 회계연도에 설정된 간주분배세 환입계정

1188) *Ibid.*
1189) *Ibid.*
1190) *Ibid.*
1191) *Ibid.*

의 잔액이 연대순(chronological order)으로 그리고 그 범위 내에서 (그러나 0보다는 적지 않게) 감소된다(제7.3조 제3항).[1192]

(a) 첫 번째 실제 또는 간주분배(actual or deemed distributions)와 관련하여 회계연도 동안 구성기업이 납부한 세금

(b) 다음으로 해당 관할국의 순 GloBE 손실 금액에 최저한세율을 곱한 금액

(c) 그런 다음 아래 제7.3조 제4항에 따라 현재 회계연도에 적용된 환입계정 손실이월(Recapture Account Loss Carry-forward) 금액(제7.3조 제3항).[1193]

위 제7.3조 제3항 (b)의 금액이 간주분배세 환입계정의 잔액을 초과하는 경우 환입계정 손실이월(Recapture Account Loss Carry-forward)이 관할권에 대해 설정된다(제7.3조 제4항).[1194] 환입계정 손실이월은 해당 초과금액과 동일해야 하며 간주분배세 환입계정에 대한 감소로 다음 회계연도에 고려되어야 한다(제7.3조 제4항).[1195] 해당 금액이 다음 회계연도에 고려되는 경우, 환입계정 손실이월은 해당 금액만큼 감소되어야 한다(제7.3조 제4항).[1196]

간주분배세 환입계정이 설정된 회계연도 이후 네 번째 회계연도 말일에 간주분배세 환입계정에 잔액이 있는 경우 계정이 설정된 회계연도의 실효세율 및 추가세액은 간주분배세 환입계정의 잔액을 해당 연도에 이전에 결정된 조정된 대상조세에 대한 감소로 조정하여 재계산되어야 한다(제7.3조 제5항).[1197]

1192) *Ibid.*
1193) *Ibid.*
1194) *Ibid.*
1195) *Ibid.*
1196) *Ibid.*

실제 또는 간주분배와 관련하여 회계연도 동안 납부된 세금은 위 제7.3조 제3항에 따라 간주분배세 환입계정을 줄이는 한도까지 조정된 대상조세에 포함되지 않는다(제7.3조 제6항).[1198]

(4) 투자기업

1) 투자기업의 실효세율 계산

투자기업의 실효세율은 소재지 관할국의 실효세율과 별도로 계산되고, 그러한 투자기업의 실효세율은 투자기업의 조정된 대상조세를 투자기업의 GloBE 이익 중 다국적기업그룹의 배분가능지분으로 나눈 값과 같다(제7.4조 제2항).[1199] 관할국에 투자기업이 두 개 이상 있는 경우, 조정된 대상조세와 각 투자기업에 대해 결정된 GloBE 소득 또는 손실에 대한 다국적기업그룹의 배분가능지분을 합하여 해당 모든 투자기업의 실효세율을 계산한다(제7.4조 제2항).[1200]

2) 투자기업의 도관기업 선택

신고구성기업은 주주구성기업(Constituent Entity-owner)이 그 지분에 대해 매년 공정가치의 연간 변화와 세율에 기반한 시가평가(mark-to-market) 또는 이와 유사한 방식에 따라 최저한세 이상으로 과세될 경우, 투자기업(Investment Entity) 또는 보험투자기업(Insurance Investment Entity)인 구성기업을 도관기업(Tax Transparent Entity)으로 취급하는 것으로 선택(election)할 수 있다(제7.5조 제1항).[1201] 이를 위해, 다른 투자기업 또는 보험

1197) *Ibid.*, pp.41~42.

1198) *Ibid.*, p.42.

1199) *Ibid.*

1200) *Ibid.*

투자기업에 대한 직접 소유를 통해 투자기업 또는 보험투자기업을 간접적으로 소유하는 구성기업은, 첫 번째 언급된 그 직접 소유에 대해 시가평가 또는 유사한 방식이 적용되는 경우 두 번째 언급된 그 간접적 소유에 대하여 시가평가 또는 이와 유사한 방식에 따라 과세되는 것으로 간주된다(제7.5조 제1항).[1202] 이에 따른 선택(election)은 5년 단위의 선택으로, 만약 선택이 취소된 경우에는 투자기업이 보유한 자산 또는 부채의 처분에 따른 손익은 취소된 해의 첫 번째 날의 자산 또는 부채의 공정가치를 기준으로 결정된다(제7.5조 제2항).[1203]

3) 과세분배방식 선택

투자기업이 아닌 주주구성기업(Constituent Entity-owner)은 투자기업(Investment Entity)으로부터의 배당에 대해 최저한세율 이상으로 과세될 것임을 합리적으로 예상할 수 있는 경우, 신고 구성기업의 선택시 투자기업인 구성기업에 대한 소유권 지분에 대해 과세분배방식(Taxable Distribution Method)을 적용할 수 있다(제7.6조 제1항).[1204] 이러한 과세분배방식 하에서, 투자기업의 GloBE 이익에 대한 분배 및 간주분배는 주주구성기업의 이익에 포함되고, 투자기업의 GloBE 이익에서는 제외된다(제7.6조 제2항 제a호).[1205]

위와 같은 과세분배방식의 선택은 5년 단위의 선택이다. 선택이 폐지된(revoked) 경우, 폐지연도(revocation year) 이전 회계연도 말 기준 해당 투자기업의 미분배 순 GloBE(Undistributed Net GloBE) 이익 중 주주구성기

1201) *Ibid.*, p.43.

1202) *Ibid.*

1203) *Ibid.*

1204) *Ibid.*

1205) *Ibid.*, pp.43~44.

업의 비례 지분(proportionate share)은 투자기업의 폐지연도의 GloBE 이익으로 처리되며, 해당 GloBE 이익에 최저한세를 곱한 금액은 폐지연도의 저세율 구성기업의 추가세액으로 과세된다(제7.6조 제6항).

8. 행정(Administration)

(1) 신고의무(Filing obligation)

이행관할국에 위치한 각 구성기업은 이행관할국의 세무당국에 GloBE 정보신고서(GloBE Information Return)를 제출해야 하고, 신고는 구성기업 자체 또는 이를 대신하여 지정된 지방기관(Designated Local Entity)에 제출할 수 있다(제8.1조 제1항).[1206] 구성기업은 (a) 보고 회계연도(Reporting Fiscal Year)를 위한 이행관할국과 유효한 적격 권한당국 약정(Qualifying Competent Authority Agreement)이 있는 최종모기업(Ultimate Parent Entity) 또는 (b) 보고 회계연도에 이행관할국과 유효한 적격 권한당국 약정이 있는 관할국에 위치한 지정 신고기관(Designated Filing Entity)에 GloBE 정보신고서의 요구사항을 준수하는 서류가 제출된 경우 이행관할국의 세무당국에 GloBE 정보신고서를 제출할 의무가 없다(제8.1조 제2항).[1207]

GloBE 정보신고서는 다른 구성기업이 보유한 구성기업의 지배지분(controlling interests) 등 다국적기업그룹의 전체적 회사구조, 구성기업의 납세자번호를 포함한 식별(identification) 정보, 그들이 위치한 관할국과 GloBE 규칙에 따른 지위, 실효세율·추가세율 계산에 필요한 정보, 관할국별 추가세액 등 정보를 포함해야 하고(제8.1조 제4항),[1208] 표준양식에 따라

1206) *Ibid.*, p.46.
1207) *Ibid.*
1208) *Ibid.*, pp.46~47.

보고 회계연도 종료 후 15개월 이내에 신고하여야 한다(제8.1조 제5항, 제6항).[1209]

(2) 세이프하버(Safe Harbours)

구성기업이 GloBE 세이프하버 자격이 있고 GloBE 이행체계(Implementation Framework)에 따른 일정 요건을 만족하는 경우, 신고 구성기업이 세이프하버를 선택시 세이프하버 관할국의 추가세액은 회계연도 동안 0으로 간주된다(제8.2조 제1항).[1210]

(3) 행정지침(Administrative Guidance)

이행관할국의 세무당국은 국내법의 요구사항에 따라 합의된 행정지침(Agreed Administrative Guidance)에 따라 GloBE 규칙을 적용해야 한다(제8.3조 제1항).[1211]

9. 경과규정(Transition rule)

(1) 경과기간의 조세귀속(Tax Attributes Upon Transition)

경과연도(Transition Year) 및 각 후속연도의 실효세율을 결정할 때 다국적기업그룹은 모든 구성기업의 회계상 반영되어 있는 모든 이연법인세자산·부채(deferred tax assets and deferred tax liabilities)를 고려하여 계산하여야 하고, 이러한 이연법인세자산·부채는 최저한세나 해당 국내세율 중 낮은 세율로 고려되어야 한다(제9.1조 제1항).[1212] 본 조항을 적용할 때 이연

1209) *Ibid.*, p.47.
1210) *Ibid.*
1211) *Ibid.*, p.48.

법인세자산에 대한 평가조정이나 회계인식조정의 영향은 무시된다(제9.1조 제1항).[1213]

(2) 실질기반 소득제외를 위한 과도기적 완화

앞서 살펴 본 바와 같이 실질기반 소득제외에서의 공제율은 5%이나, GloBE 규칙 제도 초기의 과도기적 완화(Transitional relief)로서 다음에서 보는 각 회계연도에 대해서는 공제율이 다음의 값으로 대체된다.[1214]

연도	급여	유형자산
2023	10%	8.0%
2024	9.8%	7.8%
2025	9.6%	7.6%
2026	9.4%	7.4%
2027	9.2%	7.2%
2028	9.0%	7.0%
2029	8.2%	6.6%
2030	7.4%	6.2%
2031	6.6%	5.8%
2032	5.8%	5.4%

(3) 해외활동 초기단계 다국적기업그룹의 비용공제부인규칙 적용제외

해외진출 초기단계의 다국적기업그룹이 6개 이하의 관할국에 구성기업을 가지고 있고, 다국적기업그룹 중 유형자산 가치가 가장 높은 관할국을 제외한 나머지 관할국에 위치한 모든 구성기업의 유형자산의 순장부가액 합계가 5천만유로(약 670억원) 이하인 경우 5년 간 비용공제부인규칙 (UTPR) 적용을 제외한다(제9.3조 제1항, 제2항, 제3항, 제4항).[1215]

1212) *Ibid.*, p.49.

1213) *Ibid.*

1214) *Ibid.*, p.50.

302

(4) 신고기한 완화

앞서 살펴본 GloBE 정보신고서의 신고기한(15개월)에도 불구하고, 경과연도(Transitional Year)에는 신고기한이 해당 보고 회계연도의 마지막 날로부터 18개월 이내로 완화된다(제9.4조 제1항).[1216]

Ⅲ. 필라 2 이행 패키지 발표

GloBE 이행체계(Implementation Framework)는 2022. 12. 20. 필라 2의 이행에 따른 과도한 행정부담을 최소화하고자 하는 목적으로 다음과 같이 두 가지 세이프하버의 기준 및 제도 시행 초기의 처벌완화 규정, 표준 신고서식(GloBE 정보신고서), GloBE 규칙을 위한 조세확실성에 대해 가이드라인을 제시하였다.

1. 세이프하버 가이던스

(1) 전환기 국가별보고서 세이프하버

제도 초기의 경과기간(Transition Period) 동안 (a) 적격 국가별보고서(Qualified CbC Report)를 통해 다국적기업그룹이 매출액 1,000만유로 미만이면서 세전이익 100만유로 미만으로 신고하는 경우(소액 요건, De minimis test), 또는 (b) 단순화된 실효세율이 회계연도 시작 2023년 · 2024년은 15%, 2025년은 16%, 2026년은 17% 이상인 경우(간이실효세율 요건, Simplified ETR test), 또는 (c) 다국적기업그룹의 관할국 내 세전이익이 해당

1215) *Ibid.*, p.50.
1216) *Ibid.*, p.51.

국가 내 구성기업들의 실질기반 소득제외(Substance-based Income Exclusion) 금액 이하인 경우(통상소득 요건, Routine Profit test) 해당 국가의 추가세액 (Top-up Tax)은 없는 것으로 간주한다.[1217] 단순화된 실효세율(간이실효세 율, Simplified ETR)이란 다국적기업그룹의 적격 국가별보고서에 보고된 해당 관할국의 '단순화된 적용대상조세'를 '소득세 전 이익(손실)'으로 나누어 계산한다.

단순화된 적용대상조세(Simplified Covered Taxes)란 다국적기업그룹의 적격재무제표에 보고된 '적용대상조세 아닌 세금'과 '불확실한 조세지위 (uncertain tax positions)'를 제거한 후의 다국적기업그룹의 적격 재무제표에 보고된 관할국의 소득세 비용(income tax expense)이다.[1218]

경과기간(Transition Period)은 2026년 12월 31일 또는 그 이전에 시작되는 모든 회계연도를 포함하나, 2028년 6월 30일 이후에 끝나는 회계연도는 포함하지 않는다.[1219]

(2) 영구적 세이프하버

관할국의 추가세액은 해당 관할국이 (a) 통상소득요건(Routine Profits Test), (b) 소액 요건(De Minimis Test), 또는 (c) 실효세율 요건(Effective Tax Rate Test)을 충족하는 회계연도 동안 0으로 간주된다.[1220] 구성기업은 위의 요건 충족 여부를 결정하기 위해 단순화된 소득계산(Simplified Income

---

1217) OECD(2022), *Safe Harbours and Penalty Relief: Global Anti-Base Erosion Rules (Pillar Two)*, 2022, p.6, pp.10~11., available at https://www.oecd.org/tax/beps/safe-harbours-and-penalty-relief-global-anti-base-erosion-rules-pillar-two.pdf.

1218) *Ibid.*

1219) *Ibid.*, p.6, p.11(32항).

1220) *Ibid.*, p.22.

Calculation), 단순화된 매출계산(Simplified Revenue Calculation), 및 단순화된 세금계산(Simplified Tax Calculation)[총칭하여 "간이계산방식(Simplified Calculations)"]을 사용할 수 있다.[1221] 통상소득 요건과 소액 요건은 앞서 살펴본 전환기 국가별보고서 세이프하버의 요건과 동일하다.[1222] 실효세율 요건은 단순화된 소득 및 매출계산에 따라 결정된 관할국의 유효세율이 최소 15%이며, 간이계산방식의 구체적인 방식은 현재 미정으로 향후 마련될 필라 2 행정지침(Agreed Administrative Guidance)에 포함될 예정이다.[1223] 다만, 이와 같은 영구적 세이프하버 조항을 적용한다고 하여 이전 회계연도의 대상조세 재계산으로 인해 발생할 수 있는 '가산되는 당기 추가세액(Additional Current Top-up Tax)'을 0으로 줄이는 것은 아니다.[1224]

(3) 전환기 처벌 완화(Transitional Penalty Relief)

제도초기 경과기간(Transition Period) 동안 다국적기업이 GloBE 규칙의 올바른 적용(correct application)을 위해 "합리적 조치(reasonable measures)"를 취한 것으로 인정할 경우 GloBE 정보신고서(GloBE Information Return) 제출 오류에 대한 처벌이나 제재(penalties or sanctions)를 면제한다.[1225] "합리적인 조치"라는 용어에 대해 필라 2 이행 패키지는 정의하고 있지 않으며, 오히려 각 관할국의 기존 규칙과 관행을 고려하여 이해되어야 한다고 제시하고 있다.[1226] 과세당국은 다국적기업그룹이 GloBE 규칙 및 QDMTT의 관련

1221) *Ibid.*
1222) *Ibid.*
1223) *Ibid.*
1224) *Ibid.*, p.23(82항).
1225) *Ibid.*, p.29.
1226) *Ibid.*, 115항.

국내적용을 이해하고 준수하기 위해 선의로(in good faith) 행동했음을 입증할 수 있는 경우 다국적기업그룹이 합리적인 조치를 취했다고 간주할 수 있다.[1227] 제도초기 경과기간이란 2026년 12월 31일 또는 그 이전에 시작되는 회계연도를 의미하지만 2028년 6월 30일 이후에 끝나는 회계연도는 포함되지 않는다.[1228] 다만 다국적기업그룹의 행위로 인해 당기 또는 이후 회계연도의 추가세액 납세의무가 감소되지는 않는다.[1229]

2. 표준 신고서식(GloBE 정보신고서)

GloBE 정보신고서는 다국적기업그룹이 수행한 세금 계산에 대한 정보를 제공하며, 과세당국이 구성기업의 GloBE 납세의무의 정확성을 평가하고 적절한 위험평가를 수행하는데 필요한 정보를 포함한다.[1230] GloBE 정보신고서를 준비할 의무는 국가별 세무신고 요구사항과는 구별되며, 세무신고 및 납세의무규칙의 운영은 각 관할국의 기존 세무신고 및 납부절차의 설계에 따라 각 이행국의 결정에 달려 있다.[1231] GloBE 정보신고서는 표준화된 신고서식으로서 일반회계정보(General information), 기업구조(Corporate structure), 실효세율 및 추가세액계산(ETR computation and Top-up Tax computation), 추가세액 배분 및 귀속(Top-up Tax allocation and attribution)의 네 가지 부분으로 나누어진다.[1232]

1227) *Ibid.*

1228) *Ibid.*

1229) *Ibid.*, p.30.

1230) OECD(2022), *Public consultation document: Pillar Two – GloBE Information Return*, 20 December 2022 – 3 February 2023, p.3., available at https://www.oecd.org/tax/beps/public-consultation-document-pillar-two-globe-information-return.pdf.

1231) *Ibid.*

1232) *Ibid.*, pp.3~4.

3. 조세확실성 절차

GloBE 규칙은 국가별로 다른 해석과 적용의 가능성이 있고, 이는 다국적 기업그룹에 불확실성(uncertainty)을 야기하며(예: 신고지위 관련) 잠재적으로 이중과세(double taxation)를 초래할 수 있다.[1233] GloBE 규칙이 일관되고 조율된 방식(consistent and coordinated manner)으로 적용되도록 하고 다국적기업그룹이 예상한 대로 일관된 결과를 보장하기 위해서는, 이러한 문제가 발생할 때 가능한 한 예측할 수 있고, 투명하고 효율적이며 공정한 방식으로 해결되어야 한다.[1234] 이를 위해 조세확실성 절차가 필요하며, 이는 과세 전의 분쟁예방 메커니즘(dispute prevention mechanisms)으로 적용될 수 있을 뿐만 아니라 과세조치 이후의 분쟁해결 메커니즘(dispute resolution mechanisms)으로 적용될 수도 있다.[1235]

(1) 분쟁예방 메커니즘

분쟁예방 메커니즘은 규정 준수 또는 평가 과정의 초기단계에서 과세당국과 납세자 간의 규칙에 대한 일관된(공통적인) 해석 또는 적용(common interpretation or application)을 보장하는 것을 목표로 한다.[1236] 초기 단계에서 분쟁을 예방하는 것은 조율되지 않은 감사(uncoordinated audits)로 인해 납세자 또는 다른 국가들과의 분쟁이 발생하는 상황에 비해 더 효율적이고 과세행정 자원을 절약할 수 있을 것으로 예상된다.[1237]

1233) OECD(2022), *Public consultation document: Pillar Two - Tax Certainty for the GloBE Rules*, 20 December 2022 - 3 February 2023, p.3(2항)., available at https://www.oecd.org/tax/beps/public-consultation-document-pillar-two-tax-certainty-for-the-globe-rules.pdf.

1234) *Ibid.*

1235) *Ibid.*, p.3(3항).

1236) *Ibid.*, pp.3~4(4항).

1) 다자간 검토 프로세스 및 BEPS 포괄적 이행체계 회부

분쟁 예방 메커니즘으로 우선 생각할 수 있는 기본 메커니즘은 검토 프로세스(review process)를 통한 소득산입규칙(IIR), 비용공제부인규칙(UTPR), 또는 국내최저한세(DMTT)에 대한 "적격(qualified)" 규칙 상태를 인식하는 것이다.[1238] 그러나 두 관할권의 GloBE 규칙이 "적격" 규칙 상태를 갖는 경우에도 주석이나 합의된 행정 지침에서 다루지 않는 문제에 대해 두 관할권이 일관성이 없지만 합리적인 접근 방식을 취할 가능성은 여전히 있다.[1239]

또한 GloBE 모델규정, 주석 및 행정지침은 국가 간에 발생하는 GloBE 규칙의 해석 또는 적용과 관련된 특정 문제를 다루지 않으므로, 관련 국가가 명확화(clarification)를 위해 문제를 BEPS 포괄적 이행체계(Inclusive Framework)에 회부하는 것은 항상 가능하다.[1240] 그러나 BEPS 포괄적 이행체계는 정책기관(policy body)이며, GloBE 모델규정이나 주석(Commentary)에 기초한 해석 문제만이 그러한 접근 방식에서 적절하게 처리될 수 있으며, 다국적기업그룹이나 국가는 특정한 사례(specific case)의 과세 관련 문제를 BEPS 포괄적 이행체계에 제기할 수 없고 납세자 정보를 작업반(Working Party)에 공유할 수 없다.[1241] 또한 언급되는 문제의 범위는 광범위하게 유지되어야 하며, 특정 문제에 대해 BEPS의 포괄적 이행체계에 의해 적시에 지침이 제공될 수 있도록 절차를 마련해야 한다.[1242]

1237) *Ibid.*, p.4(4항).
1238) *Ibid.*, p.4(5항).
1239) *Ibid.*, p.4(8항).
1240) *Ibid.*, p.4(9항).
1241) *Ibid.*, p.5(10항).
1242) *Ibid.*

2) 공통 위험 평가 및 조율된 규정준수

그리고 GloBE 규칙은 관할국 전반에 걸쳐 유사한 방식으로 제정되고 적용되므로, 동일한 관할국에서 유사한 사업을 하는 다국적기업그룹은 GloBE 목적상 해당 관할국에서 유사한 위험 개요(risk profile)를 가질 가능성이 높다.[1243] GloBE 규칙과 관련된 위험 평가에 대한 조정/통합된(coordinated) 접근방식은 보다 일관된 결과를 가져올 수 있으며 결론에 도달하기 전에 과세당국에게 자신의 견해를 공유할 수 있는 기회를 부여할 수 있다.[1244] 이는 여러 관할국에 보다 큰 조기확실성을 제공하는 동시에 불필요한 조치나 분쟁을 피할 수 있다.[1245] 이를 위해 OECD 국제 규정준수 보증 프로그램(International Compliance Assurance Programme, ICAP)과 유사한 조정 프로그램(co-ordinated programme)이 GloBE 목적으로 개발될 수 있다.[1246] ICPA 위험 평가에서 다룰 수 있는 국제 및 국경간 조세 위험에는 현재 이전가격 위험, 고정사업장 위험 및 다국적기업그룹, 대표과세당국 및 기타 적용대상세금 당국이 합의한 기타 국제조세 위험 범주(예: 혼성불일치 조정, 원천징수세 및 조약 혜택 등)가 포함된다.[1247] GloBE 규칙과 관련된 세금 위험이 ICAP 또는 GloBE 규칙의 목적을 위해 개발된 유사한 프로그램에 의해 다루어질 수 있는지 분석될 수 있고, 이러한 접근방식은 조정된 연구/조사(coordinated inquiries)에 의해 보완되어 분쟁을 최소화하고 조세행정자원의 협력적이고 효율적인 사용을 보장하는 포괄적인 공통 체계를 만들 수 있다.[1248]

1243) *Ibid.*, p.5(11항).
1244) *Ibid.*
1245) *Ibid.*
1246) *Ibid.*, p.5(12항).
1247) *Ibid.*

3) 구속력있는 확실성 메커니즘

구속력있는 확실성을 제공하는 가장 일반적인 분쟁 예방 메커니즘은 정상가격 산출방법 사전승인제도(APA)이다.[1249] APA는 납세자 및 관할국에 정의된 기간 내의 회계연도 동안 관련 적용대상 거래의 조세 처리와 관련하여 "사전(advance)" 조세확실성을 제공한다. APA는 이전가격 분쟁 발생을 방지함으로써 이전가격 분쟁을 해결하기 위한 전통적인 행정, 사법 및 조약 메커니즘을 보완한다.[1250] APA(특히 양자간 및 다자간 APA)는 납세자와 영향받는 과세당국을 모두 참여시키고 납세자에게 협력적이고 투명한 방식으로 이전가격 문제와 관련하여 포괄적인 조세확실성을 제공한다.[1251] 관할국은 일반적으로 양자간/다자간 APA를 수행하기 위한 법적 근거로 조세조약에 의존하며 APA 논의의 목적은 일반적으로 공통표준인 정상가격원칙에 맞춰 조정하는 것이다.[1252] 따라서 APA와 유사한 메커니즘(APA-like mechanism)이 GloBE 규칙의 맥락에서 실행 가능하려면 공통 표준(common standard)의 정의가 필요하다.[1253] 실제로는 GloBE 규칙 범위 내의 모든 다국적기업그룹이 APA와 유사한 메커니즘(APA-like mechanism)을 이용하지 못할 수도 있다.[1254]

1248) *Ibid.*

1249) *Ibid.*, p.5(13항).

1250) *Ibid.*

1251) *Ibid.*

1252) *Ibid.*

1253) *Ibid.*, pp.5~6(13항).

1254) *Ibid.*, p.6(13항).

310

(2) 분쟁해결 메커니즘

위와 같은 분쟁예방 메커니즘은 모든 사안에 대해 모든 다국적기업그룹
에 조세확실성을 제공하지 않을 수 있다.[1255] 그러므로 시행가능한 분쟁해
결 메커니즘(dispute resolution mechanisms)을 고려하는 것도 적절하다.[1256]

1) 분쟁해결 메커니즘의 내용

① 기본요소

분쟁해결 메커니즘의 기본요소는 OECD 모델 조세조약 제25조에 포함된
MAP 조항에서 파생될 수 있다.[1257] GloBE 분쟁해결 메커니즘의 본질은
다음 세 가지 기본요소로 구성될 수 있다: (a) 다국적기업그룹은 해당 관할
권에서 취한 조치로 인해 GloBE 규칙에 따라 의도되지 않은 과세가 발생할
수 있는 관할권의 권한당국에 분쟁해결요청을 제출할 수 있어야 한다; (b)
권한당국은 정당한 경우 공통 기준(common standard)에 따라 유사한 권한
을 부여받은 다른 관련 관할권의 권한당국과 함께 사안을 해결하도록 허용
되어야 한다; (c) 관할권은 국내법상 시한(domestic time limits)에도 불구하
고 권한당국 간의 합의를 이행해야 한다.[1258]

② 특정요소

한편, 분쟁해결 메커니즘의 일부 요소는 GloBE 요건으로 특정한(specific
to GloBE requirements) 것일 수 있으며, 여기에는 특별히 '다루는 분쟁의
성격(nature of disputes covered)'과 '분쟁해결의 근거(basis for resolving

---

1255) *Ibid.*, p.6(15항).

1256) *Ibid.*

1257) *Ibid.*, p.6(16항).

1258) *Ibid.*

disputes)'가 포함된다.[1259]

i) 다루는 분쟁의 성격

먼저 '다루는 분쟁의 성격'과 관련하여 살펴보면, 우선 권한당국은 다국적기업이 정당한 이의를 제기하고 한 관할권에서 취한 조치가 다른 관할권과 GloBE 규칙의 해석 또는 적용의 차이로 인해 조율되지 않은 결과(uncoordinated outcomes)를 초래한다고 간주하는 경우에만 사안을 해결할 필요가 있다.[1260] 그리고 이론적으로, 관할권 간 GloBE 규칙의 해석이나 적용에 대한 차이는 분쟁해결 메커니즘으로 해결될 수 있다.[1261] 분쟁의 범위는 다국적기업그룹이 GloBE 분쟁해결 절차에 참여할 수 있도록 다수의 관할권에서 GloBE 규칙에 따라 추가세액을 적용하고 납부해야 하는 사항에 대해 다루는 것으로 보다 좁게 정의될 수도 있다.[1262] 예를 들어, 해당 관할권별로 UTPR 적용에 차이가 있는 경우, UTPR이 적용되는 모든 관할권은 UTPR이 적용되는 모든 상황에 있어 분쟁해결 메커니즘에 의해 처리되어야 하는 결과가 된다.[1263] 이보다 더 좁은 접근방식은 다국적기업이 GloBE 규칙의 해석이나 적용의 차이로 인해 다국적기업에 이중과세가 발생하였음을 입증하도록 요구하는 것이다.[1264]

ii) 분쟁해결의 근거

다음으로 '분쟁해결의 근거'에 관하여 살펴보면, GloBE 규칙이 국내법에

1259) *Ibid.*, p.7(20항).
1260) *Ibid.*, p.7(21항).
1261) *Ibid.*, p.7(22항).
1262) *Ibid.*, p.7(23항).
1263) *Ibid.*
1264) *Ibid.*, p.7(24항).

도입됨에 따라 모든 GloBE 분쟁해결 메커니즘은 다른 관할권들의 서로 다른 국내법의 적용 또는 해석의 차이점을 다루어야 한다.[1265] 선택한 메커니즘에 관계없이, 관할당국은 이러한 잠재적 차이를 해결하기 위해 참조할 공통표준(common standard)이 필요하다.[1266] 적격(Qualified) 소득산입규칙(IIR), 비용공제부인규칙(UTPR), 또는 국내최저한세(DMTT)는 GloBE 모델규정 및 주석에 따라 제공된 결과와 일치할 것으로 예상되므로, GloBE 모델규정, 주석 및 합의된 행정지침은 국내법에 도입된 규칙이 일관성 없는 결과를 초래하는 상황에서 권한당국이 합의에 도달할 수 있도록 공통의 실질적인 표준(common substantive standard)을 제공할 수 있다.[1267] 다만 GloBE 규칙은 대부분 기계적 접근방식(mechanical approach)을 채택하지만, 경우에 따라 사실 및 상황 기준(facts and circumstances test)이 필요할 수 있다.[1268] 주석은 GloBE 규칙을 해석하기 위한 몇 가지 근거를 제공하고 있지만, 특정 사안에 적용될 경우 다른 해석이 허용되는 경우가 있을 수 있다. 그러한 상황에서는 서로 다른 해석이 모두 타당하지만, 해당 다국적기업그룹에 대해서는 일관성 없는 결과(inconsistent outcomes)를 초래할 수 있게 된다.[1269] 따라서 권한당국은 공통 해석(common interpretation)에 동의함으로써 일관성 없는 결과를 제거할 수 있는 권한을 부여받을 수 있다.[1270] GloBE 규칙의 국내 도입으로 인해 다자간 검토 메커니즘(peer review mechanism)에도 불구하고 일관성 없는 결과가 초래되는 드문 상황의 경우에도, 권한당국은 이중과세 또는 과

1265) *Ibid.*, pp.7~8(26항).

1266) *Ibid.*

1267) *Ibid.*

1268) *Ibid.*, p.8(27항).

1269) *Ibid.*

1270) *Ibid.*

도한 과세를 초래하지 않는 일반적인 접근방식에 따라 분쟁해결에 동의할 수 있는 권한을 유사하게 부여받을 수 있다.[1271)]

2) 분쟁해결 메커니즘에 사용할 수 있는 도구

위와 같이 살펴본 요소들을 포함하고 문제를 고려하는 GloBE 규칙에 대한 분쟁해결 메커니즘은 다양한 법적 수단을 통해 구현될 수 있다.[1272)] 아래에 논의된 방법에는 조세 문제에 대한 상호행정지원협약(Convention on Mutual Administrative Assistance in Tax Matters, MAAC) 또는 조세조약과 같은 기존 메커니즘에 의존하는 것과 국내법 또는 다자협약에 도입된 분쟁해결조항과 같은 새로운 메커니즘을 구현하는 것이 포함된다.[1273)]

① 다자간 협약 개발

2021년 10월 필라 1·2 최종 합의에 첨부된 세부이행계획은 포괄적 이행체계(IF) 회원국들이 GloBE 규칙의 조정과 일관된 이행을 더욱 보장하기 위해 다자간 협약(multilateral convention)의 장점과 가능한 내용을 고려할 것이라고 규정하고 있다.[1274)] MLC에는 조세확실성 메커니즘이 포함될 수 있을 뿐만 아니라 정보교환(exchange information)과 같은 기타 행정문제도 해결할 수 있다.[1275)] 위에 나열된 분쟁해결 메커니즘의 요소를 포함하는 조항은 MLC에 포함될 수 있고, 이러한 MLC는 GloBE 규칙에 대한 의도하지 않은 과세 조치가 발생한 경우 다국적기업그룹이 요청을 제출하고 권한당국이 그러한 요청을 수락하여 공통 표준(common standard)에 따라 사안을

1271) *Ibid.*
1272) *Ibid.*, p.8(29항).
1273) *Ibid.*
1274) *Ibid.*, p.8(30항).
1275) *Ibid.*

해결할 수 있는 능력을 제공할 수 있다.[1276] 앞에서 논의한 바와 같이 그러한 공통 표준(common standard)은 주석과 합의된 행정지침에 의해 해석되는 GloBE 규칙이 될 수 있고, 이는 MLC의 일부로서 법적 지위를 부여받게 될 수 있다.[1277] MLC는 권한당국이 국내법보다 공통 표준에 우선순위를 부여하여 국내 시한(domestic time limits)에도 불구하고 공통 해결방안(common solution)에 동의하고 해당 해결방안을 이행하도록 허용하는 조항이 포함될 수 있다.[1278] 조세조약과 마찬가지로, MLC는 각 관할권의 권한당국이 분쟁해결조항에 따라 협의를 수행할 수 있는 권한을 부여받도록 보장한다.[1279]

② MACC에 따른 권한당국 협약에 대한 의존

분쟁해결의 맥락에서 고려할 수 있는 또 다른 도구는 MACC이다. MACC는 주로 권한당국 간의 정보교환을 허용하기 위한 것이나, MACC의 특정 조항에 따라 권한당국이 협의를 수행하는 것도 허용될 수 있다.[1280] 예를 들어, MACC 제8조는 "동시 세무조사(simultaneous tax examinations)"를 규정하고 있고, 이에 따라 권한 있는 당국들은 두 관할국이 공통/관련 이해관계(common/related interest)를 가진 경우 개인의 공통 세무업무를 개별적으로 (자기 영토에서) 조사하기 위해 관련정보를 교환할 목적으로 두 관할국 간의 합의절차(procedures for any arrangement)를 결정하기 위해 함께 협의할 수 있다.[1281] 또한 MACC 제9조는 해외세무조사(tax examinations abroad)

1276) *Ibid.*, p.8(31항).
1277) *Ibid.*
1278) *Ibid.*
1279) *Ibid.*
1280) *Ibid.*, p.9(33항).
1281) *Ibid.*

를 인정하여, 일방관할국의 권한당국이 (다른 관할국의 동의를 받아) 다른 관할국의 조사에 참여하기 위해 다른 관할국으로 여행할 수 있도록 허용한다.[1282]

다국적기업그룹이 MACC 당사자인 관할국에서 GloBE 규칙을 적용함으로써 의도치 않은 결과가 발생할 수 있다고 판단하는 경우, MACC는 일반적으로 관련 국내절차, 특히 관련 정보교환을 허용할 수 있고, 특히, 제8조 및 제9조는 관할국이 이 문제의 개별 조사와 관련된 절차를 개별적으로 결정하고 그에 관한 정보를 교환하기 위해 협의할 수 있도록 허용할 수 있다.[1283] MACC 제24조는 또한 MACC 당사자들 간에 관할국이 MACC를 해석 및/또는 적용하는 방법에 동의하기 위해 권한당국협약(competent authority agreement)을 체결할 수 있도록 허용한다.[1284]

③ 기존 조세조약에 대한 의존

일반적으로 양자조세조약에는 조약의 적용 또는 해석과 관련된 관할국 간 분쟁 해결을 허용하는 MAP(상호합의절차) 조항이 포함되어 있으므로, 기존 조약에 포함된 해당 조항을 GloBE 분쟁 해결에 사용할 수 있는지를 검토하는 것이 하나의 방안이 될 수 있다.[1285] OECD 모델조세조약 제25조 제3항 제2문은 "권한당국은 조약에서 규정하지 않은 경우 이중과세방지를 위해 함께 협의할 수도 있다"고 규정하고 있으므로, 이 조항을 포함하는 양자조세조약이 있는 관할국에서는 원할 경우 GloBE 규칙과 관련된 사건에서 발생하는 이중과세에 대해 논의하고 해결할 수 있으며, 관할국은 그러한

1282) *Ibid.*
1283) *Ibid.*, p.9(34항).
1284) *Ibid.*
1285) *Ibid.*, p.9(36항).

경우 조세조약에 포함된 정보교환조항에 의존할 수도 있을 것이다.[1286]

④ 국내법상 분쟁해결조항 신설

고려할 수 있는 또 다른 새로운 메커니즘은 국내법에 분쟁해결 메커니즘을 도입하는 것이다.[1287] 국내법상 요구사항을 따르면서 GloBE 규칙과 함께 공통 분쟁해결 조항(common dispute resolution provision)이 각 관할국의 국내법에 도입될 수 있으며, 관련 모든 관할국의 국내법에 동일한 조항이 있는 경우에는 상호적으로도 적용될 수 있다.[1288]

이와 같은 조항은 각 관할국에 대해 (a) 해당 관할권의 조치가 의도하지 않은 결과를 초래한 경우 다국적기업그룹이 국내법에 따라 정의된 권한당국에 분쟁해결요청을 제출하도록 허용하고, (b) 그 요청이 타당하고 자체적으로 해결책을 찾을 수 없는 경우 해당 권한당국으로 하여금 그 요청을 수락할 수 있는 권한 및 공통 해결책(common solution)을 찾기 위해 관련된 다른 권한당국과 논의를 시작할 수 있는 권한을 부여하며, (c) 공통 표준(common standard)에 따라 공통 해결책을 찾는 이와 같은 조항을 시행하는 다른 관할권에 유사한 요청이 제출된 경우, 해당 권한당국도 논의에 참여할 수 있는 권한을 부여하고, (d) 국내 시한에도 불구하고 합의된 공통 해결책(agreed common solution)을 이행하도록 할 수 있다.[1289]

그와 같은 상황에서의 공통 해결책은 상호 조항(reciprocal provision)을 채택한 각 관할국의 국내법(domestic law)에 정의된 공통 표준(common standard)을 기반으로 할 수 있다.[1290] 그러한 공통 표준은 국내법으로부터

1286) *Ibid.*, p.10(37항).
1287) *Ibid.*, p.10(39항).
1288) *Ibid.*
1289) *Ibid.*, p.10(40항).

그 지위를 얻을 수 있으며, 이는 국내법상 분쟁 해결 메커니즘의 특정 목적에 적용가능한 법적 표준으로 명시적으로 확립될 수 있다.[1291] 특별법 우선의 원칙(the *lex specialis* principle)에 따라, 이러한 공통 표준은 분쟁해결과정의 경우에 그 해당범위 내에서만 일반 국내 GloBE 시행 법률을 무효화할 수 있다.[1292] 이와 같은 조항이 제정될 수 있는 경우, 상호주의 요건과 조항의 설계는 실질적으로(*de facto*) MLC에 의해 승인된 메커니즘과 동일한 효과를 달성할 수 있다.[1293]

Ⅳ. 우리나라의 글로벌 최저한세 제도 입법현황 및 내용

우리나라는 필라 1·2에 관한 국제적 논의에 적극적으로 참여하여 왔으며, 포괄적 이행체계(IF) 회원국으로서 필라 2 글로벌 최저한세 합의에 대해 동의한 것과 같은 견지에서 2022년말 국조법에 글로벌 최저한세 제도를 도입하였다. 이는 다른 나라들에 비해 선제적인 입법으로 평가되며, 제도 도입시 필라 2 논의의 국제적 진척 및 다른 나라들의 입법 추이 등을 고려할 현실적 필요 등의 이유로 그 시행시기는 2024년 1월로 정하였다. 다만 소득산입보완규칙에 대해서는 2023년 7월 세제개편안 발표를 통해 시행시기를 1년 더 유예할 것임을 밝혔으므로, 이에 따르면 소득산입보완규칙의 경우 2025년 1월에 시행될 예정으로 보인다.

우리나라 국조법에 도입된 글로벌 최저한세 제도는 앞에서 살펴본 필라 2 최종 합의에 따른 모델규정에 기반을 두고 있는 것으로 보인다. 보다 정

1290) *Ibid.*, p.10(41항).

1291) *Ibid.*

1292) *Ibid.*

1293) *Ibid.*, p.11(42항).

확히 표현하면, 국조법상 글로벌 최저한세 제도는 필라 2 GloBE 모델규정 (주석서 포함)의 주요내용을 반영하여 입법하였다고 할 수 있다. 그도 그럴 것이, 필라 2 최종 합의 및 그 후속논의에 따라 마련된 모델규정(주석서 포함)은 우리나라를 포함한 포괄적 이행체계(IF) 회원국들의 합의를 얻은 것 이므로, 선제적으로 글로벌 최저한세 제도를 도입한 우리나라로서는 국제 적 합의 준수의 요청에 따라 필라 2 GloBE 모델규정을 공통 표준(common standard)으로 하여 법제도로 수용한 것으로 이해된다. 이에 국조법상 도입 된 글로벌 최저한세 제도는 앞서 상세히 살펴본 필라 2 최종 합의 및 모델 규정 내용의 골자와 같다고 할 수 있다. 그러므로 위와 같은 사항을 고려하 여, 이하에서는 국조법상 글로벌 최저한세 제도의 조항을 모두 세세하게 분 석하기보다는 제도의 구성 및 조문별 핵심내용을 중심으로 하여 살펴본다.

1. 국조법상 글로벌 최저한세 제도의 구성

국조법상 글로벌 최저한세 제도는 국조법 제5장에 별도의 장을 마련하여 "글로벌 최저한세의 과세"라는 제목으로 도입되었고, 하위항목을 살펴보면 5개의 절, 그리고 23개의 조문으로 구성되어 있다. 5개의 절은 통칙(제1절), 추가세액의 계산(제2절), 추가세액의 과세(제3절), 특례(제4절), 신고 및 납 부(제5절)로 되어 있으며, 전체적으로 필라 2 모델규정의 순서를 따르고 있 음을 확인할 수 있다.

우선 제1절인 통칙은 목적(제60조), 정의(제61조), 적용대상(제62조), 납세의 무자(제63조), 기업의 소재지(제64조), 기업의 납세지(제65조)로 되어 있다. 제 2절 추가세액의 계산은 글로벌 최저한세 소득·결손의 계산(제66조), 조정대 상조세의 계산(제67조), 신고 후 조정 및 세율변경(제68조), 실효세율의 계산

(제69조), 구성기업 소재지국의 추가세액 계산(제70조), 구성기업의 추가세액 계산(제71조)으로 구성된다. 제3절은 추가세액의 과세에 대해 규정하고 있는데, 소득산입규칙의 적용(제72조), 소득산입보완규칙의 적용(제73조) 조항으로 되어 있다. 제4절 특례는 최소적용제외 특례(제74조), 소수지분구성기업에 대한 특례(제75조), 조직재편에 대한 특례(제76조), 공동기업 등에 대한 특례(제77조), 적격분배과세제도에 대한 특례(제78조), 투자구성기업에 대한 특례(제79조), 적용면제(제80조), 최초적용연도에 대한 특례(제81조), 해외진출 초기의 다국적기업그룹에 대한 특례(제82조) 순으로 규정되어 있다. 마지막으로 제5절에서는 신고 및 납부에 관한 규정으로서, 글로벌최저한세정보신고서의 제출(제83조), 추가세액 배분액의 신고 및 납부(제84조), 결정·경정·통지 및 징수(제85조), 질문·조사(제86조) 규정을 두고 있다.

2. 국조법상 글로벌 최저한세 제도의 조문별 핵심내용

(1) 제1절 통칙

1) 글로벌 최저한세의 목적(국조법 제60조)

국조법 제60조는 글로벌 최저한세의 목적에 관하여, 다국적기업그룹의 소득이전을 통한 조세회피와 세원잠식에 대응하기 위하여 국제적으로 합의한 글로벌 최저한세 규칙(Global anti-Base Erosion Rules)을 적용하는 데 필요한 사항을 규정함으로써 다국적기업그룹이 소득에 대하여 적정한 수준의 조세를 부담함을 목적으로 한다고 규정하고 있다.

2) 정의(국조법 제61조)

국조법 제61조에 신설된 정의조항은 글로벌 최저한세 제도에서 사용하는 용어의 뜻을 밝히고 있다. 필라 2 모델규정에서는 세부조항에서 필요한 경우 정의조항을 두고 모델규정의 맨 마지막 부분에 정의조항 섹션을 두어 용어를 정의 또는 세부조항에서 기술된 정의 내용을 모아두고(또는 해당 정의조항이 몇 조에 기술되어 있는지 알려주고) 있다. 그러나 국조법에서는 우리나라 입법의 전형적인 예에 따라, 글로벌 최저한세 제도에서 사용되는 용어를 국조법 전단에 한 데 모아 정의조항을 두어 일괄 설명하는 방식을 채택하고 있다.

주요 용어에 대하여 살펴보면, 우선 "다국적기업그룹"이란 최종모기업이 소재하는 국가 외의 국가에 기업 또는 고정사업장을 가지고 있는 그룹을 말한다(제61조 제1항 제4호). 즉 복수의 국가에 기업 또는 고정사업장이 있는 그룹을 의미한다. "구성기업"이란 다국적기업그룹에 소속된 기업(법인·조합·신탁 등)을 말하는 것으로, 다국적기업그룹의 최종모기업, 최종모기업에 연결된 기업과 그 기업을 본사(재무제표에 고정사업장의 회계상 순손익을 포함하는 기업을 말한다)로 하는 고정사업장을 말한다. 이 경우 각각의 고정사업장은 본사와 그 본사의 다른 고정사업장과는 별개의 기업으로 본다(제61조 제1항 제9호)고 하여 이른바 개체설적 입장을 취하였음을 명시적으로 나타내고 있다. "최종모기업"이란 다른 기업의 지배지분을 최종적으로 소유하는 기업을 말하는데, 국조법 제61조 제1항 제6호에서는 최종모기업에 해당하는 하나의 경우로서 가목에서 1) 해당 기업이 다른 기업에 대한 지배지분을 직접 또는 간접으로 소유할 것, 2) 다른 기업이 해당 기업에 대한 지배지분을 직접 또는 간접으로 소유하지 아니할 것이라는 요건을 모두 갖춘 기업을 말한다고 규정하고(제61조 제1항 제6호 가목), 또한 같은 호 나목에서는 제2호 나목에 해당하는 기업이라고 규정하여, 소유 또는 지배를 통하여 서로 연결된 기업들의 집단으로서 대통령령으로 정한 집단(제61조 제1

항 제2호 가목)의 그룹에 속하지 아니하는 기업으로서 해당 기업이 소재하는 국가[재정자치권(fiscal autonomy)을 보유하는 지역을 포함하며, 그 지역은 별개의 국가로 본다. 이하 이 장에서 같다] 외의 국가에 하나 이상의 고정 사업장을 가지고 있는 기업이 최종모기업에 해당하는 것으로 규정하고 있다(제61조 제1항 제6호 나목 및 같은 항 제2호 나목). "소유지분"이란 기업의 이익, 자본금 또는 준비금(본사의 고정사업장의 이익, 자본금 또는 준비금을 포함한다)에 대한 권리를 수반하는 주식 또는 출자지분 및 이와 유사한 지분에 대한 권리를 말한다. 이 경우 각각의 고정사업장은 본사와 그 본사의 다른 고정사업과는 별개의 기업으로 본다(제61조 제1항 제10호).

3) 적용대상(국조법 제62조)

글로벌 최저한세의 적용대상은 적용대상그룹의 연결매출액을 기준으로 하도록 하고 있다. 즉, 각 사업연도(다국적기업그룹의 최종모기업이 연결재무제표를 작성하는 대상이 되는 회계기간을 말한다)의 직전 4개 사업연도 중 2개 이상 사업연도의 다국적기업그룹 최종모기업의 연결재무제표상 매출액(연결매출액)이 각각 7억5천만유로 이상인 다국적기업그룹의 구성기업에 대하여 글로벌 최저한세 제도를 적용한다. 이는 기왕의 국가별보고서 작성대상 기업 기준과 동일하다. 이 경우 사업연도가 12개월이 아닌 경우에는 12개월로 환산하여 연결매출액을 계산한다(국조법 제62조 제1항).

국조법 제62조 제3항에서는 제외기업에 대해 제1호부터 제7호까지 정의하고 있는데, 정부기관(제1호), 국제기구(제2호), 비영리기구(제3호), 연금펀드(제4호), 최종모기업인 투자펀드(제5호), 최종모기업인 부동산투자기구(제6호), 그 밖에 제1호부터 제6호까지에서 규정한 기관 등이 소유지분가치(기업이 발행하는 모든 종류의 소유지분에 대한 가치의 합계를 말한다)를 직접 또는 간접으로 소유하는 기업으로서 대통령령으로 정하는 기업(제7호)을 구성기업에 해당하지 않는 것으로 보아 글로벌 최저한세 제도를 적용하지 않도록 하고 있다(국조법 제62조 제3항). 그리고 위 국조법 제62조 제3항에도 불구하고 신고구성기업에 대해서는 해당 신고구성기업이 제외기업인 경우에도 구성기업인 것으로 선택할 수 있도록 하는 특례조항을 두고 있다(국조법 제62조 제4항).

4) 납세의무자(국조법 제63조)

같은 다국적기업그룹에 속하는 구성기업으로서 국내에 소재하는 구성기업(국내구성기업)은 국조법 제72조의 소득산입규칙에 따라 모기업인 국내구성기업에 대한 추가세액 배분액과 국조법 제73조의 소득산입보완규칙에 따라 국내구성기업에 배분되는 추가세액 배분액을 법인세로서 납부할 의무가 있다(국조법 제63조). 앞서 정의조항에서 살펴본 바와 같이 구성기업은 다국적기업그룹의 최종모기업, 최종모기업에 연결된 기업과 그 기업을 본사로 하는 고정사업장을 말하므로, 국내에 소재하는 구성기업, 즉 국내구성기업에는 국내에 소재하는 모든 기업(최종모기업 및 그에 연결된 기업)과 그 고정사업장이 포함된다.

5) 기업의 소재지(제64조)

글로벌 최저한세의 적용대상이 되는 기업의 소재지에 관한 기본원칙은 세법상 거주자인 국가 또는 설립지국에 소재하는 것으로 보는 것이다. 즉, 기업의 소득 등이 해당 기업의 소유자에게 바로 귀속되는 것으로 보는 기업으로서 대통령령으로 정하는 기업(투과기업)이 아닌 일반적인 기업의 경우, 실질적 관리장소 또는 설립 장소나 이와 유사한 기준에 따라 국가에 납세의무(해당 국가 내의 원천으로부터 발생한 소득에 대해서만 그 국가에 납세할 의무가 있는 경우는 제외한다)가 있는 기업인 경우에는 해당 국가(국조법 제64조 제1항 제1호 가목), 위 가목 외의 기업인 경우에는 해당 기업이 법령에 따라 설립·등록된 국가를 기업의 소재지국으로 보고 있다(국조법 제64조 제1항 제1호 나목). 한편, 투과기업으로서 다국적기업그룹의 최종모기업이거나 국조법 제72조 제4항 제1호에 따른 적격소득산입규칙을 적용하여야 하는 구성기업인 경우에는 해당 기업이 법령에 따라 설립·등록된 국가를 소재지국으로 보고(국조법 제64조 제1항 제2호), 위 국조법 제64조 제1항 제2호 외의 투과기업은 소재하는 국가가 없는 것으로 본다(국조법 제64조 제1항 제2호). 그리고 고정사업장의 소재지국은 조세조약(우리나라가 체약당사자가 아닌 조세조약을 포함한다)의 적용여부 및 그 내용 등을 고려하여 소재지를 결정하며, 세부적인 내용은 대통령령으로 정하도록 하였다(국조법 제64조 제3항).

6) 기업의 납세지(국조법 제65조)

국내구성기업의 납세지, 납세지의 지정·변경 등에 관하여는 「법인세법」 제9조부터 제12조까지의 규정을 준용한다(국조법 제65조). 앞서 살펴본 바와 같이 납세의무자 조항(국조법 제63조)에서 국내구성기업에 대해 국조법 제72조(소득산입규칙) 및 제73조(소득산입보완규칙)에 따른 추가세액 배분액을 법인세로서 납부할 의무가 있다고 정하고 있는 이상, 국내구성기업의 납세지에 대해 「법인세법」 규정을 준용함은 자연스러운 것으로 이해된다.

(2) 제2절 추가세액의 계산

1) 글로벌 최저한세소득 · 결손의 계산(국조법 제66조)

국조법 제66조 제1항은 구성기업의 각 사업연도 글로벌 최저한세소득 · 결손{국조법 제69조에 따라 실효세율을 계산하기 위한 구성기업의 소득 · 결손을 말하며, 그 금액이 양수일 때는 "글로벌최저한세소득", 영 또는 음수(陰數)일 때는 "글로벌최저한세결손"이라 한다}은 해당 사업연도의 회계상 순손익에 순조세비용의 가산, 배당소득의 차감, 뇌물 등 정책적 부인(否認) 비용의 가산 등 대통령령으로 정하는 조정사항을 반영하여 계산한다고 규정하고 있다.

다만, 국제항행선박을 통한 여객 또는 화물의 운송소득 등 국제해운소득 · 결손 및 국제항행선박을 통한 여객 또는 화물의 운송과 관련하여 수행하는 활동에서 발생하는 적격국제해운부수소득 · 결손은 해당 구성기업의 글로벌 최저한세 소득 · 결손의 계산에서 제외하도록 하고 있다(국조법 제66조 제3항). 이는 다수의 국가를 경유하는 국제적 해운사업의 실제 운영형태 및 특성을 고려한 것으로서, OECD 모델조약 역시 국제해운소득에 대해 해당 기업(enterprise)의 소재지가 있는 국가에서만 과세하도록 하여 이와 동일한 입장을 취하고 있다(OECD 모델조세조약 제8조 제1항).[1294]

국조법 제66조 제2항에서는 구성기업의 회계상 순손익을 최종모기업의 연결재무제표를 작성하는 데 사용되는 기업회계기준에 따라 산출된 회계상 순손익으로 규정하고 있다. 이는 내부거래제거 등 연결조정을 반영하기 전

1294) OECD(2017), *OECD Model Tax Convention on Income and Capital 2017(full version)*, Article 8.1, p.M-30., OECD Publishing, 2017, available at https://read. oecd-ilibrary.org/taxation/model-tax-convention-on-income-and-on-capital-2017-full-version_g2g972ee-en.

의 금액이며, 이처럼 최종모기업의 기업회계기준을 적용하는 것이 곤란한 경우에는 최종모기업회계기준이 아닌 대통령령이 정하는 회계기준을 사용하여 해당 구성기업의 회계상 순손익을 산정하는 것을 허용하고 있다(국조법 제66조 제2항).

한편, 구성기업인 고정사업장의 회계상 순손익은 해당 고정사업장 본사의 글로벌최저한세소득·결손 계산에는 포함하지 않는다(국조법 제66조 제5항). 각각의 고정사업장은 본사와 그 본사의 다른 고정사업장과는 별개의 기업으로 보므로(제61조 제1항 제9호), 고정사업장의 회계상 순손익을 그 본사의 글로벌 최저한세 소득·결손 계산에 포함하지 않는 것이 타당할 것이다. 또한 구성기업인 투과기업은 그 실질 및 운영형태 등에 주목하여, 투과기업의 회계상 순손익은 사업이 수행되는 고정사업장 또는 주주구성기업 등 다른 구성기업에 배분하고, 그 배분된 금액은 해당 투과기업의 회계상 순손익에서 차감하도록 하였다(국조법 제66조 제6항).

2) 조정대상조세의 계산(국조법 제67조)

각 사업연도 구성기업의 조정대상조세는 해당 사업연도 구성기업의 소득 또는 이익에 부과되는 세금 등 대통령령으로 정하는 조세(대상조세) 중 해당 사업연도 구성기업의 회계상 당기법인세비용으로 계상된 금액에 총이연법인세조정금액과 그 밖에 대통령령으로 정하는 조정사항을 반영하여 계산한다(국조법 제67조 제1항). 그리고 위와 같이 대상조세에 조정사항을 반영할 때 각 사업연도 구성기업의 총이연법인세조정금액은 해당 사업연도의 회계상 이연법인세비용에 글로벌 최저한세소득·결손의 계산에 포함되지 아니하는 손익에 대한 이연법인세비용을 제외하는 등 대통령령으로 정하는 조정사항을 반영하여 계산한다(국조법 제67조 제2항).

326

3) 신고 후 조정 및 세율변경(국조법 제68조)

국조법 제68조에 규정된 신고 후 조정은 이전 사업연도의 대상조세 납부의무가 경정 등으로 인해 변동된 경우 처리방법에 관한 것이다. 각 사업연도에 구성기업의 이전 사업연도 회계상 계상된 대상조세 금액이 국조법 제83조 제1항에 따른 글로벌최저한세정보신고서의 제출 이후에 결정이나 경정 등으로 증가 또는 감소되는 경우, 경정대상사업연도의 대상조세 금액이 증가되는 경우에는 대상조세 금액의 증가액을 경정사업연도(결정이나 경정 등이 이루어진 날이 속하는 사업연도)의 대상조세에 가산하고(국조법 제68조 제1항 제1호), 경정대상사업연도의 대상조세 금액이 감소되는 경우에는 대상조세 금액의 감소액을 경정대상사업연도(대상조세 또는 결정이나 경정의 대상이 되는 이전 사업연도)의 조정대상조세에서 차감하고 대통령령으로 정하는 바에 따라 경정대상사업연도의 국조법 제69조에 따른 실효세율과 제70조 및 제71조에 따른 추가세액을 다시 계산한다(국조법 제68조 제1항 제2호).

4) 실효세율의 계산(국조법 제69조)

글로벌 최저한세 계산을 위한 각 사업연도 다국적기업그룹의 실효세율은 '국가별'로 계산한다(국조법 제69조 제1항). 구체적으로 보면, 다국적기업그룹의 국가별 실효세율은 '해당 국가에 소재한 각 구성기업의 국조법 제67조 제1항에 따른 조정대상조세 금액의 합계액'을 '순글로벌최저한세소득금액'으로 나누어 계산한다(국조법 제67조 제2항). 여기서 순글로벌최저한세소득금액이란 '해당 국가에 소재하는 각 구성기업 해당 사업연도의 글로벌최저한세소득 금액 합계액'에서 '해당 국가에 소재하는 각 구성기업 해당 사업연도의 글로벌최저한세결손 금액 합계액에서 음의 부호를 뗀 금액'을 차감한 금액을 말한다(국조법 제67조 제2항 제2호).

다만, 구성기업 중 펀드 등 투자구성기업의 조정대상조세와 글로벌최저
한세소득·결손은 실효세율 계산에서 제외한다(국조법 제69조 제5항). 즉, 투
자기업인 구성기업의 실효세율은 동일 국가 내 다른 구성기업과 합산하지
않고 개별적으로 계산한다.

5) 구성기업 소재지국의 추가세액 계산(국조법 제70조)

해당 다국적기업그룹의 구성기업이 소재한 국가의 추가세액은 '해당 다
국적기업그룹의 구성기업이 소재한 국가의 추가세액비율(A)'에 '해당 다국
적기업그룹의 구성기업이 소재한 국가의 초과이익 금액(B)'을 곱한 금액에
'해당 다국적기업그룹의 구성기업이 소재한 국가의 당기추가세액가산액
(C)'을 가산하고 '해당 다국적기업그룹의 구성기업이 소재한 국가의 적격
소재국추가세액(D)'을 차감한 금액으로 한다(국조법 제70조 제1항).

위 계산식에서 '해당 다국적기업그룹의 구성기업이 소재한 국가의 추가
세액비율(A)'이란 최저한세율에서 국가별 실효세율을 차감하여 계산한 비
율을 말하며, 그 계산 결과가 음수인 경우 추가세액비율은 영으로 본다(국조
법 제70조 제2항). 또한 '해당 다국적기업그룹의 구성기업이 소재한 국가의
초과이익 금액(B)'이란 순글로벌최저한세소득금액에서 해당 국가에 소재하
는 구성기업(투자구성기업은 제외)의 대통령령으로 정하는 인건비 관련 제
외금액과 유형자산 장부가액 관련 제외금액의 합계액(실질기반제외소득금
액)을 차감한 금액을 말하며, 그 계산 결과가 음수인 경우 초과이익 금액은
영으로 본다(국조법 제70조 제3항).

위 계산식에서 '해당 다국적기업그룹의 구성기업이 소재한 국가의 당기
추가세액가산액(C)'이란 이전 사업연도의 실효세율을 다시 계산하여 가산
하는 금액 등 대통령령으로 정하는 바에 따라 해당 사업연도의 추가세액에

가산하는 금액을 말하고(국조법 제70조 제4항), '해당 다국적기업그룹의 구성기업이 소재한 국가의 적격소재국추가세액(D)'이란 추가세액을 영으로 만들기 위하여 소재지에서 부과하는 세금으로서 대통령령으로 정하는 해당 국가의 적격소재국추가세제도에 따라 납부하였거나 납부할 금액을 말하며, 다만 해당 국가의 적격소재국추가세액을 차감한 결과 해당 국가의 추가세액이 음수인 경우 해당 사업연도 추가세액은 없는 것으로 한다(국조법 제70조 제5항). 즉, 적격소재국추가세액이란 해당 다국적기업그룹의 구성기업이 소재한 국가의 국내법상 최저한세 제도를 의미한다. 이미 해당 국가에서 국내법상 최저한세 제도를 운영하고 있다면, 해당 금액은 국가별 추가세액에서 차감하는 것이 옳기 때문이다.

6) 구성기업의 추가세액 계산(국조법 제71조)

구성기업의 추가세액 계산이란 위 국조법 제70조를 통해 계산된 국가별 추가세액에 대해 각 구성기업별로 배분할 금액을 계산하는 것을 말한다. 각 사업연도 구성기업의 추가세액은 '해당 국가의 추가세액(A)'에 '해당 구성기업의 글로벌최저한세소득(B)'이 '해당 국가에 소재하는 구성기업의 글로벌최저한세소득의 합계에 대해 차지하는 비율(C)'[각 사업연도 해당 구성기업의 글로벌 최저한세 소득 금액(B)/각 사업연도 해당 국가에 소재하는 각 구성기업의 글로벌 최저한세 소득 금액 합계(C)]을 곱한 금액으로 본다(즉, A × B / C, 국조법 제71조). 주의할 사항은 '해당 구성기업의 글로벌최저한세소득(B)'이 '해당 국가에 소재하는 구성기업의 글로벌최저한세소득의 합계에 대해 차지하는 비율(C)'을 계산함에 있어 글로벌최저한세결손을 포함하지 않는다는 것이다.

(3) 제3절 추가세액의 과세

1) 소득산입규칙의 적용(국조법 제72조)

국조법 제72조의 소득산입규칙은 앞서 살펴본 필라 2 모델규정의 소득산입규칙(IIR)을 입법화한 것이다. 소득산입규칙은 최종모기업이 저율과세구성기업의 추가세액 배분액을 우선적으로 납부하고, 최종모기업에 부과할 수 없는 경우 차상위 중간모기업이 납부하는 방식으로 적용되며, 국조법 제72조 제1항에서는 소득산입규칙이 국조법 제73조에서 규정하고 있는 소득산입보완규칙보다 '우선 적용된다'고 규정함으로써 이러한 원칙에 대해 밝히고 있다.

부분소유중간모기업[1295]에 대한 소득산입규칙의 적용에 대하여 보면, 국내구성기업인 중간모기업이 해당 사업연도 중 저율과세구성기업의 소유지분을 직접 또는 간접으로 보유하는 경우 해당 중간모기업은 그 중간모기업에 대한 추가세액 배분액을 납부하여야 한다(국조법 제72조 제4항 본문).

저율과세구성기업의 추가세액 중 모기업이 부담하는 추가세액 배분액은 구성기업의 추가세액에 모기업의 소득산입비율을 곱하여 계산한다. 여기서 모기업의 소득산입비율이란 저율과세구성기업의 글로벌 최저한세 소득 중 해당 모기업에 귀속되는 비율로서 대통령령으로 정하는 비율을 말한다(국조법 제72조 제2항).

한편, 모기업이 중간모기업 또는 부분소유중간모기업을 통하여 저율과세구성기업의 소유지분을 간접으로 보유하는 경우 해당 모기업에 대한 추가

1295) 국조법 제61조 제1항 제8호에서 "부분소유중간모기업"이란 같은 다국적기업그룹에 속하는 다른 구성기업의 소유지분을 직접 또는 간접으로 보유하는 구성기업 중 다국적기업그룹에 속하지 아니하는 자가 그 구성기업의 소유지분 중 100분의 20을 초과하여 보유하는 중간모기업으로서 최종모기업, 고정사업장 또는 제79조 제1항에 따른 투자구성기업이 아닌 중간모기업을 말한다고 규정하고 있다.

세액 배분액은 위와 같이 계산된 모기업에 대한 추가세액 배분액에서 해당 중간모기업 또는 부분소유중간모기업이 납부한 추가배분세액을 고려하여 대통령령으로 정하는 금액을 차감하여 계산한다(국조법 제72조 제8항).

2) 소득산입보완규칙의 적용(국조법 제73조)

소득산입보완규칙은 최종모기업이 저율과세되는 경우 또는 모기업 소재지국이 적격소득산입규칙을 도입하지 않는 경우 등의 이유로 소득산입규칙을 적용할 수 없는 경우 보완적으로 해당 다국적기업그룹의 다른 구성기업에 추가세액 배분액을 과세할 수 있도록 하는 규정이다(국조법 제73조 제1항). 이는 필라 2 모델규정의 비용공제부인규칙(UTPR)에 대응되는 규칙이다. 각 사업연도 다국적기업그룹의 소득산입보완규칙 추가세액은 모든 저율과세구성기업의 추가세액 합계액으로 한다(국조법 제73조 제2항).

각 사업연도 다국적기업그룹의 소득산입보완규칙 추가세액 국내 배분액은 '소득산입보완규칙 추가세액'에 '소득산입보완규칙 국내 배분비율'을 곱하여 계산한다. 여기서 '소득산입보완규칙 국내 배분비율'은 종업원 수 및 유형자산의 순장부가액을 고려하여 정하게 되는데, 즉, '해당 다국적기업그룹 중 각 국내구성기업의 종업원 수 합계'를 '적격소득산입보완규칙을 시행하는 국가에 소재하는 해당 다국적기업그룹 구성기업의 종업원 수 합계'로 나눈 값에 50%를 곱하고, '해당 다국적기업그룹 국내구성자산의 유형자산 순장부가액 합계액'을 '적격소득산입보완규칙을 시행하는 국가에 소재하는 해당 다국적기업그룹 구성기업의 유형자산 순장부가액 합계액'으로 나눈 값에 동일하게 50%를 곱한 뒤 위 두 개의 값을 합하여 산정한다(국조법 제73조 제4항).

다음으로 각 사업연도 다국적기업그룹의 개별 국내구성기업에 배분되는 소득산입보완규칙 추가세액 배분액은 위 국조법 제73조 제4항에 따라 계산된 '소득산입보완규칙 추가세액 국내 배분액'에 '해당 국내구성기업의 소득산입보완규칙 추가세액배분비율'을 곱하여 산정한다. 여기서 '해당 국내구성기업의 소득산입보완규칙 추가세액배분비율'은 '해당 국내구성기업의 종업원 수'를 '해당 다국적기업그룹 각 국내구성기업의 종업원 수 합계'로 나눈 비율에 50%를 곱한 값과, '해당 국내구성기업의 유형자산 순장부가액'을 '해당 다국적기업그룹 각 국내구성기업의 유형자산 순장부가액 합계액'으로 나눈 비율에 50%를 곱한 값을 더한 것으로 한다(국조법 제73조 제5항). 각 국내구성기업에 배분되는 소득산입보완규칙 추가세액배분비율 산정에 있어서도 종업원 수 및 유형자산의 순장부가액을 산정지표로 하고 있음을 확인할 수 있다. 다국적기업그룹의 국내구성기업(국조법 제79조 제1항에 따른 투자구성기업은 제외한다)은 위와 같은 과정을 통하여 계산된 소득산입보완규칙 추가세액 배분액을 납부하여야 한다(국조법 제73조 제6항).

(4) 제4절 특례

1) 최소적용제외 특례(국조법 제74조)

국조법 제74조는 위와 같은 실효세율의 계산(국조법 제69조), 구성기업 소재지국의 추가세액 계산(국조법 제70조), 구성기업의 추가세액 계산(국조법 제71조) 규정에도 불구하고 신고구성기업은 각 사업연도에 ① 해당 국가의 해당 사업연도와 그 직전 2개 사업연도의 대통령령으로 정하는 매출액 평균이 1천만유로 미만일 것, ② 해당 국가의 해당 사업연도와 그 직전 2개 사업연도의 대통령령으로 정하는 글로벌 최저한세 소득·결손 금액 평균이 1백만유로 미만일 것의 요건을 모두 갖춘 국가의 경우 해당 국가에 소재하는 각 구성기업의 추가세액을 영으로 할 수 있도록 하는 최소적용제외 특례를 두고 있다(국조법 제74조 제1항 제1호 및 제2호). 즉, 이러한 경우 해당 국가는 추가세액이 없는 것으로 간주하여 실효세율을 계산하지 않을 수 있으며, 이는 글로벌 최저한세 납세협력비용 절감을 위한 취지로 이해된다.

2) 소수지분구성기업에 대한 특례(국조법 제75조)

소수지분구성기업이란 최종모기업이 같은 다국적기업그룹에 속하는 구성기업에 대하여 직접 또는 간접으로 보유하는 소유지분의 비율이 100분의 30 이하인 경우 그 구성기업을 말한다(국조법 제61조 제1항 제16호). 동 조항은 소수지분구성기업으로 이루어진 그룹으로서 대통령령으로 정하는 그룹(소수지분하위그룹)에 해당하는 경우 그 소수지분하위그룹을 별개의 다국적기업그룹으로 보아 그 실효세율과 추가세액을 계산하도록 하는 특례조항이다(국조법 제75조 제1항). 그리고 소수지분하위그룹에 속하지 아니하는 소수지분구성기업에 대해서는 해당 소수지분구성기업별로 그 실효세율과 추가세액을 계산한다(국조법 제75조 제2항).

3) 조직재편에 대한 특례(국조법 제76조)

본 조항은 기업의 조직재편시 자산·부채의 이전에 대한 처리방법에 관한 조문이다. 기업에 대한 직접 또는 간접 소유지분이 이전되어 그 이전되는 기업(이전대상기업)이 다국적기업그룹의 구성기업이 되거나 다국적기업그룹의 구성기업에서 제외되는 경우에는 해당 기업이 다국적기업그룹의 최종모기업의 연결재무제표에 포함되는지 여부와 연결되는 금액 등을 고려하여 대통령령으로 정하는 바에 따라 국조법상 글로벌 최저한세에서 규정한 조문을 적용한다(국조법 제76조 제1항 본문). 다만, 이전대상기업의 소재지국에서 해당 소유지분의 이전을 자산 및 부채의 이전과 같거나 유사한 방법으로 과세하는 경우로서 대통령령으로 정하는 경우에는 다음에 따르도록 하고 있다.

우선, 처분구성기업은 해당 자산 및 부채의 처분으로 발생한 '이익 또는 손실(처분손익)'을 글로벌 최저한세 소득·결손에 포함한다(국조법 제76조 제2항 제1호). 취득구성기업은 연결재무제표를 작성할 때 적용하는 회계기준에 따른 해당 자산 및 부채의 '취득가액'을 사용하여 취득 이후의 글로벌 최저한세 소득·결손을 계산한다(국조법 제76조 제2항 제2호).

다만, 자산·부채의 이전 대가가 주식 또는 출자지분일 것 등 일정 요건을 만족하는 조직재편의 일부로 자산 및 부채의 처분·취득이 이루어진 경우에는, 처분구성기업은 처분손익을 글로벌 최저한세 소득·결손의 계산에서 제외하고, 취득구성기업은 처분구성기업이 해당 자산 및 부채를 처분할 당시의 장부가액을 사용하여 취득 이후의 글로벌 최저한세 소득·결손을 계산한다(국조법 제76조 제3항). 법인세법상 적격분할·합병이 이에 해당하게 될 것으로 보인다.

4) 공동기업 등에 대한 특례(국조법 제77조)

국조법 제77조에서는 공동기업이란 다국적기업그룹의 최종모기업이 그 소유지분의 100분의 50 이상을 직접 또는 간접으로 보유하는 기업으로서 해당 최종모기업이 연결재무제표를 작성할 때 그 소유지분의 100분의 50 이상을 보유하고 있는 기업에 대한 투자를 지분법을 사용하여 회계처리하는 기업 중 대통령령으로 정하는 기업을 말하고, 이러한 공동기업의 자회사를 공동기업자회사라고 규정하고 있다(국조법 제77조 제1항). 이와 같은 공동기업은 구성기업으로 간주하나, 다만 공동기업 및 공동기업자회사를 별개의 다국적기업그룹의 구성기업으로 보고, 해당 공동기업을 해당 다국적기업그룹의 최종모기업으로 보아 실효세율 및 추가세액을 계산한다(국조법 제

77조 제1항 제1호). 그리고 공동기업 또는 공동기업자회사의 소유지분을 직·간접적으로 보유하고 있는 모기업은 공동기업 구성원에 대한 추가세액 배분에 대해 소득산입규칙(국조법 제72조 및 제73조)을 적용해야 한다(국조법 제77조 제1항 제2호).

한편, 앞서 살펴 본 필라 2 GloBE 모델규정상의 배당공제제도를 반영하여, 다국적기업그룹의 최종모기업이 배당금액을 배당지급자의 과세소득에서 공제하는 제도를 적용받는 경우 해당 최종모기업의 각 사업연도 글로벌 최저한세 소득은 해당 사업연도의 종료일부터 12개월 이내에 분배되는 배당액으로서 일정액을 차감하여 계산하며, 그 차감하고 남은 금액이 음수일 경우 글로벌 최저한세 소득은 영으로 보도록 하는 특례도 두고 있다(국조법 제77조 제4항).

5) 적격분배과세제도에 대한 특례(국조법 제78조)

적격분배과세제도란 법인의 이익분배시점에 법인세를 과세하는 제도로서 대통령령으로 정하는 과세제도를 말한다(국조법 제78조 제1항). 국조법 제78조 제1항은 적격분배과세제도의 적용을 받는 구성기업의 경우 해당 구성기업이 소재하는 국가의 조정대상조세 합계액을 계산할 때에는 신고구성기업의 선택에 따라 실효세율이 최저한세율에 도달하기 위하여 필요한 금액 등 대통령령으로 정하는 금액(간주분배세액)을 가산할 수 있다고 정하고 있다. 이는 법인의 이익분배시점에 법인세를 과세하는 제도를 채택할 경우, 향후 이익분배시점에 과세될 법인세(간주분배세액)를 글로벌 최저한세 금액에 반영(가산)할 수 있도록 함으로써 부당한 이중과세를 당하지 않을 수 있도록 배려하는 제도로 이해된다. 그리고 이와 같은 제도의 남용을 막기 위해, 국조법 제78조 제2항은 위와 같이 간주분배세액이 가산된 구성기업은 대통령령으로 정하는 기간 이내에 그 가산한 간주분배세액에 상응하는 금액이 실제로 과세되지 아니한 경우 등 대통령령으로 정하는 경우에는 그 간주분배세액을 가산한 사업연도의 실효세율과 추가세액을 대통령령으로 정하는 바에 따라 다시 계산하여야 한다고 규정하고 있다.

6) 투자구성기업에 대한 특례(국조법 제79조)

최종모기업이 아닌 구성기업으로서 투자펀드·부동산투자기구인 구성기업 등 대통령령으로 정하는 구성기업을 투자구성기업이라고 한다(국조법 제79조 제1항). 국조법 제79조 제1항은 이러한 투자구성기업의 소재지국에 대해서는 각 사업연도별로 국조법 제69조에 따른 실효세율과는 별개로 투자구성기업들의 실효세율을 계산하도록 정하고 있다. 해당 국가에 소재하는 투자구성기업들의 실효세율은 '각 투자구성기업의 조정대상조세 금액의 합계액'(A)을 ['각 투자구성기업의 글로벌 최저한세 소득 배분액의 합계액'(B)에서 '각 투자구성기업의 글로벌최저한세결손 배분액의 합계액에서 음의 부호를 뗀 금액'(C)을 차감한 값]으로 나눈 값을 말한다(국조법 제79조 제1항). 즉, 투자구성기업들의 실효세율은 별도로 구분하여 산정하도록 하고 있다. 그리고 투자구성기업들의 실효세율을 계산함에 있어 해당 사업연도에서 각 투자구성기업의 글로벌 최저한세 소득 배분액의 합계액(B)에서 각 투자구성기업의 글로벌 최저한세 결손 배분액의 합계액에서 음의 부호를 뗀 금액(C)을 차감한 값이 영이거나 음수인 경우에는 해당 국가에 소재하는 투자구성기업들의 실효세율을 계산하지 아니하도록 하여(국조법 제79조 제2항), 각 투자구성기업의 글로벌 최저한세 소득이 글로벌 최저한세 결손보다 큰 경우에 한하여 실효세율을 계산하도록 하고 있다.

국조법 제79조 제3항에 따르면 각 사업연도 해당 국가에 소재하는 투자구성기업들의 추가세액은 ['해당 국가에 소재하는 투자구성기업들의 추가세액비율'(A)에 '해당 국가에 소재하는 투자구성기업들의 초과이익 금액'(B)을 곱한 값]에 '해당 국가에 소재하는 투자구성기업들의 당기추가세액가산액'(C)을 가산하고 '해당 국가에 소재하는 투자구성기업들의 적격소재국추가세액'(D)을 차감한 금액을 말한다(국조법 제79조 제3항). 그리고 각 사업연도 해당 투자구성기업의 추가세액은 '위 국조법 제79조 제3항에 따른 해당 국가에 소재하는 투자구성기업의 추가세액'(A)에 ['해당 투자구성기업의 글로벌최저한세소득 배분액'(B)을 '해당 국가에 소재하는 각 투자구성기업의 글로벌최저한세소득 배분액의 합계액'(C)으로 나눈 값]을 곱한 금액을 말한다(국조법 제79조 제4항).

한편, 국조법 제79조 제5항은 위 제1항부터 제4항까지의 규정에도 불구하고 투자구성기업의 주주구성기업이 해당 투자구성기업에 대한 소유지분의 공정가치에 기초하여 과세되는 경우에는 신고구성기업의 선택에 따라 해당 투자구성기업을 투과기업으로 보아 국조법상 글로벌 최저한세를 적용할 수 있도록 하고 있다.

7) 적용면제(국조법 제80조)

국조법 제80조는 일정한 적용면제 요건을 갖춘 국가에 대해서는 구성기업 소재지국에 추가세액이 있는 경우라 하더라도 신고구성기업의 선택에 따라 해당 사업연도 해당 국가의 추가세액을 영으로 볼 수 있도록 하고 있다(국조법 제80조). 국조법 제80조는 적용면제 요건에 대해 대통령령에 위임하고 있고, 현재 대통령령은 마련되지 않은 상태이다. 동 조항은 필라 2 GloBE 모델규정상 세이프하버(Safe Harbours) 제도를 도입한 것으로 이해되므로, 필라 2 논의에 따른 세이프하버 제도가 최종적으로 확정되면 그 주요내용을 근간으로 하여 대통령령에 반영될 것으로 생각된다.

8) 최초적용연도에 대한 특례(국조법 제81조)

다국적기업그룹이 국가별 실효세율을 계산할 때 해당 국가에 대하여 글로벌 최저한세 제도가 적용되는 첫 번째 사업연도(최초적용연도)의 경우에는 국조법 제67조 제2항에도 불구하고 해당 국가에 소재하는 모든 구성기업의 최초적용연도 회계에 계상되거나 공시된 모든 이연법인세자산과 이연법인세부채를 산입하여 총이연법인세조정금액을 산정한다(국조법 제81조 제1항). 글로벌 최저한세 제도를 시행하는 첫 번째 사업연도에 납세의무이행에 있어 보다 간편한 방법을 허락함으로써 납세의무자의 납세협력비용을 경감하는 혜택을 주기 위한 것으로 이해된다.

9) 해외진출 초기의 다국적기업그룹에 대한 특례(국조법 제82조)

국조법 제82조는 해외진출 초기의 다국적기업그룹의 경우 소득산입보완규칙(국조법 제73조)을 적용하지 않도록 하는 특례를 두고 있다. 다만, 해당 다국적기업그룹이 글로벌 최저한세 제도를 적용받는 사업연도에 그 다국적기업그룹이 소유한 국가별 유형자산의 대통령령으로 정하는 순장부가액의 합계가 가장 큰 국가가 우리나라인 경우에는, 우리나라에 저율과세구성기업이 소재하는 경우에는 국조법 제73조 제2항 및 제3항에 따라 저율과세구성기업의 추가세액을 계산함에 있어 해당 저율과세구성기업의 추가세액을 영으로 보고, 국조법 제73조 제4항에 따라 소득산입보완규칙 추가세액 국내 배분액을 계산함에 있어 소득산입보완규칙 국내 배분비율을 1로 보도록 하고 있다(국조법 제82조 제1항). 그리고 다국적기업그룹이 처음으로 글로벌 최저한세 제도를 적용받는 사업연도의 개시일 이후 5년이 되는 날의 다음

날 이후에 개시하는 사업연도부터는 위 제1항의 특례를 적용하지 아니한다 (국조법 제82조 제2항). 본 특례 역시 글로벌 최저한세 제도 도입초기의 원활한 제도 적용을 위한 경과조치라 할 것이다.

(5) 제5절 신고 및 납부 등

1) 글로벌최저한세정보신고서의 제출(국조법 제83조)

국내구성기업은 각 사업연도의 글로벌최저한세정보신고서를 해당 사업연도 종료일부터 15개월(최초적용연도의 경우에는 18개월) 이내에 납세지 관할 세무서장에게 제출하여야 한다(국조법 제83조 제1항). 그리고 이에 따라 국내구성기업이 제출하여야 하는 글로벌최저한세정보신고서는 해당 국내구성기업과 같은 다국적기업그룹에 속하는 국내구성기업으로서 대통령령으로 정하는 기업("지정국내기업")이 대신하여 제출할 수 있도록 하고 있다(국조법 제83조 제2항). 다만, 위 제1항 및 제2항에도 불구하고 국내구성기업은 해당 국내구성기업과 같은 다국적기업그룹에 속하는 국외 소재 구성기업이 제1항에 따른 글로벌최저한세정보신고서에 해당하는 신고서를 그 소재지국 과세당국에 제출하는 경우로서 대통령령으로 정하는 경우에는 제1항 및 제2항에 따른 글로벌최저한세정보신고서를 제출하지 아니할 수 있다(국조법 제83조 제3항).

2) 추가세액 배분액의 신고 및 납부(국조법 제84조)

모기업인 국내구성기업에 대한 추가세액 배분액 및 국내구성기업에 배분되는 추가세액 배분액을 우리나라에 납부할 의무가 있는 국내구성기업은 해당 사업연도 종료일부터 15개월(최초적용연도의 경우에는 18개월) 이내에 대통령령으로 정하는 바에 따라 추가세액 배분액을 납세지 관할 세무서장에게 신고하여야 한다(국조법 제84조 제1항). 그리고 추가세액 배분액을 우리나라에 납부할 의무가 있는 국내구성기업은 제1항에 따른 신고기한까지 납세지 관할 세무서, 한국은행(그 대리점을 포함한다) 또는 체신관서에 그 금액을 납부하여야 한다(국조법 제84조 제2항). 제1항에 따라 추가세액 배분액을 신고한 경우에는 국세기본법을 적용할 때 국세의 과세표준과 세액을 신고한 것으로 본다(국조법 제84조 제4항).

3) 결정·경정·통지 및 징수(국조법 제85조)

납세지 관할 세무서장 또는 관할 지방국세청장은 국내구성기업이 위 국조법 제84조에 따른 신고를 하지 아니한 경우에는 그 기업의 각 사업연도 추가세액 배분액을 결정한다(국조법 제85조 제1항). 또한 납세지 관할 세무서장 또는 관할 지방국세청장은 국내구성기업이 제84조에 따라 신고한 내용에 오류 또는 누락이 있는 경우에는 그 기업의 추가세액 배분액을 경정한다(국조법 제85조 제2항). 그리고 납세지 관할 세무서장 또는 관할 지방국세청장은 제1항과 제2항에 따라 추가세액 배분액을 결정 또는 경정한 후 그 결정 또는 경정에 오류나 누락이 있는 것을 발견한 경우에는 '즉시' 그 추가세액 배분액을 다시 경정하도록 하고 있다(국조법 제85조 제4항).

한편, 납세지 관할 세무서장 또는 관할 지방국세청장은 국내구성기업이 그 사업연도 중에 대통령령으로 정하는 사유("수시부과사유")로 추가세액 배분액을 포탈할 우려가 있다고 인정되는 경우에는 수시로 그 기업에 대한 추가세액 배분액의 부과("수시부과")를 할 수 있다. 이 경우 추가세액 배분액을 우리나라에 납부할 의무가 있는 국내구성기업은 수시부과된 세액을 납부한 경우에도 각 사업연도 추가세액 배분액에 대하여 국조법 제84조에 따른 추가세액 배분액의 신고를 하여야 한다(국조법 제85조 제5항). 이 경우 그 사업연도 개시일부터 수시부과사유가 발생한 날까지를 수시부과 기간으로 하여 적용하며, 다만, 직전 사업연도에 대한 국조법 제84조에 따른 추가세액 배분액 신고기한 이전에 수시부과사유가 발생한 경우(직전 사업연도에 대한 추가세액 배분액의 신고를 한 경우는 제외한다)에는 직전 사업연도 개시일부터 수시부과사유가 발생한 날까지를 수시부과 기간으로 한다(국조법 제85조 제6항).

4) 질문 · 조사(국조법 제86조)

국조법 제86조는 글로벌 최저한세 제도 운용을 위하여 별도의 질문 · 조사권에 관한 규정을 마련하고 있다. 글로벌 최저한세에 관한 사무에 종사하는 공무원은 그 직무수행에 필요한 경우에는 국내구성기업 또는 국내구성기업과 거래가 있다고 인정되는 자에 대하여 질문하거나 해당 장부 · 서류 또는 그 밖의 물건을 조사하거나 그 제출을 명할 수 있다. 다만 이 경우 직무상 필요한 범위 외에 다른 목적 등을 위하여 그 권한을 남용해서는 아니된다(국조법 제86조).

제4절 소결

위와 같이 현재까지의 필라 1 · 2 최종 합의 이후의 후속 논의 및 진행성과에 대해 살펴보았다. 이에 더하여 최근인 2023. 7. 10. ~ 2023. 7. 12. OECD/G20 포괄적 이행체계(IF)는 프랑스 파리에서 제15차 총회를 개최하여, 포괄적 이행체계 143개국 중 138개 국가의 승인[1296]을 거친 필라 1 · 2 성명문

1296) 본 성명문에 참여하지 않은 5개국은 러시아, 벨라루스, 스리랑카, 캐나다, 파키스탄이다.

(Outcome Statement)을 2023. 7. 11.자로 발표하였다.[1297] 필라 1·2 성명문은 필라 1의 이익 A에 관한 다자조약(다자간협약, Multilateral Convention) 및 필라 1의 B, 필라 2의 원천지국과세규칙(STTR, Subject To Tax Rule), 이행 지원(Implementation Support)에 관한 현재까지 발전된 논의의 핵심내용 및 향후 진행일정 등을 소개하고 있다.

우선, 필라 1 이익 A의 경우 그 이행을 위해 2025년 발효를 목표로 하고 있으며, 이를 위해 2023년 하반기에 다자조약(다자간 협약)안을 최종적으로 공개할 예정임을 밝히고 있다.[1298] 필라 1 이익 B의 경우에는 그 제도적 의의와 함께 향후 진행될 추가 작업을 소개하고, 2023년말까지 추가 작업을 지속하여 2024년 1월에는 이익 B 최종안을 승인 및 공표하며, OECD 이전가격지침(TPG, Transfer Pricing Guidelines)에 반영할 계획임을 밝히고 있다.[1299] 다만 이익 B 최종안의 구체적인 시행시기는 추후 각국의 제도 도입 및 (납세의무자가 될) 업계의 준비에 필요한 시간을 고려하여 결정될 예정이다.[1300]

필라 2의 원천지국과세규칙(STTR, Subject To Tax Rule)은 이자, 사용료 등 그룹 내부 지급금이 수취국에서 9% 미만의 조정명목세율(nominal corporate income tax rate)로 과세되는 경우 소득을 지급하는 국가(원천지국)의 추가세액을 징수할 수 있는 권리를 부여하는 규칙이다.[1301] 다만 이

1297) OECD(2023), *OECD/G20 Base Erosion and Profit Shifting Project, Outcome Statement on the Two-Pillar Solution to Address the Tax Challenges Arising from the Digitalisation of the Economy*, 11 July 2023., available at https://www.oecd.org/tax/beps/outcome-statement-on-the-two-pillar-solution-to-address-the-tax-challenges-arising-from-the-digitalisation-of-the-economy-july-2023.pdf.

1298) *Ibid.*, p.2(8항).

1299) *Ibid.*, pp.2~3(11항, 12항, 13항).

1300) *Ibid.*, p.3(13항).

1301) *Ibid.*, p.3(15항).

는 일정기준에 부합하는 개발도상국에 한정하여 부여될 예정으로 우리나라
는 그 대상에 해당하지 않을 것으로 보인다. 원천지국과세규칙은 다자조약
에 서명함으로써 또는 양자조세조약에 반영함으로써 이행이 가능하며, 이
에 대해서는 포괄적 이행체계(IF) 회원국들이 이행방식에 대해 선택할 수
있다.[1302]

마지막으로 이행 지원(Implementation Support) 부분에서는, 포괄적 이행
체계(IF)는 또한 사무국에 필라 1·2의 신속하고 조율된 이행을 지원하기
위한 포괄적인 실행 계획을 준비할 것을 요청하고 있다.[1303] 특히, 이 계획
은 개발도상국의 필라 1·2 이행에 필요한 역량을 강화하기 위해 추가적인
지원과 기술 지원을 제공해야 하며, 이와 관련하여 OECD가 관련 지역 및
국제기구와 협력해야 함을 천명하고 있다.[1304]

1302) *Ibid.*

1303) *Ibid.*, p.3(16항).

1304) *Ibid.*

제5장 디지털세 제도의 국내 도입에 관한 입법적 제언

제1절 개설

지금까지 살펴 본 디지털세(필라 1·2) 제도에 대해 현재까지 이루어진 국제적 논의의 성과 및 작업을 되짚어 보자면, 2021년 10월 필라 1·2 최종 합의 이후 그 후속작업이 급물살을 타게 됨에 따라, 필라 1의 경우 모델규정 초안을 공개하고 이해관계자들의 의견수렴 등 후속 논의와 최종 작업이 진행 중이다. 또한 필라 2는 이미 GloBE 모델규정 최종안 및 주석이 공개 되었을 뿐만 아니라, 우리나라는 그와 같은 GloBE 모델규정 최종안 및 주석에 기초하여 국조법상 글로벌 최저한세 제도의 입법을 마치고 현재 국조법상 대통령령으로 위임한 세부사항에 대해 입법을 위한 검토를 진행 중에 있다.

이와 같은 상황에서 디지털세(필라 1·2) 제도의 국내 도입에 관한 입법적 제언은 시의적절한 것이라고 생각된다. 우리나라가 수 년간 디지털세(필라 1·2) 제도에 관한 국제적 논의에 적극적으로 참여하여 왔고, 2021년 10월 포괄적 이행체계(IF) 회원국들간 필라 1·2 최종 합의가 이루어져 현재까지 상당한 논의의 진전 및 후속작업이 이루어진 이상, 디지털세(필라 1·2) 제도의 완전한 도입을 목전에 두고 있다고 하여도 과언이 아니기 때문이다.

먼저 디지털세(필라 1·2) 제도의 국내 도입 논의에 대한 방법론적인 측면에 관하여 보면, 각 제도를 병렬적으로 나열하여 소개하는 방법도 가능하 겠지만, 제도의 국내 도입 및 개선방안을 일정 기준에 따라 유형화함으로써 각 제도의 성격에 대한 이해를 제고하는 것이 보다 바람직할 것이므로, 국제조세법의 실체법적 체계를 고려한 분류방법을 채택하고자 한다. 그리고 국제조세법의 실체법적 체계에 대해서도 다양한 방식의 분류가 가능할 수 있겠으나, 국제조세법의 특성에 비추어 그 규정의 성격에 따라 납세자, 과세대상 소득, 과세방식 등에 관한 국제조세 기본규정과 이중과세문제를 해결하기 위한 이중과세 조정규정, 그리고 조세회피문제를 해결하기 위한 조세회피 방지규정의 세 가지로 분류하는 견해[1305]가 있는바, 각 제도의 성격을 용이하게 파악할 수 있는 적절한 분류방법이라고 생각된다.

다만 현재 디지털세(필라 1·2) 제도의 국내법상 도입은 필라 2의 경우에는 이미 국조법상 도입이 완료된 상황이고, 필라 1의 경우도 포괄적 이행체계(IF)에서 모델규정 초안을 이미 소개하였으며 머지않은 시일 내에 모델규정 최종본 및 주석이 공개될 예정이다. 그리고 우리나라는 포괄적 이행체계(IF)의 주도적인 회원국으로서 필라 2와 마찬가지로 필라 1의 경우에도 공통 표준(common standard)을 충실하게 반영하여 입법할 것으로 예상된다. 그러므로 앞서 언급한 국제조세 실체법적 체계에 관한 분류 논의 중 국제조세 기본규정과 조세회피 방지규정의 도입방향에 관한 제언은 특별한 실익이 없을 것으로 생각되므로, 이하에서는 디지털세(필라 1·2) 제도의 국내법상 도입에 따라 현재 시점에서도 논의의 의미를 가지는 이중과세 조정규정 개선방안을 중심으로 살펴보고자 한다.

다음으로는 자칫 국제조세 실체법적 측면에 비해 경시되기 쉽지만, 반드시 그와 동등한 비중으로 고려되어야 하는 국제조세 절차법적 측면에 대해 살펴보고자 한다. 디지털세(필라 1·2) 제도의 국내법상 도입에 있어 그에

1305) 백제흠, "법 체계적 관점에서 본 국제조세 규범의 회고와 전망", 「우리나라 국제조세의 어제, 오늘 그리고 내일」, 삼일인포마인, 2020, 335면.

관한 절차법인 부과, 징수, 불복절차 등 이른바 국제조세 절차법적 측면에서의 개선방안에 대해 논의할 것이다.

　마지막으로 조세정책적 측면에서의 국내 제도 개선방안에 관한 제언으로서, 조세특례제한법상 R&D 관련 세제지원제도의 확대방안을 살펴봄으로써 디지털세(필라 1·2) 제도의 국내 도입에 관한 입법적 제언을 마무리하고자 한다.

제2절　국제조세 실체법적 측면에서의 제도 개선

Ⅰ. 문제의 제기

　필라 1의 국내세법상 도입에 있어서는, 우선적으로 이익 A 과세에 있어서의 이중과세 조정(제거) 방안의 마련이 요청된다. 이익 A 과세 시 이중과세 조정방안으로는 앞서 살펴본 바와 같이 소득공제방법과 세액공제방법 모두 가능하겠으나, 우리나라 현행 법인세법상 외국납부세액공제제도를 이미 도입하여 시행하고 있는 점을 감안하여 볼 때, 국내 조세법의 체계 정합성 및 제도운용의 효율성 측면에서 세액공제방법(외국납부세액공제제도)의 방식으로 운영하는 것이 적절할 것으로 보인다. 또한 세액공제방법은 자본수출중립성(capital-export neutrality)을 유지하는데 유리한 장점도 있다.[1306]

　이하에서는 먼저 현행 법인세법상 외국납부세액공제제도의 내용으로서 의의와 요건에 대해 일별하고, 이어서 필라 1 이익 A 과세에 따른 이중과세 조정규정 개선방안에 대해 논의하고자 한다.

1306) 임승순, 「조세법」(제21판), 박영사, 2021, 1092면.

Ⅱ. 법인세법상 외국납부세액공제제도의 의의 및 요건

1. 외국납부세액공제제도의 의의

외국납부세액공제제도(credit method)란 국제적 이중과세를 조정하기 위한 제도이자 특히 국내세법에 의한 조정방법 중 하나로서, 국내세법상 거주자 또는 내국법인이 원천지국에서 납부하거나 납부할 세액을 해당 거주자의 해당 사업연도 세액에서 공제하는 방법을 말한다.[1307] 한편, 국내세법상 국제적 이중과세를 조정하기 위한 방법으로는 외국납부세액공제제도 외에 거주지국과 원천지국에서 과세대상소득의 범위를 결정하여 원천지국에서 과세한 소득은 거주지국에서 과세하지 않고 비과세하는 외국원천소득 비과세방법(exemption method)[1308] 또는 거주자 등이 원천지국에서 납부하거나 납부할 세액을 해당 사업연도의 소득금액 계산시 손금산입(필요경비산입)하는 방법(비용공제방법, deduction method)도 가능하다.[1309]

우리나라 법인세법상 외국납부세액공제제도가 처음 도입된 것은 1971. 12. 28. 법률 제2316호로 일부개정된 법인세법 제24조의3 제1항의 입법에 따른 것으로, 제도 도입 당시에는 외국납부세액공제제도만을 규정하고 있

1307) 황남석, "외국납부세액공제제도에 관한 고찰", 「이화여자대학교 법학논집」 제22권 제4호(통권 62호), 이화여자대학교 법학연구소, 2018. 6., 132면.

1308) 강성태, 「국제거래소득 과세이론」, 삼일인포마인, 2015(이하 "국제거래소득 과세이론"), 187면; 정유석, "외국납부세액공제를 통한 국제적 이중과세조정과 문제점에 대한 개선방안", 「국제회계연구」 제61집, 한국국제회계학회, 2015. 6., 223면에 따르면 국외소득 면제제도(외국원천소득 비과세방법)에 따르면 국외의 원천지국에서 얻은 소득은 현지기업과 동일한 세율로 과세되므로 현지기업과 비교하여 대등한 경쟁력을 유지할 수 있을 것이라고 한다.

1309) 정지선·최천규, "지방소득세에 있어서 외국납부세액공제제도의 문제점과 개선방안", 「중앙법학」 제16집 제3호, 중앙법학회, 2014. 9., 369면; 강석규, 「조세법 쟁론」(2021 개정판), 삼일인포마인, 2021, 1487면은 위 각 방법들은 나름의 장단점을 가지고 있으므로 각국이 정책적 판단 하에 선택하고 있는 실정이라고 한다.

다가 1994. 12. 22. 법률 제4804호로 일부개정된 법인세법에 손금산입방법을 추가하여 납세자로 하여금 외국납부세액공제방법과 손금산입방법 중 선택할 수 있도록 하였으며, 이와 같은 선택방식은 현행에 이르고 있다.[1310] 다만, 외국납부세액을 손금에 산입하면 결과적으로 국외원천소득에서 법인세액을 공제한 부분이 내국법인의 과세소득에 합산되기 때문에, 일반적으로 손금산입방식이 외국납부세액공제방법에 비해 납세자에게 불리한 방법으로 여겨지고 있다.[1311]

2. 외국납부세액공제제도의 요건

(1) 적용대상

외국납부세액공제는 내국법인의 각 사업연도의 소득에 대한 과세표준에 국외원천소득이 포함되어 있는 경우이거나, 간접투자회사 등이 국외의 자산에 투자하여 얻은 소득, 그리고 국외에서 발생하는 이자소득, 배당소득 또는 사용료소득이 국내사업장에 귀속되는 외국법인의 경우 해당 소득에 대하여 적용된다(법인세법 제57조 제1항, 제57조의2 제1항, 제97조 제1항 제1호). 내국법인 또는 외국법인의 국내사업장의 각 사업연도 과세표준에 국외원천소득이 포함되어 있어야 하며, 여기서 국외원천소득은 '국외'에서 발생한

1310) 박종수, "「법인세법」상 외국납부세액공제시 공제한도액 계산에 관한 쟁점 소고 - 간접비용(공통비용)의 배분문제를 중심으로 -", 「조세학술논집」 제36집 제3호, 한국국제조세협회, 2020. 9.(이하, "외국납부세액공제시 공제한도액 계산에 관한 쟁점 소고"), 84~85면.

1311) 강성태, 국제거래소득 과세이론, 187면; 이상신, "외국납부세액공제의 문제점 및 그 개편방향에 관한 연구", 「조세연구」 제20권 제4집, 한국조세연구포럼, 2020. 12., 295면. 다만, 이태로·한만수, 「조세법강의」(신정14판), 박영사, 2020, 634면에 따르면 내국법인이 결손인 경우에는 세액공제가 무의미하므로 손금으로 계상하여 이월결손금으로 공제를 받는 것이 유리하게 된다고 한다.

소득으로서 내국법인의 각 사업연도 소득의 계산에 관한 규정을 준용하여 산출한 금액으로 한다(법인세법 시행령 제94조 제2항).[1312] 따라서 외국납부세액공제는 이른바 아웃바운드(Outbound) 거래에 대해서만 적용하고 인바운드(Inbound) 거래에 대해서는 적용되지 않으므로, 외국법인의 국내지점의 국내원천소득에 대한 법인세 신고·납부시에는 외국납부세액공제는 적용하지 아니한다.[1313]

(2) 공제대상 세액 등

공제의 대상은 외국에서 납부하거나 납부할 세금을 말하는데, 이는 외국납부세금을 이미 납부하였거나, 납세의무가 확정되었지만 아직 납부하지 않은 세액을 의미한다.[1314] 여기서 납부한 세액의 범위에는 내국법인이 의결권 있는 발행주식총수 또는 출자총액의 100분의 25 이상을 소유하는 자회사가 납부한 외국법인세도 포함된다(간접외국납부세액공제, 법인세법 제57조 제4항, 제5항).[1315] 미국의 경우에는 피지배외국법인(CFC) 등 일정 요건을 만족하면 자회사뿐만 아니라 5단계까지 공제를 인정해 주고 있다.[1316] 우리

1312) 이창희, 「국제조세법」(제2판), 박영사, 2020(이하 "국제조세법"), 781면에 따르면, 미국법이나 일본법에서는 외국법인세라면 당연히 공제대상이 되고, 다만 소득의 원천은 공제한도액을 계산할 때 소득의 원천을 따져 계산하게 된다고 한다. 이는 외국법인세가 공제대상이 되려면 과세대상이 '국외원천소득'일 것을 요구하는 우리 법의 규정과 다르다고 한다.

1313) 박종수, 외국납부세액공제시 공제한도액 계산에 관한 쟁점 소고, 82면.

1314) 황남석, 앞의 논문, 141면.

1315) 이 경우 세액공제되는 외국법인세액은 그 외국자회사의 소득에 대하여 부과된 외국법인세액 중 그 수입배당금액에 대응하는 것으로서 법인세법 시행령 제94조 제8항의 계산식에 따라 계산한 금액으로 한다. 여기서 '수입배당금액'이란 해외자회사가 우리나라의 모회사에게 실제 지급한 배당을 말한다{권혁윤·정지선, "간접외국납부세액공제제도의 합리적 개선방안", 「세무와 회계 연구」통권 제16호(제7권 제3호), 한국세무사회 부설 한국조세연구소, 2018. 11., 170면}.

1316) 이창희, 국제조세법, 798면.

법인세법상으로는 2008년 이래 외국손회사의 외국납부세액도 공제를 허용하는 것으로 입법하여 시행하여 오다가 2015년에 외국손회사의 외국납부세액공제제도를 폐지하였으며, 외국자회사 지분율도 종전의 10%에서 25%로 상향하였다.[1317] 따라서 현행법상으로는 지분율 25% 이상의 자회사에 대하여만 외국납부세액공제가 인정된다. 이 경우 외국납부세액은 해당 국외원천소득이 과세표준이 산입되어 있는 사업연도의 산출세액에서 공제하며, 외국납부세액공제를 적용받으려는 내국법인은 외국납부세액공제세액계산서를 납세지 관할세무서장에게 제출해야 한다(법인세법 시행령 제94조 제3항). 그리고 외국납부세액공제를 신청하려면 실제로 납부하였거나 납세의무가 확정된 세액이 존재하여야 하므로, 납세의무가 면제된 세액은 포함되지 않는다.[1318]

Ⅲ. 필라 1의 이익 A 과세에 따른 이중과세 조정규정 개선방안

1. 현행 외국납부세액공제제도의 이용방안

현행 외국납부세액공제제도는 내국법인이 외국정부(지방자치단체 포함)에 납부하였거나 납부할 외국법인세액을 세액공제대상으로 정하고 있으므로, 기본적으로 내국법인이 이익 A 제도에 따라 외국에 납부한 외국법인세액은 현행 외국납부세액공제제도의 적용범위 내에 있다고 볼 수 있다. 법인세법 제57조 제1항에서는 "대통령령으로 정하는 외국법인세액"을 공제한

1317) 오 윤, 「국제조세법론」, 삼일인포마인, 2016, 157~158면. 이에 따르면 정부는 위와 같은 개정에 대해 10% 이상 25% 이내 지분만 있는 경우 단순한 지분투자에 따른 외국자회사가 포함되어 있어 제도의 취지에 맞지 아니하는 점이 있었다고 그 이유를 밝히고 있으나, 이는 EU국가의 대부분이 10% 지분율을 경영참여소득면제의 기준으로 하고 있음을 감안할 때 국제적 동향과는 동떨어진 설명이라고 한다.
1318) 이태로・한만수, 앞의 책, 637면.

도금액 계산식에 따라 해당 사업연도의 산출세액에서 공제하도록 정하고 있고, 법인세법 시행령 제94조 제1항 제1호에서는 "법인의 소득 등을 과세표준으로 하여 과세된 세액"을 외국법인세액의 하나로 정하고 있으므로, 이익 A 제도에 따라 과세된 세액도 원칙적으로 위 법인세법 시행령 제94조 제1항 제1호에 포섭될 수 있을 것으로 생각된다. 다만, 이익 A 제도에 따라 외국에 납부한 세액도 외국납부세액공제대상에 해당함을 확인하여 주는 의미에서, 위 법인세법 시행령 제94조 제1항 제1호 말미에 괄호로서 "(이익 A 제도에 따라 과세된 세액을 포함한다)"라고 명시하는 방안을 생각하여 볼 수 있다.

2. 이익 A 제도에 따른 외국납부세액공제 한도 상향 방안

또한 우리나라의 글로벌 IT 기업에 대한 과도한 세부담을 경감하여 주는 차원에서는 이익 A 제도에 따라 과세된 세액에 대한 외국납부세액공제 한도를 높여주는 방안도 고려할 필요가 있으며, 이와 같은 방안을 채택할 경우에는 이익 A 제도에 따른 외국납부세액공제 한도금액을 산정하기 위한 별도의 계산식을 마련할 수도 있을 것이다. 이 경우 법인세법상 총 외국납부세액공제 금액은 기존의(일반) 외국납부세액공제 금액과 이익 A 과세에 따른 외국납부세액공제 금액의 합산액이 될 것이다. 다만, 위와 같이 이익 A 과세에 따른 외국납부세액공제 제도를 별도로 마련하여 별도의 공제액을 인정하여 줄 경우에는, 경우에 따라 해당 기업의 외국납부세액공제금액이 지나치게 과다해질 우려가 있다. 따라서 국가의 세수부담 등을 고려하여 이를 미리 방지하는 차원에서는, 법인세법상 일반 외국납부세액공제 금액과 이익 A 과세에 따른 외국납부세액공제 금액의 합산액 한도를 정하여 이를 "총 외국납부세액공제 한도금액"이라 하고, 한 국내 기업이 한 과세연도에서 외국납부세액공제를 받을 수 있는 금액이 총 외국납부세액공제 한도금액을 초과하지 못하도록 하는 방안을 생각하여 볼 수 있다. 즉, 이 경우 이익 A 과세에 따른 외국납부세액공제는 이익 A 외국납부세액공제 한도금액과 총 외국납부세액공제 한도금액의 두 가지 금액 한도를 적용받게 될 것이다.

제3절 국제조세 절차법적 측면에서의 제도 개선

Ⅰ. 상호합의에 따른 중재제도의 개선 필요성

1. 조세조약상 분쟁해결절차로서의 중재제도의 의의와 기능

기존 조세조약상 국제조세분쟁의 주된 해결수단은 상호합의절차(MAP)로서, OECD 모델조세조약 제25조에서 규정하고 있다. 한편, 강제중재제도의 경우 OECD는 1980년대까지만 해도 도입의 필요성을 인식하지 못하였으며, 상호합의만으로 충분한 것으로 보고 있었으나, 1989년 미국과 독일의 조세조약에서 중재조항을 도입하면서 개별 국가들이 조세조약에서 중재조항을 도입하는 움직임이 활발해지기 시작했다.[1319] 이와 같은 국제적 기조 하에 2004. 7. 27. OECD 조세위원회(Committee on Fiscal Affairs)는 국제적 조세분쟁절차 개선에 관한 보고서(Improving the Process for Resolving Tax Disputes)를 발표하여 상호합의절차의 보충적인 분쟁해결방식으로서 중재를 제안하였고, 이후 2008년 OECD 모델조세조약 제25조 제5항에 상호합

1319) 김영순, 앞의 논문, 248면.

의절차의 일부로서 강제적 중재조항이 도입되기에 이르렀다.[1320] 중재조항의 실질적 기능에 대해서는 그 조항을 실제로 분쟁해결절차에 적용하는 적극적 효과뿐만 아니라, 중재조항 자체가 가지는 분쟁 억제라는 소극적 효과에 보다 주목하는 것이 일반적이다.[1321] 즉, 조세분쟁에서 강제적 중재조항의 근본적인 기능은 강제적 중재조항의 존재로 인해 권한 있는 당국 간 신속한 상호합의를 촉진하는 것이라고 평가되고 있으며, 이는 OECD의 입장이기도 하다.[1322] 그렇다면 조세조약상 분쟁해결절차로서의 중재제도는 실제로 그 조항을 사용하지 않더라도 그 조항의 존재 자체만으로 상호합의의 도달에 이르게 하는 유의미한 역할을 한다고 평가할 수 있으며, 강제중재제도의 개시여부 내지 제도 이용가능성과 관계없이 해당 제도를 정비할 필요성과 명분이 존재한다는 결론을 내릴 수 있다. 나아가 디지털세(필라 1·2) 최종 합의에 따라 새로운 다자간 협약이 채택되고, 그에 수반하여 새로운 의무적이고 구속력있는 분쟁해결절차로서의 강제적 중재제도(Arbitration)가 도입될 경우를 상정[1323]하더라도 위와 동일한 이유에 기반하여 강제적 중재

1320) 김선영, "국제조세분쟁 해결 방법론으로서의 중재에 관한 연구 – OECD가 제안한 상호합의 틀 내에서의 중재를 중심으로 –", 서울대학교 법학전문대학원 법학박사 학위논문, 2014. 2., 28~29면; 박 훈, "상호합의절차에 의한 분쟁해결에 대한 소고", 「조세법연구」 제13집 제2호, 한국세법학회, 2007. 8., 298~299면.

1321) 김영순, 앞의 논문, 261면.

1322) 김선영·백새봄, "국제조세 분쟁에 관한 중재제도의 운영방안에 대한 연구", 「조세학술논집」 제37집 제1호, 한국국제조세협회, 2021. 3., 82면; 이다영·변혜정, "BEPS 방지 다자협약에 관한 연구 – 국내세법 및 조세조약과의 관계를 중심으로 – ", 「서울법학」 제27권 제4호, 서울시립대학교 법학연구소, 2020. 2., 640면; 김영순, "국제조세분쟁에 대한 해결책으로서 강제중재조항의 검토 및 도입방안", 「조세학술논집」 제33집 제3호, 한국국제조세협회, 2017. 10., 261~262면; 박수진·이정미, "OECD 다자조약 제6편 중재의 적용과 주요국의 조세조약 상 분쟁해결제도 개정현황", 「조세학술논집」 제36집 제2호, 한국국제조세협회, 2020. 6., 190면.

1323) 앞서 살펴본 바와 같이 디지털세(필라 1·2) 최종 합의에서는 이익 A와 관련된 모든 이슈는 의무적·강제적인 분쟁해결절차(in a mandatory and binding manner)로 해결되며, 디지털세를 도입·운영하는 모든 국가는 해당 조정 결과에 구속된

조항에 관한 국내법상 근거 규정이 반드시 필요하다 하겠다.

2. 현행 법령상 규정 내용

종래 국조법에는 상호합의절차에 관한 규정 외에 강제적 중재에 관한 규정은 두고 있지 아니하였다. 그러다가 2020년 말에 비로소 상호합의에 따른 중재조항을 국조법(2020. 12. 22. 법률 제17651호로 전부개정된 것) 제43조[1324])에 3개의 항으로 마련하였으며, 같은 조 제1항에서는 신청인은 상

      다고 밝혔고, 필라 1의 2차 진행상황보고서(Progress Report on the Administration and Tax Certainty Aspects of Pillar One)에서도 이익 A 쟁점 절차의 경우 적용대상 확실성, 사전확실성, 포괄적 확실성의 세 가지 절차에서 합의되지 않은 쟁점은 구속력있는 결정패널 절차를 통해 최종 결정된다고 설명한 바 있다. 또한 기타 관련쟁점 절차의 경우에도 상호합의절차에서 2년간 미해결된 분쟁을 필라 1 조세확실성 절차의 틀 내에서 의무적이고 구속력있는 방식으로 해결하는 절차로서 분쟁해결패널 제도에 대해 제시하고 있다. 그러나 이와 같은 새로운 제도가 시행된다 하더라도 제도의 실효성 등 다양한 정치적·현실적 이유로 분쟁이 사실상 또는 실질적으로 해결되지 아니할 경우, 또는 이와 같은 새로운 제도와 병렬적·선택적으로, 이미 OECD 모델조세조약 제25조 제5항에서 마련하고 있는 상호합의절차의 강제중재제도 조항을 사용하는 것이 가능하며, 또한 국가에 따라서는 오히려 강제중재제도를 선호하는 경우도 있을 수 있다. 따라서 디지털세(필라 1·2) 최종 합의에 따라 새로운 다자간 협약이 채택될 경우 그에 수반하여 또는 그 채택 이후라도 새로운 의무적이고 구속력있는 분쟁해결절차로서의 강제적 중재제도(Arbitration)가 도입될 가능성을 배제할 수 없으므로 이에 대해 논의할 필요가 있다.

1324) 국조법(2020. 12. 22. 법률 제17651호로 전부개정된 것) 제43조(상호합의에 따른 중재)
    ① 신청인은 상호합의절차 개시 이후 조세조약에서 정한 기간이 지날 때까지 우리나라와 체약상대국의 권한 있는 당국 사이에 합의가 이루어지지 못한 경우 조세조약에서 정하는 바에 따라 권한 있는 당국이 각각 선정한 중재인단을 통하여 분쟁을 해결(이하 "중재"라 한다)하는 절차의 개시를 기획재정부장관이나 국세청장에게 요청할 수 있다.
    ② 중재의 신청 대상, 신청 시기, 적용 가능 사건의 범위, 중재인의 구성, 의사결정 방법, 중재 결정의 효력 등 중재에 관한 구체적인 사항은 조세조약에서 정하는 바에 따른다.
    ③ 중재 신청 절차, 중재인 임명, 비용의 부담 등 중재에 관한 구체적인 사항을 정하고 있는 조세조약을 시행하기 위한 구체적인 절차는 대통령령으로 정한다.

호합의절차 개시 이후 조세조약에서 정한 기간이 지날 때까지 우리나라와 체약상대국의 권한 있는 당국 사이에 합의가 이루어지지 못한 경우 조세조약에서 정하는 바에 따라 권한 있는 당국이 각각 선정한 중재인단을 통하여 분쟁을 해결("중재")하는 절차의 개시를 기획재정부장관이나 국세청장에게 요청할 수 있다고 하여, 중재의 개시요건을 주요 내용으로 하고 있다.

한편, 같은 조 제2항에서는 중재의 신청 대상, 신청 시기, 적용 가능 사건의 범위, 중재인의 구성, 의사결정 방법, 중재 결정의 효력 등 중재에 관한 구체적인 사항은 조세조약에서 정하는 바에 따른다고 규정하여, 사실상 조세조약상 규정을 적용할 근거로서의 규정 마련에 머무르고 있다. 그리고 같은 조 제3항에서는 중재 신청 절차, 중재인 임명, 비용의 부담 등 중재에 관한 구체적인 사항을 정하고 있는 조세조약을 시행하기 위한 구체적인 절차는 대통령령으로 정한다고 규정한 뒤, 국조법 시행령(2021. 2. 17. 대통령령 제31448호로 전부개정된 것)[1325]에서는, 제85조에서 중재절차의 개시

1325) 국조법 시행령(2021. 2. 17. 대통령령 제31448호로 전부개정된 것) 제85조(중재절차의 개시 신청 등)
① 법 제43조 제1항에 따른 중재절차(이하 이 절에서 "중재절차"라 한다)의 개시 신청을 하려는 자(이하 이 절에서 "중재신청인"이라 한다)는 기획재정부령으로 정하는 중재절차 개시 신청서를 기획재정부장관 또는 국세청장에게 제출해야 한다.
② 기획재정부장관 또는 국세청장은 제1항에 따라 중재절차의 개시 신청을 받은 경우에는 중재신청인에게 중재절차의 진행에 필요한 서류를 제출하도록 요구할 수 있다.

제86조(중재절차에 대한 의견제출)
① 중재신청인은 조세조약에서 정하는 바에 따라 중재절차의 개시일부터 종료일까지의 기간 동안 조세조약의 해석 및 적용, 소득금액의 조정, 중재인 선정 및 그 밖에 중재절차의 진행 등에 관한 의견을 기획재정부장관 또는 국세청장에게 제출할 수 있다.
② 중재신청인은 조세조약에서 정하는 바에 따라 중재절차에서 직접 서면으로 의견을 제출하거나 구두(口頭)로 의견을 개진할 수 있다. 이 경우 의견제출 등과 관련하여 발생하는 비용은 모두 중재신청인이 부담한다.

제87조(중재인의 자격 요건)
기획재정부장관 또는 국세청장은 조세·법률·회계분야에 관한 전문지식과 경험

신청 등, 제86조에서 중재절차에 대한 의견제출, 제87조에서 중재인의 자격요건에 대해 규정하고 있다. 중재절차의 개시 신청과 관련하여 국조법 시행규칙(2021. 3. 16. 기획재정부령 제840호로 전부개정된 것) [별지 제41호 서식]에서는 중재절차 개시 신청서 서식을 규정하고 있으며, 신청인 인적 사항, 관련 기업의 인적 사항과 함께 중재 신청내용으로서 관련 조세조약 및 당초 상호합의절차 개시일에 대해 기재하도록 하고 있다.

3. 현행 제도의 미비점

국제적 조세분쟁에 있어 중재조항의 실질적 기능에 비추어 볼 때, 강제중재제도의 개시 여부 내지 제도 이용가능성과 관계없이 제도를 정비할 필요성과 명분이 존재함은 앞서 살펴 본 바와 같다. 우리나라의 경우 다행스럽게도 2020년 말 국조법에 상호합의에 따른 중재조항이 도입되어 2021. 1. 1.부터 시행되고 있다. 따라서 종전에 비해 국내법상 정비의 측면에서는 진일보하였다고 볼 수 있다. 그러나 구체적인 조항의 내용을 살펴보면 아직은 미비한 점이 눈에 띈다. 국조법과 같은 법 시행령 및 시행규칙의 규정까지 포함하여 보더라도, 상호합의의 일부로서 중재절차의 개시 근거, 중재 신청 방법과 신청서, 중재신청인의 의견제출권의 보장, 중재인의 자격 요건에 대한 일반적인 기준 제시에 머무르고 있다. 나아가 국조법 제43조 제2항에서는 중재의 신청 대상, 신청 시기, 적용 가능 사건의 범위, 중재인의 구성, 의사결정 방법, 중재 결정의 효력 등 중재에 관한 구체적인 사항에 대하여 국내법상 규정이 아닌 '조세조약에서 정하는 바에 따른다'고 규정하여, 구

이 풍부하게 있는 등 기획재정부장관이 정하는 기준을 충족하는 사람으로서 중재절차의 공정성 및 독립성을 확보할 수 있는 사람을 중재인으로 임명해야 한다. 다만, 중재신청인 및 상호합의 대상 과세처분 등과 관련하여 이해관계가 있는 자 등 기획재정부장관이 정하는 사람은 제외한다.

체적인 규정 사항을 모두 조세조약으로 미루고 있다. 다만, 이에 대하여는 제도 시행초기인 점을 감안할 필요가 있고, 점진적인 입법적 보완이 이루어질 것임을 예상할 수 있으므로, 고려가능한 입법적 개선점에 대해 아래와 같이 제안하고자 한다. 그리고 여기에 한 가지 덧붙이고 싶은 것은, 이는 비단 상호합의에 따른 중재제도를 위한 개선점에 그치는 것이 아니라, 새롭게 도입 가능한 의무적이고 구속력있는 분쟁해결절차로서의 강제적 중재제도(Arbitration) 도입에 대비한 준비에도 해당될 것이라는 점이다. 왜냐하면 향후 새로운 다자간 협약의 채택에 수반하여 새로운 의무적이고 구속력있는 분쟁해결절차로서의 강제적 중재제도를 도입할 경우, 관련 중재절차 규정의 마련에 있어서는 상호합의에 따른 중재조항인 국조법 제43조에 함께 포함하여 규정하거나, 국조법 제43조를 준용하여 규정하거나, 또는 국조법 제43조와 별개의 독립적인 규정으로 마련하는 경우의 세 가지를 상정할 수 있을 것인데, 그 중 현행 국조법 제43조와 가장 관계가 적은 방법인 별도 규정으로 마련하는 경우라 하더라도 동 조항의 전체적인 체계와 구체적인 규정 내용을 필연적으로 참조하게 될 것이기 때문이다.

4. 현행 제도의 개선방안

(1) 중재신청 대상의 명확화 필요

현행 국조법 제43조 제1항은 신청인이 상호합의절차 개시 이후 조세조약에서 정한 기간이 지날 때까지 우리나라와 체약상대국의 권한 있는 당국 사이에 합의가 이루어지지 못한 경우 조세조약에서 정하는 바에 따라 중재절차의 개시를 요청할 수 있다고 규정하고 있으며, 한편 같은 조 제2항에서는 중재의 신청 대상에 관한 구체적인 사항은 조세조약에서 정하는 바에 따른다고 규정하고 있다. 이에 대하여는 우선 중재 대상이 되는 범위를 상호합의의 대상이 되는 범위와 동일하게 보고 있는 것으로 이해할 수 있으며, 한편, 국조법 제43조 제2항에서는 중재의 신청 대상에 관한 구체적인 사항은 조세조약에서 정하는 바에 따른다고 규정하고 있으므로, 조세조약에서 상호합의의 대상이 되는 범위보다 제한적으로 좁게 규정할 수 있는 가능성도 존재한다고 지적하는 견해도 있다.[1326] 그러나 위와 같은 현재 규정만으로는 중재신청 대상의 범위에 대해 해석상 이견이 있을 수 있으며, 구체적인 사항을 조세조약에서 정하는 바에 따르도록 하여 불명확성이 높아지는 반면 납세자의 예측가능성은 떨어지게 된다. 또한 현재 규정상으로는 어떠한 가이드도 없는 것과 마찬가지여서 개별 조세조약마다 중재의 신청 대상이 전혀 다르게 규정될 가능성이 있기도 하다. 그러므로 중재신청 대상의 범위에 대하여 국조법상 규정을 마련함으로써 보다 명확히 할 필요가 있다. 이는 다시 말하여 중재신청 대상의 범위를 상호합의절차 사건 전부로 할 것인지 또는 상호합의절차 대상 중 제한된 범위 내에서만 중재신청이 가능하도록 허용할 것인지의 문제이다. 현재 중재제도는 상호합의절차를 대체하는 독립적인 해결방식이 아닌, 상호합의절차의 일부를 구성하는 보완적인 절차이므로 기본적으로 중재신청 범위를 상호합의절차의 대상 범위를 넘어서도록 정할 수는 없을 것이기 때문이다.[1327]

이와 관련하여 미국의 경우 조세조약상 구체적인 중재대상은 체약국별로 달리 정하고 있지만 일반적으로 상호합의절차의 범위보다 좁게 인정하고 있는바, 예를 들어 독일과 체결한 조세조약에서는 거주자(제4조), 고정사업

1326) 김선영·백새봄, 앞의 논문, 79면.

1327) 박수진, "국제조세 분쟁에 대한 미국의 대체적 해결방안에 대한 연구 - 조세조약상 중재를 중심으로 -", 「세무와 회계 연구」 통권 제24호(제10권 제1호), 한국세무사회 부설 한국조세연구소, 2021. 2., 97면.

장(제5조), 사업이익(제7조), 특수관계인(제9조), 로열티(제12조)를 대상으로 일정 요건을 충족하는 경우에 중재 회부가 가능하며, 다만 권한 있는 당국이 조약, 의정서, 공표한 지침에 따라 지원을 중단하거나 거부한 사건에 대해서는 중재에 회부할 수 없도록 하고 있다.[1328] 미국과 캐나다와의 조세조약에 대하여 보더라도, 조세조약상 특정 조항 적용과 관련된 쟁점으로 한정하고, 양 체약국의 권한 있는 당국이 합의한다면 해당 쟁점을 중재에 회부하지 않을 수도 있으며, 독일과의 조세조약과 유사하게 거주자(제4조), 고정사업장(제5조), 고정사업장에의 자본배분(제7조), 특수관계법인(제9조), 특수관계법인에 지급된 로열티 등(제12조)과 관련된 범위로 중재범위를 한정하고 있다.[1329] 또한 그 외에도 국내법원 판결, EU중재협약에 회부된 사건, 국내법상 조세회피 규정 대상, 유죄처벌을 받은 행위 등에 대하여는 일반적으로 조세조약상 중재대상에서 제외되는 것으로 보인다.[1330]

이와 같은 중재대상 범위에 관하여, 본래 중재의 도입 효과를 '효율적이고 효과적인 상호합의절차의 진행'에 무게를 두어, 상호합의절차의 진행을 지체할 수 있는 쟁점 중심으로 중재에 회부함으로써 상호합의절차를 보다 효과적으로 운용할 필요성이 있으며, 따라서 현실적으로는 상호합의절차보다 더 제한적으로 운용할 필요가 있다는 견해가 있다.[1331] 그러나 앞서 언급한 바와 같이 상호합의절차의 일부인 중재제도의 근본적인 기능이 상호합의의 도달을 촉진하고 중재제도를 실제로 개시하지 않게 하는데 있다고 한다면, 중재대상 범위를 굳이 제한할 필요는 없어 보인다. 상호합의절차

1328) 정재현·이서현·오유나, 「조세조약상 강제적 중재 규정 분석(하) - 주요국의 체결례 -」(세법연구 19-02), 한국조세재정연구원, 2019, 99면, 표 Ⅱ-13 주 2).

1329) 정재현·이서현·오유나, 위의 책, 164면.

1330) 정재현·이서현·오유나, 위의 책, 99면, 표 Ⅱ-13 주 2).

1331) 박수진, 앞의 논문, 98면.

대상과 중재대상 범위를 동일하게 규정한다면, 모든 상호합의절차 대상에 대하여 신속한 상호합의를 촉진하는 기능을 수행할 수 있을 것이기 때문이다. 그러나 중재대상 범위를 결정함에 있어서는 위와 같은 중재제도의 근본적인 기능뿐만 아니라 중재대상 자체의 성격에 대한 고찰이 필요하다. 즉, 당사자간 사실관계의 분쟁에 관하여는 상호합의가 어려울 경우 중재제도를 이용하여 분쟁을 해결하는 것이 적절할 수 있다. 그러나 순수하게 법령해석에 관련된 사안이나 국내법상 법원의 판례에 의해 명확한 해석이 필요한 사안, 정부의 중요한 사회경제적 정책과 직접 관련된 사안이나 확립된 조세정책의 유지가 특별히 요구되는 사안, 분쟁당사자가 아닌 제3자의 납세의무에 중요한 영향을 미치는 사안 등은 본질적으로 중재제도에 적합하지 않은 것으로 보는 것이 타당하다.[1332] 또한 강제적 중재조항을 채택하고 있는 개별 국가들 간 조세조약상 대부분 중재 대상 범위를 상호합의절차 대상보다 제한하여 운영하고 있는 점을 감안하면, 현실적으로 보더라도 조세조약상 중재대상 범위가 체약상대국의 입장 내지 국제적인 관례 등에 따라 상호합의 대상 범위보다는 제한적으로 정하여질 가능성이 높을 것이다.

따라서, 위와 같은 제반 사정을 종합할 때 중재대상 범위는 상호합의절차 대상 범위보다는 일부 제한적으로 정하는 것이 보다 바람직한 것으로 생각된다. 그렇다 하더라도 중재대상 범위에 대한 중대한 제한이 허락되어서는 안 될 것이며, OECD 모델조세조약 역시 상호합의절차를 통한 효과적인 분

1332) 이전오, 앞의 논문, 189면에서는 대체적 조세분쟁해결절차로서의 조정제도를 도입함에 있어 ① 순수하게 법령해석에 관련된 사안, ② 선례가 없는 사건이기 때문에 법원의 판례에 의하여 명확한 해석이 필요한 사안, ③ 정부의 중요한 사회·경제적 정책과 직접 관련된 사안, ④ 확립된 조세정책의 유지가 특별히 요구되는 사안, ⑤ 분쟁당사자가 아닌 제3자의 납세의무에 중요한 영향을 미치는 사안, ⑥ 여러 정황에 비추어 볼 때 조정에 의한 해결이 부적당한 사건은 조정대상에서 배제하여야 할 것으로 제시하고 있는바, 조세 중재 대상의 범위의 결정에 있어서도 참고가 될 것으로 생각된다.

쟁해결을 보장하기 위해 중재 범위에 대한 중대한 제한은 명시적으로 반대하고 있다는 점을 참고하여야 한다.[1333] 다만, 세부적인 적용범위에 관하여는 개별 조세조약 체결시 융통성을 부여하는 것이 적절할 수 있으므로, 원칙적으로는 상호합의절차 개시대상 범위 내를 전제로 하되, 위와 같이 순수한 법령해석에 관련된 사안이나 법원의 판단이 필요한 사안, 우리나라 정부의 입장에서 확립된 정책의 유지가 특별히 요구되는 사안, 분쟁 당사자와 관계없는 제3자의 납세의무와 관련된 경우 등 사안의 본질적 특성상 중재제도를 통한 해결이 부적절한 경우에 한하여 중재신청 대상 범위에서 제외하는 것으로 국조법상 규정을 두는 것이 바람직할 것이다.

(2) 중재인 선정 요건의 정비

중재인 임명에 관하여는 현행 국조법 제43조 제3항에서 대통령령에 위임하고 있고, 국조법 시행령 제87조에서는 중재인의 자격 요건에 대하여 조세 · 법률 · 회계분야에 관한 전문지식과 경험이 풍부하게 있는 등 기획재정부장관이 정하는 기준을 충족하는 사람으로서 중재절차의 공정성 및 독립성을 확보할 수 있는 사람을 임명 요건으로 정하고 있다. 즉, 중재인 임명에 관한 구체적인 기준은 기획재정부장관이 정하도록 하고 있으나, 우선 위 시행령 제87조를 통하여 중재인의 자격 요건으로서 전문성, 공정성, 독립성의 요건을 도출해 낼 수 있다. 이와 같은 전문성, 독립성, 공정성의 요건은 2017년 OECD 모델조세조약과 1990년 EU 중재협약, 그리고 2017년 EU 지침에서 공히 중재인의 요건으로 요구하고 있는 것이기도 하다.[1334]

1333) 신상화 · 박수진, 「조세조약상 강제적 중재 규정 분석(상) − 국제규범 편 −」(세법연구 19-01), 한국조세재정연구원, 2019, 105면.

1334) 신상화 · 박수진, 위의 책, 110면. 이에 따르면 OECD 모델조세조약에서는 중재판정부의 의장에 대해서는 추가 요건으로 해당 체약국의 국민 또는 거주자에 해당

그렇다면, 어떠한 경우에 중재인이 전문성, 공정성, 독립성을 갖춘 것으로 볼 수 있을지 문제이다. 우선 전문성은 조세·법률·회계분야에 대한 전문지식과 아울러 국제조세 분야에 대한 전문지식과 경험을 갖출 것이 요청된다고 보아야 한다. 조세분쟁에 있어 중재절차가 개시될 경우에는 필연적으로 내국세의 영역을 벗어날 것이기 때문에 국제조세 전문가가 사안을 다루는 것이 바람직할 것이다. 이와 관련하여 일반적인 자격 요건 외에 "이전가격 분야의 전문가", "중재의 대상이 된 사안과 관련된 거래 또는 산업 전문가라고 인정되는 자" 등을 포함할 필요가 있다는 견해가 있으며,[1335] 경청할 만한 견해라고 생각되나, 다만, 전문분야의 범위가 지나치게 좁게 설정되거나 또는 불명확한 내용이 자격요건으로 규정되지 않도록 주의를 기울일 필요가 있을 것이다.

다음으로 공정성과 독립성의 문제이다. 미국의 조세조약에서는 중재인은 공정성에 의심을 가질만한 모든 요소를 사전에 양 체약국에 고지하여야 하도록 하고 있으며,[1336] UNCITRAL(United Nations Commission on International Trade Law) 모델중재법에서는 중재인으로 요청받은 자는 자신의 공정성과 독립성에 정당한 의심을 발생시킬 여지가 있는 모든 사정을 고지해야 하고, 중재절차가 종료할 때까지 그와 같은 사정이 사후에라도 발생하면 지체없이 고지하도록 정하고 있다.[1337] 조세조약상 상호합의절차의 일부로서의 중재는 상호합의의 내용으로 간주되므로, 중재신청인이 중재판정의 공정성과 독립성에 의심을 가질 경우에는 중재판정을 집행하는 상호합의의 수용을 거부

하지 않을 것을 요구하고 있다.

1335) 김선영·백새봄, 앞의 논문, 70~71면.
1336) 다만 고지의무 불이행시 이에 대한 제재규정은 없다.
1337) 김영순, 앞의 논문, 271~272면; 모델중재법(UNCITRAL Model Law on International Commercial Arbitration) 제12조 제1항.

함으로써 이를 시정할 수 있을 것이다.[1338] 그러나, 이는 시점상 다소 늦은 감이 있으며, 중재판정을 받고자 하는 중재 신청인의 정당한 권리를 온전히 보장하여 주지 못하는 것이다. 그러므로 중재인의 공정성과 독립성에 정당한 의심이 있는 경우에는 기피(忌避) 신청을 할 수 있도록 기피신청권을 보장할 필요가 있다.[1339]

나아가, 독립성의 요건과 관련하여서는 보다 객관적이고 구체적인 요건을 마련하여 보완할 수 있을 것으로 생각된다. 예를 들어 EU 지침에서는 중재인이 독립성이 결여되는 상황에 관하여 세부적인 상황을 제시하고 있는데, ① 관련 조세행정기관 중 한 곳에 소속되어 대표하거나, 과거 3년 중 그러한 경우가 있는 자, ② 분쟁해결에 대한 객관적 타당성이 결여된 경우, ③ 세무자문법인의 종업원, 전문적으로 세무자문제공자, 임명일로부터 과거 3년 중 그러한 상황에 있었던 자 등이 그것이다.[1340] 독립성의 요건 보완에 있어 위 EU 지침을 참고할 수 있을 것이며, 다만 그 규정의 형식은 현행법상으로는 기획재정부 고시에 의하여야 할 것으로 보인다.

(3) 납세자의 참여권 보장의 요청

OECD 모델조세조약상 상호합의절차에 따른 중재절차는 조세조약 체약국 간에 이루어지며 납세자는 중재절차의 당사자가 아니다. 따라서 납세자가 비록 중재를 개시하는 신청자라 하더라도 중재절차의 진행에 있어서는 그 참여가 제한되는 것이 불가피한 측면이 있다.[1341] 그러나 중재절차가 기

1338) OECD 모델조세조약 제25조 제5항.
1339) 김영순, 앞의 논문, 272면; 국세기본법 제74조에서도 조세심판절차에 있어 담당 조세심판관에게 공정한 심판을 기대하기 어려운 사정이 있다고 인정될 때에는 심판청구인이 그 조세심판관의 기피(忌避)를 신청할 수 있도록 하여 심판청구인의 기피신청권을 보장하고 있다.
1340) 신상화·박수진, 앞의 책, <표 V-4>, 111~112면.

본적으로 상호합의절차의 일부라는 점을 고려한다면, 상호합의에 준하여 납세자의 의견제출을 허용할 필요가 있으며, 향후 납세자의 참여권을 더욱 확대하는 방향으로 나아가는 것이 바람직할 것이다.[1342] 더욱이 납세자야 말로 해당 중재절차의 직접적인 이해관계자이므로, 납세자를 배제한 절차 는 정당성을 부여받기 어렵다. 또한 납세자가 참여하여 충분히 제시할 수 있어야 중재절차의 최종 결론에 대한 납세자의 승복을 기대할 수 있으리라 고 본다.[1343]

이와 관련하여 OECD 모델조세조약의 대체적 중재절차의 경우 서면이나 구두를 통한 납세자의 의견진술을 허용하고 있으며, EU 지침의 경우는 다 른 규정보다 납세자 참여를 더욱 넓게 허용하여, 국내 법원에 자문위원회가 구성되지 않는 경우 중재인을 임명할 수도 있도록 하고 있다.[1344] 현행 국 조법 시행령은 제86조에서 중재신청인이 조세조약에서 정하는 바에 따라 중재절차에서 직접 서면으로 의견을 제출하거나 구두로 의견을 개진할 수 있다고 규정하여, OECD 모델조세조약에서 허용한 범위와 동일한 납세자 의견진술권을 보장하고 있다. 바람직한 입법이라고 생각된다.

한편, 중재절차에서의 납세자의 지위와 관련하여, 납세자에게 제3의 수 익자(third party beneficiary)의 지위를 부여하여 납세자의 참여를 허용하되 중재판정이 납세자에 대해서도 구속력을 가지도록 OECD 모델조세조약이 개정되어야 한다는 견해가 있다.[1345] 납세자의 참여권을 강화한다는 측면 에서는 경청할 만한 견해라 할 것이나, 다만 현실적으로 납세자가 양 체약

1341) 신상화 · 박수진, 앞의 책, 116면.
1342) 김선영 · 백새봄, 앞의 논문, 79면.
1343) 김선영 · 백새봄, 위의 논문, 79면.
1344) 신상화 · 박수진, 위의 책, 116면.
1345) 김선영, 앞의 논문, 117면.

국들과 대등한 지위를 보장받기 어려운 점을 감안할 때, 납세자에게 참여권 강화의 반대급부로서 중재판정의 구속력을 부여하도록 하는 것에 대해서는 신중할 필요가 있다. 납세자의 권리 보장 측면에서 볼 때, 납세자로서는 상호합의의 수용을 거부할 권리를 가지는 것이 참여권 보장보다 중요할 것이기 때문이다.

II. 조세부과 및 징수 절차 관련 규정의 마련

1. 제출자료의 범위, 방법 및 절차 규정 필요

디지털세(필라 1·2) 최종 합의에 따른 이익 A 및 이익 B 세금, 글로벌 최저한세 규칙에 따라 확정된 세금을 부과, 징수 및 관리하는 절차의 마련 또한 필수적이다.[1346] 이와 같은 절차의 구현은 국조법에 도입하는 방법 또는 국세기본법에 개정 규정을 두는 방법을 생각하여 볼 수 있을 것인데, 국제거래에 대한 자료 제출의무 등 관련 규정이 국조법에 이미 마련되어 있는 점을 감안하여, 국조법에 함께 규정하는 것이 제도 도입 및 운영에 있어 보다 적절할 것으로 보인다. 아울러 새로이 신설된 과세권에 따라 확정된 세금을 신고·납부함에 있어 제출하여야 할 서류는 기본적으로 국가별보고서(CbCR)상 요구되는 범위를 포함할 것이므로, 구체적인 제출자료의 범위, 방법 및 절차 등을 규정함에 있어서는 국조법 제16조(국제거래에 대한 자료 제출의무)[1347] 및 같은 법 시행령 제34조(통합기업보고서 및 개별기업보

1346) OECD, *Pillar One Blueprint*, p.200(815항).

1347) 국조법 제16조(국제거래에 대한 자료 제출의무) ① 다음 각 호에 해당하는 납세의무자는 그 구분에 따라 사업활동 및 거래내용 등에 관한 대통령령으로 정하는 통합기업보고서, 개별기업보고서 및 국가별보고서(이하 "국제거래정보통합보고서"라 한다)를 「법인세법」 제6조에 따른 사업연도 종료일이 속하는 달의 말일부터 12개월 이내에 납세지 관할 세무서장에게 제출하여야 한다.

고서의 제출), 제35조(국가별보고서의 제출), 제37조(국제거래에 대한 자료 제출기한 연장)를 준용 내지 필수적으로 참고하여야 할 것이며, 그 밖에 특정외국법인에 대한 신고와 관련된 국조법 제34조(특정외국법인에 대한 자료의 제출) 및 같은 법 시행령 제70조(특정외국법인 관련 과세자료의 제출)도 함께 참고할 필요가 있다.

---

1. 매출액 및 국외특수관계인과의 국제거래 규모 등이 대통령령으로 정하는 요건을 갖춘 납세의무자: 통합기업보고서 및 개별기업보고서
2. 매출액 등이 대통령령으로 정하는 요건을 갖춘 납세의무자: 국가별보고서
② 국외특수관계인과 국제거래를 하는 납세의무자(제1항 제1호에 따른 통합기업보고서 및 개별기업보고서를 제출하여야 하는 납세의무자는 제외한다)는 다음 각 호의 서류를 「소득세법」 제5조에 따른 과세기간 또는 「법인세법」 제6조에 따른 사업연도 종료일이 속하는 달의 말일부터 6개월 이내에 납세지 관할 세무서장에게 제출하여야 한다. 다만, 대통령령으로 정하는 요건에 해당하는 경우에는 제2호 또는 제3호에 따른 서류의 제출의무를 면제한다.
1. 기획재정부령으로 정하는 국제거래명세서(이하 "국제거래명세서"라 한다)
2. 기획재정부령으로 정하는 국외특수관계인의 요약손익계산서(이하 이 조에서 "요약손익계산서"라 한다)
3. 기획재정부령으로 정하는 정상가격 산출방법 신고서(이하 이 조에서 "정상가격 산출방법 신고서"라 한다)
③ 납세지 관할 세무서장은 납세의무자가 대통령령으로 정하는 부득이한 사유로 제1항 또는 제2항에 따른 기한까지 국제거래정보통합보고서, 국제거래명세서, 요약손익계산서 및 정상가격 산출방법 신고서를 제출할 수 없는 경우로서 납세의무자의 신청을 받은 경우에는 1년의 범위에서 그 제출기한의 연장을 승인할 수 있다.
⑤ 제4항에 따라 자료 제출을 요구받은 납세의무자는 그 요구를 받은 날부터 60일 이내에 해당 자료를 제출하여야 한다. 다만, 대통령령으로 정하는 부득이한 사유로 제출기한의 연장을 신청하는 경우에는 과세당국은 60일의 범위에서 한 차례만 그 제출기한의 연장을 승인할 수 있다.
⑥ 제4항에 따라 자료 제출을 요구받은 납세의무자가 대통령령으로 정하는 부득이한 사유 없이 자료를 기한까지 제출하지 아니하고, 불복신청 또는 상호합의절차 시 자료를 제출하는 경우 과세당국과 관련 기관은 그 자료를 과세 자료로 이용하지 아니할 수 있다.
⑧ 국제거래정보통합보고서 또는 국제거래명세서 제출의 구체적인 범위, 방법 및 절차 등에 관하여 필요한 사항은 대통령령으로 정한다.

2. 최종모기업을 통한 단일 납부방안의 모색 가능성

한편, 실무적으로는 절차의 효율성을 높이고 의무준수비용을 줄이기 위한 방편으로, BEPS Action 13에 따라 국가별보고서상 요구되는 최종모기업과 같은 단일 기업(single entity)을 신고·납세의무자로 일원화하여, 비록 다른 관할권의 비거주 기업(non-resident entity)의 경우라 하더라도 최종모기업을 통한 단일 납부로서 국내 납세의무를 한 번에 이행할 수 있도록 하는 방안[1348]을 고려할 필요가 있다. 이를 통해 납세의무자의 의무준수비용과 과세당국의 행정·관리비용을 줄이는 효과를 얻을 수 있으며, 제반 비용의 절감은 제도운영의 효율성 제고에도 긍정적인 영향을 미칠 것이다.

현행 국조법 제83조에서는 글로벌최저한세정보신고서의 제출과 관련하여, 국내구성기업이 제출하여야 하는 글로벌최저한세정보신고서는 해당 국내구성기업과 같은 다국적기업그룹에 속하는 국내구성기업으로서 대통령령으로 정하는 기업("지정국내기업")이 대신하여 제출할 수 있도록 하고 있으며(국조법 제83조 제2항), 다만, 위의 조항에도 불구하고 국내구성기업은 해당 국내구성기업과 같은 다국적기업그룹에 속하는 국외 소재 구성기업이 글로벌최저한세정보신고서에 해당하는 신고서를 그 소재지국 과세당국에 제출하는 경우로서 대통령령으로 정하는 경우에는 제1항 및 제2항에 따른 글로벌최저한세정보신고서를 제출하지 아니할 수 있도록 하여(국조법 제83조 제3항), 단일 납부방안을 일부 도입하고 있다.

1348) OECD, *Pillar One Blueprint*, p.200(815항); 국가별보고방식을 채택할 경우 각 국가에 소재한 자회사가 전체 다국적기업그룹의 활동을 보고해야 할 수 있다(Itai Grinberg, "Stabilizing Pillar One: Corporate Profit Reallocation in an Uncertain Environment", *Florida Tax Review*, Vol. 23, Iss. 1, 2019, p.170).

Ⅲ. 가산세 부과 관련 규정 마련

1. 가산세 총괄·개별 규정의 마련 필요

세금의 부과, 징수와 함께 납세의무의 성실한 이행을 확보하기 위하여 가산세 부과 규정을 마련할 필요가 있는지에 대한 검토가 필요하다.[1349] 가산세는 본래 개별세법에 산재되어 그 체계가 매우 복잡하였으나, 2006. 12. 30. 국세기본법 개정시 제47조의2부터 제47조의5를 신설하여 국세기본법상 가산세 총괄 규정과 개별세법상의 개별적 가산세 규정의 이원적 입법체계를 이루게 되었다.[1350] 이에 따라 새로이 도입될 이익 A·이익 B 제도 및 글로벌 최저한세 제도에 따른 세금과 관련된 가산세는 기본적으로 신고, 과소신고 내지 초과신고, 납부지연에 관한 규율이 요청된다. 그러므로 위와 같은 현행법상 체계를 고려하여 국세기본법상의 무신고가산세(제47조의2), 과소신고·초과환급신고가산세(제47조의3), 납부지연가산세(제47조의4) 등의 각 조문에 관련 사항을 추가하는 방식으로 입법이 가능할 것으로 생각된다. 그리고 이와 별도로 개별적인 관련 서류 제출 미비 등의 행위에 대하여는, 국조법 제16조의 국제거래에 대한 자료제출의무 규정 및 같은 법 제17조의 가산세 적용의 특례 규정의 참조와 더불어, 법인세법상 증빙불비 등의 불성실 행위를 규율하는 개별적 가산세 규정인 법인세법 제75조, 제75조의2 내지 제75조의9, 소득세법 제81조의13에서 규정하고 있는 국조법 제34조 제3호에 따른 특정외국법인의 유보소득 계산명세서 제출불성실 가산세 규정을

[1349] 세법은 본래적 납세의무와 협력의무의 이행을 담보하기 위하여, 적법한 의무이행에 대하여는 세제상의 혜택을 부여하는 한편, 그 의무위반에 대하여는 제재를 가하고 있다. 가산세는 이 중 후자에 속하는 세법상의 제재 수단이다(백제흠, 「세법의 논점」, 박영사, 2016, 5면; 대법원 1989. 4. 25. 선고 88누4218 판결).

[1350] 김완석·박종수·이중교·황남석, 「주석 국세기본법」(제3판), 삼일인포마인, 2021, 854면.

함께 참조하여 개별적 가산세 규정을 도입할 수 있다.

2. 가산세 적용 특례 규정의 마련

현행 국조법에서 이전가격세제 관련 규정으로서 마련하여 두고 있는 가산세 적용의 특례 규정과 마찬가지로, 디지털세(필라 1·2) 제도의 도입에 있어서도 가산세 적용 특례 규정을 둘 필요가 있는지 검토하여 본다. 국조법 제17조에서는 정상가격에 의한 과세조정에 있어 납세의무자가 신고한 거래가격과 정상가격의 차이에 대하여 납세의무자의 과실이 없다고 상호합의절차의 결과에 따라 확인되는 경우, 납세의무자가 일방적 사전승인을 받은 경우로서 신고한 거래가격과 정상가격의 차이에 대하여 납세의무자의 과실이 없다고 국세청장이 판정하는 경우, 납세의무자가 소득세나 법인세를 신고할 때 적용한 정상가격 산출방법에 관하여 증명자료를 보관·비치하거나 법 제16조 제1항에 따른 개별기업보고서를 기한까지 제출하고, 합리적 판단에 따라 그 정상가격 산출방법을 선택하여 적용한 것으로 인정되는 경우에는 국세기본법 제47조의3에 따른 과소신고가산세를 부과하지 아니하도록 규정하고 있다. 또한 위와 같은 납세의무자의 '과실 여부' 또는 '합리적 판단 여부'에 대한 구체적인 판단기준에 대하여 국조법 시행령 제39조[1351)]에 마련하고 있기도 하다.

1351) 국조법 시행령 제39조(납세의무자의 과실 여부 등 판정) ① 법 제17조 제1항 제1호 및 제2호에 따라 납세의무자의 과실 여부를 판정할 때 다음 각 호의 요건을 모두 갖춘 경우에는 납세의무자의 과실이 없는 것으로 본다.
  1. 납세의무자가 과세표준 및 세액의 확정신고를 할 때 작성한 서류를 통하여 법 제8조 제1항 각 호에 따른 방법 중 가장 합리적인 방법을 선택한 과정을 제시할 것
  2. 납세의무자가 제1호에 따라 선택된 방법을 실제로 적용할 것
  3. 제1호 및 제2호의 정상가격 산출방법과 관련하여 필요한 자료를 보관·비치할 것
  ② 법 제17조 제1항 제3호에 따른 정상가격 산출방법에 관한 증명자료는 다음 각 호의 자료를 말하며, 납세의무자는 과세당국이 해당 자료를 요구하는 경우 그

생각건대, 국외특수관계자와의 거래에 대해 사전승인 또는 상호합의절차 등을 통해 정상가격을 찾아가는 과정인 이전가격세제와 다국적기업그룹의 글로벌 매출 또는 그 밖의 정량적 기준에 따라 정당세액을 산출하는 제도인 디지털세(필라 1·2) 제도를 동일하게 취급할 수는 없을 것이다. 따라서 디지털세(필라 1·2) 제도 도입에 있어 현행 국조법에서 이전가격세제의 운용과 관련하여 두고 있는 가산세 적용 특례 규정을 그대로 적용하여

요구를 받은 날부터 30일 이내에 그 자료를 제출해야 한다.
1. 사업에 관한 개략적 설명자료(자산 및 용역의 가격에 영향을 미치는 요소에 관한 분석자료를 포함한다)
2. 이전가격에 영향을 미칠 수 있는 국외특수관계인 및 관련자와의 구조 등을 설명하는 자료
3. 신고할 때 적용한 정상가격 산출방법을 선택하게 된 경위를 확인할 수 있는 다음 각 목의 자료
　가. 신고할 때 적용한 정상가격 산출방법을 선택한 근거가 되는 경제적 분석 및 예측 자료
　나. 정상가격을 산출하기 위하여 사용된 비교대상 수치와 수치의 비교평가 과정에서 조정된 내용에 대한 설명자료
　다. 대안으로 적용될 수 있었던 정상가격 산출방법 및 그 대안을 선택하지 않은 이유에 대한 설명자료
　라. 과세기간 종료 후 소득세 또는 법인세 신고를 할 때 정상가격을 산출하기 위하여 추가된 관련 자료 등
③ 법 제17조 제1항 제3호에 따른 납세의무자의 합리적 판단 여부는 다음 각 호의 요건을 고려하여 판정한다.
1. 과세기간 종료 시점을 기준으로 수집된 비교대상 수치들이 대표성 있는 자료여야 하며, 반드시 포함되어야 할 특정 비교대상 수치가 누락되어 납세자에게 유리한 결과가 도출되지 않았을 것
2. 수집된 자료를 체계적으로 분석하여 정상가격 산출방법을 선택·적용했을 것
3. 이전 과세연도 사전승인 시 합의되었거나 과세당국이 세무조사 과정에서 선택한 정상가격 산출방법이 있음에도 불구하고 다른 정상가격 산출방법을 선택·적용한 경우에는 다른 방법을 선택·적용한 타당한 이유가 있을 것
④ 법 제14조에 따라 정상가격 산출방법의 사전승인을 받은 거주자가 제31조에 따라 법인세 과세표준 및 세액을 수정신고하는 경우에는 법 제17조에 따라 가산세를 부과하지 않는다.
⑤ 신고 시점에는 확인할 수 없었던 정상가격 산출방법 관련 중요자료가 신고기한이 지난 후 확인된 경우로서 그 사실을 알게 된 때부터 60일 이내에 법인세 과세표준 및 세액을 수정신고하는 경우에는 법 제17조에 따라 가산세를 부과하지 않는다. 이 경우 수정신고에 관하여는 제2항 및 제3항을 준용한다.

도입하기는 어려울 것으로 판단된다. 다만, 위 국조법 제17조 및 같은 법 시행령 제39조에서 규정하고 있는 납세의무자의 과실이 없는 것으로 보는 사유를 살펴보면, 그에 대해 상호합의절차에 따라 확인되거나 국세청장이 판정하는 경우 또는 납세의무자가 과세표준 및 세액신고를 할 때 합리적인 방법을 선택한 과정을 서류를 통하여 제시할 수 있고, 관련 자료에 대한 보관·비치의무를 이행한 경우 등을 확인할 수 있다. 즉, 최후적 판정기관의 확인·승인 또는 납세의무자가 당초 신고한 거래가격과 사전승인 또는 상호합의절차를 통해 결정된 정상가격이 다르더라도 해당 신고에 있어 납세의무자의 주의의무를 다하였다고 볼 사정이 있는 경우에는 납세자의 과소신고에 과실이 없는 것으로 의제하고 있는 것이다.

이와 같이 정당한 납세의무의 범위 등과 관련한 분쟁이 발생할 경우 최종적 판정 기관이 납세의무자의 과실이 없다고 판정할 경우 또는 납세의무자가 당초 신고에 있어서 주의의무를 다하였다고 평가할 수 있는 경우에는, 최종 확정 세액이 당초 신고내용보다 많아지는 경우에도 과소신고가산세는 부과하지 아니하는 것이 타당하다고 생각된다. 따라서 디지털세(필라 1·2) 제도를 도입함에 있어서도 그 과세표준 신고시 납세의무자가 주의의무를 다한 것으로 평가할 수 있는 객관적 사정이 있는 경우에는 가산세 적용의 특례 규정을 두어 가산세 부담을 덜 수 있도록 하는 것이 바람직할 것이다. 다만, 납세의무자가 주의의무를 다한 것으로 평가할 수 있는 객관적 사정에 대해서는 엄격한 요건 하에서 제한적으로 인정하여야 할 것이다. 그리고 그에 해당하는 경우의 한 예로서, 필라 1 이익 A 관련 납세의무 범위에 대한 다툼에 대해 상호합의절차 또는 새로운 분쟁해결방법으로서의 강제중재절차가 개시되어 그에 따라 정당한 납세의무 범위가 당초 신고내용과 달리 확정된 경우에, 해당 절차에서 납세의무자의 과실이 없다고 확인하는 경우를 상정할 수 있을 것이다.

아울러, 위와 같은 상호합의절차 또는 새로운 분쟁해결방법으로서의 강제중재절차 내에서 납세의무자가 과소신고에 과실이 없다는 점을 확인받을 수 있도록 보장하기 위하여, 일정한 경우 해당 절차의 개시 신청권자인 기획재정부장관 또는 국세청장으로 하여금 상호합의절차 또는 새로운 분쟁해결방법으로서의 강제중재절차에서 납세의무자의 과실 여부에 대한 판단을 구할 의무를 부여할 필요가 있다고 할 것이다. 또한 여기서 기획재정부장관 또는 국세청장에게 의무가 부여되는 일정한 경우란, 판정의 직접 이해당사자인 납세의무자가 과실 여부에 대한 판단을 구할 것을 신청한 경우 또는 납세의무자의 신청이 없더라도 기획재정부장관 또는 국세청장이 해당 절차에 납세의무자의 과실 여부에 대한 판단을 구할 합리적인 이유가 있는 경우 등을 생각해 볼 수 있다.

3. 가산세 한도 규정 마련의 필요성

현행 국세기본법은 신고의무 및 각 개별 세법상 협력의무를 위반한 경우에 부과되는 가산세에 대하여, 해당 의무를 고의적으로 위반한 경우를 제외하고 제49조를 통하여 한도를 규정[1352]하고 있으나, 조세의 납부와 관련된

1352) 제49조(가산세 한도) ① 다음 각 호의 어느 하나에 해당하는 가산세에 대해서는 그 의무위반의 종류별로 각각 5천만원(「중소기업기본법」 제2조 제1항에 따른 중소기업이 아닌 기업은 1억원)을 한도로 한다. 다만, 해당 의무를 고의적으로 위반한 경우에는 그러하지 아니하다.
  1. 「소득세법」 제81조, 제81조의3, 제81조의6, 제81조의7, 제81조의10, 제81조의11 및 제81조의13에 따른 가산세
  2. 「법인세법」 제75조의2, 제75조의4, 제75조의5, 제75조의7, 제75조의8(제1항 제4호는 제외한다) 및 제75조의9에 따른 가산세
  3. 「부가가치세법」 제60조 제1항(같은 법 제68조 제2항에서 준용되는 경우를 포함한다), 같은 조 제2항 제1호·제3호부터 제5호까지 및 같은 조 제5항부터 제8항까지의 규정에 따른 가산세

각 가산세에 대하여는 한도를 두고 있지 않다. 그러므로 현행 국세기본법의 입장에 따라 입법하자면, 이익 A·이익 B 제도 및 글로벌 최저한세 제도 관련 신고의무 위반에 따른 가산세는 한도가 있는 반면, 조세의 납부 관련 가산세에 대하여는 부과금액의 한도 없이 납부지연 기간에 비례하여 가산세가 부과되는 형국이 될 것이다.[1353] 그러나 납부의무 위반의 위법성이 신고의무 위반의 그것에 비해 크다고 평가할 근거가 없음에도 양자를 달리 취급하는 것은 불합리하다. 또한 기한의 경과에 따라 납부지연가산세 금액이 증가하여 본세를 초과하게 되는 것은 원본 잠식으로 납세자의 재산권을 침해하는 결과가 되므로, 신고의무 위반 관련 가산세와 함께 납부의무 위반 관련 가산세에 대하여도 한도를 두는 것이 타당할 것으로 생각한다.[1354]

---

4. 「상속세 및 증여세법」 제78조 제3항·제5항(같은 법 제50조 제1항 및 제2항에 따른 의무를 위반한 경우만 해당한다)·제12항·제13항 및 제14항에 따른 가산세

5. 「조세특례제한법」 제30조의5 제5항 및 제90조의2 제1항에 따른 가산세

1353) 다만, 현행 국세기본법상 납부지연가산세 부과 기한에 대해서는 납부고지서에 따른 납부기한의 다음 날부터 납부일까지의 기간(「국세징수법」 제13조에 따라 지정납부기한과 독촉장에서 정하는 기한을 연장한 경우에는 그 연장기간은 제외한다)이 5년을 초과하는 경우에는 그 기간은 5년으로 한다고 정하고 있다(국세기본법 제47조의4 제7항, 제47조의5 제4항). 따라서 엄밀히 말하여 납부지연가산세 '부과금액의 한도' 측면에서만 보지 않고 '납부지연 기간'까지 함께 고려한다면 납부지연가산세 부과금액의 총 한도는 위와 같은 5년 이내의 부과금액이 될 것이나, 그렇다 하더라도 그 5년의 기간 범위 내에서는 납부지연가산세가 부과금액의 한도 없이 납부지연 기간에 비례하여 부과되는 것이다.

1354) 새로 도입될 디지털세(필라 1·2) 제도상의 납세의무에 관한 논의는 아니나, 현행 국세기본법의 조세 납부의무 관련 가산세에 관하여, 가산세는 납세자가 납세의무를 지키지 않았다는 사실 자체에 근거하여 부과하는 행정적 제재이므로 그 위반의 정도가 시간이 지남에 따라 증가한다고 보기 어렵고, 세무공무원에게 제척기간이 경과되기 직전 시점에 세무조사를 하여 과세하려는 유인을 제공할 수 있으므로 조세의 납부에 관련된 가산세에 대하여도 그 한도를 설정하는 것이 타당하다는 견해로는, 이준봉, 「조세법총론」(제7판), 삼일인포마인, 2021, 457면.

4. 일반적인 가산세 감면 규정의 적용과 가산세 적용 특례 규정과의 관계

납세자인 다국적기업그룹의 세법상 의무불이행에 정당한 사유가 인정될 경우 국세기본법 제48조의 가산세 감면 규정도 적용받을 수 있어야 할 것이다. 그러므로 디지털세(필라 1·2) 제도도 국세기본법 제48조의 적용범위에 포섭되어야 한다. 또한 디지털세(필라 1·2) 제도의 운영에 있어 납세자가 의무를 이행하지 아니한 데에 대한 '정당한 사유'의 판단기준은 개별적인 사유에 대한 조항을 마련하여 정형화하는 것보다는 원칙적으로 '정당한 사유'라는 일반적 기준 하에 사안에 따라 구체적·개별적으로 판단하는 것이 합리적이며, 향후 제도시행에 따른 사례 집적이 필요하리라고 본다. 다만, 국세기본법 시행령 제28조 제1항 제1호에서 정하고 있는 가산세 감면 사유로서 세법해석에 관한 질의·회신 등에 따라 신고·납부하였으나 이후 다른 과세처분을 하는 경우에 해당할 경우에는, 해당 명문 규정에 따라 정당한 사유가 인정될 것이다.

그리고 위에서 살펴본 가산세 적용 특례 규정과 국세기본법상의 가산세 감면 규정(제48조)과의 관계에 대하여 살펴보면, 가산세 적용 특례 규정은 일정한 경우 납세의무자의 당초 과소신고에 과실이 없는 것으로 의제하는 조항이므로 일반적인 가산세 감면 규정의 특별규정으로 보아야 할 것이다. 나아가 국세기본법 제48조에서 마련하고 있는 가산세 감면 규정의 판단기준인 '정당한 사유'는 납세의무자의 과소신고시 '과실' 유무보다 넓은 개념이며, 납세의무자의 신고의무뿐만 아니라 납부의무, 기타 증빙서류 제출 의무 등 개별적인 협력의무 등의 불이행에 대한 판단을 포함하는 포괄적인 개념으로 이해하여야 할 것이다.

Ⅳ. 부과제척기간 특례 규정 관련

1. 별도의 부과제척기간 도입 가능성의 검토

이익 A · 이익 B 제도 및 글로벌 최저한세 제도에 따른 세금에 대한 별도의 부과제척기간 특례를 마련할 것인지 여부에 대한 검토가 필요하다. 현재 국세기본법 제26조의2에서는 원칙적인 제척기간[1355])으로서 해당 국세를 부과할 수 있는 날부터 5년의 부과제척기간[1356])을 규정하고 있으며, 같은 조 제1항 단서에서는 역외거래의 경우 별도로 7년의 부과제척기간을 두고 있다. 새로 도입될 이익 A 세금 및 이익 B 세금, 세원잠식방지규칙 및 원천지국과세규칙에 따른 세금은 국세이므로 현행 국세기본법 제26조의2를 그대로 적용하는 방안도 가능할 것이나, 제도시행의 실효성 확보 및 제도 초기의 정착기간 등을 고려하여 부과제척기간에 관한 특례규정을 마련함으로써 한시적으로 별도로 운영하고, 추후 제도 운영성과 등을 감안하여 일반 국세 부과제척기간과의 조율을 꾀하는 방안도 고려해 볼 만하다.

2. 새로운 의무적이고 구속력있는 분쟁해결방법 도입시 부과제척기간 특례조항 마련의 필요성

또한, 과세권 배분 또는 세액산정 등에 관한 분쟁 발생에 대비하여 새로

1355) 김완석 · 박종수 · 이중교 · 황남석, 앞의 책, 653면.
1356) 세법에서는 국가의 과세권 행사를 무한정 허용하지 않고 각각 일정한 기한까지만 존속하도록 정하고 있는데 이를 부과권의 제척기간이라 하며, 부과권은 상대방인 납세의무자의 협력여부에 상관없이 조세채권을 확정시키므로 일종의 형성권의 성격을 갖는다{류지태 · 박종수, 「행정법 신론」(제18판), 박영사, 2021, 1402면}. 따라서 국세부과에 있어서는 부과제척기간의 규정이 필수적으로 요청되며, 그 기간의 장단에 대한 결정 역시 종합적인 고려가 필요한 입법적 · 정책적 판단의 영역에 속한다고 할 수 있다.

운 의무적이고 구속력있는 분쟁해결방법이 도입될 경우 그에 관한 부과제척기간 특례조항을 마련할 필요가 있다. 다만, 해당 조항의 위치는 국조법 제42조 이하에 상호합의절차 관련 규정을 두고 있는 점을 감안하여, 국세기본법보다는 새로운 의무적이고 구속력있는 분쟁해결방법에 관한 조항과 함께 국조법에 두는 것이 보다 적절하리라고 본다. 이와 관련하여 국조법 제51조에서는 상호합의절차가 개시된 경우에 부과제척기간의 특례를 마련하고 있는바, 새로운 의무적이고 구속력있는 분쟁해결절차 개시에 따른 특례조항 도입시 참고가 될 수 있을 것이다.

3. 부과제척기간 특례 제도 간 관계 명시 필요성

나아가 '의무적이고 구속력있는 분쟁해결절차 개시에 관한 부과제척기간의 특례 제도'와 '상호합의절차 개시에 따른 부과제척기간의 특례 제도', 이 두 가지 제도의 운용상 충돌 가능성을 미연에 방지하기 위하여 양 부과제척기간 특례 제도의 관계에 관한 규정을 도입할 필요가 있다. 예를 들어, 상호합의절차 개시 후 권한 있는 당국 간 합의에 실패함에 따라, 또는 상호합의절차 계속 중 (상호합의절차 계속 기간 내에)[1357] 당사자의 신청에 따라 의무적이고 구속력있는 분쟁해결절차가 개시된 경우 부과제척기간의 적

[1357] OECD 모델조세조약 제25조 제5항에서는 이에 대해 납세자의 상호합의 신청 후 사건을 해결하기 위하여 권한 있는 당국이 필요로 하는 모든 정보를 양 권한 있는 당국에게 제출한 날로부터 '2년' 이내에 권한 있는 당국들이 제25조 제2항에 따른 상호합의에 도달하지 못하는 경우 납세자의 서면 요청에 의하여 상호합의 사건이 중재절차에 회부된다고 규정하고 있다. 위 2년의 개시일의 판단 기준에 대하여는 OECD 모델조세조약 제25조에 대한 주석(Commentary) 별지(Annex)의 중재에 관한 상호합의샘플(Sample Mutual Agreement on Arbitration, "SMA") 제2조에서 상세히 규정하고 있으며, 한편 위 '2년'의 기간은 '3년'으로 정할 수도 있고, 상호합의절차 개시 후 양 권한 있는 당국이 합의하여 달리 정할 수도 있다(OECD 모델조세조약 주석 문단 70.1.; 김선영 · 백새봄, 앞의 논문, 62면).

용에 관한 문제가 발생하게 되며, 이 경우 양 부과제척기간 특례 제도의 관계 역시 문제될 것이다. 이러한 경우 의무적이고 구속력있는 분쟁해결절차 종료시까지 부과제척기간은 연장되어야 할 것이며, 관련 부과제척기간 특례 규정은 상호합의절차의 부과제척기간에 우선하여 적용되어야 할 것으로 생각된다.

참고로 OECD 모델조세조약 제25조 제5항에 따르면 상호합의의 절차로서 중재판정이 내려지면 사건의 직접 당사자(납세자)가 수용을 거부하지 않는 한 중재판정은 양 체약국을 구속하며 체약국의 국내법상 제척기간에도 불구하고 이행된다.[1358] 그러나 이와 같은 조항에도 불구하고 국조법 제51조에서는 상호합의의 부과제척기간 특례 규정을 마련하고 있으며, 상호합의에서의 중재절차 역시 상호합의절차의 일부이므로 국조법 제51조의 적용대상에 해당한다. 이와 같은 점을 고려하여 보면 새로운 다자간 협약의 채택에 수반하여 의무적이고 구속력있는 분쟁해결절차가 도입될 경우, 해당 다자간 협약에 OECD 모델조세조약 제25조 제5항에 준하는 규정이 마련된다 하더라도 국내법상 부과제척기간의 특례 조항을 규정하는 것이 가능할 것이며, 국조법 제51조와의 관계를 고려하여 볼 때 그와 같은 특례 조항을 마련하고 양 제도의 관계에 대해 명시하는 것이 바람직하다.

1358) 김정홍, "국제조세분쟁과 투자협정상 투자자 - 국가 중재에 관한 고찰", 「국제경제법연구」 제10권 제2호, 국제경제법학회, 2012. 11., 14면; SMA 제12조에 따르면 권한 있는 당국은 중재판정이 송부된 때로부터 180일 이내에 상호합의에 의해 중재판정을 이행하도록 규정하고 있다.

제4절 조세정책적 측면에서의 제도 개선

Ⅰ. 새로운 과세권 배분대상에 포함되지 않는 초과이익의 증대 필요성

지금까지 살펴본 OECD/G20 BEPS 포괄적 이행체계(IF)의 두 가지 접근법, 그 중에서도 필라 1 제도의 주된 논의는 다국적기업에 의해 창출된 전세계적 소득에 대해 기존의 고정사업장(물리적 실재)이 없는 경우에도 새로운 과세연계점과 이익배분규칙을 적용함으로써 시장소재지국에 과세권을 배분하고자 하는 것이다. 우선, 그 중에서도 이익 B는 다국적기업 국외관계사의 기본적인 마케팅 및 유통활동에 대해 시장소재지국에 고정률로 과세권을 배분하고자 하는 논의이므로 기존 이전가격 과세체계에서 정상가격 계산을 표준화 내지 대체하는 것과 실질적으로 동일하다. 또한 이익 A는 일정 규모 이상 다국적기업의 글로벌 초과이익을 시장소재지국에 과세권을 배분하는 것이지만, 다만 글로벌 초과이익 전부에 대한 배분이 아닌, 시장 기여분에 해당하는 일부에 대하여만 배분이 이루어지도록 예정하고 있다.

따라서, 필라 1 이익 A의 과세대상 범위를 넘어서는 초과이익은 새로운 과세권 배분의 대상이 아니다. 이에 대하여는 앞서 살펴본 OECD의 2019년 10월 공개협의문서(2019. 10. 9. ~ 2019. 11. 12.)에서도 다국적기업그룹이 창출하는 초과이익으로서 새로운 과세권의 대상이 아닌 활동의 예로 혁신적인 알고리즘과 소프트웨어로부터 창출된 이익을 들고 있음을 확인할 수 있다.[1359] 우리는 여기에 주목할 필요가 있다. 즉, 필라 1·2 최종 합의에 따라 새롭게 재편될 국제조세 체계의 영향 범위(새로운 과세권 배분 논의)

1359) OECD, *Public Consultation Document*, p.15(57항).

밖에 있는 산업과 기업을 적극 지원하고 육성하여 글로벌 경쟁력을 도모하여야 할 것이다. 이처럼 새로운 과세권 배분대상에 포함되지 않는 초과이익을 극대화할 수 있는 하나의 조세정책적 방안으로, 비교적 단기간에 큰 효과를 거둘 수 있는 제도로서 다음과 같이 조세특례제한법상 연구·인력개발비(R&D) 관련 세제지원 제도를 통한 정부지원의 확대를 고려해 볼 수 있다.[1360]

Ⅱ. 연구·인력개발비(R&D) 세액공제제도 확대 필요성

조세특례제한법 제10조에서는 연구·인력개발에 대한 조세지원제도로서 연구·인력개발비에 대한 세액공제제도를 두고 있으며, 이는 국내세법상 기업의 연구개발활동에 대한 조세지원제도로서 가장 핵심적인 제도이다.[1361] 기업의 연구개발활동은 대규모 자금과 장기간이 소요되는 경우가 많고 불확실성이 높으므로 조세지원의 필요성이 높은 것으로 인식되고 있는바, 그에 따라 정부는 국가의 성장잠재력 확충의 밑거름이 되는 연구개발활동에 대해 세액공제 혜택을 부여하여 국내 기업을 지원하고 있다.[1362] 현행 조세특례제한법상 연구·인력개발비(R&D) 세액공제제도는 기업의 연

1360) 우진욱·이재호, 앞의 논문, 192~193면.

1361) 내국세법 중 조세특례제한법은 조세의 감면 또는 중과 등 조세특례와 이의 제한에 관한 사항을 규정하여 과세의 공평을 도모하고 조세정책을 효율적으로 수행함으로써 국민경제의 건전한 발전에 이바지함을 목적으로 하는 특례법이다(조세특례제한법 제1조). 일반적으로 법인세법, 소득세법 등 이른바 국내 조세법 체계상 기본법으로 분류되는 것들과 달리, 조세특례제한법은 조세정책적 목적과 과세 공평을 실현하기 위해 전 범위의 세목을 아우르면서 내국인에 대한 조세지원제도 및 조세감면제도, 또는 경우에 따라 중과제도를 운용하고 있으며, 이와 같은 제도의 성격상 통상적으로 제도의 일몰기한이 함께 부여된다.

1362) 윤충식·장태희·강지현 공저, 「조세특례제한법 해설과 실무」(개정증보판), 삼일인포마인, 2017, 219면.

구대상에 따라 신성장·원천기술 연구개발비와 일반 연구·인력개발비로 구분하고, 기업유형을 중소기업과 중견기업, 그 밖의 경우(대기업)로 나누어 세액공제비율을 달리 정하고 있다. 1981년에 제도가 신설된 이래 현재까지 여러 차례 제도가 개정되어 왔으나, 통상 신성장·원천기술 연구개발비의 경우 이에 속하지 않는 일반 연구·인력개발비보다 높은 공제율을 가지며, 중견기업 또는 대기업보다 중소기업에 더 높은 공제율을 부여하는 방식을 유지하여 오고 있다.[1363]

1363) 조세특례제한법(2021. 3. 16. 법률 제17926호로 일부개정된 것) 제10조(연구·인력개발비에 대한 세액공제) ① 내국인이 각 과세연도에 연구개발 및 인력개발에 지출한 금액 중 대통령령으로 정하는 비용(이하 "연구·인력개발비"라 한다)이 있는 경우에는 다음 각 호의 금액을 합한 금액을 해당 과세연도의 소득세(사업소득에 대한 소득세만 해당한다) 또는 법인세에서 공제한다. 이 경우 제1호는 2021년 12월 31일까지 발생한 해당 연구·인력개발비에 대해서만 적용한다.
   1. 연구·인력개발비 중 대통령령으로 정하는 신성장·원천기술을 얻기 위한 연구개발비(이하 이 조에서 "신성장·원천기술 연구개발비"라 한다)에 대해서는 해당 과세연도에 발생한 신성장·원천기술 연구개발비에 가목의 비율과 나목의 비율을 더한 비율을 곱하여 계산한 금액
     가. 기업유형에 따른 비율
       1) 중소기업에 해당하는 경우: 100분의 30
       2) 그 밖의 경우: 100분의 20[대통령령으로 정하는 중견기업(이하 이 조에서 "중견기업"이라 한다) 중 「자본시장과 금융투자업에 관한 법률」에 따른 코스닥시장에 상장한 중견기업(이하 이 조에서 "코스닥상장중견기업"이라 한다)의 경우 100분의 25]
     나. 해당 과세연도의 수입금액(「법인세법」 제43조의 기업회계기준에 따라 계산한 매출액을 말한다)에서 신성장·원천기술 연구개발비가 차지하는 비율에 대통령령으로 정하는 일정배수를 곱한 비율. 다만, 100분의 10(코스닥상장중견기업의 경우 100분의 15)을 한도로 한다.
   3. 제1호에 해당하지 아니하거나 제1호를 선택하지 아니한 내국인의 연구·인력개발비(이하 이 조에서 "일반연구·인력개발비"라 한다)의 경우에는 다음 각목 중에서 선택하는 어느 하나에 해당하는 금액. 다만, 해당 과세연도의 개시일부터 소급하여 4년간 일반연구·인력개발비가 발생하지 아니하거나 직전 과세연도에 발생한 일반연구·인력개발비가 해당 과세연도의 개시일부터 소급하여 4년간 발생한 일반연구·인력개발비의 연평균 발생액보다 적은 경우에는 나목에 해당하는 금액
     가. 해당 과세연도에 발생한 일반연구·인력개발비가 직전 과세연도에 발생한 일반연구·인력개발비를 초과하는 경우 그 초과하는 금액의 100분의 25

그러므로 현행 연구·인력개발비 세액공제제도를 보다 확대하여 국내 기업의 연구개발활동을 적극 지원할 필요가 있다. 이에 관하여는 구체적으로 국내 IT 기업의 글로벌 경쟁력을 확보하기 위해서 중견기업과 대기업에 대하여도 연구·인력개발비 세액공제 혜택을 늘리는 것이 바람직하다는 견해가 있으며,[1364] 참고할 만한 견해라고 생각된다. 다만, 연구·인력개발비 세액공제제도의 개정 연혁과 해당 제도에서 규정하고 있는 기업별 공제율 수치의 비교를 통해 어렵지 않게 확인할 수 있듯이, 정부는 통상 조세특례제한법의 운용에 있어 기업의 규모가 작거나 신생 스타트업인 경우에 대기업 또는 중견기업보다 더 많은 세제혜택을 부여함으로써 소규모 기업의 육성을 꾀하고 과세공평을 도모한다는 입장을 취해 오고 있다.

그러나 새로운 과세권 배분이라는 국제조세 체계의 개편을 앞두고 있는 현 시점의 중요성에 비추어 볼 때, 중견기업과 대기업에 대한 연구·인력개발비 세액공제를 통한 조세지원을 확대하는 것은 결코 중소기업과 여타 기업(중견기업과 대기업)을 차별하고자 하는 것이 아닌, 국가경쟁력 강화를

(중견기업의 경우에는 100분의 40, 중소기업의 경우에는 100분의 50)에 상당하는 금액
나. 해당 과세연도에 발생한 일반연구·인력개발비에 다음의 구분에 따른 비율을 곱하여 계산한 금액
1) 중소기업인 경우: 100분의 25
2) 중소기업이 대통령령으로 정하는 바에 따라 최초로 중소기업에 해당하지 아니하게 된 경우: 다음의 구분에 따른 비율
가) 최초로 중소기업에 해당하지 아니하게 된 과세연도의 개시일부터 3년 이내에 끝나는 과세연도까지: 100분의 15
나) 가)의 기간 이후부터 2년 이내에 끝나는 과세연도까지: 100분의 10
3) 중견기업이 2)에 해당하지 아니하는 경우: 100분의 8
4) 1)부터 3)까지의 어느 하나에 해당하지 아니하는 경우: 다음 계산식에 따른 비율(100분의 2를 한도로 한다)
해당 과세연도의 수입금액에서 일반연구·인력개발비가 차지하는 비율 × 2분의 1
1364) 김신언, 디지털세제의 동향, 418면, 각주 128).

위한 전략적이고 절실한 조세정책의 일환으로서 이해하는 것이 바람직할 것이며, 그렇다면 기업 규모에 관계없이 모든 기업의 연구개발활동을 적극적으로 지원할 필요가 있다.[1365] 특히, 새로운 과세권 배분과 무관하면서 동시에 글로벌 경쟁력을 견인하는 새로운 산업의 주역이 될 인공지능, 차세대 소프트웨어, 반도체 기술 등의 신성장·원천기술 연구개발활동(조세특례제한법 시행령 [별표 7] 신성장·원천기술의 범위)에 대해서는, 더욱 전폭적인 세제지원을 통하여 국내 기업의 투자를 유도하고 국가경쟁력을 강화하여야 할 것이다.

Ⅲ. 연구개발시설 투자세액공제 제도의 확대 요청

2020. 12. 29. 법률 제17759호로 신설된 조세특례제한법 제24조는 통합투자세액공제 제도를 규정하고 있다. 통합투자세액공제 제도는 종래 조세특례제한법상 별도의 제도로 마련되어 있던 특정 시설 투자 등에 대한 세액공제, 의약품 품질관리 개선시설투자에 대한 세액공제, 신성장기술 사업화를 위한 시설투자에 대한 세액공제제도 등을 통합한 제도이다. 통합투자세액공제 제도는 기계장치 등 사업용 유형자산, 연구·시험, 직업훈련, 에너지 절약, 환경보전 또는 근로자복지 증진 등의 목적으로 사용되는 사업용자산, 조세특례제한법 시행령 [별표 7]에 따른 신성장·원천기술을 사업화

1365) 미국 바이든 정부도 2021년경 법인세 개편안 발표를 통하여 해외발생 무형자산 소득 공제제도(FDII)를 폐지하고 그 결과로 발생하는 재정수입은 R&D 투자 인센티브를 확대하는데 사용할 예정임을 밝힌바 있다. 미국도 필라 1·2 최종 합의와 그에 따른 새로운 국제조세 체계에 대비한 연구인력개발비(R&D) 세액공제 확충의 중요성을 인식하고 있는 것으로 보인다{The White House, *op. cit.*; 조세일보, "대규모 '인프라 투자계획' 발표한 바이든…증세 본격 시동", 2021. 4. 14., available at http://www.joseilbo.com/news/htmls/2021/04/20210414421457.html(검색일자 : 2021. 5. 17.)}.

하는 시설 등에 투자하는 금액에 대하여 각 자산의 유형별 및 투자금액에 따라 공제율을 달리하여 세액공제를 인정하고 있다(조세특례제한법 제24조, 같은 법 시행령 제21조).

오늘날의 첨단 산업에 있어서는 연구개발활동에 따른 결과물을 사업화하기 위한 시설에 대한 투자금액이 연구개발활동 자체에 소요되는 투자금액보다 훨씬 큰 경우가 많다. 특히 신성장·원천기술의 경우에는 연구개발의 결과를 사업화하기 위해 대규모의 공정이 필수적이며, 그 과정에 있어서도 고도로 전문화된 기술을 구현하기 위한 시설 및 설비에 대규모의 비용이 소요될 수밖에 없다. 그러므로 이와 같은 신성장·원천기술 사업화를 위한 시설투자 등에 대한 세액공제를 확대한다면 국내 기업들의 연구개발활동에 대한 보다 적극적인 지원책이 될 수 있을 것이다. 또한 특히 새로운 과세권 배분의 적용대상이 아닌 신성장·원천기술의 사업화를 위한 시설투자에 대해서는 기업 규모에 관계없이 공제율을 상향 조정하는 방안에 대해 고려할 필요가 있다.

제5절 소결

이상과 같이 디지털세(필라 1·2) 제도의 국내 도입에 관한 제언으로서, 국제조세 실체법적 측면에서의 이중과세 조정규정, 국제조세 절차법적 측면, 조세정책적 측면으로 나누어 살펴보았다. 우선 국제조세 실체법적 측면에 관하여는, 현재 시점에서 실질적으로 논의의 의미를 가지는 이중과세 조정규정에 집중하여, 필라 1 이익 A 과세에 따른 이중과세 조정규정 개선방안에 대해 검토하였다. 다음으로 국제조세 절차법적 측면에서의 제도 제선에 대해서는, 국조법상 상호합의에 따른 중재제도의 개선방안, 조세 부과 및 징수 절차 관련 규정으로서 가산세 부과 규정, 한도 규정 및 감면 규정의 도입 및 개선방안, 디지털세(필라 1·2) 제도 도입에 따른 별도의 부과 제척기간 도입방안에 대해 검토하였다. 마지막으로 조세정책적 측면에서의 제도 개선에 관하여는, 새로운 과세권 배분대상에 포함되지 않는 초과이익 증대를 위한 조세정책 방안 모색의 필요성을 제시하고, 이를 위한 구체적인 방법으로서 조세특례제한법상 연구·개발비(R&D) 세액공제제도 확대 및 연구개발시설 투자세액공제제도의 확대를 통한 세제지원 확충방안을 제안하였다.

한편, 필라 1·2 최종 합의에 따라 각 제도를 도입함에 있어 모든 제도를 일괄하여 동시에 도입하기보다는, 어떠한 제도를 우선적으로 도입하는 것이 바람직한지 등 전체적인 제도 도입의 순서 및 시기에 대하여 고민해 보아야 한다. 그리고 이를 정함에 있어, 무엇보다 그간의 국제적 논의가 촉발되어 현재까지 이루어져 온 동력은, 전 세계 각국이 디지털경제의 확산에 따른 다국적기업의 공격적 세원잠식 및 소득이전(BEPS) 행위에 대처함으로써 자국의 과세권을 확보하기 위한 노력에서 비롯된 것임을 부인하기는 어렵고, 필라 1·2 최종 합의 역시 결국에는 각국의 이해관계 타진과 힘의 논리에 따른 종국적 결과물이라는 점을 감안할 때, 현실적인 견지에서 자국의 과세권과 이익을 최대한 확보하는 것을 가장 중요한 과제이자 목표로 삼을 수밖에 없을 것이다. 그러나 동시에, 우리나라가 법치국가(Rechtsstaat, 法治國家)로서 국제규범을 준수할 의무가 있다는 점을 간과해서는 아니 된다. 그러므로 정리하여 보건대, 우리의 제도 도입 원칙은, 자국의 이익 확보와 국제규범의 준수라는 두 가지로 요약할 수 있다. 그리고 양자의 관계에 관하여는, 자국의 이익 확보를 가장 중요한 목표로 하되, 다만 이를 국제규범의 준수라는 한계 내에서 구현하는 방식으로 실현하여야 하는 것으로 정립할 수 있다. 즉, 국제규범의 준수 원칙은 자국의 이익 확보라는 목표에 대한 한계이자 보완책으로서 작동한다. 아울러 이는 동시에 해당 제도 도입 당시의 국내 경제 상황과 국제적 동향을 종합적으로 고려한 객관적이고 합리적인 정책적 판단이 필요한 문제라는 점을 밝히면서 향후의 논의로 남기고자 한다.

제6장 요약 및 결론

　본 논문은 현재 국제조세 분야에서 가장 활발한 논의가 이루어지고 있는 디지털경제 조세제도의 국제적 논의와 그에 따른 국내 조세제도 개편방안에 대하여 다루었다. 특히 과거 100년에 가까운 기존의 국제조세 체계의 재편을 촉진한 원인이 된 디지털경제의 의의·유형과 특성, 디지털경제 상황을 이용한 다국적기업의 세원잠식 및 소득이전(BEPS) 행위가 증가함에 따라 제기된 국제적 논의의 경과, OECD/G20 BEPS 포괄적 이행체계(IF)의 필라 1·2 블루프린트 논의 내용과 그에 대한 평가, 2021년 10월에 마침내 이루어진 디지털세(필라 1·2) 최종 합의의 구체적 내용, 우리나라 국조법상 도입된 글로벌 최저한세 제도의 내용에 대해 살펴본 다음, 디지털세(필라 1·2) 제도의 국내 도입에 대한 입법적 제언을 하였다.

　먼저 제2장에서는 디지털경제와 그에 관한 조세제도 관점에서의 국제적 논의를 살펴보았다. 디지털경제의 개념과 디지털경제에서 등장한 새로운 사업유형을 제시하고, 디지털경제의 특성으로서 탈물질화, 서비스화, 연결성, 익명성, 물리적 실재의 불요성, 새로운 가치 창출 및 이익의 재배치를 제시하였다. 한편, 디지털경제 조세제도에 대한 국제적 논의의 등장배경으로서, 디지털경제의 확산에 따라 다국적기업들이 디지털경제 상황을 이용하여 세원잠식과 소득이전(BEPS)을 꾀하는 일이 빈번하게 되었으며, 고정사업장 원칙에 기반한 기존의 국제조세 체계 하에서는 이에 대처할 수 없는 한계에 봉착하게 되었음을 보았고, 이와 같은 문제를 해결하기 위하여 진행된 OECD의 논의 경과와 내용, 그리고 EU 및 유럽 개별 국가들과 미국에서의 논의에 대하여 살펴보았다.

제3장에서는 OECD/G20 BEPS 포괄적 이행체계(IF)의 필라 1·2 블루프린트 관련 논의에 대해 구체적으로 살펴보았다. 필라 1은 기존의 고정사업장 원칙에서 벗어나 물리적 실재가 없는 경우에도 과세연계점을 인정하여 시장소재지국에 새로운 과세권을 배분하고, 그에 따라 글로벌 초과이익을 배분하기 위한 논의이다. 필라 1 블루프린트는 핵심 구성요소를 일정규모 이상 다국적기업의 글로벌 초과이익의 일정 부분(시장기여분)에 대해 시장소재지국에 과세권을 배분하는 이익 A, 다국적기업 국외관계사의 기본적인 마케팅 및 유통활동에 대해 시장소재지국에 고정률로 과세권을 배분하는 이익 B, 효율적인 분쟁예방 및 분쟁해결 절차의 개발을 통한 조세확실성 증진의 세 요소로 구분하였다.

다음으로 필라 2는 남아 있는 다국적기업의 BEPS 문제를 해결하기 위한 세원잠식방지규칙(글로벌 최저한세)의 도입에 관한 논의이다. 필라 2 블루프린트는 핵심 구성요소를 세원잠식방지규칙과 원천지국과세규칙, 규칙 간 조정(적용순위)으로 구분하고 있다. 세원잠식방지규칙을 다시 세분하면 소득산입규칙(과세권전환규칙 포함)과 비용공제부인규칙으로 구분되는데, 비용공제부인규칙은 2차적 규칙으로서 소득산입규칙을 보완하는 역할을 하며, 그 외에 원천지국과세규칙 역시 세원잠식방지규칙을 보완하는 역할을 한다.

제4장에서는 디지털세(필라 1·2) 최종 합의와 그 성과에 대해 구체적으로 논의하였다. OECD/G20 포괄적 이행체계(IF)는 2021년 10월 8일 마침내 디지털세(필라 1·2) 최종 합의문을 채택하기에 이르렀는바, 이는 지난 100여 년 간 이어져 내려온 국제조세 체계의 원칙을 새로 정립하는 역사적인 성과이다. 필라 1을 통해 물리적 실재 없이도 시장소재국에 과세권 배분이 가능하게 되었으며, 필라 2를 통해 글로벌 최저한세가 도입됨으로써 그간

지속적으로 문제 제기되어 왔던 다국적기업의 조세회피에 대해 적극적으로 대응할 수 있게 되었다.

여기서 주목할 부분은 디지털세(필라 1 · 2) 최종 합의 내용 중 종전의 필라 1 · 2 블루프린트의 논의에서 변경된 사항이다. 특히 필라 1의 경우 앞서 살펴본 블루프린트에서는 이익 A의 적용범위 요건을 업종기준과 규모기준으로 정하고, 업종기준의 경우 디지털서비스사업(ADS)과 소비자대상사업(CFB)을 포함하도록 하였으나, 2021년 10월 디지털세(필라 1 · 2) 최종 합의에 이르러, 필라 1 제도의 이익 A는 연결매출액 200억유로 및 이익률 10% 이상 기준을 충족하는 글로벌 다국적기업을 적용대상으로 하는 것으로 변경하고, 채굴업, 규제금융업 등 일부 업종의 경우에는 그 특수성을 감안하여 적용범위에서 제외하는 것으로 최종 확정하였다. 또한 해당 관할권 내 매출액이 100만유로 이상일 경우 과세연계점을 형성하고, 글로벌 이익 중 통상이익률 10%를 넘는 초과이익(residual profit)에 배분율(시장기여분) 25%를 적용하여 시장소재국에 과세권을 배분하는 것으로 결정되었다. 이로 인해 앞서 살펴 본 필라 1 블루프린트의 논의는 2021년 10월 디지털세(필라 1 · 2) 최종 합의 및 그 후속작업에 이르기까지 위와 같이 바뀐 기준에 따라 변경 및 조정되었다.

한편, 필라 2의 경우는 2020년 10월의 블루프린트 논의와 2021년 10월의 최종 합의 내용 사이에 필라 1의 경우와 같은 급격한 변경사항은 보이지 않는다. 미(美) 재무부가 2021년 5월 20일 기존 입장을 바꿔 15%의 글로벌 최저한세율을 제안하면서 글로벌 최저한세율 합의가 급물살을 타게 되었고, 마침내 2021년 10월 디지털세(필라 1 · 2) 최종 합의를 통해 최저한세율을 15%로 하는 글로벌 최저한세 제도의 핵심내용을 최종 확정하고 공식적으로 발표하기에 이르렀다.

위와 같은 내용을 바탕으로 하여 2021년 10월 필라 1 · 2 최종 합의의 주요 내용에 대해 살펴보고, 그 이후 현재까지 이루어진 필라 1의 후속작업 및 성과, 필라 2의 후속작업 및 성과에 대해 상세히 검토하였다. 포괄적 이행체계(IF) 회원국들이 필라 1 · 2 모델규정 및 주석을 공통 표준(common standard)으로 채택할 경우, 각 국내법 도입에 있어 공통적인 지침으로 작용할 것으로 예상된다. 특히 필라 2의 경우 우리나라는 2022년 말 선제적으로 국조법상 글로벌 최저한세를 도입하여 2024년부터 시행 예정 중에 있으므로, 우리나라의 글로벌 최저한세 제도 입법현황 및 내용에 대해 검토하였다.

제5장에서는 이상과 같이 살펴본 디지털경제 조세제도에 대한 국제적 논의 경과, 필라 1 · 2 블루프린트 관련 논의, 디지털세(필라 1 · 2) 최종 합의 및 그 후속작업과 성과 등 제반 논의를 바탕으로 하여, 디지털세(필라 1 · 2) 제도의 국내 도입에 관한 입법적 제언을 하였다.

먼저 국제조세 실체법적 측면에서의 제도 개선방안에 관하여 보면, 현재 디지털세(필라 1 · 2) 제도의 국내법상 도입은 필라 2의 경우에는 이미 국조법상 도입이 완료된 상황이고, 필라 1의 경우도 우리나라는 포괄적 이행체계(IF)의 주도적인 회원국으로서 모델규정 최종본 및 주석 등 공통 표준(common standard)을 충실하게 반영하여 입법할 것으로 예상된다. 따라서 국제조세 실체법적 체계에 관한 분류 논의 중 국제조세 기본규정과 조세회피 방지규정의 개선방안에 관한 제언은 특별한 실익이 없을 것으로 생각되므로, 디지털세(필라 1 · 2) 제도의 국내법상 도입에 따라 현재 시점에서도 논의의 의미를 가지는 이중과세 조정규정 개선방안을 중심으로 살펴보았다. 구체적으로는 필라 1의 이익 A 과세에 따른 이중과세 조정규정 개선방안을 제안하며, 현행 외국납부세액공제제도의 이용방안 및 이익 A 제도에 따른 외국납부세액공제 한도 상향 방안에 대해 제시하였다.

다음으로 국제조세 절차법적 측면에서의 제도 개선방안으로서는 우선 현행 국조법상 상호합의에 따른 중재제도의 개선필요성에 대해 살펴보았다. 구체적으로 조세조약상 중재제도의 의의와 기능, 현행 규정의 내용과 미비점에 대해 살펴본 뒤, 개선점으로서 중재 신청 대상의 명확화 필요, 중재인 선정 요건의 정비, 납세자의 참여권 보장의 필요성에 대해 검토하였다. 그리고 조세 부과 및 징수 절차 관련 규정에 대하여는, 제출 자료의 범위, 방법 및 절차 규정의 필요성과 최종모기업을 통한 단일납부방안의 모색가능성을 검토하였다. 또한 가산세 부과규정의 도입을 위해 가산세 총괄·개별규정, 가산세 적용 특례규정, 가산세 한도규정, 일반적인 가산세 감면규정 마련의 필요성 및 각별로 구체적인 도입방안에 대해 논의하고, 일반적인 가산세 감면규정과 가산세 적용 특례규정과의 관계에 대해 살펴보았다. 또한 디지털세(필라 1·2) 제도의 도입에 따른 별도의 부과제척기간 도입가능성과 새로운 의무적이고 구속력있는 분쟁해결방법 도입시 부과제척기간 특례조항 마련의 필요성 및 부과제척기간 특례제도 간 관계의 명시 필요성에 대해 제안하였다.

마지막으로, 조세정책적 측면에서의 제도 개선방안으로서 우리나라의 글로벌 경쟁력 강화를 위해 디지털세(필라 1·2) 최종 합의에 따른 새로운 과세권 배분대상에 포함되지 않는 초과이익 증대를 위한 조세정책적 개선방안을 모색할 필요가 있음을 밝히고, 이를 위한 구체적인 방법으로서 조세특례제한법상 연구·개발비(R&D) 세액공제제도 확대 및 연구개발시설 투자 세액공제제도의 확대를 통한 세제지원 확충방안을 제시하였다. 이와 관련하여, 특히 다국적기업의 글로벌 초과이익에 대한 새로운 과세권 배분 논의와 무관하면서 동시에 글로벌 경쟁력을 견인하는 신성장·원천기술 연구개발활동에 대해서는 전폭적인 세제지원을 통하여 국내 기업의 투자를 유도

하고 국가경쟁력을 강화할 필요가 있음을 강조하였다.

디지털경제의 확산으로 인해 시작된 세원잠식 및 소득이전(BEPS)의 방지 논의와 글로벌 초과이익에 대한 새로운 과세권 배분의 논의는 이제는 더 이상 거스를 수 없는 시대적 요청이 되었으며, 2021년 10월 마침내 성사된 디지털세(필라 1·2) 최종 합의는 기존 국제조세 체계의 재편을 확정적으로 예고하고 있다. 따라서 우리는 디지털세(필라 1·2) 최종 합의 이후 진행되고 있는 후속작업에 적극적으로 참여하여 국제적 논의를 선도함으로써 최대한 국익을 도모하고, 디지털세(필라 1·2) 제도의 국내 도입에 관한 입법적 개선방안을 선제적으로 고민할 필요가 있다. 나아가 디지털세(필라 1·2) 최종 합의의 논의 대상에 포함되지 않는 부문에 대한 조세정책적 개선방안을 심도 있게 검토하여 우리나라 기업들의 글로벌 경쟁력 강화를 지원할 필요가 있다. 본 논문을 계기로 디지털세(필라 1·2) 제도의 국내 도입에 관한 입법적 개선방안에 대하여 보다 활발한 논의가 이루어지길 기대해 본다.

[참고문헌]

1. 국내문헌

[단행본]

강석규, 「조세법 쟁론」(2021 개정판), 삼일인포마인, 2021.

강성태, 「국제거래소득 과세이론」, 삼일인포마인, 2015.

과학기술정보통신부·한국과학기술기획평가원(KISTEP), 「2018년 기술영향평가 결과보고 블록체인의 미래」, 동진문화사, 2019, available at https://www.kistep.re.kr/board.es?mid=a10402000000&bid=0003&act=view&list_no=39637&tag=&nPage=12.

김완석·박종수·이중교·황남석, 「주석 국세기본법」(제3판), 삼일인포마인, 2021.

김완석·황남석, 「법인세법론」(개정 21판), 삼일인포마인, 2021.

김정곤·이재호·김도연·신민이·김제국, 「신남방지역 디지털경제 협력방안」, 대외경제정책연구원, 2019.

류지태·박종수, 「행정법 신론」, 박영사, 제18판, 2021.

박정호·김석환·강부균·민지영·세르게이 발렌테이·예브게니 아브도쿠신·마르코 시디, 「러시아의 '디지털 경제' 정책과 한·러 협력방안」, 대외경제정책연구원, 2019.

박태하, 「다국적기업의 직접투자와 세계무역」, 숭실대학교 출판부, 2004.

백제흠, 「세법의 논점」, 박영사, 2016.

손경한, 「블록체인과 법」, 박영사, 2019.

신상화·박수진, 「조세조약상 강제적 중재 규정 분석(상) - 국제규범 편 -」(세법연구 19-01), 한국조세재정연구원, 2019.

오 윤, 「국제조세법론」, 삼일인포마인, 2016.

윤충식·장태희·강지현, 「조세특례제한법 해설과 실무」(개정증보판), 삼일인포마인, 2017.

이경근, 「국제조세 이해와 실무」, (주)조세통람, 2020.

이준봉, 「조세법총론」(제7판), 삼일인포마인, 2021.

이창희, 「국제조세법」(제2판), 박영사, 2020.

_____, 「세법강의」(제19판), 박영사, 2021.

이태로·한만수, 「조세법강의」(신정14판), 박영사, 2020.

임승순, 「조세법」(제21판), 박영사, 2021.

정재현·이서현·오유나, 「조세조약상 강제적 중재 규정 분석(하) – 주요
    국의 체결례 –」(세법연구 19-02), 한국조세재정연구원, 2019.

정재현·이재선·손다혜, 「3D 프린팅 기술발전에 따른 무역 및 통관환경의
    변화」(관세연구 20-02), 한국조세재정연구원, 2020.

한국공인회계사회, 「디지털 경제에 따른 조세현안과 과제」, 한국공인회계
    사회, 2019.

增井良啓·宮崎裕子(조윤희·지일진·이재호 譯), 「국제조세법」, 세경사,
    2017.

[논문]

권혁윤·정지선, "간접외국납부세액공제제도의 합리적 개선방안", 「세무와
    회계 연구」 통권 제16호(제7권 제3호), 한국세무사회 부설 한국조세연
    구소, 2018. 11.

김도경·정혜련, "3D 프린팅 신기술 등장에 따른 패션디자인 보호를 위한
    저작권법의 재조명", 「경영법률」 제30집 제2호, 한국경영법률학회,
    2020. 1.

김병필·전정현, "블록체인 기술의 활용 범위에 관한 비판적 고찰", 「정보
    법학」 제23권 제1호, 한국정보법학회, 2019. 4.

김빛마로, "디지털 기업에 대한 대안적 과세방안의 경제적 효과", 「조세재
    정 브리프」 통권 제104호, 한국조세재정연구원, 2020. 9.

김선영, "국제조세분쟁 해결 방법론으로서의 중재에 관한 연구 – OECD가

제안한 상호합의 틀 내에서의 중재를 중심으로 -", 서울대학교 법학전
문대학원 법학박사 학위논문, 2014. 2.

김선영·백새봄, "국제조세 분쟁에 관한 중재제도의 운영방안에 대한 연
구",「조세학술논집」제37집 제1호, 한국국제조세협회, 2021. 3.

김소영, "디지털 경제 전환과 관광산업 전망",「한국관광정책」제82호, 한국
문화관광연구원, 2020. 12.

김신언, "기본소득 재원으로서 데이터세 도입방안",「세무와 회계연구」통권
제23호(제9권 제4호), 한국세무사회 부설 한국조세연구소, 2020. 11.

_____, "최근 디지털세제의 동향과 우리나라 과세제도의 개편방안
- OECD BEPS 프로젝트를 바탕으로 -",「조세법연구」제26권 제1호,
한국세법학회, 2020. 4.

_____, "국제적 디지털거래의 과세제도에 관한 연구", 고려대학교 대학원
박사학위논문, 2016. 2.

김영순, "국제조세분쟁에 대한 해결책으로서 강제중재조항의 검토 및 도입
방안",「조세학술논집」제33집 제3호, 한국국제조세협회, 2017. 10.

김은경, "디지털세(Digtal Tax)의 현황 및 쟁점",「이슈&진단」제387호, 경기
연구원, 2019. 9.

김정곤, "국경간 디지털상거래의 쟁점과 과제",「국제통상연구」제23권 제1
호, 한국국제통상학회, 2018. 3.

김정홍, "국제조세분쟁과 투자협정상 투자자 - 국가 중재에 관한 고찰",
「국제경제법연구」제10권 제2호, 국제경제법학회, 2012. 11.

김지영, "디지털 과세(Digital Taxation)에 대한 정책전략의 차별성 분석",
「디지털융복합연구」제17권 제2호, 한국디지털정책학회, 2019. 2.

김흥종, "디지털 무역규범의 국제논의와 한국의 대응",「통상법률」제149호,
법무부 국제법무과, 2020. 11.

류인모·김철희, "전자상거래상의 조세범죄에 관한 연구",「경찰학논총」
제7권 제1호, 원광대학교 경찰학연구소, 2012. 5.

류지민, "미국 판례법상 주세(州稅) 넥서스(Nexus) 판단에 적용되는 심사기
준의 전환에 관한 연구 - South Dakota v. Wayfair, Inc. 판결을 중심으

로”, 「조세학술논집」 제35집 제1호, 한국국제조세협회, 2019. 2.

박수진, "국제조세 분쟁에 대한 미국의 대체적 해결방안에 대한 연구 – 조
세조약상 중재를 중심으로 –", 「세무와 회계 연구」 통권 제24호(제10권
제1호), 한국세무사회 부설 한국조세연구소, 2021. 2.

박수진·이정미, "OECD 다자조약 제6편 중재의 적용과 주요국의 조세조약
상 분쟁해결제도 개정 현황", 「조세학술논집」 제36집 제2호, 한국국제
조세협회, 2020. 6.

박 인, "부동산 거래에 부동산 블록체인의 활용에 관한 연구 – 국제 부동
산 거래의 Propy 사례를 중심으로 –", 「부동산경영」 제21집, 한국부동
산경영학회, 2020. 6.

박종수, "「법인세법」상 외국납부세액공제시 공제한도액 계산에 관한 쟁점
소고 – 간접비용(공통비용)의 배분문제를 중심으로 –", 「조세학술논집」
제36집 제3호, 한국국제조세협회, 2020. 9.

박종수·김신언, "국제적 디지털 거래에서의 고정사업장 과세 문제", 「조세
법연구」 제21권 제3호, 한국세법학회, 2015. 11.

박 훈, "상호합의절차에 의한 분쟁해결에 대한 소고", 「조세법연구」 제13집
제2호, 한국세법학회, 2007. 8.

_____, "디지털 경제하에서의 고정사업장 개념 변경과 해외이전소득에 대
한 과세제도의 도입에 관한 소고", 「조세학술논집」 제35집 제1호, 한국
국제조세협회, 2019. 2.

백제흠, "국제조세법의 체계와 그 개편방안에 관한 연혁적 고찰", 「조세학
술논집」 제36집 제2호, 한국국제조세협회, 2020. 6.

_____, "국제거래에 대한 원천징수세제의 개선방안", 「조세학술논집」 제
34집 제3호, 한국국제조세협회, 2018. 10.

_____, "법 체계적 관점에서 본 국제조세 규범의 회고와 전망", 「우리나라
국제조세의 어제, 오늘 그리고 내일」, 삼일인포마인, 2020.

_____, "피지배외국법인의 유보소득 과세제도에 관한 연구 – 미국과 일
본의 제도와의 비교·분석을 통한 개선방안을 중심으로 –", 서울대학
교 대학원 법학박사학위논문, 2005. 2.

석준호, "농업부문 디지털화 관련 국제기구 논의 동향과 시사점", 「세계농업」제236호, 한국농촌경제연구원, 2020. 7.

손혁상, "디지털 플랫폼 내 거래관계에 대한 경쟁제한성 검토 – 봉쇄효과에 대한 검토를 중심으로 –", 「경제법연구」제19권 제1호, 한국경제법학회, 2020. 4.

손형섭, "디지털 전환(Digital Transformation)에 의한 지능정보화 사회의 거버넌스 연구", 「공법연구」제49집 제3호, 한국공법학회, 2021. 2.

송경석, "디지털재화 국제거래의 논의·합의와 시사점", 「e-비즈니스연구」제17권 제6호, 국제e-비즈니스학회, 2016. 12.

신창섭·김희준, "핀테크 발전에 따른 무역결제방식의 변화와 법적 논의사항", 「무역상무연구」제87권, 한국무역상무학회, 2020. 8.

심상목, "OECD의 전자상거래 과세관련 논의과정과 대응", 「통상정보연구」제2권 제2호, 한국통상정보학회, 2000. 12.

심재훈, "디지털 경제발전이 한국경제에 미치는 영향 분석: 전자상거래를 중심으로", 「산업경제연구」제33권 제5호(통권 151호), 한국산업경제학회, 2020. 10.

오태현, "프랑스 디지털세 도입의 의미와 전망", KIEP 세계경제 포커스, 대외경제정책연구원, 2019. 8.

우진욱·이재호, "디지털 경제화에 따른 사업소득 과세권 배분원칙의 재정립에 관한 최근 국제적 논의와 우리나라의 정책 방향", 「조세와 법」제12권 2호, 서울시립대학교 법학연구소, 2019. 12.

윤태영, "블록체인 기술을 이용한 스마트계약(Smart Contract)", 「재산법연구」제36권 제2호, 한국재산법학회, 2019. 8.

윤현석·김우진, "디지털 경제시대의 클라우드컴퓨팅서비스 과세문제", 「조세와 법」제13권 제1호, 서울시립대학교 법학연구소, 2020. 6.

이다영·변혜정, "BEPS 방지 다자협약에 관한 연구 – 국내세법 및 조세조약과의 관계를 중심으로 –", 「서울법학」제27권 제4호, 서울시립대학교 법학연구소, 2020. 2.

이대희·박민주, "지적재산권에 대한 블록체인 기술의 활용 및 한계", 「정보법학」제23권 제2호, 한국정보법학회, 2019. 8.

이상신, "외국납부세액공제의 문제점 및 그 개편방향에 관한 연구", 「조세
　　연구」제20권 제4집, 한국조세연구포럼, 2020. 12.

이영주·채정화, "글로벌 디지털 플랫폼의 맞춤형 광고를 위한 이용자 정
　　보 수집 및 활용 범위에 관한 연구: 구글, 페이스북, 아마존의 데이터
　　활용 원칙을 중심으로", 「정보사회와 미디어」제21권 제3호, 한국정보
　　사회학회, 2020. 12.

이용찬, "디지털세 하에서의 통합접근법의 문제점과 개선방안에 관한 연구
　　– 이전가격세제와의 비교를 중심으로 –", 홍익대학교 대학원 박사학
　　위논문, 2020. 8.

이전오, "대체적 조세분쟁해결절차의 도입에 관한 연구 – 조정을 중심으
　　로 –", 「세무학연구」제24권 제1호, 한국세무학회, 2007. 3.

이준봉, "균등화세 도입을 통한 디지털 경제의 과세에 관한 연구", 「조세법
　　연구」제26권 제1호, 한국세법학회, 2020. 4.

임동원, "디지털세의 해외 도입 현황과 시사점", 「KERI Brief」, 한국경제연
　　구원, 2020. 5.

장성훈, "디지털화가 교통서비스에 미치는 영향", 「월간교통」통권 제274호,
　　한국교통연구원, 2020. 12.

전동석·유광현, "디지털 무역 활성화를 위한 e-Payment 활용에 관한 연구",
　　「무역상무연구」제87권, 한국무역상무학회, 2020. 8.

전은경, "디지털세 국제논의 최근 동향과 산업적 시사점", 「국제관계 동향
　　과 분석」제65호, 국회입법조사처, 2020. 9.

정유석, "디지털 경제활동에 대한 디지털세 과세동향과 대응방안에 대한
　　연구", 「무역연구」제17권 제1호, 한국무역연구원, 2021. 2.

_____, "외국납부세액공제를 통한 국제적 이중과세조정과 문제점에 대한
　　개선방안", 「국제회계연구」제61집, 한국국제회계학회, 2015. 6.

정지선·최천규, "지방소득세에 있어서 외국납부세액공제제도의 문제점과
　　개선방안", 「중앙법학」제16집 제3호, 중앙법학회, 2014. 9.

정진명, "블록체인 기반 전자거래의 법률문제", 「법조」제69권 제1호(통권

제739호), 법조협회, 2020. 2.

_____, "블록체인 기반 스마트계약의 법률문제", 「비교사법」 제25권 제3호, 한국비교사법학회, 2018. 8.

주강원, "클라우드컴퓨팅서비스의 계약법적 논점", 「홍익법학」 제22권 제1호, 홍익대학교 법학연구소, 2021. 2.

최성근, "OECD BEPS 프로젝트와 다국적기업 조세회피행위 규제의 입법방향", 「한양법학」 제29권 제2집(통권 제62집), 한양법학회, 2018. 5.

최정희·황남석, "미국의 경제적 실질원칙의 발전과정에 관한 연구 – 그 레고리 판결부터 제7701조(o)까지 –", 「조세학술논집」 제36집 제4호, 한국국제조세협회, 2020. 12.

허 원, 디지털경제 관련 국제조세 분야의 최근 논의와 대응 동향, 「세무와 회계저널」 제21권 제2호, 한국세무학회, 2020. 4.

황남석, "외국납부세액공제제도에 관한 고찰", 「이화여자대학교 법학논집」 제22권 제4호(통권 62호), 이화여자대학교 법학연구소, 2018. 6.

[기타자료]

공정거래위원회 보도자료, "공정위, 전자상거래 소비자보호법 전부개정안 입법예고", 2021. 3. 5.

과학기술정보통신부 보도자료, "7대분야 블록체인 전면도입, 분산신원증명 집중육성", 2020. 6. 25.

관계부처 합동, "초연결·비대면 신뢰사회를 위한 「블록체인 기술 확산 전략」", 2020. 6.

기획재정부 보도자료, "디지털세 「필라 1 이슈」 및 「필라 2 이행 패키지」 관련 서면공청회 개시", 2022. 12. 23.

기획재정부 보도자료, "디지털세 포괄적 이행체계 총회 결과 – 필라 1 행정 및 조세확실성 진행상황보고서 공개 –" 2022. 10. 8.

기획재정부 보도참고자료, "디지털세 필라 2 모델규정 주석서 공개 및 OECD 공청회 계획 발표", 2022. 3. 16.

기획재정부 보도참고자료, "디지털세 필라 2 모델규정 공개 - 글로벌 최저한세 도입을 위한 입법 지침 합의 -", 2021. 12. 20.

기획재정부 보도참고자료, "디지털세 필라 1·2 최종 합의문 공개 - '23년부터 디지털세 본격 도입될 전망 -", 2021. 10. 9.

기획재정부 보도참고자료, "디지털세 합의안, 포괄적 이행체계(IF) 총회에서 130개국의 지지 확보", 2021. 7. 2.

기획재정부 보도참고자료, "경제협력개발기구(OECD)/주요 20개국(G20) 포괄적 이행체계(IF), 디지털세 논의 경과 보고서 공개", 2020. 10. 12.

기획재정부 보도참고자료, "디지털세 국제 논의 최근 동향", 2019. 10. 30.

산업자원부 보도자료, "전자상거래정책협의회 개최", 1998. 5. 27., available at https://www.samili.com/tax/JaryosilOrganview.asp?v_seqno=8180(검색일자: 2021. 5. 25.).

아시아경제, "[전문]G20 재무장관·중앙은행총재회의 '공동선언문'", 2013. 7. 21., available at
http://www.asiae.co.kr/news/view.htm?idxno=2013072023512745185(검색일자: 2021. 5. 25.).

연합뉴스, "G7 최저 법인세율 '역사적 합의' 이뤘지만...실현까진 곳곳 난제", 2021. 6. 6. available at
https://www.yna.co.kr/view/AKR20210606013500009(검색일자: 2021. 6. 6.).

연합뉴스, "G7, 다국적기업 최저법인세 설정 합의에 근접", 2021. 5. 25., available at https://www.yna.co.kr/view/AKR20210525040600009(검색일자: 2021. 5. 26.).

연합뉴스, "바이든 정부, 트럼프 시절 '디지털세 선택과세' 주장 포기", 2021. 2. 27., available at
https://www.yna.co.kr/view/AKR20210227013200071?input=1195m(검색일자: 2021. 4. 4.).

이경근, "'디지털 경제' 관련 국제조세기준 개정 논의의 시사점(下)", 조세일보, 2019. 8. 6., available at
http://www.joseilbo.com/news/htmls/2019/08/20190806381651.html(검색일

자: 2021. 5. 19.).

조선비즈, "미국vs유럽 '디지털 과세' 휴전 끝났다...불, 세금 징수 재개", 2020. 12. 31., available at https://biz.chosun.com/site/data/html_dir/2020/12/31/2020123101356.html, (검색일자 : 2021. 4. 9.).

조선비즈, "[위비 키워드 사전] 구글세(5)", 2016. 1. 13., available at https://biz.chosun.com/site/data/html_dir/2016/01/13/2016011301356.html?form=MY01SV&OCID=MY01SV(검색일자 : 2021. 5. 15.).

조세일보, "미, 글로벌 법인세 최저세율 21%→15%로 하향 제안", 2021. 5. 21., available at http://www.joseilbo.com/news/htmls/2021/05/20210521424145.html(검색일자: 2021. 6. 6.).

조세일보, "대규모 '인프라 투자계획' 발표한 바이든…증세 본격 시동", 2021. 4. 14., available at http://www.joseilbo.com/news/htmls/2021/04/20210414421457.html(검색일자 : 2021. 5. 17.).

코트라 해외시장뉴스, "바이든 정부가 제안한 국내외 법인세제 개정 계획", 2021. 4. 14., available at https://news.kotra.or.kr/user/globalBbs/kotranews/5/globalBbsDataView.do?setIdx=244&dataIdx=188094(검색일자: 2021. 5. 17.).

한국공인회계사회, 「디지털 경제에 따른 조세현안과 과제」, 한국공인회계사회, 2019. 10. 31.

한국조세재정연구원 세정연구센터, 「주요국의 조세동향」 2020년 제2호, 2020. 12.

한국조세재정연구원, "주요국의 조세·재정동향", 「재정포럼」 2021년 5월호(제299호), 2021. 5.

_____, "주요국의 조세·재정동향", 「재정포럼」 2021년 3월호(제297호), 2021. 3.

_____, "주요국의 조세·재정동향", 「재정포럼」 2021년 2월호

(제296호), 2021. 2.

_____, "주요국의 조세·재정동향", 「재정포럼」 2020년 12월호
(제294호), 2020. 12.

_____, "주요국의 조세·재정동향", 「재정포럼」 2020년 9월호
(제291호), 2020. 9.

_____, "주요국의 조세·재정동향", 「재정포럼」 2020년 5월호
(제287호), 2020. 5.

_____, "주요국의 조세·재정동향", 「재정포럼」 2020년 4월호
(제286호), 2020. 4.

_____, "주요국의 조세·재정동향", 「재정포럼」 2020년 2월호
(제284호), 2020. 2.

_____, "주요국의 조세·재정동향", 「재정포럼」 2020년 1월호
(제283호), 2020. 1.

_____, "주요국의 조세·재정동향", 「재정포럼」 2018년 1월호
(제259호), 2018. 1.

한성수, "아시아국가들을 겨냥하고 있는 OECD 디지털稅", 국세신문(Daily
NTN) 특별기고, 2020. 2. 4., available at
https://www.intn.co.kr/news/articleView.html?idxno=2010255(검색일자 :
2021. 5. 29.).

2. 외국문헌

[단행본]

Arnold, Brian J., *International Tax Primer(4th edition)*, Kluwer Law
International B. V., 2019.

Brynjolfsson, Erik & Kahin, Brian, *Understanding the Digital Economy:
Data, Tools, and Research,* MIT press, 2000.

Cockfield, Arthur/Hellerstein, Walter and Lamensch, Marie, *Taxing Global*

Digital Commerce(2nd edition), Kluwer Law International B.V., 2020.

Harris, Peter, *International Commercial Tax(2nd edition)*, Cambridge University Press, 2020.

IMF, *Measuring The Digital Economy,* 2018, available at https://www.imf.org/en/Publications/Policy-Papers/Issues/2018/04/03/022818 -measuring-the-digital-economy.

Lucas-Mas, Cristian Óliver & Junquera-Varela, Raúl Félix, *Tax Theory Applied to the Digital Economy: A Proposal for a Digital Data Tax and a Global Internet Tax Agency,* The World Bank, 2021, available at https://openknowledge.worldbank.org/bitstream/handle/10986/35200/978146 4816543.pdf?sequence=1&isAllowed=y.

Mason, Jim, *Innovating Construction Law: Towards the Digital Age,* Routledge, 2021.

OECD(2023), *Public Consultation Document: Pillar One － Amount B*, 17 July 2023 － 1 September 2023, available at https://www.oecd.org/tax/beps/public-consultation-document-pillar-one-amou nt-b-2023.pdf.

OECD(2023), *OECD/G20 Base Erosion and Profit Shifting Project, Outcome Statement on the Two-Pillar Solution to Address the Tax Challenges Arising from the Digitalisation of the Economy*, 11 July 2023, available at https://www.oecd.org/tax/beps/outcome-statement-on-the-two-pillar-solution-to -address-the-tax-challenges-arising-from-the-digitalisation-of-the-economy- july-2023.pdf.

OECD(2022), *Public Consultation Document: Pillar One － Amount A: Draft Multilateral Convention Provisions on Digital Services Taxes and other Relevant Similar Measures*, 20 December 2022 － 20 January 2023., available at https://www.oecd.org/tax/beps/public-consultation-document-draft-mlc-provis ions-on-dsts-and-other-relevant-similar-measures.pdf.

OECD(2022), *Public consultation document: Pillar Two — Tax Certainty for the GloBE Rules*, 20 December 2022 — 3 February 2023, available at https://www.oecd.org/tax/beps/public-consultation-document-pillar-two-tax-certainty-for-the-globe-rules.pdf.

OECD(2022), *Public consultation document: Pillar Two — GloBE Information Return*, 20 December 2022 — 3 February 2023, available at https://www.oecd.org/tax/beps/public-consultation-document-pillar-two-globe-information-return.pdf.

OECD(2022), *Safe Harbours and Penalty Relief: Global Anti-Base Erosion Rules (Pillar Two)*, 2022, available at https://www.oecd.org/tax/beps/safe-harbours-and-penalty-relief-global-anti-base-erosion-rules-pillar-two.pdf.

OECD(2022), *Public Consultation Document: Pillar One — Amount B*, 8 December 2022 — 25 January 2023, available at https://www.oecd.org/tax/beps/public-consultation-document-pillar-one-amount-b-2022.pdf.

OECD(2022), *Progress Report on the Administration and Tax Certainty Aspects of Pillar One*, 6 October 2022 — 11 November 2022, available at https://www.oecd.org/tax/beps/progress-report-administration-tax-certainty-aspects-of-amount-a-pillar-one-october-2022.pdf.

OECD(2022), *Progress Report on Amount A of Pillar One*, 2022. 7. 11., available at https://www.oecd.org/tax/beps/progress-report-on-amount-a-of-pillar-one-july-2022.pdf.

OECD(2021), *OECD/G20 Base Erosion and Profit Shifting Project, Tax Challenges Arising from Digitalisation of the Economy — Global Anti-Base Erosion Model Rules (Pillar Two)*, 2021. 12. 20., available at https://www.oecd-ilibrary.org/docserver/782bac33-en.pdf?expires=1698651128&id=id&accname=guest&checksum=B2FFBAACE10CEA95103F714D9E

3B5F59.

OECD(2021), *Statement on a Two-Pillar Solution to Address the Tax Challenges Arising from the Digitalisation of the Economy*, 2021. 10. 8., available at

https://www.oecd.org/tax/beps/statement-on-a-two-pillar-solution-to-address-the-tax-challenges-arising-from-the-digitalisation-of-the-economy-october-2021.pdf.

OECD(2021), *Statement on a Two-Pillar Solution to Address the Tax Challenges Arising from the Digitalisation of the Economy*, 2021. 7. 1., available at

https://www.oecd.org/tax/beps/statement-on-a-two-pillar-solution-to-address-the-tax-challenges-arising-from-the-digitalisation-of-the-economy-july-2021.pdf.

OECD(2021), *The Digital Transformation of SMEs, OECD Studies on SMEs and Entrepreneurship*, OECD Publishing, 2021, available at https://doi.org/10.1787/bdb9256a-en.

OECD(2021), "The OECD Classification of Taxes and Interpretative Guide", in Revenue Statistics 2020, OECD Publishing, 2021, available at https://doi.org/10.1787/e65171a0-en.

OECD(2020), *Public Consultation Document: Reports on the Pillar One and Pillar Two Blueprints*, 12 October 2020 – 14 December 2020, available at https://www.oecd.org/tax/beps/oecd-g20-inclusive-framework-on-beps-invites-public-input-on-the-reports-on-pillar-one-and-pillar-two-blueprints.htm.

OECD(2020), *Tax Challenges Arising from Digitalisation – Report on* Pillar *One Blueprint*, 14 October 2020, available at https://www.oecd-ilibrary.org/docserver/beba0634-en.pdf?expires=1621779863&id=id&accname=guest&checksum=915840D9F637E728E4A2270E6AD66F40.

OECD(2020), *Tax Challenges Arising from Digitalisation – Report on*

Pillar Two Blueprint, 14 October 2020, available at
https://www.oecd-ilibrary.org/docserver/abb4c3d1-en.pdf?expires=16214370
20&id=id&accname=guest&checksum=15BDC3396BB3B88372E12CA6F83
66090.

OECD(2020), *OECD Digital Economy Outlook 2020*, OECD Publishing, 2020, https://doi.org/10.1787/bb167041-en.

OECD(2020), *Statement by the OECD/G20 Inclusive Framework on BEPS on the Two-Pillar Approach to Address the Tax Challenges Arising from the Digitalisation of the Economy*, 29-30 January 2020, available at https://www.oecd.org/tax/beps/statement-by-the-oecd-g20-inclusive-framewor k-on-beps-january-2020.pdf.

OECD(2019), *"Addressing the Tax Challenges of the Digitalisation of the Economy - Policy Note"*, As approved by the Inclusive Framework on BEPS on 23 January 2019, available at
https://www.oecd.org/tax/beps/policy-note-beps-inclusive-framework-address ing-tax-challenges-digitalisation.pdf.

OECD(2019), *Artificial Intelligence in Society*, OECD Publishing, 2019, available at https://doi.org/10.1787/eedfee77-en.

OECD(2019), *Measuring the Digital Transformation: A Roadmap for the Future*, OECD Publishing, 2019, available at
https://doi.org/10.1787/9789264311992-en.

OECD(2019), *Public Consultation Document - Secretariat Proposal for a "Unified Approach" under Pillar One*, OECD, 9 October 2019 - 12 November 2019, available at
https://www.oecd.org/tax/beps/public-consultation-document-secretariat-prop osal-unified-approach-pillar-one.pdf.

OECD(2019), *"Public Consultation Document - Addressing the Tax Challenges of the Digitalisation of the Economy"*, 13 February - 6 March 2019, available at

https://www.oecd.org/tax/beps/public-consultation-document-addressing-the-t
ax-challenges-of-the-digitalisation-of-the-economy.pdf.

OECD(2019), *"Programme of Work to Develop a Consensus Solution to the Tax Challenges Arising from the Digitalisation of the Economy"*, 31 May 2019, available at
https://www.oecd.org/tax/beps/programme-of-work-to-develop-a-consensus-s
olution-to-the-tax-challenges-arising-from-the-digitalisation-of-the-economy.
pdf.

OECD(2018), *OECD Reviews of Digital Transformation: Going Digital in Sweden*, OECD Publishing, 2018, available at
http://dx.doi.org/10.1787/9789264302259-en.

OECD(2018), *Tax Challenges Arising from Digitalisation-Interim Report 2018*, OECD Publishing, 2018, available at
https://www.oecd-ilibrary.org/docserver/9789264293083-en.pdf?expires=162
1426563&id=id&accname=guest&checksum=D117627DE32894EF4D16C53
426F5BD0B.

OECD(2017), OECD Model Tax Convention on Income and Capital 2017(full version), OECD Publishing, 2017, available at
https://read.oecd-ilibrary.org/taxation/model-tax-convention-on-income-and-o
n-capital-2017-full-version_g2g972ee-en.

OECD(2017), *Model Tax Convention on Income and On Capital: Condensed Version* 2017, OECD Publishing, 2017, available at
https://dx.doi.org/10.1787/mtc_cond-2017-en.

OECD(2017), *The Next Production Revolution: Implications for Governments and Business,* OECD Publishing, 2017, available at
http://dx.doi.org/10.1787/9789264271036-en.

OECD(2017), *Transfer Pricing Guidelines for Multinational Enterprises and Tax Administrations*, OECD Publishing, 2017, available at
http://dx.doi.org/10.1787/tpg-2017-en.

OECD(2015), *Addressing the Tax Challenges of the Digital Economy, Action 1 – 2015 Final Report*, OECD/G20 Base Erosion and Profit Shifting Project, OECD Publishing, 2015, available at http://dx.doi.org/10.1787/9789264241046-en.

OECD(2014), *Addressing the Tax Challenges of the Digital Economy, OECD/G20 Base Erosion and Profit Shifting Project(Action 1: 2014 Deliverable)*, OECD Publishing, 2014, available at http://dx.doi.org/10.1787/9789264218789-en.

OECD(2011), *OECD Guide to Measuring the Information Society 2011*, OECD Publishing, 2011, available at https://read.oecd-ilibrary.org/science-and-technology/oecd-guide-to-measuring-the-information-society-2011_9789264113541-en#page1.

OECD(2001), *Taxation and Electronic Commerce-Implementing the Ottawa Framework Conditions*, OECD Publishing, 2001, https://www.oecd-ilibrary.org/taxation/taxation-and-electronic-commerce_9789264189799-en.

Parker, Geoffrey G./Van Alstyne, Marshall W. and Choudary, Sangeet Paul, *Platform Revolution: How Networked Markets are Transforming the Economy and How to Make Them Work for You,* W. W. Norton & Company, 2016.

UNCTAD, *Digital Economy Report 2019: Value Creation and Capture : Implications for Developing Countries,* United Nations Publications, 2019, available at https://unctad.org/system/files/official-document/der2019_en.pdf.

UNCTAD, *Information Economy Report 2017: Digitalization, Trade and Development,* United Nations Publications, 2017, available at https://unctad.org/system/files/official-document/ier2017_en.pdf.

UNCTAD, *Information Economy Report 2015: Unlocking the Potential of E-commerce for Developing Countries,* United Nations Publications,

2015, available at
https://unctad.org/system/files/official-document/ier2015_en.pdf.

UNCTAD, *Information Economy Report 2013: The Cloud Economy and Developing Countries,* United Nations Publications, 2013, available at https://unctad.org/system/files/official-document/ier2013_en.pdf.

World Bank(2018), *Competing in the Digital Age: Policy Implications for the Russian Federation*, The World Bank, 2018, available at https://openknowledge.worldbank.org/bitstream/handle/10986/30584/AUS00 00158-WP-REVISED-P160805-PUBLIC-Disclosed-10-15-2018.pdf?sequenc e=1&isAllowed=y.

World Bank(2017), *Internet of Things: The New Government to Business Platform*, The World Bank Group, 2017, available at http://documents1.worldbank.org/curated/en/610081509689089303/pdf/12087 6-REVISED-WP-PUBLIC-Internet-of-Things-Report.pdf.

[논문]

Alzahrani, Ahmed/Alshamlani, Majed/Hsu, Wei-Chen/Harish, Shreyas and Daim, Tugrul, "Personal Transformation: Evaluation of Smart Home Hubs", in Daim, Tugrul U.(ed), *Digital Transformation: Evaluating Emerging Technologies*, World Scientific Publishing Co. Pte. Ltd., 2020.

Ault, Hugh J., "Improving the Resolution of International Tax Disputes", *Florida Tax Review*, Vol. 7, Iss. 3, 2005.

Baistrocchi, Eduardo, "The International Tax Regime and Global Power Shifts", *Virginia Tax Review*, Vol. 40, Iss. 2, 2021.

Benslama, Teissir & Jallouli, Rim, "Clustering of Social Media Data and Marketing Decisions", in Anis Bach Tobji, Mohamed/Jallouli, Rim/Samet, Ahmed/ Touzani, Mourad/Strat, Vasile Alecsandru and Pocatilu, Paul(ed), *Digital Economy: Emerging Technologies and Business Innovation, 5th*

International Conference on Digital Economy, ICDEc 2020 Bucharest, Romania, June 11-13, 2020 Proceedings, Springer Nature Switzerland AG, 2020.

Biller, Anthony J. & Chambers, David M., "Distributed Ledger Trademark Registry? A Proposal for One Ledger to Rule Them All?", *Journal of Internet Law*, Vol. 22, Iss. 5, November 2018, p.12.

Bogoviz, Aleksei V./Lobova Svetlana V./Alekseev, Alexander N. and Haabazoka, Lubinda, "Digital Economy as a Modern Type of Economic System", in Popkova, Elena G./Krivtsov, Artem I. and Bogoviz, Alexsei V.(ed), *The Institutional Foundations of the Digital Economy in the 21st Century*, Walter de Gruyter GmbH, 2021.

Chanamolu, Surekha Rani & Daim, Tugrul, "Technical Transformation: Internet of Things", in Daim, Tugrul U.(ed), *Digital Transformation: Evaluating Emerging Technologies*, World Scientific Publishing Co. Pte. Ltd., 2020.

Chen, Lurong & Kimura, Fukunri, "Introduction: ASEAN development in the digital economy", in Chen, Lurong & Kimura, Fukunri(ed), *Developing the Digital Economy in ASEAN,* Routledge, 2019.

Cottani, Giammarco, "Recent Developments on the Tax Challenges Arising from the Digitalization of the Economy: New Profit Allocation Rules", in Lang, Michael & Petruzzi, Raffaele(ed), *Transfer Pricing Developments Around the World 2020,* Kluwer Law International B.V., 2020.

da Silva, Bruno, "Taxing Digital Economy: A Critical View Around The GloBE (Pillar Two)", *Frontiers of Law in China*, Vol. 15, Iss. 2, June 2020.

Englisch, Joachim, "GloBE − Der 2020 Blueprint für eine internationale effektive Mindeststeuer", *FinanzRundschau*, 2021, available at https://doi.org/10.9785/fr-2021-1030102.

Ferry, Jeff/Parks, Bill and Dahal, Arpan, "An Alternate Solution for France's Digital Services Tax", *Tax Notes Federal,* October 2019.

Finley, Ryan, "OECD's Pillar 1 and 2 Impact Assessments Open to Debate",

Tax Notes International, vol. 100, November 2020.

Finley, Ryan & Johnston, Stephanie Soong, "OECD Unified Approach Proposes Sharp Break With Current System", *Tax Notes International,* 14 October 2019.

Ganguly, Maya, "Tribunals and Taxation: An Investigation of Arbitration in Recent US Tax Conventions", *Wisconsin International Law Journal*, Vol. 29, Iss. 4, 2011.

Geringer, Stefanie, "National Digital Taxes - Lessons from Europe", *South African Journal of Accounting Research*, Vol. 35, No. 1, 2021.

Gopane, Thabo J., "Digitalisation, Productivity, and Measurability of Digital Economy: Evidence from BRICS", in Tobji, Mohamed Anis Bach/Jallouli, Rim/Samet, Ahmed/Touzani, Mourad/Strat, Vasile Alecsandru and Pocatilu, Paul(ed), *Digital Economy: Emerging Technologies and Business Innovation, 5th International Conference on Digital Economy, ICDEc 2020 Bucharest, Romania, June 11-13, 2020 Proceedings*, Springer Nature Switzerland AG, 2020.

Grinberg, Itai, "Stabilizing Pillar One: Corporate Profit Reallocation in an Uncertain Environment", *Florida Tax Review*, Vol. 23, Iss. 1, 2019.

Harpaz, Assaf, "Taxation of the Digital Economy: Adapting a Twentieth-Century Tax System to a Twenty-First-Century Economy", *Yale Journal of International Law Vol. 46*, No. 1, 2021.

Helfand, Robert D., "Big Data and Insurance: What Lawyers Need to Know and Understand", *Journal of Internet Law*, Vol. 21, Iss. 3, September 2017.

Herzfeld, Mindy, "Selling a Digital Brooklyn Bridge", *Tax Notes Federal*, Vol. 169, 23 November 2020.

Jones, Alice, "Pascal Saint-Amans: solid basis in place for digital tax agreement", *International Tax Review*, 4 January 2021.

Kahraman, Abdulkadir/Konca, Ates and Durgun, Gamze, "Turkey's Digital Services Tax Effective 1 March 2020", *Journal of International Taxation*,

Vol. 31, Iss. 4, April 2020.

Kofler, Georg & Sinnig, Julia, "Equalization Taxes and the EU's 'Digital Service Tax'", in Haslehner, Werner/Kofler, Georg/Pantazatou, Katerina and Rust, Alexander(ed), *Tax and the Digital Economy: Challenges and Proposals for Reform,* Kluwer Law International B.V., 2019.

Konca, Ates & Durgun, Gamze, "Turkey Launches Digital Services Tax Website", *Journal of International Taxation*, Vol. 31, Iss. 7, July 2020.

Konca, Ates/Durgun, Gamze and Aydemir, Mahmut, "Turkish Final General Communiqué Implementing Digital Services Tax", *Journal of International Taxation*, Vol. 31, Iss. 6, June 2020.

Kim, Young Ran, "Digital Services Tax: A Cross-Border Variation of the Consumption Tax Debate", *Alabama Law Review*, Vol. 72, Iss. 1, 2020.

Lee, Chang Hee & Kim, Sunyoung, "Tax Treaty Disputes in South Korea", in Eduardo Baistrocchi(ed), *A Global Analysis of Tax Treaty Disputes*, Cambridge University Press, 2017.

Lee, Chang Hee & Yoon, Ji-Hyun, *Cahiers de droit fiscal international Volume 103B: Withholding tax in the era of BEPS, CIVs and the digital economy*, International Fiscal Association, 2018.

Li, Jinyan, "Protecting the tax base in the digital economy", Draft paper no. 9. Papers on Selected Topics in Protecting the Tax Base of Developing Countries of the United Nations Department of Economic and Social Affairs, United Nations, 2014, available at https://www.un.org/esa/ffd/wp-content/uploads/2014/10/20140604_Paper9_Li.pdf.

Lodefalk, Magnus, "Servicification of Manufacturing － Evidence from Swedish Firm and Enterprise Group Level Data", *Working Paper 3/2010*, Örebro University, March 2010.

Mannhardt, Felix/Oliveira, Manuel and Petersen, Sobah Abbas, "Designing a Privacy Dashboard for a Smart Manufacturing Environment", in Pappas,

Ilias O./ Mikalef, Patrick/Dwivedi, Yogesh K./Jaccheri, Letizia/Krogstie, John and Mäntymäki, Matti(ed), *Digital Transformation for a Sustainable Society in the 21st Century, I3E 2019 IFIP WG 6.11 International Workshops Trondheim, Norway, September 18-20, 2019 Revised Selected Papers*, Springer Nature Switzerland AG, 2020.

Martin, Mark & Bettge, Thomas, "OECD explores disputes resolution improvements", *International Tax Review*, 28 January 2021.

Mathur, Sandeep & Arora, Ankita, "Internet of Things(IoT) and PKI-Based Security Architecture", in Kumar, Pardeep/Ponnusamy, Vasaki and Jain, Vishal(ed), *Industrial Internet of Things and Cyber-Physical Systems: Transforming the Conventional to Digital*, IGI Global, 2020.

Mehboob, Danish, "US Participation in OECD Talks Leading to Simpler Digital Tax Rules, Says OECD Official", *International Tax Review*, 15 March 2021.

Mehboob, Danish, "US Relinquishes its 'Safe Harbour' Request in Digital Tax Negotiations", *International Tax Review*, 1 March 2021.

Mehboob, Danish, "OECD director: FS sector should follow four areas in digital tax debate", *International Tax Review*, 23 November 2020.

Miller, Cody/Lally, Wendy/Xiao, Liyan/Burchfield, David/Hanayneh, Shihab and Daim, Tugrul, "Technical Transformation: Cloud Services", in Daim, Tugrul U.(ed), *Digital Transformation: Evaluating Emerging Technologies,* World Scientific Publishing Co. Pte. Ltd., 2020.

Neto, Luís Flávio, "The Blockchain Revolution for Transfer Pricing Documentation: If Not in 2020, Then When?", in Pistone, Pasquale and Weber, Dennis(ed), *Taxing the Digital Economy － The EU Proposals and Other Insights*, IBFD, 2019.

Noked, Noam, "Defense of Primary Taxing Rights", *Virginia Tax Review* Vol. 40, Iss. 2, 2021.

Olbert, Marcel & Spengel, Christoph, "Taxation in the Digital Economy －

Recent Policy Developments and the Question of Value Creation", *ZEW Discussion Paper, No.19-010, ZEW − Leibniz-Zentrum für Europäische Wirtschaftsforschung*, Mannheim, March 2019, available at https://papers.ssrn.com/sol3/papers.cfm?abstract_id=3368092.

Pantazatou, Katerina, "The Taxation of the Sharing Economy", in Haslehner, Werner/ Kofler, Georg/Pantazatou, Katerina and Rust, Alexander(ed), *Tax and the Digital Economy: Challenges and Proposals for Reform,* Kluwer Law International B.V., 2019.

Pavesi, Stefano & Mazzitelli, Nicoletta, "Italy's Digital Services Tax Enters into Force", *Journal of International Taxation*, Vol. 31, Iss. 4, April 2020.

Pingle, Amit & Daim, Tugrul, "Technical Transformation: Cloud Computing", in Daim, Tugrul U.(ed), *Digital Transformation: Evaluating Emerging Technologies*, World Scientific Publishing Co. Pte. Ltd., 2020.

Ponnusamy, Vasaki/Regunathan, Naveena Devi/Kumar, Pardeep/Annur, Robithoh and Rafique, Khalid, "A Review of Attacks and Countermeasures in Internet of Things and Cyber Physical Systems", in Kumar, Pardeep/ Ponnusamy, Vasaki and Jain, Vishal(ed), *Industrial Internet of Things and Cyber-Physical Systems: Transforming the Conventional to Digital*, IGI Global, 2020.

Rijswijk, Leon van/Hermsen, Hanneke and Arendsen, Rex, "Exploring the Future of Taxation: A Blockchain Scenario Study", *Journal of Internet Law*, Vol. 22, Iss. 9, March 2019.

Schön, Wolfgang, "Ten Questions about Why and How to Tax the Digitalized Economy", *Bulletin for International Taxation,* Vol. 72, No. 4/5, March 2018.

Shaviro, Daniel, "What Are Minimum Taxes, and Why Might One Favor or Disfavor Them?", *Virginia Tax Review*, Vol. 40, Iss. 2, 2021.

Shetty, Namitha & Daim, Tugrul, "Technical Transformation: IT in Disaster Management", in Daim, Tugrul U.(ed), *Digital Transformation: Evaluating*

Emerging Technologies, World Scientific Publishing Co. Pte. Ltd., 2020.

Svantesson, Dan Jerker B., "Digital Contracts in Global Surroundings", in Grundmann, Stefan(ed), European Contract Law in the Digital Age, Intersentia Publishers, 2018.

Tereszkiewicz, Piotr, "Digital Platforms: Regulation and Liability in EU Law", in DiMatteo, Larry A./Cannarsa, Michel and Poncibò, Cristina(ed), *The Cambridge Handbook of Smart Contracts, Blockchain Technology and Digital Platform*, Cambridge University Press, 2019.

Tumpel, Michael & Kofler, Johannes, "Tax Treatment of Digital Currencies", in Haslehner, Werner/Kofler, Georg/Pantazatou, Katerina and Rust, Alexander(ed), *Tax and the Digital Economy: Challenges and Proposals for Reform,* Kluwer Law International B.V., 2019.

Uslu, Yasin, "An Analysis of "Google Taxes" in the Context of Action 7 of the OECD/G20 Base Erosion and Profit Shifting Initiative", *Bulletin for International Taxation*, Vol. 72, No. 4a/Special Issue, March 2018.

Verlinden, Isabel & Baets, Stefaan De, "Recent Development on the Tax Challenges Arising from the Digitalization of the Economy: New Nexus Rules", in Lang, Michael & Petruzzi, Raffaele(ed), *Transfer Pricing Developments Around the World 2020,* Kluwer Law International B.V., 2020.

Wagh, Sagar, "The Taxation of Digital Transactions in India: The New Equalization Levy", *Bulletin For International Taxation*, September 2016.

Wang, Jia & Chen, Lei, "Regulating Smart Contracts and Digital Platforms: A Chinese Perspective", in DiMatteo, Larry A./Cannarsa, Michel and Poncibó, Cristina(ed), *The Cambridge Handbook of Smart Contracts, Blockchain Technology and Digital Platform*, Cambridge University Press, 2019.

White, Josh, "OECD must clarify coexistence of GloBE and GILTI rules, say MNEs", *International Tax Review*, 7 January 2021.

Wong, Kar-yiu, "E-commerce and international trade", in Chen, Lurong &

Kimura, Fukunri(ed), *Developing the Digital Economy in ASEAN*, Routledge, 2019.

Yamani, Hanaa Abdulraheem & Elsigini, Waleed Tageldin, "Digital Transformation and Industry 4.0", in Shalan, Mohammad Ali & Algarni, Mohammed Ayedh (ed), *Innovative and Agile Contracting for Digital Transformation and Industry 4.0*, IGI Global, 2021.

[기타자료]

Amazon, "Comments on Tax Challenges Arising from Digitalisation － Reports on the Pillar One and Pillar Two Blueprints", 14 December 2020, available at https://www.oecd.org/tax/beps/public-comments-received-on-the-reports-on-p illar-one-and-pillar-two-blueprints.htm.

American Bar Association(ABA), "American Bar Association section of taxation: Comment on the Pillar One Blueprint", 14 December 2020, available at https://www.oecd.org/tax/beps/public-comments-received-on-the-reports-on-p illar-one-and-pillar-two-blueprints.htm.

Brennen, Scott & Kreiss, Daniel, "Digitalization and Digitalization", *Culture Digitally,* August 2014, available at https://culturedigitally.org/2014/09/digitalization-and-digitization/.

Bunn, Daniel, "The Italian DST Remix", Tax Foundation, 2019, available at https://taxfoundation.org/italy-digital-tax.

European Commission, "Communication from the commission to the European Parliament, The Council, The European Economic and Social Committee and the Committee of the Regions, A European agenda for the collaborative economy", COM(2016) 356 final, June 2016, available at https://ec.europa.eu/transparency/regdoc/rep/1/2016/EN/COM-2016-356-F1-EN-MAIN-PART-1.PDF.

European Council/Council of the European Union, "Economic and Financial

Affairs Council, 4 December 2018", available at
https://www.consilium.europa.eu/en/meetings/ecofin/2018/12/04/.

European Council/Council of the European Union, "Digital taxation", available at
https://www.consilium.europa.eu/en/policies/digital-taxation/.

Evans, Peter C. & Gawer, Annabelle, *The rise of the platform enterprise: A global survey, The Emerging Platform Economy Series no.1*, The Centre for Global Enterprise, 2016, available at
https://www.thecge.net/wp-content/uploads/2016/01/PDF-WEB-Platform-Survey_01_12.pdf.

EY, "Italian Government announces deferrals for DST payments for 2020," 15 January 2021, available at
https://www.ey.com/en_gl/tax-alerts/italian-government-announces-deferrals-for-dst-payments-for-2020.

EY, "Spain delays first reporting of Digital Services Tax and Financial Transaction Tax", 20 January 2021, available at
https://www.ey.com/en_gl/tax-alerts/spain-delays-first-reporting-of-digital-services-tax-and-financi.

International Telecommunication Union, Recommendation ITU-T Y.3500, "Information technology-Cloud computing-overview and vocabulary", August 2014, available at
https://www.itu.int/rec/T-REC-Y.3500-201408-I.

KLASSEKAMPEN, "Åpner for norsk IT-skatt", Mandag 13. januar 2020, available at
https://arkiv.klassekampen.no/article/20200113/ARTICLE/200119987.

KPMG, "Spain: Proposals for regulations to implement the digital services tax", 15 December 2020, available at
https://home.kpmg/us/en/home/insights/2020/12/tnf-spain-proposals-regulations-implement-digital-services-tax.html.

OECD(2019), *Recommendation of the Council on Artificial Intelligence*,

OECD Legal Instrument, OECD, 2019, available at
https://legalinstruments.oecd.org/en/instruments/OECD-LEGAL-0449.

OECD(2014), *Public Discussion Draft BEPS Action 1: Address the Tax
Challenges of the Digital Economy*, March 2014, available at
https://www.oecd.org/ctp/tax-challenges-digital-economy-discussion-draft-ma
rch-2014.pdf.

Office of the US Trade Representative, "Section 301 Investigation Report on
France's Digital Services Tax", 2 December 2019, available at
https://ustr.gov/sites/default/files/Report_On_France%27s_Digital_Services_
Tax.pdf.

TEI(Tax Executives Institute), "Comments on Pillar One and Two Blueprints",
13 December 2020, available at
https://www.tei.org/sites/default/files/advocacy_pdfs/12132020-TEI-Commen
ts-OECD-Pillar-1-and-2-Blueprints.pdf.

The White House, "FACT SHEET: The American Jobs Plan", 31 March 2021,
available at
https://www.whitehouse.gov/briefing-room/statements-releases/2021/03/31/fa
ct-sheet-the-american-jobs-plan/.

Unilever, "Unilever comments on the OECD Public Consultation Document on
the Reports on the Pillar One and Pillar Two Blueprints", 14 December
2020, available at
https://www.oecd.org/tax/beps/public-comments-received-on-the-reports-on-p
illar-one-and-pillar-two-blueprints.htm.

United States Senate Committee on Finance
https://www.finance.senate.gov/imo/media/doc/Dr%20Janet%20Yellen%20Se
nate%20Finance%20Committee%20QFRs%2001%2021%202021.pdf.

European Council/Council of the European Union
https://www.consilium.europa.eu/en/policies/digital-taxation/
https://www.consilium.europa.eu/en/meetings/ecofin/2018/12/04/.

스티븐 므누신(Steven T. Mnuchin)의 2019. 12. 3.자 서신

    https://aboutbtax.com/NgX.

영국 정부, "Policy paper: Digital Services Tax", 11 March 2020, available at

    https://www.gov.uk/government/publications/introduction-of-the-digital-servi

    ces-tax/digital-services-tax.

오스트리아 연방정부 법률정보시스템

    https://www.ris.bka.gv.at/Dokumente/BgblAuth/BGBLA_2019_II_378/BGB

    LA_2019_II_378.html.

■ 강 지 현

[학력사항]

2022 New York University(NYU) School of Law, LL.M. in International Taxation
2021 고려대학교 대학원 법학과 법학박사(행정법)
2010 고려대학교 대학원 법학과 법학석사(행정법)
2009 제38기 사법연수원 수료
2006 제48회 사법시험 합격
2006 고려대학교 법과대학 법학과 최우등졸업

[경력사항]

2018~현재   법무법인(유) 광장 파트너변호사
2023~현재   한국국제조세협회 이사
2022   Andersen(New York Office, Visiting Partner)
2022   한국세법학회 이사
2021~현재   한국조세법학회 이사
2020~현재   한국지방세학회 이사
2020~2021   International Fiscal Association YIN(Young IFA Network) 한국지부 회장
2019~현재   한국조세연구포럼 이사
2017~2018   조세심판원 사무관
2016~2017   기획재정부 세제실 사무관(조세특례제도과)
2011~2016   조세심판원 사무관

[수상실적]

2022 최우수 박사학위 논문상 수상, 한국조세법학회
2021 청년학술상 수상, 한국지방세학회
2015 경제부총리 겸 기획재정부 장관 표창

[저서]

2018 조세특례제한법 해설과 실무(공저), 삼일인포마인
2017 조세특례제한법 해설과 실무(공저), 삼일인포마인

디지털세에 관한 국제적 논의 및 국내 조세제도 도입에 관한 연구

2024년 1월 23일 인쇄
2024년 2월 5일 발행

저　　　　　자　강　지　현
발　행　인　이　희　태
발　행　처　**삼일인포마인**

저자협의
인지생략

서울특별시 용산구 한강대로 273 용산빌딩 4층
등록번호 : 1995. 6. 26 제3－633호
전　　　화 : (02) 3489－3100
F　A　X : (02) 3489－3141
I S B N : 979－11－6784－210－7　93320

♣ 파본은 교환하여 드립니다.　　　　　　　　　정가 30,000원